上海监狱的时光踪迹

徐家俊 著

上海社会科学院出版社
SHANGHAI ACADEMY OF SOCIAL SCIENCES PRESS

前　　言

2024年6月,提篮桥监狱顺利从虹口区长阳路147号搬迁至青浦区新址,搬迁后的提篮桥监狱名称继续保留。根据规划,提篮桥监狱原址将建博物馆及法治教育基地等,成为上海北外滩的一个重要景点。对提篮桥监狱的"腾笼换鸟"、华丽转身,我作为一个在提篮桥长阳路147号大院内工作40余年的人民警察,十分感慨与动情。

我是新中国的同龄人,1972年10月踏进提篮桥厚重的大门,穿过黝黑的高墙,先后在基层管理过犯人,当过最高犯人数达1600多人的大队领导,同时有较长时间在监狱科室工作,曾任政治处副主任;从1989年1月起先后在提篮桥和监狱管理局从事史志工作;2001年起担任了中国监狱工作协会监狱史学专业委员会秘书长及中国政法大学监狱史学研究中心副主任兼研究员;2009年10月退休后,又被监狱管理局返聘了6年多。天长日久,耳闻目睹,亲力亲为,我对长阳路147号建筑群、对提篮桥监狱具有特殊的情结。多年来,特别是从事史志工作后,我和我的同事通过查阅档案、翻阅书报、发信函调、走访老人,实地考察等各种途径深入了解搜集了有关提篮桥监狱的大量资料,先后参与了《上海通志·公安司法卷》《上海监狱志》及多部《上海监狱年鉴》的编纂出版、《提篮桥监狱志》的成书付印,参与了"王孝和烈士就义处"的建立、上海监狱陈列馆的组建。我还执笔起草了提篮桥"日本战犯关押、审判、执行处·上海市抗日纪念地点"和"提篮桥监狱全国重点文物保护单位"的申报材料,在1995年、2012年分别获得上海市政府和国务院的批准。

曾是"远东第一监狱"的提篮桥监狱于1903年5月启用以来,已经使用了120多年,是上海地区关押犯人数量最多、类型最广、历史影响最大的一座监狱。百年来提篮桥监狱关押过华籍犯、外籍犯,男犯、女犯、少年犯,关押过汪伪政府的高管政要及几百名汉奸,也关押过20多名德国纳粹战犯和大批日本战犯,是抗战胜利后中国境内最早审判日本战犯的场所,审判过47名日本战犯、处决过20名日本战犯。同时,在清朝末期、民国时期,也囚禁过许多革命志士仁人,在黑色的牢房里留下红色的记忆。上海解放以后,提篮桥监狱收押、改造、教育了大批犯人,为打击犯罪、维护社会治安作出了重要贡献。提篮桥监狱在中国的监狱史、中共党史、抗战史、上海史、租界史、建筑史、法制史上具有重要和特殊的地位。它历史悠长、文化深厚,中外闻名、妇孺皆知,与上海社会的变迁发展紧密相连。真可谓:一座提篮桥,半部上海史。

为了深入挖掘监狱的历史文化,为了记录北外滩的提升变化,2024年年初起,特别是6月监狱整体搬迁后,我经过追忆及思考,忘却自己属于75岁的银发一族,在夕阳的余晖下,焕发了青春的活力,常去上海图书馆、档案馆查阅资料,不顾盛夏酷暑,伏案工作,舞动手指,点击键盘,书写上海监狱特别是提篮桥监狱历史上发生的有关人物与事情,以及整理相关旧稿,形成了目前这本几十万字的《上海监狱的时光踪迹》。这是我自2009年10月退休以后,继《提篮桥监狱》《上海监狱的前世今生》《上海监狱的旧闻往事》《上海监狱的岁月印痕》《审判从这里开始,日本战犯在上海的审判》公开出版后的第6本专著,也是为"上海监狱史系列丛书"增添了一本新著。该书主要以提篮桥监狱为主,同时兼及漕河泾监狱、江苏第二监狱分监、上海第二特区监狱等。书中内容真实可信,资料来源于历史档案、新闻媒体及当事人的采访口述,大多注明出处。

目　录

001 | 前　言

监狱溯源·史海钩沉

003 | 怨声载道的上海改过所
008 | 提篮桥监狱大事记(1901—1949年5月)
032 | 提篮桥监狱建造史略
041 | 神秘的提篮桥十字楼
050 | 江苏第二监狱大事记(1917—1937年)
063 | 马斯南路监狱大事记(1909—1949年5月)
073 | 《申报》与上海法租界监所
089 | 风雨飘摇的江苏第二监狱分监

旧狱纵横·囹圄旧梦

103 | 1906年提篮桥监狱血案
107 | 旧提篮桥监狱犯人的伙食
113 | 从两份伙食招标书，看中外犯人的不同待遇
115 | 旧提篮桥监狱的犯人劳作
122 | 旧提篮桥监狱犯人的刑满释放
126 | 旧提篮桥监狱的犯人脱逃
130 | 旧提篮桥监狱患病者转诊的几座医院
135 | 旧上海监所囚服的困境
139 | 旧上海监所的跨境调犯
145 | 漕河泾监狱犯人的衣食住行医

149	薛华立路监狱的越狱案
154	贪赃枉法　私放犯人
160	犯人殴辱看守

新监过往·革故鼎新

167	上海市人民法院监狱首批施行的规章制度
170	上海市人民法院监狱干警的徽章及胸卡
172	反腐倡廉永远在路上
	——解放初期上海监狱从严治警实例
177	1983—1990年"严打"时期的上海监狱工作
191	2015—2023年部分领导视察上海监狱简况
193	解放初期上海少年犯的管理
202	1949—1960年上海监狱的劳改生产
212	解放初期在提篮桥监狱刑场枪决的人员
216	五角场监狱建立年份考
219	巧制《御史台精舍碑》"拓片"
221	枪下留人

人物述林·泰山鸿毛

229	铭记囚禁于旧提篮桥监狱的革命先烈
236	铁骨铮铮姜维新
245	孙海光同志在狱中
250	在牢房里入党的共产党员
258	阿英的狱中生活与《灰色之家》
264	监狱学家王元增的家庭成员
268	解放后提篮桥监狱去世的领导
278	提篮桥汪伪汉奸群丑图
294	汉奸陆茂昌在提篮桥监狱被枪决
297	抗战胜利后上海关押过的将级日本战犯

访谈集粹·口述实录

- 309 | 发现私改刑期的线索　见证梁鸿志被枪决
　　　　——柏其林先生访谈录
- 312 | 旧提篮桥两任典狱长沈关泉
　　　　——沈桂英、沈佩英女士访谈录
- 314 | 提篮桥卫生课长赵伯勋的二三事
　　　　——赵爱芝女士访谈录
- 316 | 监所服刑十三年的回忆及其他
　　　　——沈立行先生访谈录

题外札录·书边杂记

- 323 | 徐家俊发表的有关监狱工作的部分新闻稿
- 332 | 走进东广新闻台的播音室
- 334 | 在《提篮下海——说说上海北外滩》新书发行式上的发言
- 337 | 狱苑探"珠"　史海寻"宝"
　　　　——二十七年监狱史志工作回顾

监狱溯源·史海钩沉

怨声载道的上海改过所

清末民初，上海地区的华界地区建有多座监狱、看守所，其中除了上海县监狱以外，先后还有改过所（又称改过局）、待质所、自新所、罪犯习艺所、上海分监等。其名称不一，规模较小，但均行使关押犯人的职能。本文主要说说改过所。

一、基本概况

清代上海县监狱位于今老城厢学院路光启路一带，地方比较狭小，犯人容量不足。清光绪二十年(1894)9月17日，上海道于上海县城北门"九亩地"建改过所，又称改过局，地址在今露香园路大境路开明里南，占地约3亩。拘禁室分为18号，可容200人左右，主要是怙恶不悛、横行闹事的地痞流氓。改过所曾订管理章程10条，最初由上海县丞、主簿轮流驻所管理，后正式派员主办，主持所内的管理。改过所拘禁的犯人期限6个月、1年、3年、5年不等。清末时期由县衙发押者居多，亦有南市警局及法租界会审公廨发押者。清代法部郎中、定海人韩兆藩曾于1907年考察改过所。当时改过所押禁94人，皆钉镣，日给饭食两次。设委员1人，看役4名，更夫3名。常年经费约银1 800两，由上海道筹拨。又有工艺厂10余间，建造费银2万余两。由于改过所地势洼下，又没有下水道，所以每值秋汛，平地水涨尺余，平时则潮湿异常，该处地方本就不适于建造房屋，加上前经手此工程的主管委员又偷工减料，虚报款项，该工艺厂不到2年即停工。清光绪三十三年由韩兆藩书写、出版的《考察监狱记》中专门列有一篇史料："改过所"。到1911年4月时，改过所人犯已增至170多人。所有号舍拥挤无常。所方惊呼各处再有续送，实无可容之处。[①]

上海改过所地势低洼，先天不足，关押环境和卫生条件差，更主要是管理人员疏于管理，因此在押犯人死亡不断，如因偷窃制造局铜块的李德光，1909年9

[①] 《改过者何如是其多也》，《申报》1911年4月3日。

月 22 日在改过所因患病身死,由其妻子李陆氏禀准免验自行收敛。①流氓顾金和经县署判刑 5 年,钉镣收押改过所,1909 年 5 月中旬顾患病改送普育堂医治,延至 6 日晚上毙命。普育堂董事当即函禀县署田大令,饬传亲属到堂收殓。②1910 年改过所逃犯顾思泉就获后,仍送改过所关押。7 月 9 日因患病身死,委员马×珣函告县令,委派捕厅赵少尉验明收敛。③

二、在押犯人经常脱逃

清末时期的上海改过所管理粗放,犯人入狱后尽管每人均戴上脚镣,但各种制度不到位,牢头狱霸盛行,在押犯人脱逃如同家常便饭随时发生。上海的品牌媒体《申报》对此情况曾有诸多报道,如:

1896 年 7 月 24 日,改过所逃出的一名犯人陈福增,来到泥城桥一带游荡,22 日晚上在苏州河畔看到一对外国情侣正悠闲地散步聊天。他自以为机会难得,偷取外国人的 2 只金表以及银杯等物,当场被外国人发觉而被捕,由包探缉获押候解堂讯办;④同年 10 月改过所 15 名犯人脱逃;1897 年 6 月改过所 18 名犯人以巨石凿破狱墙的一个小洞,他们挨个戴着镣铐爬出洞口脱逃,后来被抓回 15 名,8 月又有 11 名犯人爬屋脱逃;1898 年 3 月 24 日晚上,改过局又有 10 余犯越墙而逃;⑤1898 年 3 月 20 日,改过所羁押的 100 余名犯人在所大闹,将所门击毁,一哄而逃。管所勇丁立将二门紧闭,竭力抵御,一面报知委员高雨之蕯尹。蕯尹立遣家丁飞请九亩地沪军营管带刘游戎,拨勇数十名前来弹压。始得寂净如常;⑥同年 3 月 24 日晚上,改过所羁押犯 10 余犯越墙而逃,至今尚未弋获。管所委员高雨焦急异常,以致身体不舒。⑦

1901 年 1 月 10 日晚上,改过所 5 名犯人相率穴壁潜逃,幸被看守及驻所兵勇发觉,竭力追拿,先后擒获押回所中。⑧1903 年 5 月的某一天,改过所在押的江湖恶丐苏阿如、浦东流氓赵和尚两名犯人,忽然大声呼叫患病,疼痛异常,地上打滚。管所委员李浩然缺乏正确判断,信以为真,就派人把他俩遣送普育堂医治,不料他们中途脱逃,后来迄未缉获。5 月 5 日,上海县汪瑶庭大令闻讯后,立刻

---

① 《窃贼有妻》,《申报》1909 年 9 月 24 日。
② 《流氓病毙》,《申报》1910 年 5 月 8 日。
③ 《押犯病死》,《申报》1910 年 7 月 10—20 日。
④ 《逃犯复获》,《申报》1896 年 8 月 15 日。
⑤ 《逃犯未获》,《申报》1895 年 3 月 26 日。
⑥ 《大闹押所》,《申报》1898 年 3 月 22 日。
⑦ 《逃犯未获》,《申报》1898 年 3 月 26 日。
⑧ 《逃犯即获》,《申报》1901 年 1 月 12 日。

发话以此等凶恶要犯,岂能轻纵。除饬差上紧追缉外,并函告二尹,告以嗣后押犯患病,不得擅行发往普育堂医治。①

1903年10月,改过所关押的陆文卿、唐心堂、大刀关胜,约集同党,使用铁器等工具挖墙洞而逃脱。他们旋手持凶器,群聚南市,声言搜捕某某诸仇人。他们一伙的不良行动,被保甲总巡朱森庭顺府访闻,饬差查明。②1906年2月初,改过所押犯乌木开太从押所逃出,连日潜匿泥城桥外一带,纠党横行,被新闸捕房密探李显福严拿解办;③同年5月,改过所脱逃3名要犯,上海县汪大令传请改过所的负责官员、委员姚殿卿至县询问被逃情形,并商同设法缉拿,但除了个别人员被捕获外,不少人逃之夭夭。④

改过所对于拿获的逃犯也决不宽容。如逃犯李其年几天前,被巡捕房侦探遇见解送县署。管所委员姚殿卿闻悉后,遂解县署禀详,大令允准将该犯带回所中惩办,即派差役将李送回改过所,喝责500板,并加刑2年。⑤但是对被捕人员的严惩,并不能解决改过所管理上问题,也不能根治犯人的逃跑。最骇人听闻的是1910年5月改过所71名犯人冲破大门,出西关至沪军营,抢得洋枪5支。经法租界会审公廨缉捕拿获7人,洋枪被巡捕夺回,又陆续捕获28人,最后实际脱逃36人,震惊上海。

三、管理人员受贿　放任犯人外出

改过所大批犯人脱逃,长期治理,成效甚微,问题还出在管理人员的身上。大凡改过所的管理人员获得押犯的好处,获得贿赂,就放任犯人出外游乐,甚至逃脱。1905年7月9日晚上8时左右,把在押的诨号叫长脚顺卿的张顺卿,以及已被革职判刑的工程局捕头胡瑞龙、陈向荣等数人在西门内城根游玩。当时上海北局巡丁看到此情况可疑,估计还有企图脱逃的可能,拟上前拘拿,随役又上前好言劝说张顺卿、胡瑞龙等人回所休息,但这些犯人不但不听从劝告,反而与巡丁用武抵抗。由于巡丁力不能敌,立刻吹号叫招北局及西局等各巡丁帮同捕拿,将胡瑞龙、陈向荣等拘捕。改过所的差役则持械穷追,企图夺回犯人,双方格斗之下巡长程乃衡、巡丁余炳文及王学彩等均受伤。最终警局将拘获的押犯

---

① 《饬缉逸犯》,《申报》1903年5月6日。
② 《饬拿逃犯》,《申报》1903年10月9日。
③ 《饬拿肇事逃犯》,《申报》1906年2月10日。
④ 《商缉逃犯》,《申报》1906年5月29日—6月17日。
⑤ 《惩责逃犯》,《申报》1907年10月14日。

胡瑞龙等人及改过所的差役一并解往县署。次日,县主汪大令判胡犯等暂押县署,4名改过所的差役移送沪军营,由管带龙镇军看管,候禀详道台核示施行。10日上海道西局谢二尹、北局汪二尹、改过所委员姚殿卿、沪军营管带龙镇军均各到县禀商一切。①兹秉改过所押犯胡瑞龙经警察北局解县署后,汪大令饬定双镣,收押自新所。汪大令对是日一同出外的陈向荣及张顺卿亦备饬差,前往改过所提案严究。②

四、改过所犹如黑地狱

朱华生、小肚皮、戆大秃卿、野猪猡等恶棍,经上海县及总工程局先后缉拿到案,发押改过所。这些人凶横成性,成为牢狱中的牢头狱霸,凌虐同押狱中犯人。改过所的管理人员获悉后,前经委员姚殿卿曾下令对他们重笞1300板,而朱华生仍然凶恶如故。平时经常对新入监的犯人索要钱财。1907年正月十四日,有案犯王富金禁押改过所,朱华生向王勒索大洋40元。王富金迫于淫威答应明日交付。到了第二天,由于家中贫苦,王富金的弟弟只交送大洋18元,并说余下的钱款再想办法送交。但是蛮不讲理的朱华生不同意,竟然纠集同伙小肚皮、野猪猡等人,将王富金手脚反缚,再用棉絮塞口,以大石块压在他的背上,进行百般摧残。最后导致王富金伤重大量吐血,被折磨得奄奄一息,次日被改过所管理人员发觉送至普育堂,医治无效而死亡。正月十五日,又有入狱的偷窃犯蒋某,亦遭朱华生等人吊打毙命。他们所用的私刑有扎馄饨、晒芥药、上家生、抱户厕、滚绣球、压石碑等名目。其后该摧残犯人之事被上海媒体所获悉。具有正义感的记者在1907年3月7日的《申报》上,以"黑地狱"为标题予以披露。文章的最后,感叹:"似此等奇残极惨之私刑,乃竟见之于上海文明之地,奇哉!"

改过所的黑幕披露后,引起了上海道官员的重视,1907年3月14日札饬上海县署,即往改过所查办。汪大令接到书面信札后,立即到改过所,与委员姚殿卿交换意见,命捉朱华生、小肚皮、章生、沈阿毛、郭松松等各凶犯讯究。但朱华生等人一味狡赖,拒不承认。县署汪大令又提改过所的看役姚金堂至前讯问,但是身为管理人员的姚金堂竟然害怕犯人朱华生等人的凶横,不敢直言讲出内情,被汪大令判处羁押,候禀复道县,再行核办。③

---

① 《申报》1905年7月11日。
② 《严惩改过局押犯》,《申报》1905年7月13日。
③ 《饬查改过局押犯凌虐新犯情形》,《申报》1907年3月16日。

五、改过所的撤销与后续

清末期间,上海改过所设施简陋、环境恶劣,在运营期间多次发生犯人脱逃,管理人员素质低下,无法有效管束犯人,引起了社会舆论的强烈批评。改过所的最高管理人员称委员,首任委员高丽,1907 年前后为姚殿卿,后为李浩然、马钟珣。1910 年因改过所逃脱押犯 36 名,先后拿获 28 名,尚有杨阿木等 8 名查缉未获。兹奉沪道蔡观察批云,查得该所时有押犯逃逸已非一次,竟去 36 人,足见该委员平日漫不经心,本愿禀请上台,该示姑念获犯不少从宽,计大过以示薄惩。① 几天后,沪道蔡观察以改过所羁禁之犯时常逃逸,足见办理不善,特札委本县田大令为该所督办,原督办之马钟珣改为帮办。② 1913 年 3 月,改过所撤销,上海地方检察厅在改过所余屋开办罪犯习艺所;6 月 1 日上海地方检察厅租赁蓬莱路老普育堂遗屋,改建成"上海地方分监"。仍以上海县模范监狱狱官吴确生兼办,并添派邱姓为科员、徐姓为书记。所押习艺所之在押各犯,共有 200 多名。仍于前日委派司法巡长梅南枝,事同全体法警,协同该所卫队,将该押犯分四起,先后送入分监狱监禁。③

---

① 《改过局委员记过》,《申报》1910 年 7 月 6 日。
② 《改过局添派督办》,《申报》1910 年 7 月 23 日。
③ 《习艺所罪犯迁移地点》,《申报》1913 年 6 月 18 日。

提篮桥监狱大事记(1901—1949年5月)[①]

1901年

10月　公共租界工部局董事会决定在华德路(今长阳路)上建造大型监狱。由英国驻新加坡工程处设计中标,11月签订界墙建造合同。

12月　签订设有460间牢房4层高的监楼和4幢管理楼的建造合同。年底监狱动工建造。

1902年

9月　签订第二幢监楼和医务室(医院)的建造合同。

1903年

5月18日　狱中第一幢监楼AB监启用,4层高,有监舍240间。

8月28日　第二幢监楼CD监启用,4层高,有监舍240间。监狱定名"上海公共租界工部局警务处监狱",又称华德路监狱、华德路西牢、提篮桥监狱、外国牢监等。同日　少年犯监开办启用。英籍华生任看守长。

8月　厦门路监狱内的华籍犯全部移押监狱。此后,厦门路监狱只关押英籍、俄籍犯等。

10月　公共租界董事会收到华洋劝业会来信,信内附来白银300两(银票),是中国士绅们为关心慈善事业捐出的一年度捐款,此款将作为聘请工匠对少年犯传授有用手艺的经费。董事会决定接受该捐款并致谢。

12月24日　章太炎、邹容因《苏报》案被公共租界会审公廨判处终身监禁,囚禁狱中。次年5月21日,会审公廨分别改判章太炎监禁3年、邹容监禁2年,罚作苦工,期满逐出租界。

是年　经核算,提篮桥监狱的建造经费为18.3948万两白银,其中1900年购买10亩左右的土地费用为3.3831万两白银,新建监楼及办公大楼的费用为15.0117万两白银。

[①] 本文资料来源:《上海公共租界工部局年报》(1901—1943)、《工部局董事会会议纪录》《民国上海年鉴汇编》《司法行政部直辖上海监狱沿革实录》,《申报》《时报》《新闻报》《大公报》《民国日报》《大美晚报》《中央日报》《神州日报》《时事新报》《益世报》等,上海市档案馆、中国第二历史档案馆、上海市监狱管理局档案,多卷本的《中共党史人物传》《上海党史人物传》《中华英烈大辞典》,以及相关人物传记资料、回忆录等。还有部分志士仁人因未查到确切的入狱年月而从略。

全年　监狱收押犯人548人,其中少年犯31人。死亡15人。年底押犯430人。

1904年

6月9日　9个生脚气病的犯人送医治疗,8月1日返回监狱。

11月　3层监舍楼E监建成,每层12间囚室,共36间。建筑费用10 800两白银。

12月11日　一犯人越狱脱逃。

是年　章太炎因眼睛近视,在缝衣时操作迟缓,狱内常遭看守殴打,绝食7天,以示抗议。

全年　新收犯人578人(内少年犯26人),刑满释放527人(当时监狱还有医嘱释放、法庭命令释放、移送巡捕房押所、移送巡捕医院等零星数据,下同)。死亡41人。年底押犯449人,其中少年犯23人。

1905年

1月4日　监狱首次收押女犯。

4月3日　凌晨4时,邹容口吐鲜血,瘐死狱中,时年20岁。

5月10日　《上海公共租界工部局监狱管理人员守则》施行。

7月　监狱在押男犯外出在华德路的延伸段挖沟,长度为1 558.44米。

是年　A、B监底层北端设置两间防暴囚室(橡皮监),面积8英尺×5英尺6英寸。①

全年　新收1 062人,其中男犯707人、女犯302人、少年犯53人。死亡73人。年底押犯488人。

1906年

4月23日　监狱英籍看守麦考尔梅克死于杨树浦韦特摩尔路的空地上。

5月4日　狱中50名犯人不堪印度看守殴辱虐待,群起抗拒,持械冲突,击伤西籍看守2人。西籍看守开枪,当场击毙犯人4人,重伤10余人,轻伤多人。

6月29日　章太炎刑满出狱。孙中山特派人专程到沪迎接。蔡元培等10余人等候在福州路总巡捕房前迎候,当日章太炎乘船赴日本。

10月　监狱购买土地5.43亩,以每亩3 500两白银的价格成交。

11月3日　最后一名女犯出狱。从是年起到1943年7月,监狱不收押华籍女犯。

12月　会审公廨谳员关炯之会同工部局总办察看监狱。

全年　新收536人,其中少年犯40人。死亡19人。年底押犯510人。

1907年

2月　《上海工部局监狱章程》实施。

---

① 1英尺=0.304 8米;1英寸=2.54厘米。

4月　清廷法部郎中韩兆藩考察监狱及江浙两省各监所,回京后撰写《考察监狱记》。

5月8日　一犯人越狱。

9月　印度籍看守营房及仓库建成启用。监狱围墙四角增建或改建岗楼。

下半年　犯人外出扩建北四川路、华德路、兰路的部分工程。

年内　监狱管理人员共71人,其中上层管理者3人、西籍①看守7人、印籍看守61人。

全年　新收1 120人,其中少年犯82人。死亡17人。日均押犯510人,年底押犯732人。

1908年

4—5月　监狱及各巡捕房拘留所犯人中流行回归热,164名犯人送隔离医院,8人死亡。

6月1日　工部局董事会议决定督察长斯图亚特专管监狱工业事务。

8月7日　周桂生、张阿三、陈小栗子、高三4名犯人,中午在工场劳作时脱逃,并击伤1名监工的印籍看守(当时监狱的围墙尚未建成)。

全年　新收920人,其中少年犯44人。死亡25人。日均押犯698人,年底押犯926人。

1909年

4月　对犯人试行计分减刑,给犯人各种表现打分,以一定分数折抵刑期,全年减刑释放137人。

9月30日　傍晚,罚作苦工的徐阿二等2人在靶子路(今武进路)劳作完毕,回牢行经汉碧体路(今汉阳路),徐阿二等2犯脱逃。印籍看守即开枪追击,击中一人。徐犯逃脱。

全年　新收1 159人,其中少年犯64人。死亡71人,日均押犯926人,年底押犯763人。

1910年

夏　监狱新建的一大楼土建工程竣工,该楼高3层,底层为锅炉房、洗衣房、炊场;二楼为犯人浴室、食品仓库;三楼为衣服仓库。该楼除屋顶及细木工外均由犯人劳作完成,费用15 044两银元。

全年　新收1 343人,其中少年犯65人。减刑释放142人,死亡12人。日均押犯763人,年底押犯761人。

1911年

夏　狱内新的监狱伙房、洗衣房等建成启用。

---

① 西籍:以英国人为主体的西方人员,包括少量的捷克、葡萄牙、西班牙、俄国人等。

10月　狱内犯人新收大楼建成。

全年　新收1 942人,其中少年犯74人。减刑释放79人,死亡7人。年底押犯982人。

1912年

2月6日　印度看守宿舍楼发生大火,大楼被烧毁。

3月8日起　狱内没有外籍犯。

4月下旬　押犯王连生因患病送工部局医院医治,乘隙逃脱。27日晚,王犯至虹口一带企图盗窃时被捕获。

7月　在被烧毁的大楼的基地上,另建造一幢5层高的供印度看守使用的宿舍楼。

是年　原会审公廨最高判处罪犯5年的规定被取消,大批长刑期及死刑犯关押监狱。

全年　新收2 127人,其中少年犯104人,减刑释放94人,死亡19人。年底押犯1 129人,日均押犯1 070人。

1913年

2月19日　公共租界会审公廨督察长会同英人陪审官和沪军政府民政长等视察监狱。

2月28日　监狱向沙味洋行租用位于爱尔考克路(今安国路)唐山路口的一幢三层楼旧房(租期3年),经修建后改为监狱童犯感化院,又称少年犯监。

3月1日　公共租界会审公廨领事团在监狱使用鞭刑折期,将短刑犯按情节轻重打若干皮鞭后释放。

4月28日　监狱童犯感化院启用,原押狱中的少年犯全部移押于此。

全年　新收1 765人,其中少年犯98人,减刑释放211人,逃跑1人,死亡26人。年底押犯1 098人,日均押犯999人。

1914年

2月23日　上海地方审判厅厅长在公共租界会审公廨谳员关炯之陪同下视察监狱。

7月　印籍看守宿舍楼竣工,印籍炊场安装煤气。

9月20日　对不参加劳作的犯人实行二餐制;从10月13日起,所有犯人在星期日及休假日实行二餐制。

10月27日　江苏高等检察厅长徐声全视察监狱。

是年　犯人外出在怡和路(今浦东望江路)敲碎石子。

中华基督教青年会派遣五六名会员到少年犯监,每周定期为少年犯上文化课。

全年　新收 2 152 人,其中少年犯 95 人,减刑释放 231 人,死亡 37 人。日均押犯 1 043 人,年底押犯 1 116 人。

1915 年

4 月 12 日　司法部监狱司长王文豹、江苏省高等检察厅长徐声全、地方检察厅长林仲立、地方审判厅长袁钟祥视察监狱。

8—9 月　英籍管狱官李掰郎杀妻,经英国按察司审讯判处死刑。

是年　监狱购买了一辆汽车,改装成囚车。今后所有会审公廨被判刑的犯人将用汽车押送到监狱(以前均为步行押送)。在围墙的东南角建造一岗楼。

少年犯监舍续借 3 年,每月租金白银 300 两。

全年　新收 2 736 人,其中少年犯 94 人,减刑释放 198 人,死亡 41 人。最高关押 1 324 人、最低关押 953 人。日均押犯 1 290 人,年底押犯 1 369 人。

1916 年

1 月 24 日　工部局警务处各巡捕房停止收押已决犯。此后,凡公共租界会审公廨判决的华籍男犯不论刑期长短,一律由提篮桥监狱收押。

12 月 7 日下午　监狱押解犯人的汽车在河南北路行驶时撞倒一人,头部受伤,车上的看守雇车把其送往同仁医院治疗。

全年　新收 3 957 人,其中少年犯 71 人,减刑释放 158 人,死亡 59 人。最高关押 1 556 人、最低关押 1 274 人。日均押犯 1 485 人,年底押犯 1 554 人。

1917 年

2 月　5 层高各有 920 间囚室的 FG 监,HI 监(今 3、4 监)动工建造,次年 4 月竣工。

全年　新收 3 818 人,其中少年犯 85 人,减刑释放 312 人,死亡 104 人。最高关押 1 898 人、最低关押 1 509 人。日均押犯 1 788 人,年底押犯 1 820 人,其中少年犯 72 人。

1918 年

2 月 28 日　少年犯监舍租赁到期,续借 3 年,每月租金提高至白银 350 两。

5 月　新建的 FG 监(今 3 号监)启用。

是年　减刑方案已扩大到无期犯,只要符合相关条件,服刑 15 年后可获释放。3 名俄国人和 2 名捷克斯洛伐克人被监狱聘用为见习看守。

一名犯人在工场用利器袭击伤害另一名犯人,后被加刑 2 年。

全年　新收 3 491 人,其中少年犯 109 人,减刑释放 418 人,死亡 123 人。最高关押 1 918 人、最低关押 1 672 人,日均押犯 1 817 人,年底押犯 1 801 人,其中少年犯 122 人。

1919 年

是年　印籍看守 87 人被任用,28 人由于长期休假逾期未归被免职。

全年　新收 2 891 人,其中少年犯 43 人,减刑释放 491 人,死亡 116 人。最高关押 1 705 人、最低关押 1 421 人,日均押犯 1 568 人,年底押犯 1 486 人,其中少年犯 65 人。

1920 年

上半年　英国生产的专用锁具到货一部分,先安装在 FG 监。

12 月 12 日　监狱西籍助理看守杰克逊,在南京附近的射击中,意外中枪伤而死亡。

是年　监狱设立初犯部,专押初次犯罪的短刑期犯人。

全年　新收 3 692 人,其中少年犯 40 人,减刑释放 431 人,死亡 98 人。最高关押 1 695 人、最低关押 1 410 人,日均押犯 1 577 人,年底押犯 1 622 人,其中少年犯 51 人。

1921 年

是年　监狱一名看守,因不服从命令,送交英国法庭判罪。

对印刷、装订、厨房、制衣房和主大门工作的看守发放特殊津贴。

33 名外籍犯,由会审公廨判决在监狱服刑,其中一人被判刑 14 年。

全年　新收 3 897 人,其中少年犯 44 人,减刑释放 525 人,死亡 68 人。最高关押 1 615 人、最低关押 1 475 人,日均关押 1 532 人。年底押犯 1 095 人,其中少年犯 41 人。

1922 年

2 月 6 日　京师第一监狱典狱长王元增参观监狱。

6 月　HI 监(今 4 号监)启用,关押初犯和刑期在 2 年以下的犯人。监狱又新招印度籍看守。

12 月 14 日　前司法总长、法权讨论会会长张耀曾、京师高等审判厅厅长沈家臻、江苏高等审判厅厅长朱献文参观监狱。

是年　接收从各领事馆转来服短刑期的外籍犯 12 名。英籍查理·韦瑟里德任典狱长。

在监狱西南角建造 4 幢 3 层高、面对华德路的官长宿舍。

全年　新收 5 378 人,减刑释放 431 人,死亡 61 人。最高关押 1 638 人、最低关押 1 464 人,年底押犯 1 587 人,其中少年犯 49 人。日均关押 1 556 人。

1923 年

2 月 28 日　少年犯监舍继续租用,每月租金提高至白银 450 两。

是年　监狱分别购置 2.227 亩、1.892 亩、0.833 亩的三块土地。

全年　新收 5 378 人，其中少年犯 84 人，减刑释放 442 人，死亡 38 人，最高关押 1 848 人，最低关押 1 495 人，年底押犯 1 848 人，其中少年犯 83 人。日均关押 1 616 人。

1924 年

4 月 17 日，哈尔滨特别区警察总管理处秘书长瞿绍伊参观监狱。

5 月 25 日　监狱少年监楼（J 监）落成。楼高 5 层，计牢房 110 间。至此，监狱已有监楼 6 幢，囚室共 1 550 间。另有 1 幢 3 层的储藏楼同时落成。

是年　监狱购置面积分别为 1.828 亩、2.492 亩、4.079 亩和 3.705 亩的四块土地，其中后面两块价格总计 36 355.5 两银子。

全年　新收 5 911 人，其中少年犯 38 人，减刑释放 404 人，死亡 24 人。最高关押 2 085 人，最低关押 1 652 人，年底押犯 2 066 人，其中少年犯 59 人。日均关押 1 800 人。

1925 年

4 月　监狱将犯人计分减刑的制度扩大到服刑 1 个月至 2 年以下的犯人。

中共党员葛耀山（江苏高邮人）入狱，4 个月后出狱。1939 年在江西宁都战斗中牺牲。

5 月 24 日　法权调查会各国代表参观监狱。

8 月 21 日　监狱在押的外籍犯全部移押厦门路监狱，从即日起至 1935 年 8 月止，监狱停止收押外籍犯。

9 月　监狱新的仓库大楼竣工。

在押的 47 名死刑犯移押龙华军事当局。年底监狱在押死刑犯 106 名。

是年　中共党员涂作潮（湖南长沙人）入狱一个月，化名唐保生，中华人民共和国成立后曾任上海电机厂厂长助理等。系中共六大代表。

全年　新收 1 882 人，其中少年犯 62 人，外籍犯 127 人，减刑释放 518 人，死亡 34 人。最高关押 2 320 人，最低关押 1 944 人，日均关押 2 116 人。年底押犯 2 307 人。

1926 年

10 月 5 日　国际治外法权委员会官员参观监狱。

是年　新收 5 718 人，其中少年犯 54 人，外籍犯 143 人，死亡 27 人。减刑释放 2 069 人。最高关押 2 360 人，最低关押 2 175 人，日均关押 2 231 人。年底押犯 2 360 人。

1927 年

10 月 26 日　美国参议员参观监狱。

是年　为了减轻监狱的拥挤程度，临时法庭长官发布命令，允许所有刑期不满一年的初犯用赎金代监禁,以一元抵折一天。902名犯人符合上述条件的,其中只有42人获得赦免。

年内　中共沪西区委干部刘怀清(江苏盐城人)入狱,1930年在监狱被折磨致死。

全年　新收5558人,其中少年犯83人,外籍犯187人,减刑释放2901人。死亡36人。最高关押2806人、最低关押2115人。日均关押2499人。年底押犯2457人,其中死刑犯49人。

1928年

2月28日　台湾地区法官金子安次郎参观监狱。

10月2日　上海临时法院院长何世桢参观监狱。

是年　监狱雇用一名华籍医生,对新入监犯人进行体检。

全年　新收4390人,其中少年犯71人,外籍犯140人,减刑释放3019人。最高关押4062人、最低关押2722人,死亡59人。日均关押3460人。年底押犯4071人。

1929年

1月　中共党员陈履真(安徽萧县人)入狱,2月获释,后任中共沪东区委书记等,1932年11月在南京雨花台就义。

4月7日　典狱长麦肯齐退休。

4月9日　绑匪犯周顺清等5名死刑犯,趁提押去医院看病之机,用铁器将印籍看守击昏倒地,夺枪打死2名印籍看守。周犯被另一名印籍看守击毙,余犯逃回原押监室。

5月30日　中共上海沪西区委书记张浩(湖北黄冈人)入狱,9月出狱,1942年3月6日病逝于延安。

5月　上海反帝大同盟总务部部长、党团书记陈绍文(四川潼南人)入狱,40天后出狱。中华人民共和国成立后曾任最高人民法院副院长。

7月　作家阿英(安徽芜湖人)入狱,中华人民共和国成立后曾任全国文联秘书长。

8月　中共闸北区委副书记张爱萍(四川达州人)入狱20天。中华人民共和国成立后曾任国务院副总理,1955年授上将军衔。

11月14日　下午,小工陆炳荣在三楼工作,不慎坠地,肋骨震断,左臂断,大肠流血,当时殒命。

11月22日　中共临时中央政治局委员任弼时(湖南汨罗人)入狱,化名彭德生,同年12月25日出狱。后任第六、七届中共中央政治局委员、中共中央书记处书记等。

11月　中共早期马克思主义理论家杨匏安(广东香山人)入狱,化名陈君复,次年6月出狱。1931年8月5日在龙华就义。

中共党员、上海总工会青工部长周朴农(浙江鄞县人)入狱,同年12月出狱。中华人民共和国成立后曾任浙江省政府办公厅行政科科长。

12月　上海艺术大学党支部书记江上青(江苏扬州人)入狱,化名张玉清,次年12月出狱。后系皖东北革命根据地创始人之一,1939年8月29日在安徽泗县牺牲。

年内　中共党员傅学群(湖南长沙人)入狱,化名林波影,1931年2月出狱。中华人民共和国成立后在上海宣传文化系统工作。

中共党员、共青团浦东区委干部陈从道(江苏武进人)入狱,1932年春出狱。1938年10月遭敌机轰炸,在湖北牺牲。

是年　监狱外围的警戒任务由万国商团俄国队担任。

全年　新收5 130人,其中少年犯73人,外籍犯72人,减刑释放3 609人。最高关押5 036人、最低关押4 016人,死亡130人。日均关押4 422人。年底押犯4 751人。

1930年

1月　郑绍文(四川潼南人)第二次入狱,同年10月出狱。

年初　新建的LM监(今5号监)、NO监(今6号监)启用,两幢监楼共有囚室920间,全监狱共拥有囚室2 466间。

2月　共青团员陈伯村(四川岳池人)入狱2个月。中华人民共和国成立后曾任电力工业部副部长。

4月9日　创造社中共党组成员彭康(江西萍乡人,今属上栗)入狱,化名彭子劫。1935年5月移押苏州反省院。中华人民共和国成立后曾任上海交通大学校长、党委书记,系中共八大代表。

5月　中共党员陆维特(福建长汀人)入狱,化名王元湖,同年12月出狱。中华人民共和国成立后曾任福建省科协主席、党组书记。

6月28日　监狱看守60余人罢工,在英驻沪总领馆门前集会,要求更换新任捕头,事后1人被开除,67名印度看守全部免职。警务处从各巡捕房调52名华籍巡捕到监狱充当看守。

7月　中共党员周奎麟(江苏太仓人)入狱,1931年出狱。1932年4月—1937年4月又囚禁狱中。后参加新四军,1942年6月在江西上饶集中营遇害。

8月　江湾立达学园学生唐麟(湖南新邵人)入狱,化名唐克明,次年8月出狱。中华人民共和国成立后曾任湖南省委宣传部部长,系中共八大代表。

9月　中共党员王凌波(湖南宁乡人)入狱,化名黄德宣,1932年4月出狱。

曾任延安行政学院副院长，1942年9月3日病逝于延安。

11月　中共中央宣传部干部吴亮平（浙江奉化人）入狱，化名吴励屏，1932年8月出狱。中华人民共和国成立后曾任化工部副部长，系中共七大代表。

是年　中共党员、共青团沪南区委书记李文卿（湖北嘉鱼人）入狱。1个月后出狱，1934年在南京雨花台就义。

英籍息姆斯任典狱长，英籍胡德任副典狱长。年内新招收管理人员149人，其中西籍7人、印籍90人、华籍52人。辞职11人、免职71人。本年上海公共租界万国商团派俄国分队驻任提监狱警卫队。

全年　新收8 515人，死亡223人。最高关押5 706人、最低关押4 558人。日均关押5 067人。年底押犯5 664人。

1931年

1月22日　中共浦东区委书记王明（陈绍禹）（安徽六安人，今属金寨）入狱，化名王洁明，2月18日出狱。后曾任中共中央政治局常委等。

4月　中共党员王任叔（浙江奉化人）入狱，10月出狱。中华人民共和国成立后曾任中国驻印度尼西亚大使。

5月30日　红七军20师59团团长袁也烈（湖南洞口人）入狱，化名袁映吾。1934年10月移押苏州反省院。中华人民共和国成立后曾任解放军海军副参谋长，1955年授少将军衔。

6月　监狱东扩30亩的地面上新建筑物布局形成，九幢钢骨水泥监房、办公、工场、医院楼均结构封顶。

9月26日　绑票犯陆阿根、吴慎芝、王松林，从狱中提出押解至漕河泾监狱执行枪决。

11月　英籍典狱长退休，英籍副典狱长胡德任代理典狱长。

年内　PQ监（今7号监）、大工场启用。全监参加劳作的犯人日均1 221人。新招收管理人员178人，其中西籍14人、华籍164人。

全年　新收10 607人，最高关押6 837人、最低关押5 590人。日均关押6 300人。死亡207人。年底押犯6 745人。

1932年

1月28日　桂涛声（云南沾益人、回族）入狱，刑满后转押苏州反省院。中华人民共和国成立后任上海音乐家协会副主席，系《在太行山上》的歌词作者。

2月　犯人伙食由三餐制改为二餐制。

3月6日　中共党员黄洛峰（云南鹤庆人）入狱，1933年10月出狱。中华人民共和国成立后曾任文化部部长助理，系中共八大代表。

4月　进步青年周立波（湖南益阳人）入狱，次年11月出狱，移押苏州反省院。

1935年1月加入中国共产党,中华人民共和国成立后曾任湖南省文联主席。

中共上海沪西区委宣传部长杨放之(河南济源人)入狱,化名吴敏,刑满后移押苏州反省院。中华人民共和国成立后曾任国务院副秘书长。

中共党员林青(贵州毕节人)入狱,次年出狱。曾任中共贵州省工委书记,1935年9月在贵阳就义。

中共党员徐君曼(浙江宁波人)入狱,1934年10月31日出狱。中华人民共和国成立后曾任商务印书馆副总经理。

5月　进步青年陈倦曦、谢铭荣、金啸远、郑彦松4人入狱。陈倦曦又名陈谷音(重庆武隆人),后移送苏州反省院,1935年8月出狱,1936年10月加入中国共产党,中华人民共和国成立后曾任北京航空学校党委书记。谢铭荣(贵州贵阳人),化名谢明远,次年在狱中加入中国共产党,1934年8月因病保外,中华人民共和国成立后曾任贵州省贵阳市委常委。金啸远,又名金承铭(贵州福泉人)次年因病在狱中去世。

是月　上海社会科学研究总会负责人兼党团书记曹荻秋(四川资阳人)入狱,化名张云卿,1937年4月移押苏州反省院,同年8月获释。中华人民共和国成立后曾任上海市市长。

季楚书(江苏无锡人)入狱。中华人民共和国成立后曾任上海电力管理局党委书记。

7月16日　监狱执行国民政府颁布的大赦令,至年底共赦释1 983人,其中重新逮捕判刑者251人。

7月　英籍杰克逊任副典狱长。

11月　中共上海沪中区宣传干事李守宪(湖北沔阳人)入狱,化名王诗,1937年11月出狱。中华人民共和国成立后曾任中南民族学院党委书记。

12月　中共党员姜维新(又名郑承,江苏建湖人)入狱,1945年7月出狱。中华人民共和国成立后曾任提篮桥监狱副典狱长。

年内　新招收管理人员66人,其中西籍4人、印籍27人、华籍35人。

全年　新收7 251人,死亡232人。全年最高关押7 251人、最低关押6 384人。日均关押6 695人。年底押犯6 662人。

1933年

2月10日　国民政府外交部部长兼司法行政部部长罗文干、司法行政部次长郑天锡视察监狱。

3月18日　监狱"看守巡监自动记录系统"工程启动。该系统主体安装在办公楼钥匙间,形似落地座钟,以电线连接各监房各楼面关键部位锁孔。看守在指定区域内巡视,须按时开启锁孔。

5月　拆除监狱最早建成的AB监、CD监、E监及初犯部等建筑,重建新监楼。

中华艺术大学党支部书记韩托夫(海南文昌人)入狱,1938年11月出狱。中华人民共和国成立后曾任暨南大学副校长。

6月13日　代理典狱长胡德因病解职,英籍韦华德任典狱长。

10—11月　监狱新办公楼、工场、少年犯监、RS监(今8号监)、炊场与洗衣房的扩充部分、印籍看守宿舍开始使用。新辟华德路147号大门。门梁水泥镌刻英文上海工部局监狱。

11月20日　监狱内8层楼高的医院启用,至12月31日止,日均住院222人,门诊746人。

12月13日　英国妇女活动家费赖伊参观监狱。

是年　英国女王举行登基25周年大典,狱内部分犯人被大赦出狱。

年内　新招收管理人员38人,其中西籍7人、印籍14人、华籍17人。

全年　新收6 757人,减刑581人,死亡187人。最高关押6 757人、最低关押6 294人。日均关押6 563人,年底押犯6 312人。监狱医院收容治疗犯人8 917人次。

1934年

1月　建于爱尔考克路(今安国路)上监狱外籍管理人员家属宿舍交付使用。内有16套三间房单元和6套四间房单元。底层是停车场。

6月7日　成泰营造厂19岁的学徒工王阿林在监狱扩建工地上失足死亡。

7月2日　原有印籍看守宿舍改造竣工,由华籍看守迁入使用。

10月　中共江苏省委书记章汉夫(江苏武进人)入狱,次年被营救出狱,中华人民共和国成立后曾任外交部副部长。

年内　根据1932年6月24日国民政府颁布大赦令应赦免的犯人,年内继续释放部分犯人,与前合并计算共释放2 730人,其中重新逮捕判处徒刑者904人。

监狱施行犯人假释制度,凡经假释的犯人须具铺保,在刑期未满前,按月向居住地捕房报告,并受捕房监察。经考量后拟可假释者有296人,但最后假释者仅16人。

新招收管理人员111人,其中西籍20人、印籍19人、华籍72人

年底　重建的RD监(今1号监)和AB监(今2号监)竣工,分别于次年8月19日、21日启用。

全年　新收6 357人、减刑166人。最高关押6 357人、最低关押6 020人。死亡197人。日均关押6 166人。年底押犯6 192人。

1935年

1月19日　中共特科成员欧志光(广东中山人)、张玉山(陕西人)、袁友方

(上海崇明人)、杨德新(广东番禺人)、董纪全(江苏徐州人)提押出狱,在漕河泾监狱执行绞决,英勇就义。

5月　中共党员黄乃一(重庆江津人)入狱,化名黄野平,1935年12月出狱。中华人民共和国成立后曾任国家民航总局政治部副主任,系中共十二届纪律检查委员会委员。

7月初　进步青年任富定(浙江鄞县人)入狱。1937年12月25日出狱,1942年参加中国共产党。中华人民共和国成立后曾任沈阳市人事局副局长。

8月22日　水电工冯孟福到监狱炊场,站在大铁锅的锅盖上维修自来水龙头,不慎掉入滚烫的开水中,后紧急送医治疗,医治无效于9月4日死亡。

8月　进步青年楼明山(浙江余姚人)入狱,1937年6月出狱,次年参加中国共产党,1941年9月在浙江定海牺牲。

9月15日　监狱西人监(外人监)启用。厦门路监狱撤销,房屋交工部局工务处使用。外籍犯全部移押入狱。监狱共有外籍男犯39人、女犯1人。

10月　新建的小J监,作为童犯感化院启用,位于爱尔考克路的童犯感化院关闭,在押少年犯全部迁入。

11月　进步青年钱国华(浙江定海人)入狱,化名陈盛梁,1938年5月出狱,同年9月参加中国共产党,1941年3月在战斗中牺牲。

中共党员姚家礽(江苏苏州人)入狱,1938年11月出狱。中华人民共和国成立后曾任海军军事科学院院务部副部长。

进步青年杨子清(江西九江人)入狱,1937年5月出狱,1938年初参加中国共产党。1941年7月在战斗中牺牲。

12月12日　公共租界工部局在《申报》上公开招聘提篮桥监狱副典狱长,条件是熟识英文,年龄在28—40岁,最好未婚,并须有陆军、海军、警务或狱务经验。

12月　中共党员、共青团江苏省委秘书长徐建楼(江苏南通人)入狱,化名张明勋(又名张勋),1938年6月出狱。中华人民共和国成立后曾任山东省冶金局局长。

中共党员张海帆(陕西汉中人)入狱,1938年出狱,1940年4月在安徽金寨牺牲。

年内　依照国民政府大赦法令,90人获减刑。根据国民政府7月5日公布的修正假释条款,62人(一说110人)获假释。

在监狱东围墙处加建一座岗楼,位于今8号监与医院之间。

全年　新收6192人,最高关押6192人、最低关押5639人。日均关押5923人。死亡196人。年底押犯5674人。

1936年

1月　典狱长发布并实施《公共租界工部局监狱华职员规例》。

2月18日　中华民国律师协会第七届代表大会部分会员参观监狱。

3月　进步青年甘爽（江苏金坛人）入狱，后移押苏州反省院，1937年8月获释，1938年6月参加中国共产党，1941年4月21日在江苏吴县牺牲。

4月2日　英籍副典狱长杰克逊退职。

4月27日　共青团江苏省宣传部部长邹泽沛（重庆江津人）入狱，化名李文新，又名李中，1941年7月病亡狱中。

4月　共青团江苏省委代理书记许亚（江苏张家港人）入狱，化名陈英，1941年9月出狱。中华人民共和国成立后曾任福建省委书记、副省长，系中共八大代表。

中共党员商纪连（浙江嵊县人）入狱，化名张健民，1939年出狱，1941年8月3日在江苏江阴战斗中牺牲。

6月1日　英籍肖培德任副典狱长。当月典狱长改称狱务监督，副典狱长称副狱务监督。

7月　中共党员刘俊（江苏启东人）入狱，化名张金生，1939年1月出狱，中华人民共和国成立后曾任江苏南通地区交通局局长。

8月31日　印度籍杀人犯乌码定由英国人在狱中执行绞刑，系狱中处绞刑的第一人。

9月1日　严景耀（浙江余姚人）任助理狱务监督（副典狱长），分管感化院，系监狱首任华籍行政最高长官。

9月　法国作家罗克洛德关押狱中，次年1月23日乘船移押越南。

12月29日　印籍杀人犯阿特玛辛在狱中执行绞刑时，吊索突然断裂，摔在地板上，行刑中止。报经英国驻华大使许阁森批准，减为无期徒刑，押解印度监禁。

是年　各监房与管理大楼钥匙间，安装了内线电话。13人移押北新泾司法行政部直辖第二监狱。

全年　新收5838人，减刑96人，假释38人，死亡197人。最高关押5838人、最低关押5339人，日均关押5542人。年底押犯5910人，其中少年犯158人、外籍犯72人。

1937年

1月11日晚　监狱英籍高级官员斐氏（又译为彼得）在爱尔考克路监狱西籍宿舍内自杀身亡。

1月11日　英籍副狱务监督肖培德病亡。

2月1日　英籍郭亮泰任副狱务监督。

5月1日　英籍桑慕森任副狱务监督。

8月13日　全面抗战爆发，监狱处于黄浦江畔的激战前沿。2发炮弹击中舟山路昆明路转角处的岗楼。此后岗楼驻守人员全部撤下。

8月17日　上午5点半,监狱被炮弹击中多次,监狱医院被击中3次,60名犯人受伤;PQ监(今7号监)、RS监(今8号监)被击中1次或多次,共有犯人9人死亡,印籍职员宿舍击中一次,1人受伤。

8月20日　清晨4时许,一枚炮弹击中PQ监,9名犯人受伤。下午6时日军水上飞机投下一炸弹,击中舟山路汇山菜场,毗邻该菜场的监狱围墙和外籍犯男监(今十字楼)受损,但无人员受伤。

8月22日　上午,FG监(今3监)一犯人被榴霰弹击中,伤势严重。迫于形势紧急,监狱关闭西人监和童犯感化院,释放51名外籍犯、258名少年犯、206名华籍短刑犯。全监尚有在押犯人6 064名。同时将500名华籍轻刑犯移押漕河泾监狱释放。

8月23日　监狱南围墙被一炮弹击中,围墙略有损坏。

8月26日　狱务监督韦华德因病告假,英籍郭亮泰代理狱务监督。

8月27日　凌晨,一炮弹击中巡捕医院,弹片飞入印籍看守宿舍,5人轻伤、3人重伤。

9月8日　夜,多发炮弹落在监狱附近,其中一发击中华籍看守宿舍,3人受轻伤。

9月19日　夜,一炮弹落入华德路117号监狱已婚职员宿舍,无人员受伤。

11月30日　监狱西人监恢复使用,当日收押3人。

是年　67人移押北新泾部辖第二监狱,7人移押华界其他监狱。

全年　新收6 209人,其中外籍犯233人,减刑42人,假释57人。全年最高关押6 212人、最低关押4 674人,日均关押5 600人。死亡296人。年底押犯5 221人,其中外籍犯19人。

1938年

1月26日　监狱童犯感化院恢复使用,当日入狱11人,到年底为127人。

4月1日　英籍郭亮泰任狱务监督。

5月9日　上午10时许,俄籍职员邱兰脱夫在监狱开枪自杀身亡。

6月10日　英籍副狱务监督桑慕森调任工部局警务处。英籍惠恩华任副狱务监督。

是年　15人移押上海第二特区监狱。

全年　新收6 445人,减刑27人。最高关押6 445人、最低关押5 181人,日均关押6 055人。死亡327人。年底押犯6 435人,其中外籍犯123人。

1939年

全年　新招管理人员55人,其中西籍11人、印籍15人、华籍29人。

新收14 399人,减刑19人,假释36人,死亡258人。最高关押8 517人、最低关押 6 201 人,日均关押 7 034 人。年底押犯 8 420 人,其中外籍男犯 120 人、外籍女犯 9 人。

1940 年

1 月 1 日　监狱押犯达 8 530 人,创历史最高纪录。

2 月底　看守李泽丹因收受贿赂的嫌疑被捕房拘押,经第一特区法院讯结,诈欺未遂,处罚金 60 元。

3 月 18 日　工部局发布公告,称监狱 8 500 余名犯人,支出太大,决定组织四人"特别委员会",研究减发食米以节减囚粮进行 3 个月试验。由原三餐制改为二餐制。3 个月后,恢复原状。

11 月 30 日,监狱印度看守举行罢工,向监狱当局提出要求提高待遇。

全年　华籍犯人早餐所用之米减少一半,代为等量的苞米和高粱。

新收 12 597 人,假释 17 人、减刑 14 人,保外服役 96 人,死亡 416 人。最高关押 8 530 人,最低关押 7 107 人,日均关押 7 596 人。年底押犯 7 656 人。

1941 年

1 月　"吃角子老虎大王"美国人杰克·拉莱关押狱中。

12 月 8 日　太平洋战争爆发,日军侵占公共租界。工部局警务处日籍助理处长菅井喜三郎率一批日籍警官接管监狱,改名为"上海共同租界工部局华德路刑务所",菅井喜三郎任刑务所长。

全年　新收 10 375 人,假释 70 人,减刑 13 人,保外服役 29 人,死亡 324 人。最高关押 7 722 人、最低关押 7 175 人,日均关押 7 284 人。年底押犯 7 139 人,其中少年犯 83 人。

1942 年

2 月　日本当局从外务省调本田清一等 10 人到刑务所(监狱),本田任所长。原所长菅井喜三郎调回工部局。

5 月 2 日　印刷工场失火,纸张铅字受损严重。

9 月 14 日—12 月 13 日　犯人伙食改为一粥一饭,食米量为原量的一半。

9 月　中共党员杨佐青(吉林阿城人,今属黑龙江省)入狱,抗战胜利后出狱。中华人民共和国成立后曾任哈尔滨市人民委员会副秘书长。

全年　新收 9 176 人,假释 20(一说 49)人,死亡 472 人。最高关押 7 361 人,最低关押 5 081 人,日均关押 6 346 人。年底押犯 5 441 人。

1943 年

7 月 22 日　日本驻上海总领事馆租借监狱原西人监女牢的房屋,期限 1 年。

8 月 1 日　汪伪政府派人接收监狱,监狱改名为司法行政部直辖上海监狱

（简称上海监狱）。邢源堂（江苏江阴人）任典狱长。不久，狱中的RD、AB、FG、HI、LM、NO、PQ、RS监改为忠、孝、仁、爱、信、义、和、平监。接收时，监狱共有犯人4 620人，其中华籍成年犯4 423人，少年犯68人，外籍男犯94人、外籍女犯6人，其中领事馆寄禁外籍男犯28人、外籍女犯1人。日后外籍职员及看守陆续辞退，只出不进，所有司法文书和档案一律改用中文。

8月16日　狱内多幢监楼内的消防用具被看守损坏或偷窃。

8月　朱刚（江苏苏州人）任副典狱长，次年3月离职。

是年　监狱一厉姓工作人员收受犯人家属金钱，私自更改一个犯人的执行年月，从而使该犯提前获释。案发后，厉某被判处徒刑。

1944年

1月4日　凌晨，监狱死刑犯郁银才在忠字监5楼锯断铁栅，钻出监室，打死值夜班的印籍看守，换上制服，妄图乘看守换岗之机脱逃，后被查获。事后监狱对被害看守举行隆重葬礼，并予以抚恤。

1月9日　汪伪政府司法行政部部长张一鹏视察监狱。

2月　监狱看守人员中秘密成立中共地下党支部，赵英盛（山东肥城人）任支部书记，宁奎元、庞兴仁任支部委员。该党支部属中共上海警察局工作委员会（简称警委）领导，坚持"隐蔽精干，长期埋伏，积蓄力量，以待时机"的斗争策略。

5月　典狱长邢源堂辞职，钱恂九（江苏无锡人）任代理典狱长。

8月　曾任中国工农红军团政委的刘鹤孔（江西永新人）入狱，化名李亦鸣，次年8月出狱。中华人民共和国成立后曾任一机部副部长，1955年授少将军衔。

10月6日晚上　关押在华德路日军集中营（十字楼）的8名美国籍犯人翻越围墙脱逃，事后5人被捕获。

10月底　代理典狱长钱恂九辞职。

11月1日　沈关泉（上海人）任代理典狱长。

12月　根据汪伪上海市市长兼市警察局局长陈公博指令，监狱准备征调500多名犯人去浙江嵊泗为日军作苦力，修筑工事。

王慕贤（上海人）任助理典狱长，次年离职。

1945年

1月　在日籍看守长三浦增雄等带押下，监狱500多犯人乘船去浙江嵊泗。其间60多名犯人死于嵊泗、40多人双目失明。次年8月，幸存者返回上海。

2月　盛圣休（安徽望江人）任代理典狱长，同年4月离职。

4月16日　沈关泉任典狱长。

9月5日　国民政府上海高等法院接收委员会接收监狱，接收专员徐砥平（江苏南通人）任代理典狱长。

9月　汪伪社会部副部长、清乡委员会副秘书长汪曼云以汉奸罪被判处有期徒刑15年,入狱服刑。

12月15日　汪伪财政部次长陈日平等50名汉奸犯押解监狱。

12月16日　上海高等法院在狱内设立临时高等刑事法庭审判汉奸犯,并在狱内忠字监设临时看守所,次年夏,扩大到孝字监。

12月25日　司法行政部直辖上海监狱第一分监(女监)在长阳路117号(原监狱西人监女监)成立,收押全市女犯,陈咏声(女,湖南长沙人)首任分监长。原北浙江路女监撤销。

12月　盟军美军军事法庭借用监狱西人监(十字楼),关押日本战犯。

1946年

1月5日　代理典狱长徐砥平辞职。江公亮(安徽旌德人)任代理典狱长,同年6月离职。

1月6日　司法行政部总务司司长顾汝勋视察监狱。

1月17日　监狱在《华美晚报》上刊登消息,公开招考20名看守。

1月18日　美军军事法庭在狱内开庭,首次审判日本战犯。法官、检察官、律师、翻译、书记官等均为美国军官。受审者18人中有侵华日军第34军参谋长镝木正隆少将等。这是抗战胜利后在中国境内第一次对日本战犯的审判。

1月　监狱派员去原部辖第二监狱和原漕河泾监狱遗址进行勘察,8月雇工将后者开垦,10月发布告"奉部令辟为狱属漕河泾农场"。

2月20日　上海高等法院开庭审判原典狱长沈关泉和总务课课长徐泉源。同年11月4日,沈以汉奸罪被判处有期徒刑7年,褫夺公权5年;徐以汉奸罪被判处有期徒刑1年半,褫夺公权2年。

2月28日　美军军事法庭判处镝木正隆等5人死刑、福木龟治大佐无期徒刑、酒井定次少佐等11人有期徒刑20年至1年半,1人无罪释放。

3月7日　美军军事法庭判处侵华日军上海吴淞和江湾战俘营翻译主任石原勇终身监禁。

3月9日　汪伪驻"满洲国"大使陈济成入狱服刑。

3月14日　美军军事法庭判处奉天战俘集中营主任三木遂有期徒刑25年。

4月3日　71名汉奸犯关押狱中,内有汪伪上海商会董事长闻兰亭、汪伪上海市商会理事长袁履登、日伪上海市银行业公会秘书长林康侯、汪伪监察院院长梁鸿志、司法行政部部长吴颂皋、宣传部部长赵尊岳、审计部部长夏奇峰、财政部次长严家炽、外交部次长汤良礼、教育部次长刘仰山、司法行政部次长赵钲铛,浙江省省长傅式说、广东省省长陈春圃、汪伪驻日本大使蔡培、江苏省警务处副处长谢葆生、广东省党部书记长冯节、上海高等法院院长徐维震、上海经济局局长许江、上海地政局局长范永增、上海教育局局长戴英夫、上海公用局局长叶雪松、上海社会福利局局长周毓英、中央储备银行副总裁钱大櫆等。

4月9日　汪伪沪西警察署署长潘达等80名汉奸犯押解狱中。

4月15日　汪伪宣传部次长章克等17名汉奸犯押解狱中。

美军军事法庭判处侵华日军第13军司令官泽田茂中将等3人，有期徒刑各5年，1人有期徒刑7年。

4月19日深夜　日本战犯侵华日军驻台湾司令、总督安藤利吉大将在狱内服毒身亡。他是中国境内自杀死亡的日军最高将领。

4月22日　镝木正隆、藤井勉、增井庄造、松田耕一、白井与三郎5名日本战犯，在狱内绞刑房被美军执行绞刑。

4月26日　美军军事法庭判处日本战犯向山玉忠等3人有期徒刑分别27年、22年、20年。

5月10日　美军军事法庭判处日本战犯泽牧良夫有期徒刑30年。

6月8日　美军军事法庭判处日本战犯中野良雄无期徒刑、川井清海等3人各有期徒刑30年。

6月24日　徐崇文（湖北汉阳人）任典狱长。

7月26日　强盗犯宣长根在狱内绞刑房执行绞刑。

7月25日　美军军事法庭判处日本驻台湾第十方面军参谋长谏山春树中将等2人无期徒刑，杉浦成孝等2人死刑（后未执行）、1人有期徒刑40年、2人30年、1人20年。

8月26日　美军军事法庭初审德国纳粹战犯欧哈德等23人。

9月3日　美军军事法庭判处侵华日军华南派遣军第23军司令官兼香港总督田中久一中将死刑（同年10月17日田中久一再次被广州军事法庭判处死刑，次年3月27日在广州流花桥刑场执行枪决）。参谋长富田直亮少将死刑（后未执行）。判处日本战犯2人无期徒刑，1人有期徒刑50年，1人无罪释放。

9月13日　司法行政部部长谢冠生视察监狱。

9月14日　江苏第三监狱陈则民等30名汉奸犯移押监狱。

9月16日　美军军事法庭判处侵华日军奉天战俘营医官桑岛恕一大尉死刑，战俘营主任松田元治大佐有期徒刑7年。

10月2日　汪伪苏北地区清乡公署主任兼保安司令张北生等40名汉奸犯从苏州移押监狱。

10月11日　上海第一绥靖区司令官李默庵视察监狱。

11月9日　日伪南京维新政府行政院院长梁鸿志在监狱刑场执行枪决。

这是在提篮桥监狱刑场上被执行枪决的第一人。

11月13日　美军军事法庭对欧哈德案中的沈克等6人宣判,无罪释放,余犯继续审讯。

11月27日　司法行政部监狱司司长朱维明视察监狱。

11月28日　日本战犯、侵华日军第六方面军司令冈部直三郎大将因脑溢血死于监狱医院。他是中国境内因病死亡的日军中的最高将领。

12月　中共地下党员李时雨(黑龙江巴彦人)入狱,1949年2月出狱。中华人民共和国成立后曾任国务院宗教局党组成员。

监狱押犯3 895人,其中已决犯2 423人、未决犯1 472人。

年内　知名电影女演员夏佩珍、袁美云、陈云裳因烟毒罪判刑入狱。

1947年

1月16日　原押狱中的180多名日本战犯及嫌疑人移押江湾战犯拘留所。

1月17日　美军军事法庭对德国纳粹战犯21人进行宣判,其中1人处终身监禁、2人处刑30年,其余18人5年至20年。

1月25日(旧历除夕)　上海地方检察处对符合赦免条件的612人释放。

1月29日　汪伪浙江省财政厅厅长张德钦因病死于狱内。

2月1日上午　奉天战俘营医官桑岛恕一大尉在狱中被执行绞刑。

1月　监狱在押2 566人,其中已决犯1 473人、未决犯1 093人,死亡9人。

1月—2月5日　监狱执行大赦,共赦免释放1 189名(其中女犯143名)。

2月8日　淞沪警备司令部军法处在监狱办理赦释军事犯82人。

2月14日　设在监狱十字楼的原美军军事法庭暨日本战犯拘留所撤销,遗屋改作高等法院临时看守所,所长陈振声。

2月18日　清晨,监狱第159号看守吴长富被人殴伤死亡在黄浦江畔,原因不明。

3月12日　汉奸犯、上海黄道会头目常玉清在监狱刑场被枪决。

3月20日　监狱集中部分懂外文的汉奸犯从事外文著作的翻译。

3月26日　烟毒犯徐光和在监狱刑场被枪决。

4月　狱内大工场增设毛巾工场,机器设备由外界厂方提供,监狱出劳动力,收取加工费。

5月　忠、孝两监(今1、2号监)各囚室加铺地板,由于经费不足,信、义、和、平四幢监楼(今5、6、7、8号监)和感化院(今9号监),只铺了一、二楼两层。

6月19日　汪伪政府铁道部部长傅式说在监狱刑场被枪决。

6月　单毓麟(湖南平江人)任设在狱内的高等法院看守所所长。

上半年　监狱致函上海市五金业同业公会,向其劝募铝皮,以制作犯人饭罐。

7月　监狱奉司法行政部部令对监狱机构改组,同时制定《狱务会议规则》《累进处遇审查会细则》《看守功过赏罚办法》等。

8月9日　汪伪政府警察总监、中央监察委员苏成德在监狱刑场被枪决。

8月12日　侵华日军第22师参谋部招抚工作班成员黑泽次男在监狱刑场被枪决。

8月14日　江苏溧阳日本宪兵队军曹富田德在监狱刑场被枪决。

8月29日　司法行政部监狱司司长叶在畴视察监狱。

10月18日　典狱长徐崇文与南京老虎桥监狱典狱长孔祥霖（江苏仪征人）对调。两人交接时,监狱共有押犯4 267人,其中已决犯2 854人、未决犯1 413人。

10月23日　英国议会访华团一行参观监狱。

11月8日　监狱内工场犯人与炊场犯人持械准备搏斗,鸣枪弹压后始告慑伏。

11月20日　柳雨生等7名汉奸犯获假释。

11月22日　日本宪兵队杭州情报主任芝原平三郎在监狱刑场被枪决。

12月10日　上海日本宪兵队准尉浅野隆俊在监狱刑场被枪决。

12月上旬　狱中第二糊盒工场全体工犯将10月份所得赏予金共111.759万元捐给受灾难民。

12月下旬　监狱看守盛自强因向犯人及其家属索贿,依贪污罪被上海地方法院查办。

1948年

1月8日　监狱糊盒工场171名犯人,把1947年11月的赏予金共101.170 6万元(法币)捐给苏北受灾同胞,委托《大公报》转交。

1月初　监狱改组课室办事机构,改原三课两所(总务、戒护、作业课,教务、卫生所)为五课三室,即教化、作业、卫生、警卫、总务课,人事、会计、统计室。

1月17日　筱快乐剧团应监狱之邀,在电台广播滑稽节目代监狱劝募病犯棉衣。19日,首批收到的棉衣150套、棉被10条送到监狱。

1月29日　截至当日,开释符合赦免条件者共1 173人,其中男犯1 030人,女犯143人。

2月17日　数名犯人密呈市参议会,揭发监狱"公报私仇、非法拷打"等六大黑幕,引起报界连日报道。23日,上海高等法院派员调查。

3月11日　上海高等特种刑事审判庭(简称特刑庭)在狱内成立。庭长王震南,首席检察官徐世贤。此庭专审"戡乱时期危害国家紧急治罪"案件。4月1

日，在隆昌路上海市警察局杨浦分局设特刑庭看守所，所长曾广熙。

3月15日　上海日本宪兵队浦东分队特高课准尉班长久保江保治、日本宪兵队浦东分队军曹野间贞二在监狱刑场被枪决。

美国援华联合会端纳参观监狱。

3月30日　日本崇明县宪兵队侦缉组长陆茂昌在监狱刑场被枪决。

4月8日　崇明日本宪兵队队长大庭早志、崇明日本宪兵队特高课课长中野久勇在监狱刑场被枪决。

4月20日　越南日本宪兵队本部特高课中国班主任兼河内宪兵队大尉队副妻苅悟、越南岘港宪兵队特高课课长田岛信雄、越南岘港宪兵队特高课军曹小西新三郎三人在监狱刑场被枪决。

5月　狱内的上海高等法院临时看守所裁撤，与北浙江路看守分所合并，成立上海地方法院第三看守所。总部设在北浙江路，分部设在提篮桥监狱内。

6月15日　司法行政部调查团团长庞德、副团长杨兆龙等巡视监狱。

6月24日　宁波日本宪兵队大尉分队长大场金次在监狱刑场被枪决。

7月7日　市参议会人权保障委员会一行10人视察监狱。

8月24日　押犯陈元盛（中央银行盗窃金砖案要犯，判无期徒刑），与同监犯王海良、姜吉祥，在风雨之夜，越狱脱逃。数日后分别被抓回。

9月1日　杭州、松江派遣队中士附员松谷义盛在监狱刑场被枪决。

9月3日　美国监狱专家阿尔哥，偕美国总领事馆史密斯，在上海地方法院院长查良镛等陪同下参观监狱及女监。

9月7日　在押28名政治犯移押江苏第三监狱。

9月9日　曾任奉系军阀张作霖顾问的日本战犯伊达顺之助在监狱刑场被枪决。

9月24日　林王公司经理王春哲因私套巨额外汇罪被特刑庭判处死刑，在监狱刑场被枪决。这是上海特刑庭设立后第一个执行的死刑犯。

9月30日　上海电力公司产业工会常务理事、中共党员王孝和从隆昌路特刑庭看守所提解至监狱，经特刑庭宣布执行死刑。在监狱刑场就义。

10月15日　杀人犯黄玉佳在监狱刑场被枪决。

10月28日　监狱全体犯人联名具呈上海市参议会，要求当局宽刑厚赦，呼请颁行保外服役条例，俾予重作新民机会。

10月　中共党员姚溱，入监狱医院治疗，后经营救保释出狱。中华人民共和国成立后曾任中宣部副部长。

11月20日　监狱8号公房厕所内发现第26号看守金瑞良（浙江玉环人，40岁），下体赤裸，仰卧便坑上，经送往公济医院，抢救无效身亡。

11月27日　监狱75人保外服役。

11月28日　汪伪上海卫生局局长袁矩范等80人假释。

11月　监狱当局克扣囚粮,激起犯人闹监。典狱长孔祥霖拿炊场看守长处理,作替罪羊。

12月2日　监狱奉令开始疏散犯人。

12月　中共上海地下党工委委员王中一(浙江镇海人)入狱,1949年5月29日出狱,中华人民共和国成立后曾任上海市杨浦区区委书记。上海中纺12厂党支部书记佘敬成(江苏扬州人)入狱,1949年5月29日出狱,中华人民共和国成立后曾任华东纺织工学院总务处副处长。中共浙江省镇海县委书记虞天石(浙江慈溪人)入狱,1949年5月29日出狱,中华人民共和国成立后曾任华东人民法院政策研究室主任。农工民主党成员许士林(上海人)入狱,1949年5月31日出狱,中华人民共和国成立后曾任上海市政协副秘书长。

1949年

1月16日　经判处死刑及无期徒刑等重刑犯54人(男犯50人,女犯4人;其中汉奸犯30人,杀人犯12人,贪污犯2人)从南京解抵上海,内有汉奸江亢虎、王荫泰、罗君强、盛幼盦、周学昌、潘毓桂、周隆庠等。

1月20日　监狱奉令疏散犯人,经一月来已交保释放530人、假释167人、保外服役432人,合计1 129人。

2月5日　汪伪宣传部部长赵尊岳等90多名犯人疏散出狱。

2月7日　监狱疏散5年以上、10年以下的汉奸犯92人。内有汪伪宣传部次长冯节、实业部次长李祖虞、司法行政部次长赵征镗、上海邮政局局长麦静铭等。

2月8日　因行政经费短缺、物价上涨、囚粮恐慌等,监狱分批疏散犯人出狱。当日疏散犯人132人。

2月9日　监狱疏散财政部关务署长张素民等犯人129人,女监疏散5年以上、10年以下犯人35人。次日又疏散犯人72人。

2月12日　监狱疏散犯人37人。

2月15日　监狱疏散10年以下犯人69人。次日又疏散犯人50余人。

2月17日　监狱犯人尚剩2 000余人。

2月19日　监狱疏散犯人86人。在1948年底奉令释放囚犯以来已先后释放4 000多人,目前尚有押犯1 900多人。

2月22日　监狱疏散汪伪杭州市市长吴念中等犯人71人,次日又疏散犯人120人。

2月25日　监狱释放犯人39人,内有小山诚之、吉坂幸友等6名日本浪人。

2月　位于狱内的上海特刑庭撤销。

3月5日　监狱100多犯人交保释放。

4月8日　典狱长孔祥霖数度坚请辞职,已获批准,典狱长一职司法行政部将委派王慕曾继任。

4月16日　在押狱中,因病在监狱医院救治的汪伪最高法院院长张韬保外就医,送往中山医院,次日病亡。

4月25日　王慕曾(浙江新登人)上任代理典狱长。次日正式接事,与前任典狱长孔祥霖交接,狱中在押犯人1463人。后又继续疏散、释放犯人。

5月3日　农工民主党中央联络员王兰亭(江苏武进人)入狱,当年5月31日出狱,中华人民共和国成立后曾任江苏省无锡市政协副秘书长。

5月4日　监狱所有工场全部停止作业。

5月14日　狱内有犯人900余名。监狱狱务会议议决"应变事项"15条。决定除政治犯、死刑犯、无期犯分别请核外,其余犯人,凡原判10年以下,无法觅保者均予释放;10年以上的有保也释放。

5月　中共地下工作者吴克坚、林亨元、翁正心对代理典狱长王慕曾成功策反;此后,王对保护狱中"政治犯"安全,配合解放接管做了有益工作。

5月24—26日　上海监狱中共地下党支部组织20多名党员和有关人士,佩带红布条,夺得枪支,占领要害部位,实行武装护监斗争。

5月27日　上海全市解放。

5月28日　上海市军管会派毛荣光、王正福等人接管监狱。接收时共有管理人员610人(其中20余人为中共党员),犯人650名(男594名、女56名,其中"政治犯"50名)。中国人民解放军华东警卫旅二团三营七连(连长梁政魁)进驻监狱,担任警戒看押任务。

5月29日　法院接收处上海监狱成立"接收专员办公室",作为全监的领导机构。

5月29日、31日　法院接收处和上海总工会(筹)联合在监狱,分两批召开"慰问与欢送'政治犯'恢复自由大会"(第一批45人、第二批5人)。中共上海市委工委书记张祺等出席首次大会,迎接王中一等出狱。并对50名"政治犯"每人发6块银元的慰问金。

5月31日　新创刊的中共上海市委机关报《解放日报》刊载《军管会接收伪上海监狱,被迫害的"政治犯"当即获释恢复自由》和《受难的兄弟自由了》两篇报道。这是上海解放以后新闻媒体对上海监狱系统的首次公开报道。

提篮桥监狱建造史略

一、监狱的建立

西方的坚船利炮打开了中国的国门,1843年11月上海开埠。1845年起,英、美、法西方三强分别在上海建起了居留地,后称为租界。1853年9月,小刀会占领上海县城,租界内的华人由500人急剧扩大到2万人,改变了原先华洋分居的状况,形成华洋杂居的局面。1861年太平军进攻上海,租界人口迅速膨胀到30万人,与此同时,犯罪案件也有所上升。1854—1861年,上海公共租界先后建起中央、老闸和虹口三个巡捕房,这些巡捕房不仅维护社会治安,而且承担监狱的职能,收押会审公廨判决的犯人。1856年,英租界在英领事署内建造了第一座小型监狱(严格意义上称看守所),主要关押在华的英国人犯。1868年,英国在华高等法院于租界内设立厦门路监狱,于1870年起关押外籍犯及少量华人。公共租界又从1884年、1891年、1898年先后建立了静安寺、杨树浦、西虹口捕房,并收押犯人。不少捕房押所规模有限,狭窄拥挤,人满为患,不敷应用。如中央、虹口、老闸捕房押所中国人,1892—1894年分别关押4 093人、4 858人、5 732人。[①]为此公共租界工部局警务总监兼代理督察长唐纳·麦肯齐,于1895年11月向董事会提出新建一座监狱,并画出一幅新监狱的草图,设有100间单独囚禁监房,每间体积6英尺×7英尺×12英尺,可容纳15名犯人,另附设医务室、浴室、一个综合劳动车间、看守及佣工宿舍,还有看守室,一垛围绕整个场所的界墙高15英尺,全部设施约需6万两银子。

建立一座大型监狱已是燃眉之急。于是公共租界工部局董事会于1899年起先后买下了靠近茂海路(今海门路)的一大片土地和汇山路(今霍山路)的22亩土地。最后决定在华德路(今长阳路)地籍编号BC2134号土地上建造新监狱及管理大楼。经过几年准备,并在麦肯齐提出监狱草图的基础上扩大规模,并向社会各界公开招标,最后由新加坡工程师中标签约。1901年11月签订高大界墙的建造合同,12月又签订1幢设有240间牢房的监楼和4幢管理楼的建造合

---

① 《上海公共租界工部局年报》(1882、1883、1894年)。

同。此时,警务处工部局监狱(提篮桥监狱)正式开始建造。1902年9月又签订了建造第二幢监楼和医务室的建造合同。这样新监狱将拥有480间及8只体积为6英尺×5英尺×8英尺10英寸的单独囚禁监房。拱形大门开设在华德路117号(今长阳路111号)。

新建的监狱是围在一垛高17英尺的界墙里,它具有坚固铁门的拱形门廊。大门两侧是4幢管理大楼,犯人的新收楼设在大门的一边,该楼高3层,底楼有犯人新收监、犯人私人衣服贮藏仓库、浴室、囚服仓库等;2楼为看守长和职员办公室,3楼是职员办公室。另一幢为看守长和职员的住宅楼,楼内设施较好。看守长住宅有1间餐厅、2间卧室,还有浴室、厨房、佣人住房等。监狱大门的另一边是看守室和犯人接见室等。进了第二道大门以后,才是狱区。看守的住宅位于狱墙之外,西籍看守①和印度籍看守分开居住,各有一幢3层住宅楼。

1903年5月18日,位于东翼的监狱第一幢监楼AB监启用;8月28日,位于西翼的第二幢监楼CD监启用。这两幢监楼均系4层,共480间监室,监房是美国式的,监狱全部用青砖和宁波石块琢磨修建,硬木地板,钢筋水泥地坪,钢骨水泥门梁,大楼窗户装有铁栅,监房的铁门是上海制造,锁具由英国伦敦霍勃·哈脱等公司供应。门开向整排监房的通道。监房设置在一座"壳形"的房屋里,只有边墙与二头墙,墙壁与牢房间距10英尺6英寸,并有木栅栏,屋内通风良好。楼梯设置在监楼的尽头,大楼的采光是用装有铁栅的大窗户。小型医院(医务室)是一幢3层楼房,位于两幢监楼之间的空地处,坐北朝南。底层为检查员的寓所、办公室、药房和储藏室,8张病床的病房间、浴室和厕所;二楼、三楼病房共有36张病床、浴室、洗碗碟室及厕所。②炊场(伙房)是一幢平房,水泥地坪,屋顶是木条,具有充分的通风设施。整个监狱占地面积约10亩左右。

1903年监狱建成启用后,大大减轻巡捕房押所超拥挤的压力。监狱首先收押刑期在5个月及5个月以上的男犯人,5个月以下的仍由各巡捕房管押;后来由于巡捕房收押人犯仍众多,判处3个月以上的犯人也归监狱收押。少年犯监最初设在CD监4楼(顶楼)的半边,计30间牢房。1905年1月4日开始收押女犯(1906年11月3日最后一名女犯出狱,③至1943年7月监狱不再关押华籍女犯)。监狱建成时全名为"上海公共租界工部局警务处监狱",或工部局监狱,又称华德路监狱、外国牢监、提篮桥监狱、西牢等。

提篮桥监狱虽然于1903年5月启用,但是狱中的部分建筑仍在继续施工建

---

① 西籍看守,以英国人为主,还包括少量的捷克、西班牙、葡萄牙、俄国等国籍的人员。
② 《上海公共租界工部局年报》(1902年),第202页。
③ 《上海公共租界工部局年报》(1906年)。

造,1904 年建成一幢 3 层高的监楼,计 36 间监室,长 9 英尺,宽 5 英尺,面积约为 4.18 平方米。每层 12 间,一边为走廊,一边为监舍,命名为 E 监。建筑费用 10 800 两白银。E 监启用后,少年犯就从 CD 监 4 楼移押到 E 监。1905 年 AB 监底的底层北端设置两间防暴囚室(橡皮监)。①

提篮桥监狱早期建筑

二、监狱的第一次扩建

随着华德路监狱的启用,巡捕房犯人的移入,1903 年启用初期押犯 156 名,年底达 430 人(其中少年犯 31 人)。②为了向职员提供更多的办公设施,旧的一层楼的看守室已加层成为 3 层楼房,并与原先的办公楼在二楼处用一条空中走廊连接起来,这样就提供了二间办公室(每间面积 18 英尺×18 英尺)和二间小房间(每间面积 8 英尺×7 英尺),此项工程由犯人劳工在外面工匠的辅助下完成的。③

随着时间的推移,押犯的增多,监狱考虑扩建。第一步就是向北扩容。监狱北部有一块编号为 1965 号的空地,土地的主人是英国老板 D.梅恩。这是他多年前购买的土地,工部局开出每亩 3 000 两白银的价格,该价格已经比购买时高出许多倍,但是梅恩仍不满足,经过几番讨价还价,1906 年 10 月,工部局董事会以每亩 3 500 两白银的价格买下这块 5.43 亩的土地,并垫高地坪,后用 17 英尺高的墙围起来,在每个墙角建起岗楼。1907 年 9 月,印度看守营房及仓库建成

---

① 《上海公共租界工部局年报》(1905 年),第 236 页。
② 《上海公共租界工部局年报》(1903 年)。
③ 《上海公共租界工部局年报》(1908 年),第 128 页。

启用。1910年夏,狱内新的洗衣房土建竣工;1911年10月,监狱犯人新收大楼建成。是年,新的监狱炊场(伙房)、洗衣房启用,并设置了洗衣机。

1912年2月6日下午,狱墙外印籍看守宿舍的顶层起火,火情起因于烟囱。该烟囱建造较简陋粗糙,烟道空间狭小,内壁不平,存在缝隙,主要原因是高度不够,烟囱冒出的火星引起屋顶木结构燃烧。大火不仅烧毁屋顶,而且涉及三楼的楼层。火情发生后,周边的救火会马上派人到场救火,将其熄灭。但焚毁印度看守宿舍楼的5间房间,屋内的衣被、家具一片焦黑,有的已化为灰烬,但无人受伤。①

1913年2月,工部局有关人员到监狱巡察,看到少年犯与成年犯同押于一座监狱,有违管理,提议把少年犯搬出监狱,甚至提出购地新建一座少年犯监狱(最后并没落实)。当年就租用位于监狱后面爱尔考克路(今安国路)和唐山路转角处的一幢3层楼高的旧烟厂厂房,改建为少年犯监,时称"童犯感化院"。

1916年起公共租界各巡捕房押所不再收押犯人,凡经会审公廨审判的犯人,全部送往华德路监狱关押。因此,监狱原有两幢监楼收押量激增,当年新收押数即达3 957人。为此监狱提出增建两幢新监楼的计划,并获得批准,通过招标后于1917年2月建造,1918年4月竣工。这两幢监楼系5层楼高,呈东西走向,每层楼面92间监室,监室呈"背对背""肩靠肩"排列,两面各46间,每间监室面积为3.5—3.6平方米。两幢监楼分别定名FG监和HI监(即今3号监、4号监),共有监室920间。由于当时正值第一次世界大战末,海上运输一度受阻,英国特制的监房门锁供应不上,再加上没有足够数量的看守人员,所以新建的FG监于1920年上半年启用,HI监于1922年6月启用。

1923年,监狱又购买面积分别为2.227亩、1.89亩、0.833亩的3块土地;1924年,购置面积分别为1.828亩、2.492亩、4.079亩和3.705亩的4块土地,其中后面两块土地的价格,总计36 355.5两白银。同年,在CD监的西面,又新建一幢坐北朝南的5层高的J监(系单面,有监室110间),并在J监的南面新造一幢3层楼储藏楼(其中第一、第二层为储藏室,第三层是工场)。至此,华德路监狱已拥有AB、CD、E、FG、HI、J共6幢监楼,共1 546间牢房。其中,关押成年男犯的主要有4幢监楼,即AB监又称西监、CD监又称东监、FG监又称南监、HI监又称北监。当时这几幢监楼关押的犯人有所区别:AB监狱(东监)、CD监(西监)除了主要关押长刑期的犯人外,还有犯人新收与出狱的功能,新犯人入狱的第一夜必须关押在东监,老犯人刑满释放前一天也必须关押在西监;FG监(南监)关押判刑2年以下者;HI监(北监)关押初犯及短刑期者(时间最短的只判3天);E监关押少年犯。1924年J监竣工启用后,E监暂不关

---

① 《申报》1912年2月8日;《工部局董事会会议记录》(第17册),上海古籍出版社2001年版,第588页。

押犯人,少年犯迁入J监。

三、监狱的第二次扩建

随着上海租界面积的扩大,通过越界筑路等方法,昔日较为冷落地方也逐渐开发,位于提篮桥地区周边的一条条马路也修筑起来。不过初建时的马路比较窄,没有下水道,一边是马路,另一边是一条排水用的小沟,以后才逐渐铺设下水道,填河铺路,拓宽马路。扩建后的监狱就被东南西北四条马路所包围,东面是爱尔考克路(今安国路),南面是华德路,西面为舟山路,北面是昆明路。由于押犯在不断增加,但是监舍有限,人满为患。最初设计方案1间监室关押1人,后改成1间监室关押3人。这虽然扩大了监狱犯人的关押人数,但是监狱的关押场所仍然无法适应实际的需要。据《上海公共租界工部局年报》记载,华德路监狱押犯数量不断增加,1911年底982人、1912年底1 129人、1927年底上升到2 457人。于是,工部局警务处的目光指向了监狱东面的爱尔考克路。

爱尔考克路建于1901年,是以租界时期英国第二任驻上海领事拉瑟福特·爱尔考克的名字命名的,它北起岳州路,南抵华德路。当时爱尔考克路与华德路的交叉处,仅有几间平房和一二家小店。工部局购下这块地皮,搬迁几户民居,把马路围在监狱范围内。监狱还越过原有的马路,向东扩展,使监狱多出了许多地方。工部局为了减少成本,加快速度,利用在押犯人的劳动力,因此扩建工程进展很快。监狱的大规模扩建,改善了原监狱拥挤的状况。

1928年开始,华德路监狱进行大规模的扩建,包括LM监(今5号监)、NO监(今6号监)等监楼,以及新的8层高并有地下室的监狱医院,也开始建造。在1928年9月有一幢监楼需要建造,招标时收到10多家标书,费用高低不一,上下差额近一倍。其中乔明记25.072万两、兴协作20.45万两、顾银记19.719万两、王明记19.4万两、辛和记19.3万两、孙祥记18.46万两、永昌泰17.835万两、新明记营造厂16.26万两、南洋兄弟建筑公司15.624万两、创新建筑厂15.325万两、成泰营造厂13.97万两。①最后工部局选定成泰营造厂建造。1931年,PQ监(今7号监)开始启用,有牢房460间。1932年,小J监启用,该监楼与其他监楼不同,呈"T"字形,1楼有一大工场,全楼有牢房188间,5楼还有大牢房8间,楼顶为放风场。1933年1月RS监(今8号监)启用,有牢房456间。

---

① 上海工部局工务处所收到的第28/34号招标书(上海档案馆档案)。

据 1931 年 6 月 20 日《申报》报道：华德路西牢内监犯，近年已达 5 000 余人，唯因老监旁所筑新监，工程进展颇为迅速，故监内拥挤情形，已稍减于前；新建监房屋，尚系 1928 年奠基。预计建筑经费共须 200 万两以上。当时已造成大半，但全部工竣，尚须在一年半之后。其基地约 30 亩，共建筑监房 4 所、工场 1 所、青年囚徒监房 1 所、囚徒医院 1 所。建监楼 4 所，各高 5 层，每所纯用钢骨水泥建造，其余办公室及医院等，各高 5—8 层不等。①新监狱耗资不菲，规模比以前更为庞大，设施也更为精良，监房、工场、医院、宿舍、杂用房、办公室等一应俱全。

四、监狱的改建

1933 年底开始，华德路监狱对 1903—1924 年使用的狱区范围内，除保留 FG 监和 HI 监外，其余原有的 AB 监、CD 监、E 监、J 监，以及老工场楼、3 层楼的医院等房屋全部拆除。在此旧址基础上，重新建造一批新的监楼。主要有新建的 AB 监、RD 监、外人区男监、外人区女监等，这些监楼均通过公开招投标的方式进行。如新建 AB 监（今 2 号监），5 层高，有 454 间监室；新建 RD 监（今 1 号监），5 层高，有 370 间监室，这两幢监楼由上海建业营造厂承建，于 1935 年 8 月启用。从当年保存下来的档案中还能看到该工程的投标书。

> 上海工部局工务处华德路工部局监狱和 A/B 牢房工程投标书
>
> 致上海工部局总办先生：
>
> 关于工部局监狱和 A/B 牢房，本厂兹提出投标书，保证按照工务处处长制定的图纸和说明书提供工程所需要的全部劳力和器材，酬劳金总额为银元 21 万 1 250 元。
>
> 敝厂还保证自本投标书被接受之日起，在六个月内完成工程，并且自愿向工部局支存合同款额的百分之十，银元 2 万 1250 元作为如期完工的保证金。
>
> 承包商签名，建业营造厂（签名）　地址九江路 10 号，日期 1933.12.7

当时新建最引人注目的是一幢呈"十"字状 6 层高的外籍犯男监，建筑面积 6 560 平方米，设有电梯，作为专押外籍犯的"西人监"，又称"外人监"。该监楼从高空俯瞰呈"十字"形，分呈东南西北四翼。大楼中央有凸出的圆弧穹顶，穹顶上

---

① 《华德路新西牢落成期》，《申报》1931 年 6 月 20 日。

设置厚实的有机玻璃,给大楼带来光照。大楼的 2—6 楼的中央是一个直径为 12 米的圆形广庭,每层楼面都密布铁丝网罩,它既可确保空气的流通,又可以让看守扩大巡察的视野。该监楼内设有 144 间单人牢房,每间 8 平方米,设有固定小桌、凳子、铁床以及抽水马桶;另有 6 间 3 人居住的大牢房。3 楼设有绞刑房,即室内刑场,6 楼建有 2 间防暴牢房(橡皮监),楼顶设 4 个放风场。外籍犯女监,高 4 层,建筑面积 812 平方米,有牢房 12 间,1 楼与 2 楼之间设有 1 间防暴牢房,楼顶为平台,可作放风场。这两幢监楼由上海三森营造厂承建。两幢大楼于 1935 年 9 月 15 日启用后,厦门路监狱在押的外籍犯全部移押于此,厦门路监狱撤销。①

从 1933 年起,监狱的大门从原华德路 117 号迁到 147 号(即目前看到的旧监狱大门的照片)。1935 年监狱扩建工程全部完成,这组钢筋混凝土建筑群占地面积 60.4 亩,建筑面积共 64 466 平方米,有 5 层高的监楼 9 幢,4 层高和 6 层高的监楼各 1 幢,共有各类监室 3 934 间。除普通监房外,还另建有防暴监房(橡皮监)、禁闭室(风波亭)、室内刑场(绞刑房)等特种设施,从 1946 年 8 月起又增设了室外刑场。监狱四周是 5 米多高的围墙,围墙四周还建有 11 个岗楼。监狱形成了关押华籍犯的华人区和关押外籍犯的外人区(或称西人区)两个区域。从华德路 147 号大门进入监狱,如果笔直朝前经过三道大门,就进入关押华籍犯的华人区;如果进入大门后,向左转弯,经过几道大门,就进入关押外籍犯的外人区。两个关押区域均有高墙阻隔,互不连通。

华德路(提篮桥)监狱壁垒森严,规模宏大,又大于印度的孟买监狱和日本的巢鸭监狱,所以在 20 世纪 30 年代有"远东第一监狱"之称。1943 年 8 月,监狱门前的华德路更名为长阳路,②监狱的门牌也随之更改为长阳路 147 号,并沿用至今。同时,从 1943 年 8 月 1 日起,汪伪政府名义上收回了上海的租界,华德路监狱开始由中国人管理,监狱的正规名称为:司法行政部直辖上海监狱,简称上海监狱。原来的 RD 监、AB 监、FG 监、HI 监、LM 监、NO 监、PQ 监、RS 监,分别改称为忠、孝、仁、爱、信、义、和、平监,小 J 监改称感化院。上海解放以后,从 1951 年起,这 9 幢监楼分别改为一、二、三、四、五、六、七、八、九监。

1994 年 2 月,提篮桥监狱被上海市人民政府公布为第二批上海优秀历史建筑。在监狱大门上的铭牌上,其介绍全文如下:"原为工部局监狱、提篮桥监狱。工部局设计,砖混合钢筋混凝土结构,1901—1935 年建造。长阳路入口用叠式造型、厚实,有透视感,为装饰艺术派风格。监房楼有的用青砖砌筑。"

---

① 《上海市年鉴》(1936 年),中华书局 1936 年版,第 46 页。
② 长阳,系今湖北省恩施市下属的土家族自治县的县名。

华德路(提篮桥)监狱部分首批建筑物一览表

名称	主要特点	启用时间	拆除时间
AB监	4层高,每层60间囚室,共240间,底层北端设防暴监房(橡皮监)2间	1903年5月18日	1933年
CD监	4层高,每层60间囚室,共240间,4楼留出半边,30间为少年犯监	1903年8月28日	1933年
E监	3层高,每层12间囚室,一边为走廊,共36间,最初关押女犯,1907—1913年关押少年犯	1904年1月	1933年
医院	3层高,有36张病床	1903年5月	1933年
J监	5层高,有110间囚室,关押少年犯	1924年	1933年
贮藏楼	3层高,一、二楼为仓库,三楼为工场	1925年	1933年

扩建后的华德路(提篮桥)监狱监楼一览表

今名	原名	1943—1951年名称	建筑面积(平方米)	监室数量(间)	建造年月	启用年月
一监	RD监	忠监	4 209.8	370	1934年	1935年8月19日
二监	AB监	孝监	4 773.3	454	1933年12月	1935年8月21日
三监	FG监	仁监	5 251.5	460	1917年2月	1920年上半年
四监	HI监	爱监	5 251.5	460	1917年2月	1922年6月
五监	LM监	信监	4 843.8	460	1928年	1930年初
六监	NO监	义监	4 843.8	460	1928年	1930年初
七监	PQ监	和监	4 791.8	460	1930年	1931年
八监	RS监	平监	4 843.8	460	1931年12月	1933年1月
九监	小J监	感化院	3 150	188	1932年	1933年1月
十字楼	西人监男监	①	6 560	144大6	1934年5月	1935年9月15日
局机关3号楼	西人监女监	②	810	12	1934	1935年9月15日
监狱总医院	医院	医院	5 000	—	1929年	1933年11月20日
炊场	炊场	炊场	2 210	—	1929年12月	1933年10月
大工场	工场楼	工场楼	5 750	—	1929年12月	1930年9月

---

① 十字楼,时称西人监,或外人监。从1945年12月—1947年1月曾被美军军事法庭借用关押、审判日本战犯,从1947年1月为上海高等法院临时看守所,1948年5月起为上海地方法院第三看守所分部。1949年5月28被上海市军管会接管,改为上海人民法院监狱女监。

② 1943年7月,日伪时期该楼曾被日本驻沪领事馆借用,抗战胜利后归还监狱。1945年12月起,该处为上海监狱第一分监,集中关押女犯,系一独立行政单位,属上海高等法院领导。1949年5月28日,被上海市军管会接管,初期曾为上海人民法院的临时法庭。

1899—1924年华德路（提篮桥）监狱购买部分土地明细表

年份	购买土地	单价	总价（白银）	备注
1899年	22亩	1 500两	33 000两	位于汇山路、霍山路
1900年	10亩左右	3 383两	338.31两	
1906年10月	5.43亩	3 500两	19 005两	第1960号土地
1915年6月	2.429亩	4 500两	10 930.5两	
1923年	1.828亩	4 500两	8 226两	第1954号土地
1923年	1.892亩	4 000两	7 563两	另加部分银两，补偿地面建筑费用
1923年	2.227亩			
1923年	0.833亩			第1984号土地
1924年	1.828亩			
1924年	2.492亩			
1924年	4.079亩	4 858两	18 355.5两	1928号土地
1924年	3.705亩	4 858两	18 000两	1959号土地

注：1899年购买位于汇山路、霍山路的22亩土地，后来另作他用，未用于监狱的建造。

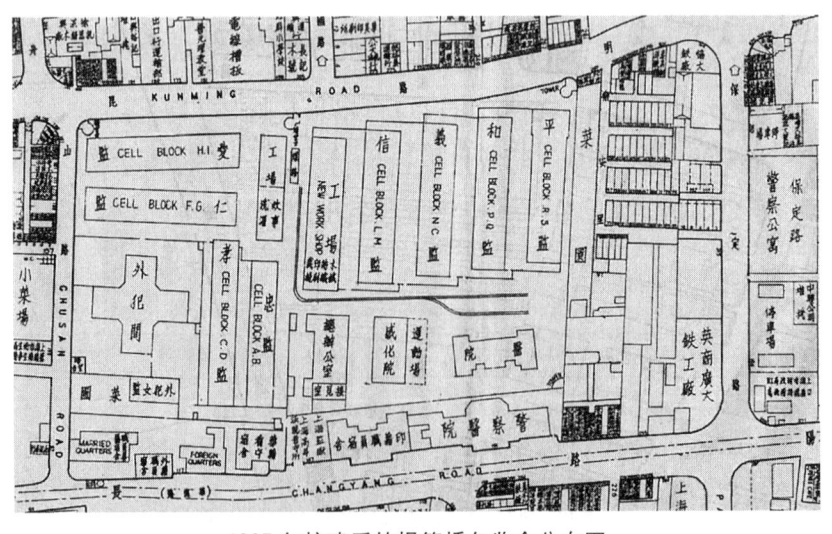

1935年扩建后的提篮桥各监舍分布图

神秘的提篮桥十字楼

在提篮桥监狱的西南角有一幢高6层的监楼,建于1934年5月,次年9月竣工启用,由上海三森营造厂承建,建筑面积6560平方米,设有电梯。大楼建筑式样与狱中的其他大楼不同,大楼中央是一个凸起的穹顶,穹顶四周嵌有许多透明的有机玻璃,给大楼带来充分的阳光;楼顶建有4个放风场,大楼内部每层楼面又分为东南西北四翼。大楼从2—6层的中心是一个宽敞的广庭,每层都密布铁丝网予以隔开。这样的布局既可使大楼内各楼面空气畅通,光线明亮,还能确保安全,阻止犯人跳楼自尽自残。如果从空中俯视,该大楼呈十字形。上海解放前时称外人监或西人监,解放后称十字楼。从1935年起,这幢大楼承载着许多功能,关押过各类犯人,在中国近代史、现代史上留下不平常的篇章。

俯视十字楼

一、关押外籍男犯的场所（1935—1945年）

1843年上海开埠，随着租界开辟，大批外国人来到上海，外籍人员犯罪判决后，一般关押在各国领事馆的看守所及厦门路监狱、华德路监狱，重刑犯则送往外国或香港等地。1935年9月厦门路监狱撤销后，外籍男犯全部移押提篮桥十字楼。当时该楼6个层面的基本布局为：1楼、2楼主要为办公区域，设有指纹室、医务室、图书馆、审讯室、军械室、探监室、教诲室、浴室、炊场等。3、4、5楼主要分布着各囚室，每间囚室内都有固定的小桌、凳子、铁床和抽水马桶。此外各楼层均有洗衣房、盥洗室和储藏室等。在3楼还设有一个面积为18平方米的绞刑房。6楼，除了几间面积较大囚室外，还有犯人工场和2间防暴监（橡皮监）。当时监狱外籍犯收押的人员主要有两类，一类为领事署法庭判决的；另一类为上海地方法院判决的。这两类外籍犯的伙食标准和管理都有区别，而且又分开统计，他们的管理费用的来源为两个不同的渠道。领事署法庭判决的外籍犯由各国领事署开支，上海地方法院判决的外籍犯由上海公共租界工部局开支。所以，外籍犯在提篮桥监狱内形成了两种伙食标准，前者标准高，后者标准低。1935—1938年，提篮桥监狱外籍犯收押数分别为286人、226人、237人、562人。1940年12月日本人接管监狱后，1940—1941年提篮桥监狱外籍犯收押数334人和281人，1942年外籍犯的收押数创最高纪录，当年入狱438人，释放362人，平均每天在押外籍犯127人。据1947年2月统计，当时提篮桥监狱关押的外籍犯有72人，其中朝鲜19人，日本、苏联各17人，德国3人，法国、葡萄牙、匈牙利、印度各2人，美国、英国、意大利、罗马尼亚、奥地利、瑞士、西班牙、立陶宛各1人。[①]还有无国籍犯若干人。多年来，十字楼关押过的较有社会影响的外籍犯有：法国作家格罗克洛德，"吃角子老虎"大王、美籍诈骗犯杰克·拉莱，变态杀害中国3个月男婴的美军海军士兵凯司门，殴毙臧大二子案的奈令籁等人。

二、华德路集中营（1943年1月—1945年8月）

1941年12月，太平洋战争爆发后，日军独占上海公共租界，工部局警务处日籍助理处长菅井喜三郎率领一批日籍人员接管了提篮桥监狱，根据日本人的习惯，把监狱称为刑务所，因此把提篮桥监狱全称为"上海共同租界华德路刑务所"，简称"华德路刑务所"。菅井喜三郎为刑务所所长，次年2月，日本从本土调

---

① 《上海监狱罪犯有十七种国籍》，《申报》1947年2月24日。

来狱官本田清一为刑务所长。同时他又在上海招募部分日籍人员,充当科室一级的成员。狱中的华籍、印籍看守基本上继续使用。1年以后,原来英国和俄罗斯官员及看守继续留用。日本人把狱中外人监的4层高的女牢,供日本驻沪领事馆使用。1942年6月华德路刑务所共关押着8 000多名犯人。其中约100人是外国人,同一时期在押的美国人不超过12人。

从1943年1月起,日本侵略军在上海设立盟国侨民集中营(简称上海集中营),关押英美等国侨民6 000余人,涉及10多个国家,各集中营还关押着中国抗日战俘、盟军战俘、英美"敌国"侨民、教会人员,甚至还有日本曾经的"盟友"意大利人。历时两年多,这是第二次世界大战中发生在上海影响极大、极其重要的世界性事件。徐家汇藏书楼、淮海中路上海社会科学院大楼、华东师范大学老文史楼、上海中学、市西中学等地,都曾是当年日军建立集中营的所在地。①

除了以上一些地方外,日本人还看中了提篮桥监狱,他们把狱中的十字楼单独管理,设立为华德路集中营,主要关押美国人,但人数不多。集中营的厨房在底楼,食物由在押的美国人自己准备,其他人员不准进入,守卫的日本人会将食物送给美国人。每天两餐,分别安排在早上8点和下午4点左右。早餐有一杯煮麦片,晚餐有清汤,每天每人有16盎司(约450克)的面包。食物既不好也不充足,而且数量和质量也越来越差。饮用水保证供应,每天供应2次茶。医疗设施:需要医疗服务的美国人可以得到来自上海健康部中国医生的治疗。在没有日本官员在场时,这些医生对美国人很好。夏天,在押的美国人可以获得一件白色的棉质囚服。冬天能得到一件旧的羊毛囚服。这些衣服将穿到穿坏不能穿为止。他们还能得到毯子,但是在冬天这些毯子不够御寒。1943年国际红十字会通过贿赂监狱方,向美籍犯提供毯子和垫子,每个月还能送进一些罐头食品。囚犯们所需要的特别书刊也能够通过基督教青年会送入。美籍犯允许每3个月写一封信,每个月写一张明信片。他们收到过3—4封狱外寄入的邮件。

在押的美国人没有被强制劳作,但是他们可自愿到户外干活,包括料理蔬菜和花园。美国人没有受到日本管理人员的非人道对待。通过瑞士领事馆,集中营里每个月为每名美国战俘储存700 CRB②。由于汇率不断提高,储存的数字也水涨船高,到最后每名战俘每月达到2 400 CRB。日本人经常会对该货币打30%—40%的折扣,美国人也不得不签字声明接受固定汇率。由于该集中营不允许在押人员保存现金,没有亲眼看到这些钱款,但是他们可以列一张所需物品的清单,看守人员会从集中营的财务部门取到钱款然后帮忙购买。集中营内不

---

① 李健、苏智良:《侵华日军在沪集中营专论》,《上海师范大学学报》2017年第4期。
② CRB是汪精卫南京政权"中央储备银行"发行的货币。

允许在押人员进行任何娱乐活动,但是允许在押的美国人在早上和下午各一小时进行体育锻炼。集中营里有一个比较丰富的图书馆,美国人可以去当场阅览,也可以借回去到囚室内阅读,这些书籍基本上由基督教青年会提供。在押的美国人中有一位平民出身的天主教牧师,他被允许每个星期天举行宗教仪式。

1944年10月6日晚上,8名美籍海军和陆战队员,利用锯条锯断牢中的设施,并趁该集中营看守力量的薄弱,翻越围墙从狱中逃跑。其中3人逃到了中方统治区,5人再次被抓获并关押。

三、美军军事法庭(1945年12月—1947年1月)

随着反法西斯战争胜利,根据《国际战犯法院公约》《联合国引渡战犯公约》《波茨坦公告》等文件,1945年底,盟国中国战区参谋长兼驻华美军司令魏德迈将军奉命在上海组建美军军事法庭,又称美军审判委员会,他们看中提篮桥监狱的十字楼坚固的建筑设施以及良好的关押条件,并向中国政府借用这块"风水宝地",审判日本军队在中国大陆和台湾地区杀害美国空军被俘人员的有关案件。军事法庭的法官、检察官、律师、翻译、记录员等工作人员均由美军军官担任。截至开庭前,由美军逮捕,寄押在上海提篮桥监狱的日本战犯共87人。①

1946年1月24日上午,美军军事法庭在十字楼二楼开庭审判日本战犯。18名被告日本战犯中为首者是侵华日军第34军参谋长镝木正隆少将,汉口宪兵队司令官福本龟治大佐。2月28日,法庭判处镝木正隆、藤井勉等5人死刑,福本龟治无期徒刑,酒井定、久松宾等11人20年至1年半有期徒刑,滨田正平等2人无罪释放。②1946年4月22日和1947年2月1日,分别对侵华日军第34师参谋长镝木正隆少将等5人、沈阳战俘营医官桑岛恕一大尉执行绞刑。

1946年3—9月,美军军事法庭在十字楼内先后对侵华日军第13军司令官泽田茂中将、日本驻台湾第十方面军参谋长谏山春树中将、第21军司令官兼香港总督田中久一中将以及参谋长富田直亮少将、松田元治大佐、久保口外中佐、台湾日军情报员泽牧良夫等29名人分别判处死刑、无期徒刑、有期徒刑。

此外,侵华日军第十方面军司令官、台湾总督安藤利吉大将于1946年4月19日深夜在十字楼服毒自杀③,侵华日军第六方面司令冈部直三郎大将于1946

---

① 《民国三十五年上海年鉴》司法,第F6页。
② 《宣读判决书时　法庭空气紧张》,《华美晚报》1946年2月28日。
③ 《服毒自杀》,《中央日报》1946年4月21日。

年11月28日在十字楼患脑溢血,送往监狱医院后死亡①,这两人分别为在抗战期间中国境内自杀死亡和因病死亡的日军最高将领。还有侵华日军第六师团师团长、南京大屠杀主犯谷寿夫中将也曾关押狱中2个月。总之,1946年1—9月,美军军事法庭在提篮桥监狱内共计审判了47名10批日本战犯,其中判处死刑11人(实际执行7人)。1947年1月16日,原在押狱中的180多名日本战犯及嫌疑人移押到江湾殷高路上海战犯拘留所。

日本战犯在提篮桥受审

四、上海高等法院看守所(1947年1月—1948年5月)

抗日战争胜利后的1945年8月28日,国民政府接收汪伪上海高等法院,成立上海高等法院(简称高院),院址在北浙江路191号。不久高院部分机构搬往提篮桥附近的安国路76号,并在提篮桥内设立临时法庭审理汉奸犯,由刘毓桂、曹骏任庭长。②

1947年1月17日,十字楼被高院接收,经打扫清理后,作为高院看守所,专门羁押汉奸犯,并派高院陈振声推事兼代所长。③看守所下设总务、警卫、作业三

---

① 《战犯冈部直三郎脑出血病死狱中》,《新闻报》1946年11月30日。
② 《汉奸移押提篮桥 明日起公开审讯》,《申报》1945年12月16日。
③ 《美军看守所 高院昨日接收》,《大公报》1947年2月18日。

课、医务、教务两室。消息灵敏的记者在媒体上发文报道：

> 该所为6层楼之钢骨水泥巨大建筑,矗立于上海监狱之西北角,占地极广。入内有自动电梯,六楼有橡皮监,上下四壁均用橡皮砌成,以防犯人触壁自杀,及羁押患有精神病者之用。三楼有绞刑间,……囚房有关单人房间,又有可容四五犯人之大房间。装有固定铺位、抽水马桶、写字台构等。少数囚室尚有衣橱设备,室内阳光充足,诸如盥洗室、洗浴室,应有尽有,骤观之有如一设备完善之大公寓。所旁草坪一方,其中杂种蔬菜。①

1947年3月上旬,原押提篮桥忠字监中汉奸、未决犯501人,分批移入十字楼关押。许多汉奸犯迁入较好之新环境中,莫不笑逐颜开,对新居设备完善以及管理井然有序均感激涕零,年老者系住一楼旅馆式之房间,袁履登、林康侯等房中除书桌及抽水马桶外,尚有衣橱一个。②十字楼仍然是汉奸犯享受高档生活条件的地方,家属可以每星期二、五递送食物,星期四递送衣服。1947年因中秋佳节即将来临,高院看守所羁押的汉奸家属纷纷送上物品,其中以应时月饼为多,不少大汉奸家属均送去精美美馔饼业,大三元、冠生园、杏花楼、老大房等应有尽有。

当时,在《申报》上曾发表了一篇文章,直言不讳地写道:"曾经有一个普通刑事犯带着责问的口气问狱卒,为什么那些汉奸住在监牢里仍逍遥自在,一无忧色,而我关在这里却一天到晚苦恼万分？狱卒的回答只是一个神秘的微笑。"接着,文章又话锋一转:"要找到这个问题的答案,只要看那些每天聚候在上海监狱门首送物的汉奸家属,他们的包里,从装满了鱼肉佳馔的食盒,到书报象棋之类的消遣品,甚至光亮的钢床,崭新的帆布椅子,都有递进去,供他们舒适地享受。在敌人的铁蹄下,他们竟然也面无忧色了。"③该话中有话,意思非常清楚。

1948年5月初,位于提篮桥十字楼的上海高院看守所裁撤,与上海北浙江路看守所合并,成立上海地方法院第三看守所,总部设在北浙江路191号,分部设在提篮桥监狱。单毓麟任第三看守所所长。④

五、提篮桥监狱女监(1949年8月—1958年)

1949年5月27日上海解放,次日上海市军管会派员接管了提篮桥监狱。

---

① 《高院看守所赛如大公寓、六楼高厦设备完善》,《申报》1947年2月24日。
② 《上海汉奸乔迁新居　房间犹如高等旅馆》,《大公报》1947年3月15日。
③ 《囹圄生活》,《申报》1946年6月24日。
④ 《高院临时看守所并入地院第三所》,《新闻报》1948年5月5日。

经过清理、整顿、改造,使之成为新政府的刑罚执行机关,6月1日起开始收押犯人,从8月起女监设在十字楼。1949年底在押348人,其中:已决犯118人、未决犯230人,随带婴儿8人,还有7名外籍犯,分别为白俄1人、日本1人、韩国5人。1950年6月底,在押女犯556人,其中已决犯348人、未决犯208人。女犯进出较频繁,如当年上半年新收1 270人、释放1 063人;全年带入婴儿92人,带出婴儿74人,在监婴儿25人。年底在押女犯451人。从1951年9月起开始清理婴儿,只准带出,不准带入。

1949年5月起女监犯人伙房单独烧饭,到年底取消,与整座监狱统一供应伙食。犯人实行两餐制。其作息安排为:早上5点起床,5点半—7点洗脸、整理内务,7—9点劳作;9—9点半早餐;9点半—下午2点半,学习、运动、教育等;3—3点15分晚餐;3点15分—4点唱歌(周二、四、六),劳作;4点半收封;5—7点看书、阅报等;7—9点休息。①从1955年起,女犯的作息时间改为:早上6点起床,6—7点半洗脸、整理内务,7点半—8点半,活动身体,8点半—9点半,早饭,9点半—11点半,学习或劳动,11点半—12点,静坐反省;下午12点—1点半,活动身体,1点半—4点,学习或劳动,4—5点晚餐,5点—5点半,活动身体,5点半—8点,静坐等,8点睡觉。

女监管理人员全部为女性,她们坚持对女犯进行思想教育,组织女犯开展学习,并将未决犯与已决犯关押的监室及工场分开。按文化程度高低分甲、乙、丙三班进行政治教育与文化教育,教材取自报纸期刊、工人读本,以读报、识字为主,平均每周学习3小时,实行个别教育与集体上课相结合。此外,还开展多项娱乐活动,诸如唱歌、运动、壁报及演出剧目等。监狱根据女性生理、心理特点,在生活、医疗方面给予适当照顾。女犯在监统一穿囚服,胸前佩戴番号布,家属每月接见女犯一次。女犯有病及时进行治疗。根据女犯特点,组织她们从事一定的生产劳动,主要以手工和室内劳动为主。20世纪50年代初期,女犯作业科目系缝纫、糊盒、洗涤、制鞋等。解放初期,各界大批人士参观提篮桥,位于十字楼的女监是必到之地,仅1950年4月女监就接待参观的有93个单位11 400多人。他们参观后在留言簿上写着:"这里充满了光明和自新的气象,给我们很多启示。"上海文艺剧团的毛羽、包蕾、徐昌霖等编剧还到监狱收集写作资料。②

从1951年9月起,提篮桥监狱订立《临产孕妇及携带小孩之女犯处理办法》,并实行逐步清理。由于解放初期百废待兴,情况复杂,直到1954年前后才彻底解决怀孕女犯收监及女犯随带婴儿服刑的问题。从1958年10月起,女监

---

① 《女犯的大家庭——女监》,《文汇报》1950年1月8日。
② 《编剧入监狱》,《新民晚报》1950年3月23日。

从十字楼搬迁移到9号监。

六、劳动仪表厂，提篮桥的针织、印刷车间(1958—1999年)

从1958年年底起，提篮桥组织部分犯人在十字楼成立小工场，进行翻砂作业，专为上海缝纫机厂加工铁铸件和为医院加工人体模型。1959年上半年，监狱组织犯人中的技术人员试行生产医学和钢铁工业方面使用的比色计、示波器、光电自动记录仪，而后扩大规模投资建厂。10月正式成立劳动仪器厂，厂址设在十字楼。晚上收工后关押提篮桥监舍，生产区与生活区分开。1960年初正式定名为劳动仪表厂。1961年1月，仪表厂行政体制上从提篮桥划出，改为市公安局劳改处下辖的独立单位，简称劳改三队。1962年7月，撤销劳改三队建制，其生产实体转为"上海市监狱仪表中队"，对外仍保留"上海市劳动仪表厂"的厂名。1962年10月，仪表中队生产照相植字机和望远镜。1964年1月，重新恢复劳改三队的建制，企业名称为"上海市地方国营劳动仪表厂"，生产产品有：7×50双筒望远镜、照相排字机、计数频率表等。1975年4月，劳动仪表厂迁至沪闵路五号桥1901号(原曹行公墓所在地块)，占地面积32 400平方米，建筑面积16 682.98平方米。1979年9月，劳改三队撤销，改名为上海市光学机械厂，脱离上海市劳改局。

从1975年下半年起，提篮桥监狱在十字楼内先后办过印刷、针织、反光膜生产车间，白天组织犯人从事生产劳动，晚上这些犯人均收押于狱中的4号监。20世纪80年代，监狱还利用十字楼的2楼设立了"习美"犯人书画艺术展览厅、开展犯人课堂化教育的教室、新岸艺术团的排练场所、监狱干警的活动中心，及有关仓库等。

七、上海监狱陈列馆(1999年12月至今)

从1997年起，上海市监狱管理局开始组织人员筹建上海监狱陈列馆，场地经过筛选，最后确定在十字楼。上海监狱局自筹资金，先后投入300多万元资金，包括维修大楼和部分门窗、疏通管道、制作展品、添置器具等。展览内容定位："立足上海、辐射全国"，供内部团体参观。在社会各界的大力支持及帮助下，利用十字楼底层、2层的部分楼面以及3楼的楼面，分设上海监狱史、中国监狱史、犯人书画艺术等单元。解放后提篮桥监狱第二任监狱长、书法家武中奇题写了馆名。于1999年12月29日，即《中华人民共和国监狱法》颁布实施5周年的时候正式开馆。开馆前夕的12月28日，中共中央政治局委员、国务委员、中央政法委书记罗干，司法部部长高昌礼，中共上海市委副书记孟建柱、上海市委政法委书记刘云耕等视察参观提篮桥监狱及监狱陈列馆。以后中央和省、市各级领导,台湾地区的有关人士及外宾也来视察、参观。多年来中央电视台、上海电视台、江苏电视台、浙江电视台、台湾东森电视台、教育电视台等以及《法制日报》《中国文物报》《中国司法》《中华遗产》《新民周刊》《犯罪与改造研究》等几十家新闻媒体曾予介绍报道。2001年4月被上海文物博物馆吸收为团体会员。据不完全统计,上海监狱陈列馆2001—2008年共接待24万余人次。

监狱陈列馆大门

2014年9月1日,经中共中央、国务院批准,公布第一批80处国家级抗战纪念设施遗址名录,上海监狱陈列馆名录其中(上海共两处)。上海监狱陈列馆反映了中国4 000余年的监狱史料,融知识性、资料性、历史性于一体,监狱建筑、犯人生活、劳动作业等许多珍贵的历史照片,为社会各界人士形象直观地了解中国监狱的历史沿革,了解中国历代特别是新中国监狱的建筑特点、行刑思想、刑罚执行、囚犯生活等方面提供了一个学习、教育场所。

江苏第二监狱大事记(1917—1937年)[①]

1917年

5月17日　江苏第二监狱(俗称漕河泾监狱)在漕河泾镇动工兴建;并在监狱南面新辟一条马路,后称弼教路。

1918年

3月5日　安徽高等检察厅长袁凤仪参观建造中的监狱。

1919年

5月10日　从老县衙监狱首批调押20名男犯至监狱,不久又调押多批男犯。

5月31日　首批调押女犯39名至监狱,不久又调押多批女犯,共计200余人。

5月　敖振翔(河南光山人)首任代理典狱长。

6月2日晨　唐阿囝、朱阿根在室外劳作时越墙脱逃,唐当场捕获,朱越墙时头颅受伤,在狂奔逃跑途中死亡。

7月　江苏第二监狱正式启用,座北朝南,占地88亩。男监呈扇面形五翼,设仁、义、礼、智、信五翼,计独居房监18间、杂房监74间、病监4间;女监,设戒、定、慧三翼,5人杂房监,共20间。

7月27—28日　狱内时疫流行,女监中连毙陆龚氏、杨周氏、沈龚氏等11人;已染病危者六七人送新普育堂。

7月29日　为防止疾病传染,将女犯50人暂押上海地方审判厅第一看守所。

9月14日　监狱举行开幕典礼。

10月　监狱犯人所做各种工艺品发交北京中央公园出口陈列所陈列,入特等地位。

[①] 本文资料来源:中国第二历史档案馆、江苏省档案馆、上海市档案馆档案,《民国上海年鉴汇编》《申报》《时报》《时事新报》《民国日报》《新闻报》《大公报》等,以及部分人物传记资料、党史资料等。还有部分志士仁人因未查到确切的入狱年月而从略。

11月6日　北洋政府司法部监狱司司长王文豹视察监狱。

1920年

1月　监狱会商绅士筹款,开始开筑漕河泾镇至新龙华的马路。

3月23日　(阴历二月初二),晚上400多名男犯越狱,夺得枪支冲击大门。经警备队阻击,当场击毙9人,脱逃180多人。

4月8日　司法部、江苏省高等检察厅(简称省高检厅)派员到上海调查监狱犯人脱逃事件。

4月　监狱添招警备队。

5月1日　典狱长敖振翔解职,窦家桢(江苏无锡人)任典狱长。

5月15日　司法部次长张一鹏到监狱调查23日大批犯人越狱案。

5月16日　蓬莱路江苏第二监狱分监薛小弟等10名犯人移押监狱。

5月18—21日　监狱男女犯人绝食,提出三项条件:犯属送寄衣服、实物不准禁止;做工应即结算工钱,按月发给,不得日久不发;每逢初一、十五发给鲜肉、鲜鱼各一次。

5月19日　上海地方审判庭对3月23日参与越狱案的40名犯人进行一审宣判,其中1人加判死刑、3人加判无期徒刑、33人加判11年、3人加判5年。

9月20日　新任上海地方检察厅(简称地检厅)厅长谭幸震视察监狱。

11月14日　前典狱长敖振翔因侵吞公款等罪,被判处有期徒刑3年。

1921年

1月　吴曾善(江苏吴县人)任典狱长,4月调任江苏第三监狱典狱长。

4月4日　吴棠(江苏江阴人)任典狱长。

7月11、12日　漕河泾镇绅士、农人、商人、店主等数十人,联名投书司法部,控告典狱长吴棠克扣囚粮,凌虐押犯,纵容卫队滋扰乡民。司法部、省高检厅派员调查。

10月28日　监狱押犯124人移押苏州监狱。24人分别移押昆山、无锡、武进监狱各8人。

11月1日　因监狱整修,180名犯人移押南京监狱。

11月3日　国际律师协会各国会员参观监狱。

11月9日　监狱在苏州乐益女校招考女看守,从12名投考者中录取5名。

11月30日　监狱收押上海地方分监狱转押的60多名犯人。

1922年

2月6日　司法部法律顾问日本人岩田一郎参观监狱。
上海地方分监70名犯人移押监狱。

2月　监狱设立看守教练所。

3月2日　司法部司长王绍荃考察监狱。

3月12日　司法部司长王绍荃、省高检厅厅长许受衡视察监狱。

11月6日　前司法总长张耀曾视察监狱。

1923年

3月3日　江苏高等审判厅(简称省高审厅)厅长朱献文、新任省高检厅厅长周诒柯视察监狱。

8月23日　案犯王纪昌在监狱被枪决。

9月26日　省高检厅厅长周贻柯视察监狱,10月18日周贻柯再次视察监狱。

1924年

1月28日　江苏第二监狱分监撤销,200余名犯人移押狱中。

2月3日　省高审厅厅长朱献文、省高检察厅厅长周贻柯考察监狱监舍扩建工程。

3月7日　日本法院检察长关×半及检事尾田满、幸村市太参观监狱。

3月26日　中央监房东南、西南各添建一翼,56间牢房竣工启用,使监舍原扇面形五翼变为星光式七翼,改编号为甲、乙、丙、丁、戊、己、庚。押犯容量由600人增加到800余人。

5月15日　崇明监狱27名重罪犯移押监狱。

5月18日　无锡监狱50名犯人移押监狱。

9月8日　看守要求改善生活待遇(预发公食费每人每月10元)和每人发给实弹枪支,典狱长吴棠不允,与之发生冲突。吴棠电告县警察局,派来30名警察来监防护,看守推派代表到上海讯究。

11月8日　在齐燮元、卢永祥江浙军阀混战中,监狱抽调300名犯人外出充当军役。

11月19日　监狱在《申报》上刊登广告,公开招考看守正额30名、预备看守20名,年龄在25岁以上、40岁以下,身体健全而无不良嗜好者;报名者均须有店铺作保;报名足额后定期考试。

11月27日　监狱原寄禁位于苏州的江苏第三监狱100名犯人(其中女犯30名),乘火车至新龙华站下车,步行至监狱,经点检收押。

12月8日　监狱在《申报》上刊登广告,公开招考看守正额30名、预备看守20名。

12月14日　监狱在押男女犯人700余名。

12月　监狱添办织布工场,购置机架40副,聘用教师8名,教授染纱、摇纱、织布等方法,组织部分犯人劳作。

1925 年

1月2日　在齐燮元、卢永祥江浙军阀混战中,监狱遭到枪弹袭击,监房洞穿多处,破坏严重。

1月15日　上海地检厅发布布告,公布大总统执政赦免令和司法部急电令,至3月2日,监狱赦免释放300余名犯人。

4月29日　江苏第三监狱因改建监舍,将100名犯人移押监狱。

4月30日　上海监狱感化会由佛教会发起成立。该会冯梦华、关炯之、王一亭等前往狱中演讲,并派人驻狱讲经20天。

6月24日　案犯钱方钦、郑和押入监狱,执行枪决。

6月25日　浙江第一监狱100余名犯人移押监狱。

7月24日　日本明治大学法政律学生本圭四郎、东京帝国大学学生文平、东洋协会学校学生宫崎青参观监狱。

10月6日　盗犯王小狗、黑皮阿金、王义生、钟桂卿等押至监狱刑场,执行枪决。

10月15日　江苏监狱感化会于北京路功德林开大会成立。次日,普陀印光法师会同省高检厅厅长、上海地检厅厅长到监狱向犯人宣讲佛经,开展教诲。

11月9日　监狱在《申报》上刊发广告,公开招收男女看守数十名。

11月16日　在省高检厅厅长周贻柯以及地审厅、地检厅厅长伴同下,普陀印光法师向犯人分两班讲经。

11月　公平公司为摄制《公平之门》影片,到监狱拍摄部分实景。

12月15日　监狱60名犯人从新龙华站加挂一辆3等客车押往松江。

1926 年

3月2—4日　省高审厅厅长朱献文、高检厅厅长周贻柯,地审厅、地检厅厅长视察监狱。

3月4日　单长生等4犯押解刑场执行枪决。

5月24日　法权调查会地方视察班参观监狱。

6月2日　监狱招请印刷工师,月薪18—20元。

6月3日　由慈善家沈煜叔、关炯之、王一亭等捐募款建造的教诲堂举行落成典礼。地检厅厅长、佛教会会长等百余人出席。

7月13日　42名犯人移押龙华。

年底　中共党员周泽(浙江江山人)入狱,次年出狱。1928年8月病逝于上海红十字会总医院。

1927 年

4月　中共党员祝志澄(江苏宝山,今属上海)人,入狱,化名祝根福。中华人民共和国成立后曾任北京市文化局副局长。

5月　中共党员、共青团上海区委负责人杨振铎(山西芮城人)入狱,1929年初被营救出狱。1933年4月在南京雨花台就义。

6月　中共秘密印刷所负责人陈豪千(浙江上虞人)入狱,出狱后于1943年惨遭敌人活埋。

中共党员上海码头总工会委员长孙良惠(满族,江苏南京人)入狱,化名张忍斋,出狱后于1930年10月在武汉遇害。

7月　中共党员潘星五(上海川沙人)入狱中,次年8月营救出狱,1933年因刑伤复发而病故。

9月21日　监狱在《申报》上刊登广告,公开招考女监主任一员。须文理精通,身体健康,年龄在40岁以上,无家室之累,曾在学校或其他机关办事3年以上,月薪20元以上,如愿就者投函报名,候期考试。

年内　中共党员赵子敬入狱,次年3月在狱中被折磨致死。

南洋华侨、交大学生周之楚入狱,1930年出狱,之后在中共闸北区委等处工作,1931年被捕再次入狱,化名林伯英,1931年在狱中被折磨致死。

1928年

1月　邵振玘(湖南浏阳人)任代理典狱长。

2月19日　提篮桥监狱英籍典狱长及前任典狱长参观监狱。

3月6日　杀人犯江钊秋押至监狱刑场执行枪决。

3月　在押狱中的中共党员吴慰铭等人,写信给中共江苏省委提出成立狱中党支部的请求,由一名看守送出。

4月2日　吴魁(江苏吴县人)任典狱长。

4月　经中共江苏省委批准,狱内政治犯成立中共党支部,初称"中央直属第一支部",后改称"江苏省委直属第一支部"。周之楚首任党支部书记。1930年初,随着狱内400名政治犯、刑事犯押解苏州军人监狱,该党支部也随之转移到苏州。

5月　中共党员张松柏(江苏嘉定,今属上海人)入狱,1936年5月病亡狱中。

6月1日　案犯张天星、宣张飞押至监狱刑场执行枪决。

6月13日　盗匪陈阿龙、周阿二、郑九才、陈回生判处死刑,押至监狱刑场执行枪决。

7月14日　案犯张美君、王正珊押至监狱刑场执行枪决。

7月18日　案犯李夏坤押至监狱刑场执行枪决。

9月7日　绑票匪胡养鑫、陈贵泉判处死刑,押至监狱刑场执行枪决。

9月26日　绑票犯商云卿、王毛郎、刘来生、余周生、张金星、余子祥、周三、杨瑞春8人押解监狱执行枪决。

11月7日　东吴大学张元放博士携该校学生40余人、暨南大学学生6人参观监狱。

12月19日　绑票犯苏文标、史阿大押至监狱执行枪决。

冬　中共党员吴国天（上海奉贤人）入狱，1936年出狱。中华人民共和国成立后曾任江西宜春地委监委书记。

年内　中共党员张维桢（湖南华容人）入狱，化名张梅生，1930年春移押苏州陆军监狱，中华人民共和国成立后曾任全国总工会书记处书记。

中共党员唐兰生（上海奉贤人）入狱，后移押苏州监狱，1932年在狱中被折磨致死。

年底，监狱在押犯人共851人，其中男犯746人、女犯105人。

1929年

1月25日　绑票犯季益春被押解监狱刑场执行枪决。

1月28日　绑票犯张九龄被押解监狱刑场执行枪决。

1月30日　绑架犯王金生、周伯泉被押解监狱刑场执行枪决。

1月31日　绑票犯陈金洪、金定树、范怀德、施忠卿、朱定等5人，被押解监狱刑场执行枪决。

3月26日　绑票犯萧清海、孙小明、陈荣发被押解监狱刑场执行枪决。

4月19日　谋杀亲夫案中的吴道清（女）、周小保、任阿成被押解监狱执行绞决。

4月23日　邵松林（江西九江人）任代理典狱长，年底擅自离职。

5月10日　诱杀亲夫之郑魏氏被押解监狱刑场，执行绞决。

6月　监狱原定额押犯800名，时押犯人1 530多名。

7月15日　绑票犯张德发被押解监狱刑场执行枪决。

7月21日　女犯20名寄押太仓监狱。

7月29日　案犯陈春生被押解监狱刑场，执行绞决。

8月　反帝大同盟组织委员会主任委员黄鼎臣（广东海丰人）入狱，化名黄芸，1932年底出狱。中华人民共和国成立后曾任中国致公党中央主席。

中共党员陈权（广东江门人）入狱，次年11月在狱中被折磨致死。

9月1日　监狱聘用中国红十字会市医院医师张鸿墀为医官。

9月　中共党员涂国林（湖南华容人）入狱，化名杨陈云，1930年2月出狱。中华人民共和国成立后曾任二机部政治部、宣传部部长。

10月23日　绑票犯宋云祥、张庆华、竺老三被押解监狱刑场执行枪决。

10月30日　案犯王阿桂、周根根、周洪庆被押解监狱刑场执行枪决。

11月22日　绑票犯姜元元、俞福全、陆和尚、单根生、吴玉真被押解监狱刑场执行枪决。

11月27日　绑票犯周国清被押解监狱刑场执行枪决。

11月　中共党员彭砚耕(安徽英山,今属湖北人),入狱,次年在狱中被折磨致死。

中共党员冯年春(江苏常州人)入狱,1930年12月21日在狱中被折磨致死。

12月31日　梅光辅(江西人)任代理典狱长。

年内　监狱累计新收男犯2 686人、女犯259人,共计2 945人,年底在押1 131人,其中男犯1 022人、女犯109人。日平均在押男犯834人、女犯19人。

1930年

1月28日　监狱发生监啸。①

1月　监狱50名军事犯移押苏州军人监狱。

3月10日　100名军事犯移押苏州陆军监狱。

春季　监狱政治犯张维祯、陈之一、李满书、李逸民、孙诗圃和其他刑事犯共400余人,分批移押苏州军人监狱。

春季　中共松江县委书记周大根(上海南汇人)入狱,后移押苏州监狱、南京中央军人监狱。出狱后,于1938年12月与日军作战中牺牲。

4月12日　绑票犯顾长春、周才老、俞仲金被押解监狱刑场执行枪决。

4月　中共党员施季麟(上海崇明人)入狱,后移押龙华,9月9日遇害。

中共党员郁志翘(上海崇明人)入狱,后移押南京中央军人监狱,1932年9月被折磨致死。

中共党员陈洪(浙江江浦人)入狱,次年移押南京军人监狱,获释后1943年11月在浙江余姚对敌作战中牺牲。

中共崇明县委书记俞保元(上海崇明人)入狱,同年9月9日在龙华就义。

中共党员惠浴宇(江苏灌南人)入狱,1937年2月出狱。中华人民共和国成立后曾任江苏省省长。

中共党员左洪涛(湖南邵东人)入狱,化名彭国定,后移押南京中央军人监狱。中华人民共和国成立后曾任广东省政协副主席。

中共党员朱觉(湖南长沙人)入狱,后被营救出狱。1932年在张国焘主持的肃反中被错杀。

---

① 监啸,监狱中大批犯人突然爆发的尖叫、狂吼,有时往往发生在深夜或凌晨。

中共川沙县委书记汪裕先(上海南汇人)入狱,化名陈石卿,10月移押苏州,后移押南京中央军人监狱,1934年5月14日在南京雨花台就义。

5月　中央组织部秘书长恽代英(江苏常州人)入狱,化名王作林。次年先后移押苏州监狱、南京中央军人监狱。1931年4月29日在南京雨花台就义。

中共党员、左翼诗人冯宪章(广东兴宁人)入狱,次年8月被折磨致死。

中共党员、嘉定农民协会委员朱庆德(上海嘉定人)入狱,11月被折磨致死。

5—6月　犯人联合向江苏高等法院、司法行政部控告典狱长梅广辅等人克扣囚粮等行为。

7月　中共党员张炽(云南路南人)入狱,后移押南京中央军人监狱。1933年4月在南京雨花台就义。

8月28日　案犯彭元盛从提篮桥监狱提出,押解监狱执行枪决。

9月5日　绑票犯贾奎忠、李兆镇、周子卿、王茂仪、张玉标、刘贵材从提篮桥监狱押解监狱刑场执行枪决。

9月11日　董长民(河北南皮人)任代理典狱长。

9月18日　杀人犯潘洪被押解监狱执行绞决。

9月27日　案犯麻其元、刘福兴从提篮桥监狱提出,押解监狱执行枪决。

10月30日　在押犯人220人移押至南京。

11月10日　20名犯人移押松江监狱。

12月6日　上海帮会头目黄金荣向监狱捐赠囚犯棉衣裤100套,16日又捐赠棉衣100套。

12月20日　绑票犯江浩源、杨妙全、仇金甫从提篮桥监狱提出,押解监狱刑场执行枪决。

12月　中共党员庄向初(上海川沙人)入狱,次年10月在狱中被折磨致死。

年内　中共党员骆何民(江苏江都人)入狱,1936年出狱,1947年7月在上海被捕,次年12月在南京雨花台就义。

中共五大代表林钧(上海川沙人)入狱,后移押苏州、南京监狱,1934年出狱,1944年5月19日,在浙江德清被国民党特务杀害。

中共党员吴荻舟(福建龙岩人)入狱,化名蔡四,后移押苏州、南京监狱,1937年春出狱。中华人民共和国成立后曾任中国戏剧家协会书记处书记。

年底　监狱押犯1 440人。

1931年

3月13日　绑票犯杨华年从提篮桥提出,押解监狱执行枪决。

春　音乐家张曙(安徽歙县人)入狱,1932年营救出狱,1938年12月在桂林遭日军飞机轰炸遇害。

4月4日　江苏高等法院院长林彪、首席检察官王思默等视察监狱。

案犯张阿毛、桂金华被押解监狱执行枪决。

4月17日　绑票犯4人被押解监狱执行枪决。

4月　中共九江市委组织委员桂蓬(江西九江人)入狱,化名黄育贤,1937年8月出狱。中华人民共和国成立后曾任安徽省副省长。

中共党员吴铁鸣(湖南平江人)入狱,后移押苏州。中华人民共和国成立后曾任沈阳市政协主席。

中共党员周有义(四川江津人,今属重庆)入狱,同年在狱中被折磨致死。

5月　中共上海五金工会筹备干部陈一诚(湖南湘乡人)入狱,化名周康,1936年春,移押苏州军人监狱。中华人民共和国成立后曾任上海市委党校党委书记。

6月6日　绑票犯5人被押解监狱执行枪决。

6月10日　绑票犯王芝祥、杨五被押解监狱执行枪决。

6月18日　侯端生等27名犯人移押松江监狱。

6月27日　绑票犯薛五、薛国清、杨银三被押解监狱执行枪决。

夏　中共党员罗国仕(四川达州人)入狱,9月被折磨致死。

9月26日　绑票犯陆阿根、吴慎贤、王松林被押解监狱执行枪决。

9—12月　由淞沪警备司令部羁押监狱的200余名犯人,死亡者达60余人。

10月6日　绑票犯张德标、郝子凤被押解监狱执行枪决。

10月15日　杀人犯帅颂平被押解监狱执行枪决。

12月19日　抢劫杀人犯李金林被押解监狱执行枪决。

年内　中共浦东区委宣传科长夏凤山(江苏宝应人)入狱,11月在狱中被折磨致死。

中共党员陆维特(福建长汀人)入狱,化名陆铭真。次年出狱,中华人民共和国成立后曾任厦门大学校长。

中共上海沪西区委书记李逸民(浙江龙泉人)入狱。中华人民共和国成立后曾任解放军总政治部文化部部长,1955年授少将军衔。

中共江苏省委宣传部秘书长李初梨(四川江津,今属重庆人),入狱。中华人民共和国成立后曾任中联部副部长。

年底　全年新收5 592人,其中男犯5 064人、女犯528人。年底押犯1 695人。

1932 年

2月11日　466名犯人分别移押浙江第一监狱、杭州陆军监狱、江苏第三监狱。

2月15日　郑阿二、钱桃元、卢怡生、王子青、刘少卿、俞阿庆、洪阿根7人被押解监狱执行枪决。

3月4日　杀人犯王松发被押解监狱执行绞决。

4月7日　绑票犯朱松林判处死刑,在监狱刑场执行枪决。

4月14日　绑票犯杨志福判处死刑,在监狱刑场执行枪决。

5月29日　绑票犯张加荣判处死刑,在监狱刑场执行枪决。

6月24日　原由江苏第二监狱移押杭州的犯人,有100余人从杭州押回监狱。

7月1日　田立勋(湖南沅陵人)任代理典狱长。

7月　监狱发布《江苏第二监狱看守服务细则》,下设通则、门卫、工场、监房、经营农作及杂役等等条款。

8月　监狱发布《江苏第二监狱看守功过奖惩章程》,计11条。

10月8日　100名犯人(其中女犯30人)移押太仓监狱。

11月20日　田荆华(湖南桃源人)任监狱长。

12月　中共党员、共青团江苏省干部李干成(江苏涟水人)入狱,化名张启民,1936年6月移押苏州军人监狱。中华人民共和国成立后曾任上海市副市长。

年内　监狱发布《江苏第二监狱官吏仪式》,计19条。

全年　新收7 946人,其中男犯7 192人,女犯754人。死亡130人。年底监狱押犯1 412人,其中男犯1 289人、女犯123人。

1933 年

3月19日　江苏第二监狱购地委员会发出公告:称奉司法行政部令,扩充监狱,购买监狱东北相连的民地,经圈定,订立标志,由土地局估价。其他土地每亩300元,地内坟墓限4月5日前迁走。

4月6日　案犯颜金标被押解监狱执行绞决。

4月　监狱招标添建新监舍,平房10大间,每间容50人。位于中央监后面,称后新监,造价4万余元,8月底竣工,9月启用。

5月14日　上海律师协会执监委员组团参观监狱。

5月12日　董康律师代犯人呈司法部,请彻查监狱克扣囚粮及虐待一案。

6月11日　国家立法院刑法委员盛振为、瞿振泽、赵琛等10余人参观监狱。

8月2日　司法行政部监狱司司长王元增视察监狱。

9月7日　江苏高等法院院长林彪视察监狱。

9月21日　上海第二特区监狱300名犯人,分四批通过卡车移押监狱。

10月　吴峙沅(湖南沅陵人)任代理典狱长。

12月　任峥(四川华阳人)任典狱长。

年内　监狱公布《江苏第二监狱在监人接见规则》,计18条。

中共党员袁锡龄(江苏南通人)入狱,次年11月遇害。

中共上海闸北区委组织部部长林李明(海南文昌人)入狱。中华人民共和国成立后曾任中共广东省委书记。

全年　新收13 368人,其中男犯12 332人,女犯1 036人。死亡109人。年底监狱押犯2 287人,其中男犯2 130人,女犯157人。

1934年

1月16日　江苏高等法院第二分院院长沈家彝视察监狱。

1月　中共党员傅学群(湖南长沙人)入狱,化名傅春申,后移押苏州反省院。中华人民共和国成立后在上海宣传文化系统工作。

2月　中共党员、上海码头港务总工会秘书兼宣传部长熊宇忠(四川邻水人)入狱,1936年出狱。中华人民共和国成立后曾任中共成都市委书记。

中共党员马义生(浙江东阳人)入狱,化名周宝书,1937年8月出狱。中华人民共和国成立后曾任上海市杨浦区人大常委会副主任。

中共闸北区委书记蒋径开(湖北英山人)入狱,1936年遇害。

中共党员刘静波(安徽无为人)入狱,后移押苏州陆军监狱,1936年出狱。1938年11月在延安遭日机空袭遇害。

3月　中共上海沪西区委书记张恺帆(安徽无为人)入狱,化名王文乔,1936年6月移押苏州军人监狱。中华人民共和国成立后曾任中共安徽省委书记。

中共浦东区委书记苏生(江苏靖江人)入狱,1937年6月移押苏州反省院。中华人民共和国成立后曾任辽宁大学代校长。

4月　中共党员邢子陶(浙江嵊泗人)入狱,化名尹阿根,1937年5月移押苏州军人监狱。中华人民共和国成立后曾任浙江省人大副主任。

中共党员孙海光(江苏灌云人)入狱,化名沈贯苏,1937年8月出狱。中华人民共和国成立后曾任江苏省人民检察院副检察长。

5月14日　监狱在《申报》上刊登广告,公开招考看守训练生60名,男女兼收。

10月　监狱甲监、庚监全体政治犯举行数天绝食斗争,要求改善生活待遇。

中共党员黄浩(江苏建湖人)入狱。中华人民共和国成立后曾任中国人民银行上海分行党委书记。

匡亚明(江苏丹阳人)入狱,化名陈明芝。中华人民共和国成立后曾任南京大学校长。

12月23日　上海敬众、务本、民立、大同、同济、沪江、光华、复旦等30多所学校180余名学生参观监狱。

年内　中共上海沪东区委组织部部长黄似林(安徽无为人)入狱,1936年在狱中被折磨致死。

方毅(福建厦门人)入狱,化名方斯吉,1936年春移押苏州军人监狱。中华人民共和国成立后曾任国务院副总理、全国政协副主席。

中共党员陈展(江苏南通人)入狱,1937年出狱。中华人民共和国成立后曾任宝钢工程指挥部副总指挥。

共青团浙江绍兴特委书记瞿光熙(江苏通州人)入狱,1937年出狱。中华人民共和国成立后曾任江苏师院中文系教研室主任。

全年　新收8 474人,其中男犯7 933人,女犯541人。年底监狱押犯2 228人,其中男犯2 101人,女犯127人。内无期徒刑19人,15年及15年以上26人,7年至14年的134人。全年监狱死亡犯人141人。

1935年

1月19日　中共特科成员欧志光(广东中山人)、张玉山(陕西人)、袁友方(上海崇明人)、杨德新(广东番禺人)、董纪全(江苏徐州人)从提篮桥押解监狱,执行绞决,英勇就义。

3月　胡仁清(浙江吴兴人)任典狱长。

根据司法行政部当年1月部令,监狱收禁20岁以下少年犯110人,其中女性3人。

5月14日　中国公学法律系学生46人参观监狱。

7月　爱国民主人士杜重远(吉林怀德人)囚禁于狱中。次年春,因病转到虹桥疗养院就医,9月刑满释放,1944年6月13日在新疆被军阀盛世才杀害。

8月　河北第四监狱看守(原漕河泾监狱看守主任)王松泉向国民政府监察院状告典狱长任铎。

9月　监狱甲监、庚监政治犯为抗议监狱当局无理拷打难友进行数天绝食斗争。

11月10日　中华妇女社第四届社员大会部分社员几十人参观监狱。

全年　新收5 482人,其中男犯5 162人、女犯320人。死亡180人。年底押犯2 199人,其中男犯1 987人,女犯124人,少年犯88人。

1936年

1月20日　司法行政部部长王用宾、监狱司司长王元增视察监狱。

1月　丁磊（江苏镇江人）任典狱长。

年初　狱内政治犯向监狱当局提出看报，了解抗日救亡运动形势遭到拒绝，进行数天绝食斗争。

2月20日　中华民国律师协会第七届代表大会部分会员参观监狱。

2月　监狱在押犯总人数1944人，其中男犯1812人、女犯115人、少年犯17人。

6月26日　松江监狱凶悍犯吴庆和等17人寄禁监狱。

6月　方毅、张恺帆、陈展、李干成、孙海光、陈一诚、陆维特等40多名政治犯移押苏州军人监狱。

7月12日　上海律师公会执监委员会委员沈钧儒、汪曼云、毛云等30余人参观监狱。

9月　监狱在《申报》上刊发广告，公开招考女看守数名。

11月11日　大夏大学法律学会会员10余人参观监狱。

年底　监狱押犯2487人，其中男犯2167人（内寄禁431人）、女犯208人（内寄禁96人）、少年犯112人。

1937年

6月　苏生、邢子陶、丁东放、彭国定等10余名政治犯移押苏州反省院。

8月4日　淞沪战事在即，释放部分轻刑犯。

8月13日起　监狱将不甚重要之犯人全部释放。

8月21—22日　监狱奉令把在押的几百名5年以下犯人一律保释出狱。

8月22日　因提篮桥监狱处于炮火周围，工部局征得中日双方同意，计划把狱中2000名轻刑犯分5批移漕河泾监狱后释放。但接收释放第一批500人后，日方就毁约。

9月　监狱撤销。监舍后来毁于战火。

马斯南路监狱大事记(1909—1949年5月)[①]

1909年

12月9日　法租界公董局决定在薛华立路(今建国中路)马斯南路(今思南路)建造监狱。

俯视马斯南路监狱

1910年

7月15日　监狱正式动工建造。

1911年

7月24日　监狱竣工,10月8日启用。定名为法租界会审公廨监狱,又俗称薛华立路西牢、马斯南路监狱或法租界西牢等。

年底　监狱押犯292人,其中男犯280人、女犯12人。全年累计收押华籍犯2 928人、外籍犯42人。

[①] 本文资料来源:中国第二历史档案馆、上海档案馆,上海市公安局档案,《上海法租界公董局年报》《各省司法概况报告汇编》《申报年鉴》(1934年、1935年)、《江苏上海第二特区监狱三年来工作报告书》,《申报》《民国日报》《新闻报》《大公报》《时事新报》《时报》等,以及有关人物传记。

1912 年

3 月 10 日　押犯施洪春、刘阿万等,将安南籍(越南籍)看守用绳捆缚置闭狱中夺门逃去。后被追获,经审判施洪春加刑一年,刘阿万加刑半年。

年底　监狱押犯 383 人,其中男犯 363 人、女犯 20 人。全年累计收押华籍犯 3 750 人、外籍犯 71 人。

1913 年

3 月初　老妇赵王氏私递香烟给在途充当苦工的犯人吸食,被监工查获,受到拘押的惩处。

全年　累计收押华籍犯 3 734 人、外籍犯 37 人。

年底　监狱押犯 386 人,其中男犯 352 人、女犯 34 人。

1914 年

5 月　犯人张阿桂撬地板企图脱逃被查获,后经法租界会审公廨审判,加刑 3 个月。

全年　累计收押华籍犯 3 861 人、外籍犯 32 人。

年底　监狱押犯 465 人,其中男犯 441 人、女犯 24 人。

1915 年

全年　累计收押华籍犯 3 572 人、外籍犯 13 人。

年底　监狱押犯 430 人,其中男犯 384 人、女犯 17 人。

1916 年

9 月 13 日　晚上,7 时晚餐时,薛庆华等 18 名犯人,强夺看守枪支,被法籍看守击毙一人,其余退回押室。数日后闹事押犯一人自缢身亡,其余均被加刑 2—6 年。

全年　收押华籍犯 3 131 人、外籍犯 13 人。

年底　监狱押犯 401 人,其中男犯 384 人、女犯 17 人。

1917 年

8 月　犯人陈芝林因病住院,偷窃物品未遂,后被加判 2 个月。

全年　累计收押华籍犯 2 657 人、外籍犯 12 人。

年底　监狱押犯 276 人,其中男犯 259 人、女犯 17 人。

1918 年

全年　累计收押华籍犯 2 349 人、外籍犯 12 人。

年底　监狱押犯 255 人,其中男犯 247 人、女犯 8 人。

1919 年

全年　累计收押华籍犯 2 305 人、外籍犯 4 人。

年底　监狱押犯 267 人,其中男犯 254 人、女犯 13 人。

1921 年

7 月 14 日　法租界会审公廨谳员聂榕卿会同法租界副领事葛礼滨到监狱,宣布对在押 28 名犯人释放,对 10 余名情轻者酌减刑期。

12 月 30 日　聂榕卿会同法租界副领事到监狱,宣布释放罪行较轻的 50 余名犯人,对 30 余名犯人酌减刑期一两个月。

年底　监狱押犯 339 人,其中男犯 321 人、女犯 18 人。

1922 年

3 月 12 日　司法部王绍荃司长偕同江苏高检厅厅长许受衡视察监狱。

6 月　中国劳动组合书记李启汉(湖南江华人)入狱,3 个月后移押龙华,1924 年 10 月出狱。1927 年 4 月在广州被捕遇害。

10 月 17 日　狱内红帮裁缝张某为押犯范阿根家属私送信函被法租界会审公廨判处有期徒刑 3 个月。

12 月 30 日　聂榕卿与法国驻沪领事巡视监狱,释放轻刑犯 50 余人,并对 30 人宣布减刑。

年底　监狱押犯 404 人,其中男犯 381 人、女犯 23 人。

1923 年

1 月 1 日　聂榕卿会同法副领事葛礼滨到监狱,宣布 10 余名工作勤慎的犯人释放,数名罪重者减轻刑期。

2 月 3 日　早晨,押犯王德标越狱脱逃,法租界捕房发文通缉。

12 月 31 日　聂榕卿会同法领事抵监狱,对 20 余名刑期轻者释放,对 40 余人改轻刑期。

年底　监狱押犯 351 人,其中男犯 333 人、女犯 18 人。

1924 年

2 月底　押犯秦宝荣、蔡阿亭、夏如宝 3 人越狱脱逃。

年底　监狱押犯 431 人,其中男犯 402 人、女犯 29 人。

1925 年

1 月 11 日　法国新任驻华公使马戴尔参观监狱。

2 月 13 日　押犯胡家永外出劳作,乘隙躲在水门汀筒内企图脱逃,后被查悉拘获,14 日由法租界会审公廨加押 1 个月。

8 月 17 日　徐家汇路法租界公董局马厩旁敲石工场内 4 名犯人越狱,其中 1 人在脱逃时中弹倒地,数小时后毙于医院,余下 3 犯逃走。

年底　监狱押犯 453 人,其中男犯 429 人、女犯 24 人。

1926 年

1 月 1 日　聂榕卿会同法副领事葛礼滨到监狱,对 10 余名劳役勤慎者立即释放,另对数名罪重者减轻刑期。

2月18日　监狱数十名犯人凿断镣铐,扭坏门锁出逃,遭到法籍、安南籍看守开枪阻击,当场打死3名,伤10多名,送广慈医院后又死亡8人。

2月　盗匪犯陆渭兴结伙企图越狱,被法籍看守开枪击伤右臂后腿,送医院医治。晚上夺下安南籍看守刺刀企图行凶。次月以脱逃罪对其加刑5年。

盗匪犯潘全生协同各犯企图脱逃,向法籍看守抛掷石灰包,当场被看守开枪击伤腿部,后送医院治疗。

5月27日　各国法权委员团偕同华籍委员郑天锡、王荣年、徐维震等参观监狱。

年底　监狱押犯403人,其中男犯390人、女犯13人。

1927年

4月　中共党员、上海沪西区工会联合会秘书罗茂先(四川射洪人)入狱,化名罗维,1929年出狱。中华人民共和国成立后曾任青岛纺织医院副院长。

年底　监狱押犯436人,其中男犯414人、女犯22人。

1928年

10月　中共上海闸北区区委秘书赵葵(上海人)入狱,1931年4月出狱。中华人民共和国成立后,曾任上海市军天湖农场分场场长。

年底　监狱押犯529人,其中男犯499人、女犯30人。

1929年

2月　中共党员、上海反帝大同盟发行部干部刘晓(湖南辰溪人)入狱,化名王民权,1930年9月出狱。中华人民共和国成立后曾任外交部常务副部长。

7月15日　聂榕卿与法领事杜戈到狱,释放犯人45人,对情节较重的11名犯人酌减刑期。

年底　监狱押犯621人,其中男犯590人、女犯31人。

1930年

3月26日　押犯钱再进重病送广慈医院医治无效死亡。

7月13日　法会审公廨承审官朱某会同法领事居兰到监狱,对守法工作勤慎者释放36人,对32人减轻刑期。

年内　监狱添建部分建筑物,时有男监系4层楼,病监、女监、外籍监、办公处等系2层楼房;全监狱成一四方形。监狱四周有围墙,一道围墙内有巡逻道。围墙东西隅各有瞭望台一座。监狱门牌为马斯南路285号,电话71507。

年底　监狱押犯758人,其中男犯722人、女犯36人。

1931年

7月31日　江苏高等法院第二分院院长梁仁杰、上海第二特区法院院长应时等接收监狱,法方典狱长古奇向谢福慈办理移交手续。

8月1日　法租界会审公廨监狱改称上海第二特区监狱,谢福慈被任命为典狱长。

9月下旬　谢福慈发出布告,规定每月准犯人接见家属一次,定于每月4、7、10、17、21、24、27日上午9—11时,下午1—2时半。每期接见人数以50人为限。

11月31日　江苏高等法院第三分院院长梁仁杰、上海第二特区法院院长应时视察监狱。

全年　新收2 645人,其中男犯2 487人、女犯158人。

年底　监狱押犯906人。

1932年

2月6日　位于北浙江路江苏第二监狱分监、刑期5年以上的女犯暂时迁至监狱女监羁押。

3月　女实业家董作君(江苏通州人)入狱,在押4个多月后释放。

6月　上海教育者联盟负责人刘季平(江苏如皋人)入狱,化名徐建人,次年移押山东烟台监狱。中华人民共和国成立后曾任教育部代部长。

8月　美术工作者蒋海澄(艾青,浙江金华人)囚禁监狱,1934年10月移押苏州反省院。中华人民共和国成立后曾任中国作家协会副主席。

9月21日　监狱300多名犯人分批移押漕河泾监狱。

10月2日　俄籍犯人勒文卿高、施本笃夫6人企图越狱。经同监华籍犯许某发现,经报告狱方后而未遂。当日下午5时发饭时,俄犯借故将许殴打,致许左肋右肩等处受伤,监狱将肇事的6人,加钉脚镣,押送总巡捕房,等候处理。

年内　画家江丰(上海人)囚禁狱中,1935年出狱。中华人民共和国成立后曾任中央美术学院院长。

詹云青(云南昆明人)囚禁狱中。中华人民共和国成立后曾任安徽大学教授、农工民主党安徽省委秘书长。

全年　新收9 627人,其中男犯9 159人、女犯468人。

年底　监狱押犯2 186人。

1933年

1月26日　日本贵族学院侯爵四条隆德、河健秀等参观监狱。

2月10日　国民政府外交部长兼司法行政部长罗文干、司法行政部次长郑天锡、上海地方法院院长郭云观视察监狱。

3月22日　押犯50人移解嘉兴监狱。

3月23日　上海法政学院30名学生在许鹏飞教授率领下参观监狱。

3月29日　押犯50人移解芜湖监狱。

3月　监狱租赁拉都路拉都坊(今襄阳南路499号)几幢民房改建为临时罪犯戒烟所,制定《上海第二特区监狱烟犯戒毒暂行章程》,经司法行政部核准实施。

5月16日　典狱长谢福慈奉司法行政部核准监狱犯人参与筑路,经与市工务局商妥,组织50名犯人参与浦东工务局筑路工程。

5月　中共中央候补委员、中国革命互济总会主任兼党团书记邓中夏(湖南宜章人)入狱,化名施义,后移押南京,9月21日在雨花台就义。

6月13日　立法院刑法委员盛振为、瞿振泽、赵琛等10余人考察监狱。

6月27日　典狱长兼民事看守所长谢福慈,经江苏高二法院第二分院检察处令,由第一特区地方法院检察处派警逮捕。次年1月19日判处有期徒刑6个月。

7月3日　孙雄(湖南平江人)任典狱长。当月兼任上海第二特区法院看守所所长。

8月20日　江苏上海监所囚粮购置委员会成立,办公室设在监狱内。

8月　中华艺术大学党支部书记韩托夫(海南文昌人)入狱,次年8月出狱。中华人民共和国成立后曾任暨南大学副校长。

12月16日　中共中央会计熊瑾玎(湖南长沙人)囚禁狱中,1937年9月6日出狱。中华人民共和国成立后曾任全国红十字总会副会长。

12月　《江苏上海特区监所职员补助俸津办法》施行。

监狱累计押犯总数2 145人,其中华籍犯2 099人(男1 940人、女159人)、外籍犯46人(男43人、女3人)。

年内　中共中央特科成员李士英(河南内黄人)入狱,1936年移押司法行政部直辖第二监狱,当年出狱,中华人民共和国成立后曾任最高人民检察院副检察长。

中共党员方知达(浙江宁波人)入狱,1936年出狱,中华人民共和国成立后曾任中共中央统战部副部长。

全年　新收7 910人,其中男犯7 111人、女犯799人。

年底　监狱押犯1 439人。

1934年

1月　典狱长孙雄创"监房挂识字牌教学法",对犯人进行扫盲文化教育。司法行政部给上海江苏高等法院第三分院发文,此办法"尚有应加改良之处"。

7月　监狱犯人图书馆现有图书:党义类35种38册、文艺类33种96册、经史类48种83册、地理类4种6册、法政类18种19册、传记类39种43册、常识类137类191册、卫生类37种47册、道德类68种2 066册、道教类11种217册、佛教类76种910册、耶教类193种1 119册、刊物类21种(日刊类6种)。

9月3日　押犯王富贵在监内用刀将同监人黄顺才戳伤,事后送广慈医院医治,监狱将王富贵钉镣送交法租界捕房侦查讯究。

9月9日　清晨3时许,押犯张惠才、赵云祖、刘阿桂3人,事先经串通将衣布扯条搓绳,刘阿桂先行攀爬至围墙,失手坠地受重伤,张、赵两犯加钉重镣押解捕房后各加刑2年。

年内　中共党员朱瑞绶(女,湖南长沙人),因禁狱中,关押8个月后释放。

全年　监狱男监353间、女监34间、病监8间,共计395间。

新收5 687人,其中男犯4 969人、女犯718人。

年底　监狱押犯1 068人,其中男犯987人、女犯81人。

1935年

2月21日　《江苏上海特区新监建筑委员会章程》施行。

2月26日　司法行政部监狱司司长王元增视察监狱。

5月　司法行政部核准的《上海第二特区监狱在监人行状考核办法》施行,其以犯人行状、作业、教诲、教育四方面表现按日记分,以分计刑。

7月24日　监狱部分犯人因对监狱内供应的腐米及菜蔬问题进行绝食。

9月　典狱长孙雄著《狱务大全》、监狱卫生课课长胡起鹏著《监狱卫生概要》,由上海商务印书馆出版。

12月　中共党员刘田夫(四川广安人)入狱,次年出狱。中华人民共和国成立后曾任中共广东省委书记,系中共十二大、十三大代表。

全年　新收2 213人,其中男犯2 117人、女犯96人。

年底　监狱押犯1 384人,其中女犯90人;全年死亡55人,其中女犯5人。

1936年

1月22日　司法行政部部长王用宾、监狱司司长王元增等视察监狱。

2月18日　押犯徐长余、朱天明等10人,因拒绝看守搜索,唆使其余各犯,率众行凶,致将监内木凳、马桶等物打毁。后徐犯等押解捕房受审。29日徐、朱各加处徒刑1年6个月。

2月18日　中华民国律师协会第七届代表大会部分会员参观监狱。

6月20日　典狱长孙雄等被弹劾违误职守。

6月28日　监犯赵仲恒、田金俊、陈殿囊等14人,在浴室洗澡时,与3名俄籍犯人发生口角,继而相互扭殴,看守无法制止。卢家湾捕房派来大批捕探始将风潮平息,遂将肇事犯人提回捕房,或送往医院治疗。

7月1日　上海第二特区法院看守所并入上海第二特区监狱,原看守所所长蒋凤仪改任所官,专管刑事未决犯。监狱时有押犯1 200人,其中未决犯300多人。

8月1日　上海法租界监狱新民辅成社成立,该社专事协助犯人出狱善后事宜。

9月15日　押犯自淞沪战争爆发以来,共捐助慰问金110元,转送前线以资慰劳。

11月　抗日救国会成员邹韬奋(江西余江人)入狱,后转押苏州,1937年7月31日出狱。1944年7月在上海病逝。

抗日救国会成员章乃器(浙江青田人)入狱,后转押苏州,1937年7月31日出狱。中华人民共和国成立后曾任粮食部部长。

年底　孙雄著《监狱学》,由中华书局出版。

1937 年

4月　监狱看守主任贾福叶、特二法院看守所看守主任吴鹭在负责看守天蟾舞台老板顾竹轩期间,受贿包庇顾在监吸食鸦片,各被判处有期徒刑5年、褫夺公权5年。

8月　押犯李月声、沈阿二、于明才、张阿毛等50人,将当年7月应得赏予金捐助前线将士,以表慰劳。30日,典狱长备文送往抗敌后援会汇解前方。

9月14日　监狱押犯除前此捐助慰劳金100多元外,其集得国币350余元,呈由该典狱长送交各界抗敌后援会转送前线,以资慰劳。

1938 年

7月　法国卫生与协助署参观监狱。

10月　捕房拘获串同越狱脱逃押犯刘月波、强盗犯王少庭两人。

10月25日夜　俄籍犯维克多寇尔尼洛夫、也乌基道洛果夫越狱脱逃,11月7日也乌基道洛果夫在虹口公平路283弄内捕获,12月22日,第二特区法院加判其有期徒刑3年;25日夜监狱当班看守张恩玉、张厚卿因工作失职各处徒刑2个月。

1939 年

2月　监狱押犯爆满,狱方采用假释及保外服役办法,释放近千人。

3月27日　监狱看守郭筱珊等,因包庇犯人在监中贩毒、吸毒、聚赌等,被第二特区法院判处有期徒刑12年。

7月下旬　监狱庶务员李健因在采购的囚粮中掺入泥土从中牟利,经查明被革职。

12月13日　监狱看守李汉、涂坤因向犯人贩运毒品,被第二特区法院判处有期徒刑3年,褫夺公权3年;押犯金明泉帮助贩卖毒品被加处有期徒刑20年,褫夺公权12年;涂坤脱逃在外,暂停审判。

12月14日　典狱长兼特二法院看守所所长孙雄在金神父路由义坊8号寓邸去世。

1940 年

2 月　赵新宇(湖北荆门人)任典狱长。

报经司法行政部批准,判处徒刑 5 年以下之犯人以及非累犯者准于保外释放,借以浚通监狱因满为患。

3 月 5 日　典狱长兼特二法院看守所所长赵新宇因病去世。

6 月 27 日　监狱 4 000 多名犯人绝食,要求改善待遇,反对监狱当局裁减早餐。

8 月　监狱牙刷工场管理员董鹤年利用工作之便,扣存猪毛 30 余斤、牙刷板 400 只,带到外面出售。案发后董被移送法院审理。

10 月 9 日　监狱 150 名犯人保外释放。

12 月　黄亚强(江苏宜兴人)任典狱长。

1941 年

6 月 27 日　监狱押犯 4 000 余人,因待遇及伙食苛刻,从中午 12 时起绝食。

1943 年

1 月 25 日　日本贵族侯爵四条隆洼参观监狱。

8 月 5 日　监狱改为上海地方检察署看守所,新任看守所所长王宝三(江苏金坛人)。时有前特二法院已决犯 400 余名,及保安司令部寄押之犯人 200 余名。

年内　看守所作业项目有印刷、金工、铁工、木工、竹工、缝纫、洗涤、皮革、糊盒、结网、动物标本、生物标本、台球、针织、女红、外役、种植等。

1944 年

1 月 9 日　汪伪政府司法行政部部长张一鹏视察看守所。

1945 年

2 月　上海地方检察署看守所改为上海地方法院看守所。

9 月　所内在押男犯 1 934 人、女犯 447 人、外籍犯 9 人、幼年犯 1 人。

1946 年

9 月 13 日　司法行政部部长谢冠生视察看守所。

年内　田立勋(湖南沅陵人)任看守所所长。

1947 年

1 月 8—9 日　大赦令颁布后,所内 200 余犯人取保释放。

1 月 20 日　所内原有犯人 2 200 余人,迄当日止已释放 650 余人,现尚押有 1 600 余人。看守所修缮当日动工。

8 月 29 日　在押前榆林路警察局司法股长刘紫苑串通看守章汉生,刘获得看守帽子及证章,冒充看守逃脱,被捕后由地方法院判处有期徒刑 1 年,章汉生被处徒刑2年6个月。

9月底　所内在押男犯人1 902人,女犯369人,外籍男犯18人,外籍女犯1人,共计2 290人。

10月21日　看守所60名犯人乘上一辆卡车,由看守长率领5名看守押解,下午2时车抵外白渡桥时,犯人朱高全等3人跳车,向北狂奔,后被看守捕获2人。

11月25日　看守所羁押人犯数增多,行政经费及囤粮紧缺,田立勋所长致函上海各界名流及各大公司商号,呼吁捐助。

11月　位于思南路的上海地方法院看守所改为上海地方法院第一看守所,位于南车站路上的看守所改为上海地方法院第二看守所。

1949年

5月27日　上海全市解放。次日,看守所被上海市军事管制委员会派员接收。

《申报》与上海法租界监所

上海法租界会审公廨监狱1910年7月15日动工；1911年7月24日竣工，10月8日启用。由法国人管理、安南（越南）人任看守，1930年扩建，占地面积4 850平方米。男监楼高4层，女监楼高2层，另设病监、外籍犯监若干，共有监房近400间，可容囚犯千名左右。监狱四周有围墙，围墙内有巡逻道，围墙东西隅各有瞭望楼一所，全监狱成为四方形。中心部位设有教诲堂。此外，监狱还在马路斜对面法国人开办的广慈医院（今瑞金医院）内特设的一家小型的病犯医院。这座监狱于1931年8月1日由华人管理，改称上海第二特区监狱，俗称马斯南路监狱或薛华立路监狱。门牌号为马斯南路285号（今思南路99号）。1931年8月—1936年6月30日，上海第二特区地方法院看守所附设于该监狱。①1943年7月，汪伪政府名义上收回了上海租界，监狱改为上海地方检察署看守所，1945年2月改称上海地方法院看守所，1947年11月又改为上海地方法院第一看守所。1949年5月上海解放后由上海市军管会派员接管，后称上海第二看守所；1985年6月17日撤销，人犯移押市第一看守所。②

晚清民国时期，上海的新闻和出版业在全国占有重要地位。上海开埠后，最早的中文报纸是1861年11月创办的《上海新报》。1872年4月30日由英国商人美查创办、1949年5月27日停刊的《申报》，系当时在上海出版历时最久、影响最大的报纸。《申报》前后历时78年，共出版25 600期，记录了从清末到民国近80年间政治、军事、经济、文化、社会各方面的情况，具有很高的史料价值，近半个世纪内，《申报》上曾经对上海各监狱，包括马斯南路监狱（薛华立路监狱）、第二特区地方法院看守所等进行过报道，本文撷取其中部分资料，以若干内容分类阐述。原文的繁体字统一改为简体字，部分文字作了一定删节，用"……"标出，标题使用【 】，文后注明《申报》刊发的年月日。文内的中文数字，除特殊情况外均改为阿拉伯数字。

---

① 《申报》1935年5月7日；《特二院看守所裁撤，职工给薪二月遣散》，《申报》1936年7月15日。
② 易庆瑶主编：《上海公安志》，上海社会科学院出版社1997年版，第447页。

一、《申报》对法租界监所的有关报道

（一）监狱的选址及建造

【法租界扩充监狱】 近来法公堂案牍纷繁，判押八仙桥捕房西牢人犯亦愈显拥挤，以致时有脱逃之虞。兹经工部局各西董查得新租界靶子路有60余亩空地一区以之建设西牢，颇为相宜，业已议决不日即开工营造。(1910年2月17日)

【法界营造监狱】 法租界工部局各董拟在靶子路地方建造西牢曾志本报。兹系各董以该地另有别用遂作罢论所有。另建西牢一事，拟就带钩桥堍电灯厂旧址营造3层楼一所。(1910年3月2日)

【大监狱将次落成】 法公堂自停止刑讯改为枷押以来，各捕房所押犯人日渐增多，均有人满为患。经法总领事与各西董议定，在新租界鲁班路附近营造西式5层楼大监狱一所，占地10亩，建屋500余间，每间关押1人。狱中备有浴室、工作场，其余一切卫生之具，莫不齐备。闻日内已将次告竣矣。(1911年3月10日)

【上海法公董局通告】 本局现需招人投标承包下列建筑工程，……扩大薛华立路监狱，欲得该项工程图样及详章，自9月16日起可至本局总办间询问可也。上项建筑即须兴工，故标信须于9月25日星期三下午5时投到本局开标事务所。代理总办夏侯鲁奉命启。(1929年9月13日)

【特二区拟建犯人病房】 上海法公董局为在金神父路广慈医院内，建筑特二法院及各捕房羁押犯人患病之病房一所，业由赖罗(译音)工程师设计绘就病房图样，交由该局公务委员会，转呈公董局决议，由该局执行招各建筑厂投标承揽建筑。(1936年4月18日)

（二）典狱长的任免

【副捕头升补狱官】 法租界西牢总理谢尔礼君年老辞职。昨报兹由法总巡福维×君查有副头胡才君堪以胜任，当即禀准法总领事升捕，斯缺现已到差。(1914年1月5日)

【监狱布告】 为布告事，案奉司法行政部令第2502号内开，派谢福慈代理江苏上海第二特区法院监狱典狱长。此令，等因奉此，本典狱长适于8月1日接收就职。(1931年8月1日)

【第二特区新监狱长到差】 法租界江苏上海第二特区监狱前监狱长谢福慈，因被司法行政部查得，兹于前在公共租界江苏第二分监长任内交卸有浮报囚

粮嫌疑,令饬第一特区地方法院拘案发押查办在案,所遗第二特区监狱长缺,业由司法行政部令派孙雄来沪代理。(1933年7月8日)

【特二监狱随判变化】 特二法院监狱于昨天下午3时许,亦有日人两名及在法院任候补看守所长之黄亚强暨其他华人六七名,并随同法捕房人员与法租界主任顾问等,要求监狱长赵新宇"移交"。赵监狱长适患病在床,迫不得已乃将印信、公款、警卫枪械,以及狱犯名册等"移交",而由该黄亚强代理监狱长。(1940年11月9日)

(三) 典狱长的报丧及大殓

【孙雄去世】 上海第二特区监狱长孙公拥谋,于本月14日下午1时疾终沪寓,定于本月16日(星期六)午后4时在上海徐家汇台拉斯脱路口上海殡仪馆举行大殓,恐报未周特此奉闻。孙宅治丧委员会干事邵振玑谨启发,办事处法租界马斯马路第二特区监狱第三科。(1939年12月15日)

【第二特区典狱长孙雄病逝沪寓 今日在上海殡仪馆大殓】 上海第二特区监狱典狱长兼看守所所长孙雄,字拥谋,今年49岁,湖南人。学仪优良,曾庶任复旦、东吴、持志暨法政学院各大学教授,著有监狱学、犯罪学、神经变态、狱务大全等书籍行世,莅任七载。因"八一三"以后,应付现下特殊环境,乃至积劳成疾,病榻缠绵已历4月。近又患心脏病与腰子病,医治罔效。于14日中午在金神父路由义坊8号寓邸逝世。……定于今日下午4时举行大殓。灵柩暂厝殡仪馆丙舍,俟时局平靖运回故乡安葬。(1939年12月16日)

【赵典狱长今日举殡】 原任上海第二特区监狱长兼看守所长赵新宇氏,于民国29年2月,自渝飞抵上海,接事后整顿狱政,不遗余力,……讵延至本月5日晨6时半,竟不治身故。兹悉定于3月6日下午2时,在武定路安乐殡仪馆大殓,并忖身后极为萧条。赵氏略历:查赵新宇,号德载,湖北荆门人,现年54岁,湖北法政大学毕业,历任内政部总务司长、湖北光化及大冶县县长、湖北司法厅科长、江苏第三分监监长、湖北第一狱典狱长、南京第一监狱典狱长、司法院法制委员会委员、贵州第一监狱典狱长,调任上海第二特区监狱典狱长。(1940年3月6日)

(四) 监狱看守舞弊及判决

【两看守三审判决】 盐城人顾竹轩,因牵涉暗杀唐嘉鹏嫌疑,被押在广慈医院外病监,由特二区监狱看守主任贾福叶(宿迁人)、特二法院看守所看守主任吴鹭(扬州人)二人负责看守,讵贾吴二人受贿包庇顾竹轩在监吸食鸦片,后被监犯李和尚、王阿二告发,由特二院检察官侦查后,依渎职罪对贾吴两人提出公诉,结

果判决各处徒刑 5 年、褫夺公权 5 年。（1937 年 4 月 14 日）

【第二特区监狱庶务员采办囚粮舞弊】 第二特区监狱庶务员湘人李健专经采办囚粮与各项物件。本年 4 月初采办囚粮、赤豆、小麦，货主交货到监时，由点验员谢青白等查验，发现有夹泥沙垃圾等情。……兹本月份又经李健向福记南货店购进蚕豆、小麦各 3 包，经点验员谢青白查验点收时，又发现蚕豆、小麦包中夹杂泥土垃圾等物，故意增加成分重量。（1939 年 7 月 8 日）

【囚犯贩毒徒刑二十年　看守渎职徒刑三年】 法租界马斯南路上海第二特区监狱看守李汉（48 岁，南京人）于本年 9 月间与在逃看守涂坤两人勾串贩运毒品吗啡与鸦片烟泡，入监交托犯人金明泉，转售犯人吸食。……此案业经孙彭卫推事莅刑二庭判决。李汉帮助吸食鸦片处徒刑 3 年，褫夺公权 3 年。（1939 年 12 月 14 日）

【看守敲诈犯人】 特二监狱典狱长赵新宇到任以来，知看守常有串通狱囚向家属诈取金钱化用，故下令从严取缔，清除积弊，乃于前日下午 3 时许，由看守长谢青白在 3 楼铁门口查见下班看守张殿臣形迹可疑，在其身上衣袋内搜出敲诈犯人纸条一张，后又在其宿舍内床上枕边抄出向犯人家属取款信函一件，当将张扣留，报告狱管科，转报典狱长后移送法院侦查诉究。（1940 年 5 月 22 日）

【监狱工场管理员被控舞弊　特二院已提公诉】 上海第二特区监狱内附设牙刷工场，工人则为囚犯。该监狱当局派山东人董鹤年，今年 47 岁，任该工场管理员。董任其职后，于发给犯人工作原料之际，陆续扣存猪毛 30 余斤及牙刷板约 400 只，并令犯人代为义务穿就牙刷，陆续带至外间售价化用。……赵典狱长即下令将董管理员带至办公室讯究，即备文将董送第二特院检察处侦查，经孙伟检出董管数度舞弊结果，……依法向该院刑庭提起公诉，刑庭长廖垆已定于本月 13 日开庭审理。（1940 年 8 月 12 日）

（五）看守的遣散及诉求

【特二院看守所裁撤，职工给薪二月遣散】 特二地方法院看守所奉令司法行政部令于本月 1 日裁撤，归并于马斯南路特二监狱，对于旧有职员、新丁等五六十人未有安置，经各员役开会，呈请司法行政部核示，并特二典狱长兼看守所长孙雄，电部请示各情已致本报。兹悉司法行政部已电令将旧有看守所人员一例发给两个月薪水遣散，将看守所反面一栋矮平房交归法警务处。（1936 年 7 月 15 日）

【第二监狱员司请求津贴】 上海第二特区监狱全体员司，因当此百物飞涨，各人每月以甚低微之薪资，无法维持生活。又鉴于沪地各机关团体，均已加给津贴,因此全体员司向监狱当局,要求每人每月酌加津贴15元,以维现状。……而日下沪地生活,日益增多,尚无止境。以致该监员司等,迫不及待,已于昨日下午全体向当局请领。经代典狱长邵振玑复向高三分院长杨鹏请示办法。当由杨氏允予再电催法部,为月底仍无回电,由杨负责设法加津贴。(1939年12月20日)

（六）投标承办犯人伙食

【上海法公董局招人投标广告】 本局现欲招人承包西历1923年份本界监狱犯人粮食,每季约需糙米300担、蔬菜30担、赤豆100担、蚕豆40担、麦20担,每担计重132磅3分3,猪肉2000磅、咸鱼800磅、盐300磅、油100磅、茶叶20磅,以上所开均系约数,包办一季、半年或全年均可。惟标信须详明承包几月,欲知详章可至本租界捕房总巡处询问,需用各物将来随时由总巡签单送薛华立路监狱应用,账目每月结清。标信封固定投本局总办处随带押标银25两,除猪肉、咸鱼外,均随带货样,限12月15日午刻截止。标价高下,本局自由权衡。总办雷上达启。(1921年11月28日)

【上海法公董局招人投标广告】 本局现欲招人包办1925年份本界监狱犯人粮食,每季粮食约需糙米350担、猪肉2500磅、咸鱼1000磅、油100磅、蔬菜4000磅、赤豆12担、蚕豆48担、麦24担,每担计重132磅3分3。以上所开均系约数,包办一季、半年或全年均可,……需用之物将来随时由总巡签单送薛华立路监狱。……(1924年11月28日)

【第二特区监狱标购囚米】 法租界马斯南路上海第二特区监狱4月份需用囚米三百石,闻由该监囚粮委员会议定招商投标。米样以国产糙籼或次白籼为标准。定期5月4日下午3时在该监当众投标,并当即开标。现该监门首已贴详细通告。(1934年4月28日)

【又悉】 第二特区监狱下月份需用囚粮六百石,已由该监狱囚粮委员会议决招商投标采样,以国产糙米或次白籼为标准,并定于本月30日下午3时,在该监当众投标,并当即开标。(1939年3月23日)

（七）监犯越狱

【监犯图逃】 西牢押犯施洪春、刘阿万等,遽将看牢安南捕用绳捆缚置闭狱中夺门逃去。幸由他抓追获送廨请究,施供认起意图逃不讳,判照加押一年,刘押半年以示惩儆。(1912年3月10日)

【监犯图逃】 张阿桂前因犯案判押法租界西牢二年在案,兹该犯在狱撬地板图逃,由管监两人查出,将张提至捕房解送法公堂请究。……问官判3个月示

儆。(1914年5月6日)

【薛华立路西牢之凶剧】 法租界薛华立路西牢第一层所内，押犯数 18 人于前日(13 号)下午 7 时晚膳之际，由判押 5 年之盗匪薛庆华为首，强夺看牢安南军士之手枪，希图开放，越狱逃遁。……适为管牢两人所见，立即开放手枪，将为首之犯击毙，又将附从之犯击伤其腿，余犯始畏惧不敢冲出。(1916年9月15日)

【法捕房通缉越狱拐匪】 拐匪王德标于阴历本年 3 月间，因犯案均解公堂讯实，判押西牢 5 年，送至薛华立路西牢执行。该犯于前晨越狱脱逃无踪。兹由法捕房发出通缉文，分咨英华捕房官厅缉拿。(1923年2月5日)

【法租界逃犯事 一死三逃】 昨悉徐家汇路法公董局马厩旁之敲石工场内，目前忽有囚犯 4 名越狱，中有二人刑期颇长，当时在场工作者约有 50 多名，盗匪每二人铁链系住其中。忽有二囚潜往巨石将链击断，掩至门首，后随有尚未断链之二囚。曾有汽车入门，为首一犯突将守门巡捕击倒，乘机逸出向徐家汇浜飞奔，过为华界。其时场内有一安南巡捕，闻守门被击出外援助，见状急追。一囚奔到法租界边境中弹倒地，数小时后毙于医院。余三犯被其渡浜逸去。法当局刻正在侦缉中。(1925年8月18日)

【法租界西牢昨早发生越狱案】 法新租界薛华立路西牢，于昨日上午 2 点时发生越狱巨案。先是各押犯已经商通，乘隙领将脚镣手铐凿断后，将监门锁扭开，一哄而出，希图逃逸。当被管牢西捕越捕看见，急鸣警笛，开枪轰击。管牢西捕头顾才君在号字间，闻警出外查视，见势汹涌，即出手枪，扳机开放，当场格毙要犯 3 名，受伤 10 余名，各犯始畏惧回入监房。(1926年2月19日)

【两俄犯越狱脱逃 掘墙洞跃出】 特二监狱中收禁俄籍犯人，捕房 3 号监房中，于昨日上午 10 时发觉有俄犯二名，挖掘床铺下墙洞脱逃。查该两俄犯，一名高尔六夫，因强盗杀人未遂罪判处徒刑 12 年，已确定执行；另一名陶尔门斯，系窃盗案，判处徒刑 4 个月。两犯同禁一室，查系昨晨 4 时，掘开沿薛华立路一面墙洞后，将木板搁于薛华立围墙上跃出脱逃。(1938年10月27日)

（八）囚犯间的冲突

【第二特院押犯争夺棉被被互殴】 薛华立路第二特区地方法院看守所……借用马斯南路第二特区监狱内一部分房屋为看守所羁押罪犯之用。分东西所名称。但押犯素不畏法，常有争吵斗殴之事发生，经移送特二院惩办者已有数名。昨日正午，东所中有押犯三数人，为因天寒争夺所发之棉被不匀，始而口角争吵，继即互相用武殴打，在场之看守竟喝阻不住，当即报告值班主任及所长，转报比邻之卢家湾中央捕房，由正副捕头率同中西探捕十余名，赶往弹压始得遏止。

(1935年11月6日)

【二特区监狱内华俄犯冲突】 法租界马斯南路第二特区监狱内,于前日上午9时许,有监犯赵仲恒、田金俊、陈殿囊、林庭秀等14人,在浴室洗澡时,与俄籍犯人3名因细故发生口角争吵,继而相扭殴,监狱卫队竭力喝阻,因该犯等不服,无法制止,乃即向天开枪3响降压,一面电话报告卢家湾捕房,饬派大批捕探驰往协助,始将风潮压平。遂由探捕将在场肇事之华俄犯人,及受伤俄犯一并提回捕房侦讯,送往医院治疗。(1936年6月30日)

(九)囚犯的调押

【公共租界女囚寄押法租界】 自中日开战之后,北浙江路江苏高等法院第二分院及第一特区地方法院地位异常紧要,……女囚判刑在5年以上者一律暂时迁至法租界第二特区地方法院女监寄押,业已商得特二院之同意。于昨晨9时半,由法警雇就中国搬场公司大号汽车一辆,将所有重要女囚一律押上汽车,驶往法租界特二院女监羁押。(1932年2月7日)

【法租界监犯昨移嘉兴第一批50人】 江苏高等法院第三分院,近因法院所辖之法租界监犯,竟感人满为患,经呈请司法部觅定地址后,现悉已有一批监犯共50名,于昨日开始移解嘉兴监狱代为羁押。(1933年3月23日)

【第二特区监犯昨日押解芜湖寄禁】 江苏上海第二特区地方法院,因监狱狭窄,犯人拥挤,恐天气将热有碍卫生,特派探捕多人,将该院普通案犯50名于昨日下午3时,车送市公安局,特解至南市宁绍公司码头,押乘宁绍轮赴芜湖法院监狱寄囚。(1933年3月30日)

【第二特区监狱大批犯人寄监漕河泾】 法租界第二特区监狱,……近来人犯日渐增多,监房不敷容量,适逢漕河泾第二监狱新建监房,落成地位宽敞,故由第二监狱典狱长孙雄商讨,将法租界监犯寄禁新监,兹于昨日上午9时,由特二监狱向法捕房商假卡车五六辆,并由捕房派探捕数名,帮同监狱职员看守等,将犯人分批运漕河泾,共计三百数十人云。(1933年9月22日)

(十)囚犯的减刑、假释、保释

【法西牢囚犯减刑】 法公堂向章每届7月14日法国改立民立及耶稣诞各节期有恤囚之举。昨日正会审官聂榕卿会同法副领事葛礼滨驾莅薛华立路西牢,择其卒守法工作勤者开释28名,尚有情轻者10余名核减押期数日,以示矜恤。(1921年7月15日)

【法谳员岁终恤囚】 法会审公廨聂榕卿君会同法副领事葛礼滨即日至薛华立路西牢内,当由管牢捕头将各犯名册呈案,经中西谳员择其在半工作勤慎者

10余名,着即开释,罪重者减轻数名。(1923年1月1日)

【昨日法国民主纪念】 法会审公廨每届法国民主纪念日例有恤囚之举。兹于前日由朱承审官会同法领事居兰君驾莅薛华立路监狱内升座公位,由管狱捕头将犯人名册呈案,经中西官察核,择其守法工作勤慎者释放36名,改轻刑期者32人,以示体恤……(1930年7月15日)

【第二特区监狱布告保释一秉至公】 江苏上海第二特区监狱典狱长谢福慈,昨发贴布告云,为布告事,照得本监办理保释,一秉至公。凡合于保释条例,刑期经过二分之一,在监行状善良,悛悔有据者,均照法令规定分期为之申请。绝非馈遗,请托所能侥幸,如有本监员役、看守藉此招摇撞骗,胆敢前来索诈,尽可来监指名告发,或将人就近扭交岗警或巡捕,以便尽法惩治。(1932年8月20日)

【第二特区监狱厉行疏通监狱】 上海特二监狱迩因羁押人犯超过2 000名,狱中大有人满之患,乃厉行疏通监狱办法,即切实执行假释办法,并采用非常假释及保外服役之新办法。例如无期徒刑之人犯,执行刑期满12年,且无违反监规之行为者,即可准其假释出外。其刑期在10年左右,而执行刑期满二分之一者,均可准其假释;而刑期在3年以下者,而执行刑期满3个月,准其保外服役。兹悉该监厉行疏通监狱之结果。现在羁押之已决犯约千名,未决犯约四五百名,总计不满1 500名左右。(1939年7月4日)

【特二监狱保释罪犯计二百五十人】 上海第二特区监狱,……规定监犯之容量不日超过1 600名。……迄至去年,该监狱收容之人犯,最高数量时,竟达2 500余名。与原定数额容量,超出一倍有奇。当局为囚犯既多,经费更为困难,故于本年3月,由该监狱呈准司法部,在非常时期内,凡判处5年以下之人犯,以及非累犯者,准予特别保释,借以浚囚满之患。迄今,特别保释已举办三次,昨日为第四批保释,当时监犯予以保释者共计150名。(1940年10月10日)

（十一）囚犯的加刑

【监犯加押两月】 法租界西牢押犯陈芝林前因患病送往医院医治,业将症痊愈乃于前日将洗面手巾撒散,希图窃取。当为西医查见,告知西牢捕头,旋将该犯提至公堂诉明请究。陈供因手巾号头尚未做好,故撮去复做,不敢窃取。聂谳员判照原断,加押两月以儆。(1917年8月15日)

【狱犯图逃加押一月】 法租界薛华立路西牢内押犯胡家永,前日出外工作,胡乘隙躲在水门汀筒内,希图逃脱事为捕头查悉,将胡拘获。昨解法公堂,请究诘之。胡供图逃不违,中西官判胡加押西牢1月以儆。(1925年2月14日)

【囚犯暴动各处徒刑一年六月】　法租界马斯南路特二监狱,于本月18日上午7时许,有处徒刑13年之共同杀人犯徐长余,与处刑8年之盗犯朱天明,两人因拒绝搜索,唆使其余囚犯暴动,并将监门上之铁钩取下,率众行凶,……该案业经王刚煦庭长辩讯终结,于昨日下午判决朱天明、徐长余两人共同损坏公务员职务上掌管之物品,各处徒刑1年6月。(1936年3月1日)

(十二) 狱政管理

【第二特区监狱规定狱囚接见家属日期】　江苏第二特区监狱前日发出布告云:查本监在监人接见,按照监狱规则规定每月准其接见家属一次。兹定于每逢月之一、四、七,即4、7、10、17、21、24、27日上午9时起至11时,下午1时起至2时半。为接见问题,每期接见人数以50人为限,俟挂号之先后,顺序接见,除届时制就接见证,标定日期,给与接见人收执,逢期来监外,合行布告,仰止在监人家属一体知照,此布。(1931年9月30日)

【监犯到浦东筑路,奉部令准试办】　江苏上海特区第二监狱典狱长谢福慈奉部核准监狱筑路,曾与市工务局商妥,现就浦东方面试办。昨日上午10时,特将选定之监犯高长发等50名派狱警会同市公安局拨派之警察大队,押解至杨树浦定海码头渡口,交市工务局工程处指挥工作云。(1933年5月17日)

【第二特区监狱特写】　……组织方面除典狱长为最高领袖外,设"三科两所"。第一科经管总务、财务、文书等,第二科负责管理全监的人犯看守与收解、提释等,第三科经管采办工厂用品原料与出售品经营业等。除三科之外设有教诲所,专门教育训诲在监人犯,……又设有医务所,……另设病监收容病房外,并会同二科规定管理清洁卫生之实施。(1936年2月20日)

(十三) 募集囚衣被服

【特区及漕河泾监狱为狱囚募捐衣被】　本市法租界第二特区监狱及漕河泾监狱两处,近因冬季将至,囚犯孤居铁窗,不耐冬寒。故特代向各方请捐助冬季囚犯衣被。因各犯在狱中只穿囚衣一袭,别无御寒之物。每夜入睡,亦无蔽身之物,厥状颇为凄惨。每届隆冬,有各犯因争夺一被而互砍,情殊堪悯。现漕河泾牢狱中,有囚犯达2000余人,第二特区狱中亦有一二千人,共领衣被约4000套左右,如有捐助者,可至送该狱云。(1932年10月13日)

【思南路看守所,囚人衣服匮乏,田所长呼吁捐助】　思南路看守所,羁押人犯数逾2000,超出定额一倍以上,其中无家属接济者,约占十分之八。因粮实报实销,饮食尚可无虞,唯为经费所限,衣被极为匮乏,时已隆冬在押囚衣,单衣瑟缩,状殊堪悯。该所田立勋所长昨特致函本市各界名流,暨大公司商号,呼吁

捐助。(1947 年 11 月 26 日)

(十四) 囚犯的教育感化

【佛教净业社感化监犯】 佛教净业社为感化监犯起见,组织讲演团,推请常煜、大悲圆瑛、屈文六、汤佳心、王晓籁、关炯之、赵云韶、李经纬、胡厚、赵朴初等为演佛员。13 日下午 3 时,同往第二特区监狱参观,由常煜、大悲两法师向监犯作恳切之劝导,并商定以后每星期日上午 8—9 时轮流至该监狱演佛。净业社去年应该狱之请,曾由杨兰纳罗达大师,及社员汤君先后前往说法数次,并在狱中设置播音机件,以供演佛之用云。(1936 年 1 月 15 日)

【第二特区监狱特写】 ……除三科之外,设有教诲所,专门教育训诲在监人犯,男犯特设大规模教诲堂一所,女犯则酌量情形。在女监工场内附设一小规模教诲堂,除遴选教师数人分别指导外,并与监内各处置有播音机,时由典狱长及高级职员播音演讲训诲。……(1936 年 2 月 20 日)

(十五) 囚犯绝食

【第二特区监犯请求改善饭食】 本市法租界马斯南路第二特区监狱,前日(24 日)中有印刷间、杂物间及大牢间之人犯,暨特别间政治人犯等,曾因腐米及菜蔬问题,两餐未曾进食,请求改良,但旋即平息。(1935 年 7 月 28 日)

【法租界监狱囚犯绝食】 法租界马斯南路监狱全体囚犯 4 000 余人,因待遇及食料极为苛刻,过去曾一再请改善,仍迄无效果,乃于昨午 12 时起,一律绝食,要求改善。(1940 年 6 月 28 日)

【法租界囚犯绝食风潮平息】 法租界监狱全体男女囚犯 4 000 余人,因最近该监狱减少囚粮,并裁减早餐一顿,且食料内杂以麦团及蚕豆等杂粮,难以果腹,遂请求改善,并于前日起绝食,表示坚决。兹悉该项绝食风潮已告平息,各犯亦已进食,惟请求改善囚粮成分及分量,则仍在进行中。(1941 年 6 月 30 日)

(十六) 囚犯病亡

【狱囚病死之相验】 绍兴人赵大差,26 岁,前因在法租界犯案,由探拘获解经法公堂讯明,判处徒刑,送至薛华立路西牢执行。现赵在押患病,经管牢捕头令送医院,因病重医治无效,于昨日上午身死,由院知照西牢。转知同仁辅元堂,派夫役前往将尸舁入验尸所候家属收殓。(1930 年 5 月 3 日)

【施兆兴在狱病毙】 崇明人施兆兴,现年 24 岁,前因在法租界犯案,被捕房获解第二特区法院讯明判处徒刑,送第二法院执行在案。前在狱患病医治无效,于昨日上午 1 点 20 分身死。因查无尸属,谕将尸体交同仁辅分堂代为殓埋,所

遗中西服装 8 件，并交该堂保管，候属认领。(1933 年 8 月 28 日)

【刺唐嘉鹏巨犯赵广福身死】 巨盗扬州人赵广福，今年 38 岁，原业木匠，于民国 22 年夏间，受人教唆伙党抢杀大世界游戏场前经理唐嘉鹏后，即以杀唐之手枪结党为盗被捕，唐案经三审判处无期徒刑。……八一三事变时，提往后方充当军役，乘隙逃亡上海，仍度其盗劫生活，被公共租界捕房拘获，查出前案。系属逃犯，移送高三分院发交第二特区监狱继续执行罪刑，适逢前年大赦减刑，该处徒刑 15 年在案。兹赵犯在狱中患脚气病治疗无效，于前日身死，经报殓后，因其妻无从查传，故由善堂予以殓埋。(1943 年 2 月 11 日)

(十七) 囚犯非正常死亡

【法租界西牢越狱案续闻】 法新租界卢家湾薛华立路西牢狱囚，于前日图逃未成，当被管牢西捕头顾才督率各捕兜手，开枪击伤逃犯 10 余名，当场格毙 3 名，各情已志昨报。兹悉受伤之囚送至广慈医院医治，内有 8 名因伤过重，医治无效，延至昨晨，相继毙命。当即由院通知捕房，饬探将 8 名犯尸异至同仁辅元堂验尸所，因无家属，由贵棺殓。(1926 年 2 月 20 日)

【越狱犯跌伤脑壳惨死】 法租界马斯南路第二特区监狱，于日前清晨 3 时许，各号犯人开封赴饭食间领饭之际，发生 25 年之重犯甲、乙与 3 年轻刑窃盗犯丙等三人私下商妥，乘隙缘绳扒上网墙脱逃。不料轻刑犯至半中央失手跌下受伤，经值夜二科人员发觉，将三犯擒住。当时刘犯由高堕下跌伤脑壳，由狱长命送广慈医院医治无效，于当日下午 9 点半时身死。(1934 年 9 月 14 日)

(十八) 狱中突发活动

【特区人犯要求保障】 江苏上海特区第二监狱全体关禁人犯自要求各界援助，业由董康大律师及上海律师公会等已先后分呈司法院司法行政部查核在案。而最近又有江苏上海特区第二监狱全体人犯具名要求民权律师公会、各团体、各学校暨宋庆龄、何香凝、蔡元培、杨杏佛、董康、章士钊等名人盼望一致起来，予彼等之深切同情和实际地积极援助并将监狱的情况分为七种，计待遇、医药、卫生、囚衣、囚粮、看守等种种情形，印刷分送各界，要求深切援助云。(1933 年 6 月 10 日)

【贩毒犯执行期中戳伤同监犯人　为看守本人卖毒结仇】 本地人王富贵，今年 28 岁，前因贩卖毒品吗啡，被法捕房逮解特二法院诉究，判处徒刑 12 年，现在马斯南路特二监狱中执行。王于本月 3 日中午在监内用刀将同监人黄顺才戳伤特重，由看守报告主管科，先将黄送广慈医院医治，一面将王犯钉镣送交法捕房，请予侦查讯究。(1934 年 9 月 9 日)

【二特法院狱犯大起风波】 第二特区地方法院看守所重刑部监房内羁押上诉期内之杀人、强盗等罪犯。于昨日上午 11 点时,忽因细故,发生争吵,一时互相咒骂动武殴击,呼救之声,达于户外,甚至将碗盏便桶等抛掷,致监房及走廊碗片尿粪狼藉满地。在场看守竟无法阻止。当由看守所即以电话报告卢家湾中央捕房,由警务处西操长与捕头督率大批中西捕头赶到,始得喝止风潮,争吵约半小时。……(1935 年 7 月 19 日)

(十九)各界人士参观监狱

【法权代表昨日之行动酬酢　昨晨参观法廨监狱】 各国法权委员团按照参观程序于昨晨 9 时半,偕同华委员郑天锡、王荣年、徐维震等分乘汽车赴法租界卢家湾法会审公廨,当日法领事那齐,华会审官聂宗义、陈家庆等迎入会客厅茶话,次即引导各委员参观民刑各庭,即至前薛华立路监狱参观一周。(1926 年 5 月 27 日)

【立法委员视察监狱】 立法院刑法委员盛振为、瞿振泽、赵琛等 10 余人,视察各地监狱,……前日由京来沪,昨晨参观漕河泾监狱,预定今明日考察第一、第二特区监狱情形,14 日赴沪杭路。(1933 年 6 月 12 日)

【司法行政部监狱司长参观监狱】 国民政府司法行政部监狱司长王元增君,最近因公来沪,调查某案,于昨日下午赴法租界马斯南路第二特区监狱参观。由典狱长孙雄偕科长主任等招待,陪同查看所内各监房后,又赴特二院看守所调查。(1935 年 2 月 27 日)

【司法部长王用宾视察苏沪监狱】 司法行政部部长王用宾于本月 19 日偕同王元增、杨鹏、何曾善、王察第等下午抵苏州,由苏高院米杜院长陪同视察高、地法院及监狱看守所。20 日下午来沪,在真如站下车,随视察……及蒲淞区新监狱工程,同日下午视察高三分院及特二区地院及监狱。(1936 年 1 月 27 日)

【丁超五昨视察两监狱　今晨赴青浦巡视】 江苏监察使丁超五此决第四决出巡。于日前来沪视察上海、奉贤两政府后,昨晨 9 时赴法租界薛华立路监狱署,由典狱长领导参观,至为详尽。(1936 年 3 月 8 日)

【日贵族院侯爵参观特二监狱】 甫田日来沪之日贵族侯爵四条隆洼氏及河建秀氏,昨晨特驱车至法租界马斯南路第二特区监狱参观。当由典狱长黄亚强氏亲自接待,并陪同参观监狱内部。两氏对于全部人犯之犯罪动机探询甚详,直至中午始行告辞云。(1943 年 1 月 26 日)

(二十)组织出狱人保护会

【本市奉令组织出狱人保护会　苏高院令二特区监狱进行组织】 江苏高等

法院以出狱人保护会事宜,以预防再犯、关系社会安危匪浅,爰特训令江苏上海第二特区监狱,切实进行组织出狱人保护会。该监狱典狱长孙雄奉令后,昨特分函本埠佛教、居士林等各慈善团体,请予襄助,共策进行。……一、出狱人保护会,以保护执行期满及假释或保释出狱人,使有成就为宗旨。二、凡出狱人之贫无所依,有自新保据者,得享左列之保护。(1936年1月30日)

【筹组出狱人保护会 各界名流赞助】 现自江苏上海第二特区监狱典狱长孙雄,奉令发起,函请各界,共同组织以来,赞成者已有上海市公安局长蔡劲军、教育局长潘公展、市通志馆柳亚子、上海市长兼警备司令吴铁城、保安司令杨虎、辛未救济会会长许世英、王震、上海佛学书局沙训義、朱少屏等,或担任组织,或加入为会员,或认纳年费,大有风起云涌之势。闻该监拟不日邀请各界要人,开一筹备会,商讨进行方法,斯会成立,即在目前,诚出狱人之福音也。(1936年2月13日)

(二十一)律师公会与监狱

【上海律师公会购赠监所防疫药品】 上海律师公会为救济各押所监狱在押人犯起见,特购大宗药品天丹中国宝丹、行军十滴水、臭药水等,分送本市地方法院看守所第二监狱,第一、第二两特区监狱,暨江苏第三、第四、第五等各监狱。昨日已分别呈函典狱长、看守所长,请派员持收据来会取矣。(1936年7月7日)

【律师公会为狱囚募衣被】 上海律师公会以江苏高等法院看守所及上海第二特区地方法院监狱暨江苏第二监狱等在押犯人众多,近因天气严寒,入晚呼号啼哭,缺乏囚人衣被。该监狱典狱长曾于昨日前分别致函该会,请予捐助衣被,俾各囚人得解御寒等情。该会提请执行委员会讨论之下,议决通过全体会员限两星期内,请踊跃捐助衣被,汇转各监狱转发各押犯御寒等因。该会业于昨日通知全体会员请慷慨捐助衣被尽于两星期内送会转发,则功德无量。(1936年12月7日)

【律师公会分赠各监狱时疫药】 本市律师公会鉴于炎夏天气,各处监狱押犯甚多,诚恐发生时疫病症,特备大宗防疫水、行军散、八宝丹、各种药水药品,分赠上海地方法院看守所、江苏第二监狱、特区各监狱,业已分别函告各监狱典狱长,派员到会领取,以资救济本监患囚人云。(1937年7月26日)

二、对媒体报道监所的几点思考

媒体宣传是一种开放性的新闻传播活动,新闻信息的采集与发布也是一项公开活动。过去的"新闻"记录着以往时代的足迹,映照着社会的侧影。我们可以读出历史的脉络,知晓时情民风,了解过去,思考未来。新闻报道带有深刻的时代烙印,反映了当时的思想观点。民国租界时期,上海的媒体数量庞大、品种多样,其中既有主流媒体,也有非主流媒体,既有外国人办的媒体,也有中国人开办的媒体。对同一件事情由于立足点、观察点的不同,往往各媒体的报道有一定的区别,有时候也能起到互相补充、互相印证的作用。所以,我们可以通过《申报》,以及《大公报》《新闻报》《民国日报》《华美晚报》《和平日报》《文汇报》等媒体,《上海公共租界工部局年报》《公共租界董事会会议记录》《上海法租界公董局年报》及各种档案资料等综合起来研究。当然,由于时代不同、观念不同,对《申报》的有些报道,有些溢美性或失真性的内容也要加以分析。

第一,反映拟建法租界监狱的地址曾有多种选择及方案。随着法租界社会治安的需要及在押犯人的日益增多,当时建造一所监狱已势在必行,但是监狱地址选择在何处、监狱的规模以及楼层,法租界警务处也出现过不同的意见及规划,《申报》也予以披露。其地址有时比较明确,有时比较模糊,仅指向一个大体的方位。从当时的《申报》报道看,曾有带钩桥(今山东南路、延安中路口)、靶子路(今建国西路)、鲁班路附近多处地点,经过多次反复研究及综合各种情况,最后才在今思南路建国中路口建造。

第二,反映监狱犯人的伙食待遇及行政经费的状况。民国时期监狱的行政经费严重短缺,犯人的生活条件很差。囚粮、伙食,囚衣、囚被等基本物品都无法保证,监狱往往通过社会人士的捐款捐物来弥补,但其作用也往往是杯水车薪,无济于事。第二特区监狱,"近因冬季将至,囚犯孤居铁窗,不耐冬寒。监狱特向各方捐助冬季囚犯衣被。因各犯在狱中只穿囚衣一袭,别无御寒之物。每夜入睡亦无蔽身之物,厥状颇为凄惨。每届隆冬,有的囚犯因争夺一被而互砍,情殊堪悯。如有捐助者,可至送该监狱"。反映出位于国内大都市的上海,各监狱、看守所管理经费普遍缺乏,它们不得不利用社会力量,为监狱、看守所募捐、募集物品、钱款等活动。

第三,披露并纠正部分典狱长的生平。民国期间,监狱管理人员,包括典狱长等人社会地位普遍较低,许多人物辞典、地方志书等书刊上较少能寻找有关人物的生平、履历。但是通过报刊上刊登的讣告、启事等文字,亦查到有关人员的资料。如上海第二特区监狱长赵新宇、孙雄的生卒年份、籍贯、任职年月及生平履历等。报载"孙雄于1939年12月14日下午因病在家中去世,49岁"。又根据多年前孙雄的儿子孙孚九、儿媳于竹明向笔者提供的孙雄《讣告》:孙雄属龙,生于清光绪十八年六月初九,即公历1892年7月2日,1939年12月14日去世,孙雄的在世47年又7个月,虚岁49岁。但是目前许多网站及书籍对孙雄的在世年龄往往少算了3年(岁)。如中国方正出版社出版的《中国监狱学史纲》、商务印书馆出版的《监狱学》[①]、北京大学出版社重印出版的《狱务大全》[②],对孙雄的人物简介及在世年龄都少算3年(岁),它们都把孙雄的生卒年龄写为1895—1939年。

第四,披露了监狱管理人员的种种丑陋行为。旧法租界监狱管理人员,在1931年7月底以前,上层管理者系法国人,看守为安南(越南)人;1937年8月1日起,监狱由中国人管理,但是监狱管理人员素质较差,如:看守为犯人带入鸦片等违禁物品;看守为犯人通风报信"跑条子",从中渔利;向犯人及其家属敲诈勒索;管理人员偷拿监狱为外单位加工的原材料进行倒卖;利用采办囚粮及豆类之工作,故意夹带泥沙垃圾,增加重量;等等。这些弊端后被人告发,有的案发后逃逸,有的受到处分或撤职查办,还有的被司法机关判处徒刑。

第五,报道了社会各界人士视察参观监狱的情况以及犯人的劳作项目等。媒体及时报道了国民政府外交部长兼司法行政部长罗文干、司法行政部部长王用宾、司法行政部监狱司长王元增、江苏高三分院院长梁仁杰、上海第二特区法院院长应时等人视察监狱的情况。反映了监狱犯人所从事的建筑、木工、藤竹、铁工、缝纫、洗濯、纺织等各类生产作业项目;也披露了在20世纪30年代第二特区监狱已经使用无线电扩音设备,对犯人进行教育广播,一度采用"识字牌"摆放在监舍前,组织犯人开展扫盲识字等。

第六,披露了监狱经常发生各种未遂、已遂犯人脱逃案。从1911年10月马斯南路监狱启用,由法国人管理、安南(越南)人任看守,到1931年8月1日,由华人管理,改称上海第二特区监狱;多年来监狱发生过多起犯人越狱活动(含各未遂、已遂案),有的发生在监狱,也有的发生在广慈医院病房、外出劳作场所;有多人合伙脱逃,也有个人单独行动;有的抢夺看守枪支夺门脱逃,有的援绳爬上围墙图逃,也有的撬地板、挖掘墙洞,也有的事前准备或利用各种工具。这里反映了看似平静如水、犯人做工劳作的监狱,暗中激流涌动、时刻酝酿着突发事件。

当时的媒体客观地披露了监狱的实际情况,报道了当时所发生事情,对后人了解及研究旧监狱提供了史料。但同时也要看到有些报道与监狱的实际情况存在差异,也有的属于事前的摆布,不少地方存在溢美之词。例如,1936年2月一篇《第二特区监狱特写》的记者采访文章说:"监狱管理有方,不少高官政要、各界社会人士前往参观,犯人狱中生活良好,全监消毒打扫每日三次,沟渠及便桶消毒每日三次,监房换气每日三次,病监消毒每日三次,罪犯洗脸每日二次,罪犯入

[①] 郭明:《中国监狱学史纲》,中国方正出版社2005年版;孙雄:《监狱学》,商务印书馆2011年版。
[②] 孙雄:《狱务大全》,黄东勘校,北京大学出版社2014年版。

浴每周一次,粉刷墙壁每月一次;每犯发清洁衣服三套,每周轮替洗换,因为注重卫生所以监犯绝少死亡,查该监接收时病犯死亡率为千分之十五,现在仅千分之二,而且最近三个月中,未曾死亡一人。"但实际情况是犯人缺衣少食,甚至犯人为了囚衣被而互相斗殴,每年监狱有多名犯人死亡,据当时官方的出版资料称:上海第二特区监狱1935年在监犯人1 384人,其中女犯90人,当年死亡共55人,其中男犯50人,女犯5人。① 可见报纸宣传与现实情况,两者形成巨大反差。所以,我们对当时的有些报道也要实事求是地分析评判。

由于《申报》中蕴含了自晚清民国以来的政治、经济、文化、社会等信息资料,不少地区及单位组织人员摘取编辑了有关资料,予以编印或出版了专题资料,如:公开出版的有:《〈申报〉宁波旅沪同乡社团史料》,宁波出版社2009年版;《〈申报〉上的红十字》,安徽人民出版社2009年版;《〈申报〉广西辛亥革命资料选编》,广西师范大学出版社2012年版;《〈申报〉里的玉环》中国文史出版社2018年版;《〈申报〉中的浦东》,上海三联书店2019年版;《〈申报〉上的昆山》,苏州大学出版社2019年版;《〈申报〉中的唐廷枢》,河北人民出版社2020年版;《〈申报〉笔下的晚清杭州》,杭州出版社2022年版;《〈申报〉中的海宁》,浙江古籍出版社2022年版。作为内部资料的还有《申报上的常熟》《申报中的兰溪报道》等。总之,许多单位、研究机构及个人,通过历时77年的《申报》,获取利用了大量信息资料,为现实工作服务。多年来,笔者在筹建上海监狱陈列馆、编撰《提篮桥监狱志》《上海监狱志》时,就充分利用了《申报》中的许多资料。多年来,笔者也不间断地利用了《申报》,查找有关上海监狱系统的各类消息报道,并结合采访调查、口述历史、档案资料及文物遗址,撰写文章,出版专著。《申报》确实是一本值得大家利用、查阅的百科全书。

---

① 上海通志馆:《申报年鉴》,1935年。

风雨飘摇的江苏第二监狱分监

一、监狱的设立

  清末民初上海设有不少慈善机构，其中一个称作普育堂的，创办于清同治年间，主要创办人叫应宝时（1821—1890，字敏斋，浙江永康人）。他曾任候补松江知府代理上海道台，此时太平天国运动刚被清廷镇压，各地到上海避难和谋生的人很多，不少人饥寒交迫露宿街头。对此现状，应宝时动员地方集资并调拨上海道库银组成官民联办的慈善团体"普育堂"。该堂除了救济老弱病残者外，还设立习艺所，收留无家可归的儿童。至清朝末年，普育堂的资金积累日益增加，救济对象和范围继续扩大。当时上海另一慈善团体"果育堂"，于1911年并入普育堂后，地方显得十分拥挤，该堂已不够使用。于是普育堂在上海又一个慈善团体——同仁辅元堂的帮助下，在该堂陆家浜南面义冢的土地上（今普育西路105号）另建新堂。1913年2月房屋竣工，有各式房屋几十幢，定名为"新普育堂"，以示同原有普育堂相区别。不久旧普育堂内的贫老病民悉数移入新堂，旧屋暂时空闲。

  清朝末年，上海除了位于今光启路、学院路一带的上海县监狱外，光绪十八年八月十八日（1892年9月17日）在城厢老北门内九亩地（今大境路露香园路一带）设立改过局关押犯人，但改过局经常有大批犯人脱逃，如1896年10月与1898年3月先后有15名、11名犯人集体脱逃，《申报》也时有披露。随着民国政府建立，改过局撤销，在原址改建为罪犯习艺所。后来九亩地一带拟改造发展，罪犯习艺所准备搬迁。有人提议，刚搬走的旧普育堂是一个较为理想的地方，此处位于城厢蓬莱路上，押解犯人便捷，不需要很大投资。为此上海司法系统就决定租赁普育堂旧屋，略加整修后于1913年6月正式成立"上海分监"，6月中旬委派司法巡长梅南枝组织人员把原先关押于罪犯习艺所的200多名犯人分四批移押到老西门的蓬莱路。①

  这座监狱建立以后，其名称多年来曾有几次变化，最初称上海地方分监，或上海分监。1914年10月，上海在苏州桃花坞设立上海第二分监；上海蓬莱路上

---

① 《习艺所罪犯迁移地点》，《申报》1913年6月18日。

的"上海分监"改称上海第一分监。① 次年9月,苏州的上海第二分监停办,100余名犯人调回上海。原来位于城厢的上海县监狱,由于犯人日益增多,县城中心土地的升值,监狱实施搬迁,在上海西郊漕河泾镇新建监狱,称江苏第二监狱(即漕河泾监狱),于1919年5月启用。奉北洋政府司法部指令,蓬莱路的上海第一分监从1920年8月1日起更名为"江苏第二监狱分监",简称"江苏第二分监"。②

二、监狱的建筑结构

江苏第二分监坐北朝南,大门开设在蓬莱路上,后围墙紧靠文庙路。监狱左边为清节堂,右边为孤儿院,孤儿院的右边为学前街。此处房屋为旧式民居,虽经租赁后略加整修,其布局大体上可分为前后两部分,前半部系监狱行政办公区域;初期大门、二门的左侧为游巡队办公室,右侧分别为大炊场、茶水灶、看守休息室;过了这些房屋后面的天井,设了一道屏门。过了屏门,有一个较大的天井,大天井的左侧为第一课办公室、小天井及毛巾科,大天井的右侧为分监长办公室、走廊及织袜科、织带科;大天井的后面为礼堂,礼堂的左侧为职员宿舍、小炊场、柴房;礼堂的右侧为成品陈列室、成品库及第三课办公室。后半部分为狱区,狱区分东监、西监、东后监、西后监四块区域,其中东监5间、西监8间、东后监4间、西后监3间,共计20间监号。各监号之名称,引用《千字文》中"知过必改,得能莫忘,罔谈彼短,靡恃已长,信使可覆"20个字,称为知字监、过字监、必字监、改字监等。各监号面积不同,其中可关押30人、35人的各2间,关押25人的有6间,关押20人的4间,关押24人、16人、5人的各1间。还有缝袜科、纸盒科及多个天井。江苏第二分监大部分建筑为平房,仅有两幢房子(东监、东后监)为二层。东监二楼为看守宿舍、东后监二楼为摇纱科。

1921年以后江苏第二分监的行政办公区域有所调整。调整后,取消原有的屏门及二门,把原来屏门改为二门。监狱大门的左侧为游巡队宿舍,二门的右侧分别为炊场、茶水室、监狱售品所;过了二门,大天井的左侧为第一课办公室、小天井及职员宿舍,大天井的右侧为分监长办公室、走廊及织带工场、毛巾工场、缝纫工场。大天井后面撤销了原来的礼堂,改为走道、会客厅、材料库、出品陈列处、接见室;原礼堂的左侧分别为教务所、医务所及职员厨房、柴房;原礼堂的右侧分别为保管库、第三课办公室。狱区部分基本维持原状,压缩了犯人的关押数量,撤销原来的东监,改为检身室、出监人犯隔离室、教诲室、储藏室,东后监改为

---

① 《又有罪犯解苏收禁》,《申报》1914年10月2日。
② 《上海分监改名为江苏第二分监》,《申报》1920年8月4日。

病间、诊疗室、浴池等。东监、东后监二楼为看守宿舍。第二分监原定容额最初为 200 名,后来增加到 450 名,而实际上关押量为 500 名左右,从 1921 年 11 月起容额减少为 150 名,实际多则 200 余名、少则 170—180 名。

监狱行政经费,按月支领 1 642 元,预算分上半月、下半月,每半月 821 元,全年共 19 704 元。①经费开支包括下列各项,第一项俸给 446 元(占总开支的 27.16%),其中官俸:分监长俸 50 元、薪水 100 元(教诲师、医士、看守主任各 20 元),工资 296 元(各看守共 272 元,各监丁共 24 元);第二项办公费 95 元(占总开支的 5.79%),其中文具 8 元、邮电 6 元、购买 6 元、消耗(含茶水、电灯、薪炭、油烛)75 元;第三项杂费 50 元(占总开支的 3.05%),其中修缮 10 元、杂支 40 元;第四项犯人用费 1 001 元(占总开支的 60.96%),其中囚粮 900 元、囚药 27 元、囚衣 45 元、草荐席扇 10 元、处亡费 19 元;第五项房租 30 元(占总开支的 1.83%);第六项临时开支 20 元(占总开支的 1.21%)。以上的费用实在捉襟见肘。

其间,江苏第二分监对原有建筑进行维修,如修改大门,预算青砖 3 000 块、石灰 3 石、水泥 3 桶、纸筋 20 捆、黄沙石子 6 石、铁门 2 扇、泥工 30 名,共计 140.1 元(当时建筑材料及泥工的工资都很低,其中 30 名泥工仅 15 元),修改大厅 195.3 元,修理分监长及各课办公室 20.1 元,修理接见室 3.5 元,修理缝袜制盒工场 52.1 元,修理织带工场 27.2 元,修理茶水灶 8.6 元,修理小厨房 7.6 元,检盖全监房屋及粉刷各处 65.9 元,共计 524.3 元。②

三、监狱的管理

分监长掌管分监一切事务。

第一课,分管监狱各种文件及起草,职员登用钤记的盖用,文书的收发处理,身份调查及身份簿的编制管理,犯人领置物品的受付及保管,刑期计算及刑期的执行处分,赦免、假释、减刑的申请及执行事务,犯人出狱及疾病死亡的通知,预算决算及经费的出纳,犯人接见及物品的处分,看守及一切佣役的用免,等等。

第二课,分管监狱警备及犯人的戒护检束,看守的勤务配置及休息,教习及训练、宿舍的管理,监房及各门的启闭及其钥匙的管理,犯人食粮衣类卧具杂物的分给及保管,卫生消毒清洁的施行,作业器具的检查,犯人监房工场的异别,犯人各种呈请的调查,犯人接见书信的监视查阅,疾病死亡及尸体的处理,逃逸的追捕,入浴理发的施行,犯人出入的管理,狱内火具的管理,犯人书籍的授受及管

---

① 江苏省档案馆档案、江苏第二监狱分监报告(档号 M55-269-642)、《江苏政治年鉴》(1924 年)。
② 江苏省档案馆档案(档号 M55-265-5-17-531)。

理,看守士以下使用公物的监督及检查,犯人赏罚的施行,教诲教育的管理,监房工场及食品的检查,等等。

第三课,分管监狱物品购入收支及保管,制作品的定做、保管、销售物品售价及工钱的征收,犯人被服卧具杂物的调制、保管及投交,看守物品的调制及保管授受,佣役的雇入,等等。

作业看守主任职务:工业种类的选择及现在废置调查,工业课程工钱的估计及等级的升降,作业材料、成品器械收入及保管,作业者配置及转役,工业受负的接洽;医士职务:关于犯人疾病治疗及监狱卫生之一切事务;看守:主要负责日夜轮班戒护监房及分配各工场作业;教诲师:负责教诲。

1921年底,江苏第二监狱分监25名看守,他们的岗位配备情况为:前监门、后监门、前监内勤、巡逻各3人,炊场、驻新普育堂2人,收发兼管人犯接见、监视接见、保管、摇纱糊盒科、毛巾科、缝袜科、杂务兼送达公文、缮写文书各1人。[①]

四、犯人的收押及脱逃

江苏第二监狱分监主要收押上海华界地区的男犯,不收押女犯。收押犯人凭法院的判决书及相关法律文书,犯人入监后对部分人员要上脚镣。

1923年江苏第二监狱分监累计收押犯人罪名统计[②]

罪　　名	人数	罪　　名	人数
妨害公务	1	略诱及和诱	56
逮捕监禁人脱逃	2	妨害安全信用名誉及秘密	6
伪证及诬告	7	窃盗及强盗	459
妨害秩序	1	欺诈取财	34
伪造文书印文	2	侵占	31
伪造度量衡	2	赃物	21
亵渎祭典及发掘坟墓	2	毁弃损坏	3
鸦片烟	149	特别法纪	18
赌博	10	私擅逮捕监禁	1
杀伤	151	奸非及重婚	16
小计			970

---

① 江苏省档案馆档案(档号 M55-265-5-17-529)。
② 《江苏省政治年鉴》1924年版,第319—320页。

1923年江苏第二监狱分监累计收押犯人刑期统计①

刑　　种	人数	刑　　种	人数
无期徒刑	0	四等有期徒刑	3
一等有期徒刑	0	五等有期徒刑	642
二等有期徒刑	0	拘役	325
三等有期徒刑	0	监禁	0
小计			970

江苏第二分监对犯人的教诲,分为工场教诲、监房教诲、个人教诲等种类。工场教诲为饭后休息时进行;监房教诲按日轮流去各监房,安排在上午10—11时,下午2—3时进行;个人教诲在犯人患病时及刑满释放时进行。教诲讲词为劝善改恶一类材料,随时编题讲解,社会上聘请的名誉教诲师则在星期日到各监房,向犯人专门讲解宗教道德。

第二分监启用初期曾发生过多次犯人脱逃。1913年11月21日清晨,部分犯人看到监狱建筑简陋,就串通一气,掘洞企图脱逃,后被看守及时发觉而脱逃未遂。嗣后查明此系陈宝兴、陆宝林、卢永发、李福寿4名犯人发起,就将该4犯押解回上海地方检察厅,由汪厅长亲自研讯。②1917年8月21日,犯人曹阿二用一把菜刀将脚镣砍断,登上屋顶企图逃跑,被看守王某发觉,王急鸣警笛召集其他人员,把曹犯擒获。由于江苏第二分监原是普育堂之旧屋,系砖木结构,建造时间较久,随着时光流逝,年久失修,屋漏壁破,1914年9月曾因房屋倒塌压死1名犯人。当时《申报》还作过报道,曾予披露。为此江苏省高等检察厅拨款维修。③

1920年3月25日下午,分监二课课长朱某入监舍内点名,被犯人围住,犯人取一大便桶直套朱某的头上,粪便淋漓。朱某极其气愤,立刻报告分监长予以制止。并报告县署转电淞沪警察厅请派30余人到监狱予以处理。④

五、犯人的生活状况

江苏第二分监犯人的起居运动(作息时间),根据气候的变化有所调整,夏

---

① 《江苏省政治年鉴》1924年版,第319—320页。
② 《监犯掘洞图逃》,《申报》1913年11月22日。
③ 《修建地方分监》,《申报》1914年9月21日。
④ 《第一分监亦起冲突》,《时报》1920年3月26日。

季,早晨 5 时 30 分起身,下午 5 时 30 分收封。冬季,早晨 7 时起身,晚上 7 时睡觉。犯人的囚衣名义上由监狱负责提供,冬季各发棉袄、棉裤一套,每两人棉被一条、草荐一条;夏季各发单衣裤一套,草席一条、蒲扇一把。但实际上根本无法落实。第二分监当局在 1914 年也坦言:"……以上棉衣裤等,因本监囚衣项经费不足,而人数达 400 人以上,不敷分配,其人犯有家属送者由自备。每年冬季置棉衣百数套,棉被数十条择其贫苦无家属而分配。"①第二分监犯人伙食量少质差,他们每日均两餐,早餐、晚餐都用籼米,名义上监舍关押者 20 两(1 斤 16 两制),工场犯人每天 24 两,菜主要有青菜、豆腐、萝卜、咸菜,遇到阴历的年节(春节、端午、中秋)各给猪肉两块。②但实际上均达不到这个数量及标准。

由于犯人营养不良,再加上第二分监房屋年久潮湿,地势较低,十分潮湿,犯人中患脚气病和泄泻症的不少。第二分监较长时间内没有病监,在新普育堂内划出一小块地方,为病犯提供一些伙食,但没有专业医生。如果犯人患了重病,就移送上海的慈善机构新普育堂,名义称医治,实际在那里等候死亡。司法部每月给新普育堂提供 50 元经费,监狱仅派了 2 名看守管理。江苏省高等检察厅的官员有时也去该处视察参观。③由于该监狱行政经费短缺,犯人生活卫生条件较差,犯人病亡率较高,如:1918 年 3 月 30 日午后一名刑事犯在狱中死亡,经分监函请地方检察厅请为派员相验,再行收殓;④6 月 3 日,犯人董永祥病死狱中,由新普育堂收尸棺殓;⑤12 月 24 日,第二分监又有费大宝、顾倾超、曾发明、陆丽生 4 人发病,送普育堂医治死亡。⑥据统计,1921 年第二分监犯人死亡 49 人。⑦尤为典型的是 1922 年 1 月中旬,第二分监在押犯人连日患病,把他们送新普育堂医治,3 日内连续死亡姜小矛、陈小福、王阿毛、陈金福、朱阿毛、俞松林等 8 人,社会舆论强烈。当年 1 月 20 日的《申报》,对此情况曾以《案犯病毙八人》为题进行公开报道。⑧为此,上海地方检察厅虽然委派了郭姓、孙姓等检察官分别前往调查,但结果也不了了之。其根本原因还是监狱的管理条件太差,犯人的基本生存环境得不到保证。1923 年第二分监在押犯人又死亡 24 人。⑨

① 《修建地方分监》,《申报》1914 年 9 月 21 日。
② 江苏省档案馆档案(档号 M55-269-642)。
③ 江苏省档案馆档案(档号 M55-265-5-17-54)。
④ 《监犯倒毙》,《申报》1918 年 3 月 31 日。
⑤ 《监犯病毙》,《申报》1918 年 6 月 4 日。
⑥ 《监犯病毙六名》,《申报》1918 年 12 月 25 日。
⑦ 北洋政府法权讨论委员会秘书处编:《考查司法记》,1924 年版。
⑧ 《案犯病毙八人》,《申报》1922 年 1 月 20 日。
⑨ 北洋政府法权讨论委员会秘书处编:《考查司法记》,1924 年版。

六、犯人的调押

江苏第二分监由于场地狭小,犯人关押人数有限,因此,民国时期有多批犯人移押上海漕河泾监狱及外地监狱服刑。由于受到交通条件及看管力量的限制,每批调押的人数并不多,如:1920 年 5 月 16 日第二分监将薛小弟等 10 名犯人,派看守游巡队等将他们押解至漕河泾监狱收禁;①1921 年 5 月 30 日下午,第二分监把 60 多名判刑 1 年以上的犯人押往漕河泾监狱。②每次调押,第二分监都把犯人铐上脚镣手铐,一般两人合铐一副;如果遇上犯人较多时,还把若干犯人分为一组,并用绳索串起来以防犯人脱逃。例如,1922 年 1 月 11 日,第二分监 80 名犯人调往漕河泾。他们首先需步行押解至火车南站,而后乘上上海开往杭州方向的火车,在新龙华站下车,再步行解往漕河泾第二监狱。这些情况至少说明两个问题:一是 20 世纪 20 年代,上海分别使用火车南站与北站,去南京方向的火车起点站为北站,去杭州方向的火车起点站为南站;二是监狱管理条件较差,行政经费紧缺,监狱自己没有汽车,也很少租用外单位的汽车来调押犯人。

第二分监犯人调押外地,主要去向为苏州、杭州等地,没有长距离的调动。如犯人调押苏州,具体流程很烦琐,还要水陆联动,小火轮及火车加步行。例如,1914 年 7 月 13 日上午,第二分监在县司法巡长督率全体法警会同镇守使所派的陆军等人在分监提押 60 名犯人,步行到黄浦江边,乘船用小火轮拖至苏州河新闸码头上岸,然后步行到火车北站,再换乘火车赴苏州。③1914—1915 年,见诸《申报》报道的就有以下几批:1914 年 7 月 8 日,60 名犯人押往苏州;8 月 4 日,16 名犯人押往杭州;9 月 30 日,60 名判刑 10 年以上的犯人押往苏州;1915 年 4 月 1 日,刑期在一年以上 100 余名犯人押解苏州。当时犯人的调动须经江苏高等检察厅核准。

七、监狱生产作业

从 1915 年 5 月起,第二分监利用狭小的场地开辟生产工场。参加劳动作业的犯人,早上 8 点由看守带押到工场,作业项目有毛巾、织带、织袜、缝袜、缝纫、

---

① 《分监犯押解漕河泾收禁》,《时事新报》1920 年 5 月 17 日。
② 《地方分监分送漕河泾监禁》,《申报》1921 年 12 月 31 日。
③ 《监犯押解赴苏》,《申报》1914 年 7 月 12 日。

摇纱、纸盒、织席、竹工、杂作等。1917年时，监狱工场内所制的牙刷，精美耐用、定价低廉、经济实惠，在上海本埠已经打开销路，甚至也引起外埠的注意，并来函预定，所以典狱长令该场主任督率各工犯赶制以应需求。①

1921年1月，第二分监从事劳动生产的犯人共有132人，其中毛巾科15人、织带科21人、织袜科13人、缝纫科5人、缝袜科32人、摇纱科14人、纸盒科32人。1923年底，第二分监从事劳动生产的犯人共有183人，其中竹工科49人、织工科9人、缝工科50人、纸工科61人、炊事科4人、袜作科10人。②犯人的作业成品销售情况与季节气候有一定联系，如毛巾、线袜在春秋两季销路畅旺，各式色带畅销于秋冬季节。参加作业的犯人根据成品的销售情况，如果有盈余，可以提取一定的"赏予金"，一般占盈余金额的25%。

第二分监在组织犯人的生产活动中也形成一定的工作流程。分监确定相关职员专司负责，并由2名看守主任专司成品材料现金的收支暨出纳簿记，监察各科作业进展，以及延揽各厂号经营购办材料销售成品；额定1名技师负责生产技术，每科工场各派1名看守负责督率作业人员的劳作，监视成品材料有无损失。

江苏第二监狱分监犯人劳作

---

① 《监狱工场成品之广销》，《申报》1917年2月。
② 《江苏政治年鉴》1924年版，第331—332页。

八、监狱管理人员

民国时期典狱长、分监长等人由上级主管部门任命,而下层的看守一般由监狱(分监)自行招聘或吸收。1925年初,江苏第二分监工作人员有46人,其中分监长、教诲师、名誉教诲师、医生各1人,主任看守4人,看守34人,监丁4人。看守主要日夜轮班戒护监房,看守的夜班分为上半夜、下半夜两班,每班两人。①

自1913年8月江苏第二监狱分监启用以来的6任分监长

姓名	字、号	籍贯	毕业院校	任职时间	主要经历
吴家振	确生	安徽泾县		1913年8月—1914年3月	
周公鼎	铭初	江苏无锡	无锡法政讲习所	1914年4月—1914年9月	无锡县警务长、锡金商团团长暨团防局局长
李绍颜	允文			1914年9月—1920年7月	
吴曾善	伯寅、慈堪	江苏吴县	江苏法政学校	1920年7月—1920年12月	江苏第二、第三监狱典狱长,芜湖、南京地方法院首席检察官、上海文史馆馆员
黄馥		浙江吴兴	浙江监狱专门学校	1920年12月—1921年11月	江苏第三监狱看守长、上海地方检察厅、江宁地方检察厅看守所所长
杨宣猷	止园	湖南长沙		1921年11月—1924年3月	

江苏第二监狱分监职员表(1920年12月—1921年11月)

职务	姓名	年龄	籍贯	学历
分监长	黄馥	34	浙江吴兴	浙江监狱专门学校
第一课主任看守	陈涛	40	江苏吴县	苏州中学
第二课主任看守	刘宝霖	45	直隶宛平	
第三课主任看守	虞廷俊	51	江苏吴县	前清附生
教诲师	王德鉴	38	浙江吴兴	北京汇文大学
名誉教诲师	周公鼎	44	江苏无锡	法政讲席所
工场主任看守	王锦江	25	浙江吴兴	杭州府官医

---

① 麦林华主编:《上海监狱志》,上海社会科学院出版社2003年版。

江苏第二监狱分监职员表（1921年11月—1924年3月）

职务	姓名	别号	年龄	籍贯
分监长	杨宣猷	止园	44	湖南长沙
候补看守长	孙雄	拥谋	32	湖南平江
第一课主任看守	刘汉孙		38	江苏宝山
第二课主任看守	黄阊智	蔚苓	38	湖南长沙
第三课主任看守	王绳武	竹荪	34	江苏吴县
教诲师	刘汉孙	字行	38	江苏宝山
名誉教诲师	周公鼎	铭初	46	江苏无锡
医士	顾紫垣	文俊	54	江苏川沙

民国时期，部分上级官员也到江苏第二监狱分监视察参观，如：1922年3月12日，北洋政府司法部司长王绍荃、江苏省高等检察厅厅长许受衡；[1]1923年3月3日，江苏高等审判厅长朱献文、新任江苏检察厅长周诒柯。[2]

监狱部分管理人员素质较差，利用工作之便，以权谋私、贪赃枉法，如1920年初上海地方审判厅书记官程冠吾收受巨款，利用职权擅自开具提押单，串通法警把关押在江苏第二监狱分监内的多名犯人，经数次提押出监后私自释放。案发后除程冠吾弃职脱逃、部分当事人受到惩处外，分监长李绍颜由于管理不严、工作失察而被解职。[3]

九、监狱的搬迁与撤销

江苏第二分监由于地势较低，设施较差，多年来历任分监长一直想搬迁，当时的媒体也有所报道，如分监长李绍颜，鉴于第二分监群犯越狱，分监房屋朽坏、很不牢固，提出搬迁，曾经打报告请江苏高等检察厅核准，另造新监。1919年2月，江苏高等检察厅厅长王仁山据上海地方检察厅厅长林炳勋呈文，称前据李分监长以押犯拥挤、房屋破旧，呈请觅得黄家阙路地审厅斜对面有空地一方计地8亩，每亩价洋860元，拟即买为建筑地方分监之用。为此，呈请转呈司法部拨款购置民用，以便兴工建筑。[4]现于县境25保12图短字圩81号地方，购买葛氏民

---

[1] 《部员勘察法庭监狱记》，《申报》1922年3月13日。
[2] 《高等厅审检两厅来沪调查》，《申报》1923年3月4日。
[3] 《部分监长即将接任》，《申报》1920年8月13日。
[4] 《上海请设分监》，《申报》1919年2月26日。

田七亩九分五厘八毫,从事兴工建筑云。①

1920年12月24日的《申报》也刊文,标题为《江苏规划建筑分监狱》,全文如下:"江苏第二分监原设于普育堂旧址,近因羁禁犯人颇众,几无容积之地,且地检所执行人犯每感不便,故由前分监长吴伯寅就地检厅门前地上规划建筑分监。现正在进行中。闻司法部准先拨1万金,俾着手建筑云"。但是这些规划及报道大都是纸上谈兵,由于经费、土地等各方面的原因都没有真正落实到位,而且时间上久拖不决,迟迟没有答复。

由于江苏第二分监关押条件太差,犯人病亡率很高,社会舆论强烈,1923年上海的司法主管部门决定在漕河泾监狱内添建、扩建监房,撤销江苏第二分监,原押江苏第二分监的犯人移押漕河泾镇。1924年1月28日,监狱雇了沪闵南柘汽车运输公司4辆汽车到蓬莱路,从上午10时到下午1时半,分4次把159名犯人移送到漕河泾镇的江苏第二监狱收押。另有1名病犯和9名刑期届满的犯人则送往新普育堂暂押。江苏第二监狱分监的末任分监长杨宣猷还出示布告,以告民众及犯人家属。江苏第二分监的并入单位、江苏第二监狱还在1924年3月20日的《申报》上刊登了一则广告,全文如下:"江苏第二监狱蓬莱路分监已归并漕河泾监狱。本监所有分监材料成品等于3月19日到21日,在本监门前减价拍卖。"这从一定角度也反映了当时监狱经济拮据之程度。

位于上海老城厢蓬莱路上的江苏第二监狱分监于1924年撤销后,后来由上海的某地皮商购买了这一块地皮及边上孤儿院的土地,在原地建造新式的2—3层石库门房子,该弄堂坐北朝南。为了传承历史沿革,根据原先的普育堂的名称,该弄堂就命名为"普育里"。其正门(前门)被编为蓬莱路303弄,其弄堂的西面还开有一个边门,开向西面的一条叫学前街的小马路上。这块土地,从最初的救济老弱病残者的慈善机构,到关押犯人的监狱,最后成为石库门弄堂房屋居民住宅区。目前该"普育里"的石库门房子,仍然风貌依旧,保留完好。

(本文原载《上海档案史料研究》第27期,上海三联书店2023年版)

---

① 《购地建筑地方分监》,《申报》1920年4月1日。

旧狱纵横·囹圄旧梦

1906年提篮桥监狱血案

20世纪初,英国人在公共租界建造一座华德路西牢,或称提篮桥监狱。外国人为了加强在华的监狱管理,制定了不少规章制度,如《上海工部局监狱人员规则》《工部局华德路押犯守则简章》《工部局监狱华职员规例》等。《上海工部局监狱人员规则》中"犯人犯款"一项竟有41款之多,如私藏无论何物、作无稽之申诉、答监狱员之问不实、不遵监狱员之何项合律号令、不愿食监狱评定所派之食等,犯人违反监规就要受到各类惩处。犯人在狱中还要服劳役、做苦工。监狱启用初期,犯人劳作的主要项目有敲击三合土、缝纫、编席、做鞋等,如果动作稍有缓慢,常被看守欺压打骂。狱中生活条件很差,犯人死亡率很高,据官方披露1904年全年收押578人,死亡41人;1905年收押1 062人,死亡73人。[1]犯人死亡人数之多,令人震惊。

一、外籍看守向华籍犯人开枪

1906年5月4日下午两三点钟,范毛毛等几十名犯人集中在牢内一工场做鞋子,有一印度看守身佩刀具在工场来回巡查监视,该印度看守对正在做工的范毛毛百般挑剔,故意找他的岔子,辱骂殴打。在忍无可忍的情况下,范毛毛举起做鞋的小刀向该印度看守进行反击。这犹如一堆干柴中燃起的熊熊火苗,其他犯人看到此情况,也抑制不住平时积存的怨恨喷涌而出,对着这个平时蛮不讲理的印度看守群起攻之。其中有一犯人还夺取该看守所佩的刀具,刹那间看守与犯人之间发生肢体冲突,工场内一片混乱。

这时候,部分手持武器的印度看守和英籍看守头目勃伦那恰雷特也来到看守与犯人的冲突现场。凶残的监狱英籍看守头目不问事情的来龙去脉,也没有上前规劝,平息事态的发展,却立即下令开枪镇压,随着啪啪啪的子弹声响,殷红的鲜血洒满一地,犯人倒在血泊中,造成提篮桥监狱启用以来华籍犯人的首次血

---

[1] 《上海公共租界工部局年报》(1904年、1905年)。

案,当场打死在场范毛毛等 4 人,①章阿四等 10 多名犯人受伤。在冲突中,有的犯人不甘受辱,也进行反击,造成 2 名印度看守受伤,英籍看守头目勃伦那恰雷特头部受伤。

凶杀案发生后,提篮桥西牢的总管英籍华森也来到血腥的工场,首先吩咐看守把尸身暂时移开,等待日后尸检。一面布置下属迅速查明该冲突中的为首人员及参与人员,一面通知提篮桥所在的十三图地保(相当于该地区的治安管理人员)到场验尸。提篮桥监狱警方用电话通告各巡捕房,各巡捕接警后,他们纷纷持枪赶往监狱。

这个明明是监狱的外籍看守随意开枪打死中国犯人的恶性事件,但是当时的许多媒体在监狱和当局把持下大多歪曲事实真相,颠倒黑白,倒打一耙,把血案的起因说成犯人阴谋暴动,准备越狱;看守为了维持监狱稳定,开枪打死打伤犯人属于自卫反击。例如,1906 年 5 月 5 日《申报》以《西牢枪毙图逃重犯》为标题予以报道:"……西牢内犯人五十名,界党图逸,为印人察破先警。当由管牢西人白利难哈薛脱君下令警卒。戎装戒严防守总门。其时犯党人多势众,手持凶器,竟欲乘间突出,致该西人头面及看牢印人二名均受伤。初该西人传令犯党不得妄动。唯犯党不从,遂开枪轰击,计死三名。逸逃范高头之子范毛毛亦被击毙。其余受重伤致命者二人,受重伤而生死未定者十二人。尚有略为受伤者,众始帖然就范。该牢旋用电话通告各捕房,不时,中西捕皆持枪而往,以防再有变动。西牢总管华森陆军少尉,命驾前往察看,谕令先将尸身移开。一面传知地保,一面查明为首之人。初意谓犯人必有脱身者,然事后查点,并无漏网云。"

二、枪杀案的余波及后续

案发当天,除了范毛毛等 4 名犯人当场死亡外,还有章阿四、朱宝山、陆老佛、狄仁山等 10 多名犯人受伤。其中章阿四等 4 人伤势较重,后由巡捕房把他们送往位于今武昌路、长治路口的同仁医院救治,章阿四于 5 月 6 日因伤毙命,②章阿四病亡同仁医院后,捕房即让医院的附近的三图③地保转告章阿四的家属买棺收殓。但是该三图地保以事出十三图的提篮桥西牢,应该由案发地第一现场的地保前来办理。最后巡捕房只好委派十三图的地保宋杏春收敛,但是事后宋地保也没有报具请殓。④该事情也从侧面反映了当时相关人员对此事的

---

① 《西牢枪毙图逃重犯》,《申报》1906 年 5 月 5 日。
② 《伤犯又毙》,《申报》1906 年 5 月 8 日。
③ 旧上海,把地域划为若干片区,三图,就是某一片区单位的名称。
④ 《棺殓伤毙押犯》,《申报》1906 年 5 月 10 日。

不满情绪。

5月6日,上海县衙汪大令带领仵作(相当于行使法医职能的人员)会同西医来到监狱将击毙死亡及受伤的犯人逐一验视。西籍看守、印度看守有3名受伤,据西籍医生反映,受伤最重的看守最迟经过3个星期即可痊愈出院。4个死亡的犯人全部死于枪伤。①验尸完毕把范毛毛等4人放入棺木,县官命令由各慈善机构分别棺殓,听候复核。并通知死亡犯人的家属前来认尸收敛。老闸捕房副总巡来到会审公廨所在地,相邀上海公共租界会审公廨谳员关炯之一同去处理该后续工作。之后,监狱西籍看守将当时所谓参与暴狱的部分犯人用两头马匹驾驭的铁囚车押解位于北浙江路七浦路口的会审公廨审理,并对他们加刑惩处,其中对万福华加判有期徒刑10年,对施正英、沈国裕、徐阿庆加刑7年,对陈阿桥加刑5年,对张宝生加刑4年,对江永记、徐阿六加刑2年,等等。

5月13日下午又有一名犯人在同仁医院因医治无效而病亡。②

三、社会各界对事件的公正评判

英国人管辖下的提篮桥监狱,于1906年5月4日无视中国的司法主权,没有任何司法程序当场击毙4名华籍犯人,而后又有多名犯人因受伤死亡。按当时的规定,公共租界会审公廨及租界监狱无权对华籍犯人执行死刑,残杀事故发生后也没有及时报告中国的上海县衙。事后广大中国市民义愤填膺,民怨沸腾。在公共租界、华界地区反映强烈,纷纷为中国同胞受到如此欺辱而感到不平,上海公共租界会审公廨正直的华人会审官(谳员)关炯之闻讯后,就该血案禀报上海道。1906年5月13日上午,关炯之也亲自提讯当事人押犯万福华、徐阿六等人,深入了解情况。

不少媒体在了解事实真相以后,也客观公正地报道、评述了事件的发生及后果。如《北洋官报》③第1023册,发表了一篇短文,标题为《查复西牢冲突实案》,文章说:"上海公共租界西牢捕犯互斗、枪毙押犯四人一案,当经上海道礼饬上海县汪大令带领仵作,会同西医将轰毙及受伤各犯逐一验视。会同会审委员禀复略谓:查得西捕印捕实有三名受伤,前供失实。据西医云,受伤最重之捕三礼拜可痊愈,则其伤可知;而押犯则枪毙四名,受伤七名,肇事情节实由印捕殴犯而起,并非各犯蓄意图逃,乃竟擅放枪轰毙,多命未便置而不问,在各犯见同押一人

---

① 《西牢枪毙图逃重犯案禀请相验》,《申报》1906年5月7日。
② 《四汇西牢押犯狱越案》,《时报》1906年4月15日。
③ 《北洋官报》创办于1902年12月25日,双日刊,每期8页1册。它由直隶总督兼北洋大臣袁世凯创办。直隶省督办政务处主编,该报在天津印制出版。

受殴群起,还殴固属咎有应得,惟枪毙之人未必尽是拒殴之人。拟俟该捕犯医痊讯明实情核办,云云。"其后《北洋官报》又发表了《上海西牢监犯滋事纪闻》一文。《东方杂志》第三卷第 5 期也发表文章,从 5 月 4 日华人被外籍看守枪击死亡、受伤的情况,追溯到先前,华籍犯人的狱中生活等情况。该文章的题目为《提篮桥监狱中　华人犯人经常有被痪毙的》

1906 年 5 月 6 日的《申报》刊登了一篇报道,比较客观地披露了会审公廨审讯相关人员的情况。该报道称:"……昨早由管牢西人押解到廨,请谳员关司马,会同德副领事麦令豪君审讯各犯。江永记、徐阿六、张宝生、万福华、陈阿乔、沈裕国、俞金顺、朱文华、徐阿金、施正英、李兆文、王兆基等环立案前。先有管牢西人译述起衅情形,并谓哄闹时,印捕受伤 7 人、英捕受伤 3 人。今日均未到案。惟另有一英捕衣袖、颈领等处均有刀伤,请堂上察验。关司马得供,谓各犯曰:管牢西人既已供明尔等为首图逃,有何狡赖?各犯极口呼冤,内有徐阿庆供称愿陈肇事之由缘,犯等在西牢内各有工作,不能互语,违反殴打,已击死之张金和是日与管牢印人制一皮鞋,该印人以大小不合,与张理论,甚至动武,各犯见之同声吆喝。已死之范毛毛即欲与该印人为难,其时各犯咸称可将印人置于死地。该印人闻言骇甚即在身畔取出锁匙开门逃出。旋有犯人尾随至住房之外,即闻枪声骤作共被打死 5 犯。西人适言,印捕、英捕受伤之说,众犯不敢动手。可令到堂验视,况击死之犯为数不符,亦求旨验供毕前。万福华供:'……是日午后 3 点钟,正在作工忽闻人声喧闹,不知何故少顷见众人拥出,枪声即起,众又拥进,时有枪弹飞至,小的在楼梯边急止。众人不可鲁莽,恐酿大事,不图一弹适中,衣袖为之洞穿,事后西人以小的既受弹伤,亦是肇事之人,故遭一并送案,其实并不干涉。若问起事之由,乃缘平时印人殴打众犯过重,因此群起而攻,断无众犯敢打印人之理。请察司马得供商之麦君判将各犯带回听候。查明实情再讯。'"①

1906 年 5 月 4 日发生在提篮桥监狱的残害中国犯人的情况,也成为中国近代监狱史上一个典型案例。不少近代史、监狱史的专著中也引用或提及此事件。如由蒯世勋、徐公肃编撰的《上海公共租界史稿》称:"1906 年 5 月 4 日,监狱押犯被西籍看守虐殴,群起抗拒,结果反被枪杀 4 名,伤多名。"②1986 年由司法部组织、中国政法大学教授薛梅卿主编的劳改专业教材《中国监狱史》也论述了该情况,并指出"这充分说明了外国在中国强行设置的监狱,都是镇压中国人民的工具,狱治同样是极其腐败和黑暗的"。③

---

① 《续记西牢枪毙图逃重犯》,《申报》1906 年 5 月 6 日。
② 《上海公共租界史稿》,上海人民出版社 1980 年版,第 386 页。
③ 薛梅卿主编:《中国监狱史》,群众出版社 1986 年版,第 189—190 页。

旧提篮桥监狱犯人的伙食

俗话说,"民以食为天",粮食是一个人的生命线;同样关押在监狱的犯人,他们的伙食也是非常重要的事情。下面就提篮桥监狱在租界时期、日伪时期和抗战胜利以后三个时间段的犯人伙食进行梳理介绍。

一、公共租界工部局管理时期

1903年5月,提篮桥监狱启用,犯人伙食实行每日两餐制。监狱一个星期的伙食菜单品名和数量曾规定:星期一,2盎司蔬菜(1盎司等于28.3495克);星期二,2盎司猪肉;星期三,2盎司蔬菜;星期四,3盎司猪肉;星期五,2盎司蔬菜;星期六,2盎司牛肉、2盎司蔬菜;星期天,3盎司猪肉、2盎司蔬菜。茶水,每个犯人每天13盎司。虽然条文上如此规定,但实际上达不到这个标准。如当年因"《苏报》案"被捕,囚禁监狱的章太炎,曾描述狱中的生活状况:"所食皆麦饭带秕,日食三合,粗粝鲠会咽,顾视便利,则麦复带秕而出,其不能输精成血可知。同系五百人,一岁死者六十人,盖三分而瘐毙其一矣。"[1]1904年10月《申报》报道:"关在公共租界牢房内的押犯,每人每餐只给一碗饭和一些水,食不得饱,以致死亡人犯时有增加。"

1905年时期,犯人伙食标准为:早餐:大米2盎司、面粉2盎司,中餐:大米3盎司、面粉3盎司、豆类2盎司,晚餐:大米2盎司、面粉5盎司、豆类3盎司、洋葱0.5盎司。

1906年5月4日,狱中犯人因不堪狱官虐待和饮食粗劣群起抗拒,被狱官当众毙死4人、伤多人。狱方在外界压力下,是年,从5月25日起监狱为犯人加餐,每犯人每日早餐食米4两(16两制,下同)、中餐6两、晚餐9两,另有葱头1两、豆6两,逢周日、节日加一次荤菜。对不食用猪肉的回族等犯人,食用穆斯林食物。此食谱与其他食谱一样,只是烹调中用豆油不用猪油,任何食物中不放猪肉。

1921—1927年,监狱犯人伙食包给社会供应商,由上海公共租界工部局出面,在《申报》《新闻报》上登载公告,为监狱承包犯人伙食招标。凡愿竞标的商号,在规定的时期内,向工部局投标,然后经过一定程序进行揭标。先后中标的

---

[1] 汤志钧编:《章太炎政论选集》上册,中华书局1977年版,第254页。

有公大米号、义大米号、盛大商行、汪协记、大申公司等商号。标期一般以3个月或半年为限,凡中标的商号须向监狱送入大米、面粉、蔬菜、肉类以及油、盐、酱、醋等(监狱管理人员的伙食与犯人伙食分开,是分两个渠道分别管理的),如:1923年11月25日的一则工部局广告为:"照得本局欲招人包办犯人伙食,自西历1924年正月1号起,3个月或6个月为限,每月应送到西牢及巡捕房各物大约之数如下:糙米330担(以200磅为一担计算),麦50担(以133磅为一担计算),扁豆50担(以133磅为一担),牛庄白豆35担(以133磅为一担)。投标之信及物样限于本年12月13日上午11时或以前送到本局总理处,特此布告,西历1923年11月21日。"①1926年1月12日的公告为:"本局现欲招人包办罪犯伙食,自1926年3月1日起,以6个月或12个月为限,每月应送到华德路西牢。各物列下:蔬菜17 000磅、洋葱8 500磅、咸鱼1 500磅、牛肉1 700磅、猪肉1 500磅、盐1 340磅、豆油4 250磅、猪油4 200磅、茶叶80磅、牛排骨260磅。投标之信及物样限于西历1926年1月28日上午11时或以前送至本局总办处。其详细情形可至华德路59号向西牢管理员询问,特此布告。总办鲁和。"②

犯人伙食公开招标表面上很公允,实际执行上也存在舞弊情况,如标的上规定的物品,在日后送货时达不到质量标准,或以次充好,或降低等级标准,经办人员获好处,从中渔利。

英国人管理监狱时,犯人伙食实行两餐制,后来也实行过三餐制。监狱犯人,早餐是大米、黄豆、小麦合煮的稀饭,中餐是米饭加蔬菜,晚餐基本与午餐相同。猪肉、牛肉、黄豆、咸鱼等4样每天轮换。菜的数量极少,饭也只够半饱(只有做体力劳动及某些病号饭质量较好)。如果犯人违反纪律受到处罚,饭量就被减少。如果犯人生病,有医生开的病单,就可以吃软食,如面条、稀饭。③

1928—1936年监狱犯人伙食标准④

年份	等级	供应对象	早餐	中餐 主食 副食	晚餐 主食 副食	备 注
1928 — 1936	上等	工囚犯	米6两	米8两 蔬菜4两	米8两 蔬菜4两	1. 盐、每50人每天发一磅 2. 中餐、晚餐副食内豆油1/4两、猪油1/4两 3. 牛肉、猪肉、咸鱼及黄豆每4天轮流一次,计1.5两只发给上、中等两级 4. 1932年起,由于政局不稳,物价上涨囚粮逐渐减少,饮食质量降低
	中等	普通犯	米5两	米6两 蔬菜4两	米6两 蔬菜4两	
	下等	受处罚犯	米3两	米4两 蔬菜4两	米4两 蔬菜4两	

说明:计量单位1斤为16两制。

---

① 《工部局布告(招人包办犯人伙食)》,《申报》1923年11月25日。
② 《工部局布告》,《申报》1926年1月12日。
③ 1991年笔者对旧提篮桥监狱总务科科长邓志君的采访笔录。
④ 麦林华主编:《上海监狱志》,上海社会科学院出版社2003年版,第275页。

以上仅仅系文字上的规定,但实际情况并不一定能够执行落实。1932 年起,由于政局不稳,物价上涨,提篮桥监狱囚粮减少,伙食质量降低。虽然每天仍是三顿饭,但每月 24 两减为 14 两米(16 两制),还掺有稗子、芒刺,有时数量不足,就用杂粮代替。据 1925 年加入中国共产党、1932—1937 年曾囚禁提篮桥的李守宪所述,在狱中,"吃饭简直没有菜,英国人说,菜不是给你们下饭的,是给你们记日子的。原来吃两片牛肉就是初一,吃几颗黄豆就是初二,吃一点咸猪肉就是初三,……吃咸臭鱼是初九。月月如此,这样就可以计算日子了"。[1]

1940 年 3 月 18 日,工部局试行节减监狱犯人的囚粮,以减发食米为入手,试验期间定 3 个月,由此提篮桥监狱犯人伙食,由原来的三餐制改为两餐制,3 个月以后恢复原来的 3 餐制。[2]

二、日伪政府管理时期

1941 年 11 月太平洋战争爆发后,日本人独占上海,次年 1 月由日本人管理监狱,监狱改称刑务所。日本人管理监狱后,相比英国人管理时期犯人的伙食标准明显降低,使用苞米、高粱替代大米。据 1941 年《上海公共租界工部局年报》记载:本年在狱中"实行各种节省办法,其最重要者,为关于华籍囚犯部分之饮食。华籍囚犯早餐用之米,因价格高昂,经减少百分之五十,而代以等量之苞米及高粱。此种膳食,并不发生何种不良影响,故现又试验,早餐纯用苞米及高粱,而不用食米。苞米与高粱之价格,比米约低廉百分之二十"。

1942 年 1 月—1943 年 7 月底,日本人统治提篮桥监狱时期,对犯人实行两餐制,第一餐(早餐),供应稀饭;第二餐(午餐),供应干饭。具体反映在主食一半是米,一半是苞米、高粱等杂粮,把犯人的伙食标准分为上、中、下及病犯 4 个等级,如上等,系工囚犯(参加作业劳动的犯人);中等,系普通犯;下等,系受处罚犯;病犯还细分为甲、乙两种供应对象。这样犯人的食物数量上大为减少,在质量上也明显降低。日本人为了测出准备今后对上海市民配给户口米的限量标准,他们先把在押的 500 名犯人当作试验品,规定被试验的 500 名犯人吃"磅饭"。所谓"磅饭",就是在犯人规定的囚粮基础上每天每人减少一两,并逐日减少,一直减到最低量,观察一个人所能承受的最低限度口粮,试验期为 3 个月,自 1942 年 9 月 14 日—12 月 13 日,把这 500 名犯人集中到一个专门的监楼内,组织专门人员从事该工作,让犯人脱去鞋子,穿着单薄的衣服,每天在固定的时间

---

[1] 李守宪:《上海西牢回忆》,《上海文史资料选辑》1981 年第 1 辑。
[2] 《工部局试行节减监狱囚粮》,《申报》1940 年 3 月 19 日。

给每人过磅称重,在印制好的表格上,把其体重记录在案。每月犯人体重减少多少,直至不能支持为止。当时这些吃"磅饭"、被试验的犯人,个个面无血色,脸部发青,有的甚至在过磅时站不住就晕倒。这种惨无人道的做法,使犯人的身体受到极大的损害。当时一位有正义感、知悉内情的监狱医院医生,从人道主义及医学角度出发,写了书面报告,呼吁主管监狱的日本当局慎重考虑,免于实施,但是日本当局根本不听,以致监狱犯人死亡率达到最高点。

1943年,在日本人管理下的监狱,犯人仍然实行每日两餐制,下分甲、乙两等,平时仅供应蔬菜,每月逢2、16日供应肉类,逢8、26日供应咸鱼,每次均二两。同年8月,汪伪政府接管监狱时,全监4 620名犯人中患有各种疾病的有1 068人,当月死亡者就有43人。同年9月10日,犯人在陈诉痛苦、要求改良待遇的呈文中揭露:"监犯无不鸠首鹄面,形如病夫。食乏维他命,菜少叶绿素,鱼肉之携鳞带毛,牛皮之伤齿胃,饭盂之多污锈,等级分配之不均,更兼各管理人之公盗私窃油盐米肉之举发案迭出。"

1942年1月—1945年7月提篮桥监狱犯人伙食标准[①]

等级	供应对象	早餐 主食 副食	午餐 主食 副食	备注
上等	工囚犯	米7两 杂粮2两 (16两制下同) 蔬菜 盐少许	米10两 蔬菜1斤 杂粮4两 盐2.7钱	1. 伙食:每日两餐。早餐为粥,7:30;午餐为饭,14:30开饭 2. 按左面给养状况,每人每月的粮食:工囚饭米32.41斤、杂粮11.44斤;普通犯米28.59斤、杂粮3.81斤;受责罚犯米19.06斤、杂粮3.8斤;病犯:甲种米28.59斤、杂粮11.44斤,乙种米19.06斤、杂粮5.72斤 3. 副食品几乎天天是萝卜干、青菜,并无鱼肉等荤菜供应
中等	普通犯	米6两 蔬菜 杂粮1两 盐少许	米9两 蔬菜1斤 杂粮1两 盐2.7钱	
下等	受责罚犯	米3两 蔬菜 杂粮1两 盐少许	米7两 蔬菜1斤 杂粮1两 盐2.7钱	
病等	病甲犯乙	米6两 蔬菜 杂粮4两 盐少许 米4两 蔬菜 杂粮2两 盐少许	米9两 蔬菜1斤 杂粮1两 盐2.7钱 米6两 蔬菜1斤 杂粮1两 盐2.7钱	

说明:计量单位1斤为16两制。

三、国民政府管理时期

1945年8月1日国民政府接管提篮桥监狱。犯人伙食直到1949年5月上

[①] 麦林华主编:《上海监狱志》,上海社会科学院出版社2003年版,第276页。

海解放,一直实行两餐制。1945年8月,国民政府司法行政部电令规定:囚粮一律按日计算,每犯每日给米20两(16两制)。但是提篮桥监狱并未发足,实际每犯每日只发17两,以高粱、黄豆等杂粮充米,而且按规定打八至九折。1947年8月9日,司法行政部通报提篮桥监狱病犯有全身发肿者,多系营养不良所致。是年9月3日《罗宾汉》报头版报道:典狱长徐崇文有克扣囚粮、贪污舞弊行为。犯人口粮按规定每日两餐,每餐为熟饭20两,外加菜4两,实际仅发12两,短少8两;菜则无油盐,淡而无味。当年,因提篮桥当局克扣囚粮,发生犯人骚乱事件,轰动全上海。有时候监狱内因炊场开饭、犯人伙食等事宜被弄得"草木皆兵",如1947年11月5日中午,因犯人开饭时间稍迟,且饭粒夹有杂草,引起部分犯人起哄,负责狱中的警士为恐造成事故不好收场,竟组织部分看守持枪弹压,还惊动提篮桥警察局派警助力。① 但是同时,监狱对关押狱中的一些原来社会地位较高的犯人(如汪伪政府中的高官政要)或有钱财的犯人,则给予各种优惠待遇,允许他们在牢房内使用电炉、开小灶,允许家属特别接见时送入名点菜肴。上海不少媒体对此情况予以公开披露,如《大公报》的一篇报道,标题更是一针见血:"有钱囚犯特别优待,穷苦无钱禁锢囚笼"。②

1945年9月—1948年监狱犯人伙食标准③

年 份	每犯每日实际定粮 主食　副食	餐次	备　注
1945年9月—12月	米18两(16两制,下同)	蔬菜半斤食油1钱2	两餐	主食:每犯每日米18两(实际米7两,搭配高粱4两、豆麦7两、面粉2两等杂粮,折米11两) 副食:蔬菜、油、盐等每犯每日计26元
1946	米16两	盐1两	两餐	主食:每犯每日米16两(其中八成为杂粮)
1947		蔬菜半斤食油1钱1盐1两	两餐	1947年起司法行政部规定囚犯饮食标准以现金代替实物,由监狱按当地官价购买
1948	米14.4两		两餐	

说明:计量单位1斤为16两制,"元"为法币。

1948年,随着上海时局动荡、物价飞涨、粮食恐慌,提篮桥监狱行政经费不到位,囚粮十分紧张。当年3月,上海连日米价上涨,狱中押犯5200余人,每日需食米30余担,典狱长为囚粮而焦头烂额。当时各媒体均对提篮桥监狱的犯人

---

① 《提篮桥监狱险些闹饭厅》,《大众晚报》1947年11月6日。
② 《大公报》1948年2月17日。
③ 麦林华主编:《上海监狱志》,上海社会科学院出版社2003年版,第278页。

囚粮情况,曾有不少披露:"连日来米价高涨,上海监狱中有囚犯 5 200 余人,每日需食米 30 余担,监狱之原有预算已不敷应用,典狱长孔祥霖日前曾向地院借得三亿元,购米储用。孔于昨日又访地院查院长,闻与借款事有关。"①上海监狱典狱长孔祥霖以警备部军法处羁押于监狱之军事犯约有一千余名,自1948 年 1 月份开始迄 6 月,港口司令部之囚粮迄未发下,察此米价日涨之时,实有不堪维持之感,孔特于 6 月 23 日亲赴警部军法处访朱诚科长,请于设法催促港口部速将囚粮发下,否则此千余囚犯势将饿毙矣。②1948 年底,上海地方法院院长查良鉴针对提篮桥监狱在押五六千犯人,甚至也要求上海各界协助法院解决监狱犯人的囚粮问题,"今后仍盼各界对此多加帮忙"。③

1949 年上海地区米粮价格暴涨,以自由市场每百斤上等白粳价为例,1 月份为 1 360 元,2 月份为 10 566.7 元,3 月份 44 266.67 元,4 月份 1 011 666 元,5 月份 175 333 333 元。④ 据 1949 年 2 月 24 日《大公报》载:"上海监狱罪犯的囚粮因米价上升而发生恐慌(按司法行政部所发囚粮费每斗仅 150 元金圆券,市价每斗千元,相差太远),典狱长孔祥霖日前曾造访市长吴国桢借粮。吴市长以囚犯和全市治安关系很大,愿意帮忙。……,至于每月究竟借多少,市府正在考虑中。"同年 2 月 26 日的《大公报》更是直言不讳,"上海监狱也闹粮荒",一语惊人。

随着动荡的局面,国民政府朝不保夕,监狱行政经费的严重缺乏,监狱对大批犯人通过假释、保释、取保候审等方法释放了大批在押犯人。如 1947 年 10 月 18 日,典狱长孔祥霖接事到任时,监狱押犯 4 267 人,其中未决犯 1 413 人,已决犯 2 854 人。⑤而 1949 年 4 月 26 日,提篮桥末任典狱长王慕曾到任时,在押犯人仅 1 463 人。⑥ 从一座押犯高达五六千人的监狱,到 1949 年 5 月 28 日上海全市解放、被军事管制委员会接管的时候,只有 650 名犯人。

---

① 《典狱长借款买米》,《申报》1948 年 3 月 9 日;《孔祥霖忙囚粮天天向人借钱　昨向地院借了三亿》《大公报》1948 年 3 月 9 日。
② 《监狱典狱长为囚犯乞粮》,《大美晚报》1948 年 6 月 24 日。
③ 《查良鉴为囚粮呼吁》,《新闻报》1948 年 12 月 28 日。
④ 马军:《国民党政权在沪粮政的演变及后果(1945 年 8 月至 1949 年 5 月)》上海古籍出版社 2006 年 8 月版,第 299 页。
⑤ 《新任典狱长昨履新》,《申报》1947 年 10 月 18 日。
⑥ 《上海监狱典狱长王慕曾昨接事》,《新闻报》1949 年 2 月 27 日。

从两份伙食招标书,看中外犯人的不同待遇

旧提篮桥监狱最早于1905—1925年8月关押外籍犯,其后不再关押;1935年8月恢复关押外籍犯,直至1949年5月上海全城解放(1937年8—11月,因淞沪战争,提篮桥周围一度处于中日作战区,外籍犯曾暂停关押)。外籍犯在押人数,最少几十人,最多时有200多人。从1935年起提篮桥形成外籍犯和华籍犯两个不同的关押区域。他们的监舍设施及居住条件有很大的区别,外籍犯的牢房每间8平方米,牢房里有两扇高高的气窗,能保持空气的流通,牢房里有固定的小桌、小凳、铁床,还有抽水马桶、电灯;而华籍犯的牢房每间仅3.3—3.6平方米,每间牢房一般关押3个人,还要放一个便桶。

在20世纪30—40年代,提篮桥犯人每天均为两餐制,早餐八九点钟,晚餐三四点钟左右用餐,但是外籍犯与华籍犯的数量与质量有着很大差别。1938年1月28日《新闻报》刊登了工部局警务处监狱,分别对华德路监狱(提篮桥监狱)的外籍犯、华籍犯的伙食供应的招标书,很能说明问题。原文摘录如下:

(外籍犯)工部局警务处监狱招标第46B号。本处现欲招商投标承办华德路监狱外籍囚犯所需下开各项食品。自本年三月一日起,为期三个月,按月约需数量如下,但随后或须增加或减少百分之十五。欲知投标详情可向华德路147号本局监狱副狱务监督接洽。投标截止日期为本年二月二十一日上午十一时,货物于同时送交本处中央登记股,并须缴存保证金壹佰元。

表1　　　　　　　　外籍犯的招标物品与数量

物品名称	每月约需数量	物品名称	每月约需数量	物品名称	每月约需数量
椰菜	33 500磅	牛肉(头等)	650磅	红番椒粉	6磅
马铃薯	500磅	板油	30磅	鲜果	600磅
俄国咸鱼	180磅	米	600磅	麻油	16磅
猪肉(头等)	100磅	燕麦粉	500磅	糖	300磅
面包	2 500磅	青豆	170磅	茶叶	10磅
面粉	500磅	盐(烹饪用)	75磅	蛋	3打
大麦	80磅	盐(餐桌用)	15瓶	橘子	2打
洋葱	250磅	胡椒	36瓶		
鲜鱼	250磅	可可粉	30磅		

(华籍犯)工部局警务处监狱招标第4911号。本处现欲招商投标承办华德路监狱华籍囚犯所需下开各项食品。自本年三月一日起，为期三个月，按月约需数量如下，但随后或须增加或减少百分之十五。欲知投标详情可向华德路147号本局监狱副狱务监督接洽。投标截止日期为本年二月二十一日上午十一时，货物于同时送交本处中央登记股，并须缴存保证金伍佰元。

表2　　　　　　　　华籍犯的招标物品与数量

物品名称	每月约需数量	物品名称	每月约需数量	物品名称	每月约需数量
蔬菜	33 500磅	洋葱	16 700磅	豆油	5 800磅
咸鱼	4 000磅	牛肉（次等）	4 900磅	牛骨	800磅
猪肉（次等）	4 500磅	盐	3 900磅	茶叶	240磅
猪油	5 700磅	煮骨肉类（无骨头）	490磅	灯油	150磅

从这两份"工部局警务处监狱招标书"，可以看出，两份招标书的文字基本相同，招标书中反映了6个要点：(1) 时间：自本年3月1日起，为期3个月；(2) 提出了招标物品的名称与数量；(3) 提出了附加的机动条件，按每月约定的数量供应外，但根据实际情况，可以增加或减少百分之十五；(4) 投标联系地点及联系人：华德路147号工部局监狱副狱务监督；(5) 截止日期：本年2月21日上午11时；(6) 须缴存保证金：外籍犯、华籍犯投标者，分别要缴存保证金100元、500元。因为前者数量较少，后者数量较多。

这两份《工部局警务处监狱招标书》反映了同一座监狱里，外籍犯与华籍犯的不同的伙食来料。一是从品种数量看，外籍犯25种，华籍犯仅8种；二是从物品类型看，外籍犯除了大米、大麦、面粉等基本食粮外，还有不少调味品，如胡椒、红番椒粉等，还有水果，而华籍犯仅仅只有茶叶；三是从物品的质量看，供应外籍犯的牛肉、猪肉均为头等，而供应华籍犯的猪肉均系次等，只有煮骨肉类（无骨头）及牛骨；四是从物品的细节看，供应外籍犯的食盐，又细分为烹饪用、餐桌用两类，而华籍犯只有一种盐；对于鱼，外籍犯细分为俄国咸鱼、鲜鱼两类，而华籍犯只有一种咸鱼。

从媒体上刊登的两份伙食招标书，充分反映出华籍犯、外籍犯同样在中国的土地上服刑，但存在不同待遇、不同的伙食标准，进一步从深层次来说，更反映出不同政治待遇，一种民族歧视。

本文原载《江苏警视》2024年第10期

旧提篮桥监狱的犯人劳作

在旧提篮桥监狱（华德路监狱）的管理中，大多组织犯人做苦工，服劳役，如果按犯人的作业场所看，主要有狱内作业与监外作业两大类型。

一、狱内作业

1903年启用的提篮桥监狱建有二层楼的工场，并组织犯人参与劳作，具体项目有制绳、编席、缝纫、敲打三合土等。如中国民主革命家、著名学者章太炎及邹容因《苏报》案被捕，于1903年12月被会审公廨判处终身监禁，当日押解提篮桥监狱（次年5月改判3年、2年）。他们在狱中被唤去敲击三合土，动作稍一缓慢，就会遭到印度看守的凌辱与打骂。后来由于章太炎的绝食斗争，才改让章去缝纫工场干些轻微劳动。

1903年，监狱犯人作业项目主要是做绳子及编结草席，据统计一年内共做绳子6 305码、编制草席383条、共扯麻絮7 597磅，这些产品均向外出售，此外还生产了所有犯人的冬夏季服装、鞋袜及饮食用的杯罐等，凡牢内所需要的器皿用具全部由犯人生产。[①]1909年监狱木工发展很快，做了大量的柚木家具，产品放在南京路贵州路口泰昌公司出售。1914年犯人主要作业为编席。1918年监狱采用进口的椰子壳纤维编制的各种凉席，其销路很好，订货不断。

提篮桥的印刷工场于1917年上马，印刷简单的表格、信封、信笺供工部局各处室使用。1921年起监狱添购和更新了自动压印机，印刷业迅速发展，除供应内部大宗印刷品外，并接受外界大量订货，任务繁忙时开日夜两班。监狱印刷工场曾为工部局火政处、总办处、财务处、警务处、卫生处、万国商团、会审公廨等部门印制物品，同时还向西童男、女公学，汉璧礼男、女公学，华童、格致、育才、聂中丞公学等学校印制物品。在大力发展印刷业的同时，编席、缝纫、藤制品、铁木工照常进行。

1930年1月开始，监狱购买了1台福特牌轻型运输车底盘，车身由犯人工

[①] 《上海公共租界工部局年报》（1903年）。

场制造，配备 1 名印度看守做汽车驾驶员，改变以前监狱使用独轮或双轮手推车送货的办法，以提高送货效率。同年 9 月，监狱竣工启用一幢 5 层高的大工场。该楼呈南北走向，建筑面积 5 750 平方米，楼顶是一个大平台。该大楼居中位置设有电梯，另建在该楼的中部及南北两头各建有 3 个水泥楼梯，日后这里成为提篮桥监狱犯人的集中作业区，生产项目有印刷、木工、铁工、缝纫、洗濯等。其中，提篮桥监狱的印刷厂设备先进，许多印刷机器都是外国进口设备，可与 20 世纪 30 年代的《申报》馆印刷厂相媲美。租界时期工部局的许多材料、办公文件均在监狱印刷；此外监狱还承接社会上各公司商家的一些物品。印刷工场专门聘用一名懂得印刷技术的外籍人指导业务。

据统计，1930 年监狱每日平均有 966 名犯人从事狱中各项作业，其中印刷规模最大。①1931 年监狱犯人参加作业日均 1 221 人。1933—1936 年，监狱犯人参加作业日均人数分别为 1 597 人、1 416 人、1 400 人、856 人。②

1928—1936 年提篮桥监狱生产作业统计表

项　　目	1928	1929	1930	1931	1932	1933	1934	1935	1936
可作工犯人总数	1 281	1 647	1 580	2 357	2 835	2 080	3 207	3 742	1 421
参加作业人数	739	911	966	1 221	1 209	1 597	1 416	1 400	856
占可作工犯人总数(%)	57.7	55.3	61.1	51.8	42.6	76.8	44.2	37.4	60.2

1934 年，提篮桥监狱在押犯人中符合条件及身体较好可以参加劳作的平均在 2 080 人，每日实际参加劳作者有 1 597 名，约占 67%。犯人的劳作制品有沙袋、麻包、制服、靴子、黄包车捐牌、木器、藤器等，此外并为工务处任修理工作，兼为工部局印刷文件及装订书籍。③1937 年，提篮桥监狱的工业品种有棕席条、棕席、织字、织花、藤器、皮鞭、帆布货品、铁器、木器、印刷等。④1939 年的《上海公共租界工部局年报》称：1939 年犯人作工部分，始终忙碌异常，除应付监狱警务处本局以及外界所需要者外，复为工务处担任零星工作，成绩良佳，尤以印刷部分为最。⑤

1941 年 12 月太平洋战争爆发后，日本人管理监狱，提篮桥监狱更名为华德路刑务所。监狱的各项管理制度松懈，人浮于事，由于操作不慎及电线短路等多种原因，1942 年 5 月 2 日晚，监狱工场内的印刷工场失火，加上工场内堆满了成

---

① 《上海公共租界工部局年报》(1930 年)。
② 《上海公共租界工部局年报》(1933—1936 年)。
③ 《工部局监狱长年度报告》,《申报》1934 年 1 月 31 日。
④ 工部局华文处译述：《上海工部局市政便览》,1937 年 7 月。
⑤ 《工部局上半年工作报告》,《申报》1940 年 3 月 11 日。

捆成堆的纸张,失火后纸张顿时燃烧起来,形成极大的火势并从窗户中冒出,黑烟弥漫了监狱上空,印刷排版制版上使用的铅字也受损严重。值班人员发现火情时迅速报警,救火会的救火车开进监狱,救火人员立即赶赴火场,多条水龙带压住火势,紧急施救,把火迅速扑灭。由于工场的建筑坚固,又是钢骨水泥,仅仅表面有所熏黑,房屋仅受轻微的损害。1942 年监狱犯人日均劳作人数 2 355 人。[1] 1943 年 8 月,汪伪政府接管"华德路刑务所",其正式名称改为司法行政部直辖上海监狱。此后,狱内作业急剧萎缩,机器失修,几乎处于停顿状态。后期,监狱生产曾一度好转。

1945 年 5 月中旬,《申报》记者参观了提篮桥监狱的生产作业场所。他们在一篇参观记中,曾这样记述:"……在工作方面计有:印刷、装订、木漆、铁工、缝纫、制鞋、编织、草毯等等。他们接受外界订货和接公家承做一切工作,比如和我们日常接触至少和每个公民发生关系的,像户口调查表、各种公共机关捐税收据等,很多都由上海监狱中犯人所印制。走进印刷工场,一股油墨铅字和夹着'铁罐气'的味道直冲鼻孔,大小脚踏机、打样机、切纸刀等机器声连连打入耳朵,大小印刷机车共 17 座。铁工场正在修理大批的饭桶和犯人食盒。缝纫工场看见两个囚犯正在做着两件很时尚的女人旗袍。低领短袖、窄腰轻裙,而且花式又很新颖,其中一件还是绸质的呢。当然这是外面人委托做的,而这个犯人以前也是拿过刀尺的。"[2]

抗战胜利后,1945 年 9 月国民政府接管监狱,拨款法币 3 000 万元作为监狱作业基金,次年已恢复监狱生产并制订《工场规则》17 条。狱内生产有印刷、排字、装订、缝纫、铁木、制鞋、摇纱、棉织、漂染、藤竹、洗涤、糊盒、牙刷、玩具等 18 类。其中,印刷工场设备先进,有对开自动计数印刷机、电动切纸机、密勒机、飞达机。年底,监狱参加作业的犯人达 2 379 人。1946 年 11 月下旬,《新闻报》记者参观了提篮桥监狱,在一篇采访记中反映:监狱设有工场,是五层楼的大建筑。内有糊盒工场、铁工场、木漆工场、印刷、排字、装订工场,分置各种用具,并有洗濯工场,还有洗濯器具。糊盒工场共 8 个专作火柴盒,从事此项工作者最多计 1 483 人,平均每人每日约糊盒盒子 300 只,超过此数则可得少许奖金,以补助菜肴。工场内杂役及出品数量等事务,均由犯人自司其事。木工场约 60 人,一部分是铜匠。据云,他们可以修理机械。记者去时木匠正在对拉锯子,锯开大块木头,他们能做凳子、桌子及厨房用具之用。场内有小型宝塔一座,计有 7 层,涂有朱漆,每角垂铃,玲珑剔透,足见技巧不弱。铁工场 28 人,在制造犯人

---

[1] 《上海公共租界工部局年报》(1942 年)。
[2] 《上海监狱参观记》,《申报》1945 年 5 月 19 日。

食具,为腰形之白铁罐头。缝纫工场共277人,可缝制中西式男女衣服,最近承接做善后救济总署棉衣2万套,每日可供应300余套。监内犯人所需棉衣,亦由该工场缝制,故每日实际出品约400余套,各种情形甚为紧张。印刷工场最佳,物件整列有序,地面干净,该工场内有对开自动计数印刷机4架,另有一电动印刷机及一部切纸机,此机全沪只有两架,近来该工场正以白报纸大量印刷1947年日历,想想快乐的新年将要到来。工场犯人总数2 379人。①

1947年3月下旬,提篮桥监狱大工场的生产布局为:一楼北面为制铁工场,分别以黑铁、白铁、制铁管及铁桶等物;南面为糊盒工场,犯人205名,代中国、黎明、大中华等火柴厂糊制火柴盒,每人每天可糊400—500只,每只出品最高可达7万盒。二楼北面为工厂办公室;南面为木漆工场,犯人40名,分制桌椅、箱子及沙发,制成后有漆工上油漆,委托者多系木器商店。三楼北面为摇纱工场,有用电力开动之机器6部;南面为毛巾工场,有手摇木机82部,惜因原料棉纱尚未获配以致两处均皆停工。四楼北面为印刷工场,犯人84名,有大小机器20部,所承印者多为司法行政部状纸,印成后每2 500张扎成一包,寄往南京。南面为排字工场,犯人39名,分排字、插字、派字、校对、铅版、铸字、铅线等各部门。五楼北面为装订工场,犯人63名,分做信封、装订簿籍、糊火柴盒及套印表册中之红蓝线条,其中有硬面精装会计簿册一种,颇为精美,亦全部由犯人制成者;南面为缝纫工场,犯人70名,有缝纫机19部,分制中装、西装、便装、手套、布鞋、皮鞋。②尽管犯人作业收入稀少,但当监狱第二糊盒工场全体工犯获悉冬令期间社会上许多难民,将10月份所得赏与金移充难民,捐111.759 0万元。③

1948年,提篮桥监狱奉令制棉囚衣裤915套,领用灰色布100匹,每匹合足尺1 066寸,共计10 660尺,黑绒布4 600码,每码合足尺26寸,共合计1 196尺,计开每套材料及尺寸图样如下,灰色布每套1丈1尺6寸5分,黑绒布每套1丈3尺另5分,黑洋线每套264码,棉花每套4磅半。④1948年底,监狱工场作业大部分停顿。1949年5月,监狱所有工场一律停止作业,存放在中南银行的生产资金折合人民币新币仅50元。

二、犯人的监外作业

提篮桥监狱从1905年开始,押解犯人外出修筑马路。为了防止犯人脱逃,外

---

① 《犯罪后的生活,访问上海监狱》,《新闻报》1946年11月25日。
② 《上海监狱工厂　囚犯努力生产》,《申报》,1947年3月25日。
③ 《捐款报告·冬令救济捐款》,《申报》1947年12月12日。
④ 《上海监狱作业课奉令制棉囚衣裤915套》,上海档案馆档案(档号Q177-1-146)。

出作业时每两个犯人的腰间用1米多长小铁链条串联在一起,用以控制犯人的行动步伐,同时还可以让两人之间互相制约。犯人在外从事敲击三合土、填埋路基、挖埋下水道、搬运杂物和建筑材料等。作业地点有华德路(今长阳路)、兰路(今兰州路)、四川北路等处。提篮桥押犯数百人,每日至斐伦路(今九龙路)工部局所设水泥厂内工作。1913年因上海南市地区开战,监狱犯人监外作业暂停,以防滋事。①

1930年前后,监狱押解犯人去黄浦江边的汇山码头一带做小工,修筑码头。1942年在日本人管理时期,由日方雇用监狱犯人100多名外出修建江湾机场、大场机场,从事土建工程及各类杂活。日军发给军票(日军在中国占领区流通的一种变相货币)每人每日72钱,其中54钱由监狱作为伙食费、18钱作为工资。有段时间每个犯人还头戴一顶有辱人格的"廉耻帽"以示醒目,以防脱逃。外役犯分别酌给赏与金。犯人遗失工具照价赔偿,即在应得工资项下扣除。

旧提篮桥监狱囚犯外出劳作照

犯人外出作业缺乏安全保障,工伤事故经常发生。较为典型是组织犯人去大场机场和舟山嵊泗的劳作。大场机场位于上海市北部宝山县大场镇,建造于1938年。当年侵华日军出动飞机150余架次向大场地区投弹160多吨,整个大场成为一片焦土。上海沦陷后日军在大场镇东北强行圈地,毁村庄17个,建造大场机场。初期机场占地面积4 136亩,机场周围开挖一条11 000米长的护场河。1943年8月,汪伪时期的提篮桥监狱押解犯人到江湾机场从事劳务活动,并派出日籍警务官作为常驻机场的人员,监狱设立驻大场机场"监外作业组"。

---

① 《罪犯停止工作》,《申报》1913年7月25日。

同年 11 月 16 日，194 名犯人在日籍看守长的带押下来到机场；下午 1 时许，其中 10 名犯人坐在卡车上准备装运水泥。当汽车开到大场机场西南角距工作场地大约 1 300 米处，卡车忽然倾覆，10 名犯人及押车的 2 名看守全都被甩出车外倒在地上，造成 2 名看守受伤，犯人 1 死 9 伤，其中一人重伤，延至 19 日死亡。

1945 年 1 月，在上海市市长兼市警察局局长陈公博的威逼下，提篮桥监狱组织 500 多名身体较好、年龄较轻的犯人乘船去浙江嵊泗泗礁为日军修建军事设施，由于劳动时间长、强度大，还时常遭到监工日本人的皮鞭抽打，有的甚至被打伤致死，同时，长期缺乏新鲜蔬菜，使许多人员患上夜盲症，严重者双目失明。造成几十名犯人死亡；直到次年 8 月日本投降后，幸存者才押回上海，典狱长沈关泉被清算，后以汉奸罪被一审判处有期徒刑 7 年。①

三、提篮桥监狱部分年份犯人作业统计表

从 1903—1949 年 5 月间，监狱在生产作业部先后形成了各类报表，汇总了各类数据资料，现根据实际情况选用若干表格数据。

1908—1925 年监狱犯人作业盈利统计表　　　　单位：银两

年　份	纯利收入	年　份	纯利收入	年　份	纯利收入
1908	24 000	1914	22 927	1920	3 073.8
1909	21 948.25	1915	21 395.5	1921	3 400.9
1910	缺	1916	21 619	1922	5 978.9
1911	27 582.89	1917	4 424	1923	4 112.4
1912	22 633.98	1918	缺	1924	8 787.1
1913	23 140.61	1919	3 184.5	1925	缺

1928—1936 年监狱犯人作业情况统计表

年份	可作工犯人总数	参加作业人数	占可作工办犯总数（%）	年份	可作工犯人总数	参加作业人数	占可作工犯人总数（%）
1928	1 281	739	75	1933	2 080	1 597	76.7
1929	1 647	911	55.3	1934	3 207	1 416	46.4
1930	1 580	966	61.2	1935	3 742	1 400	37.4
1931	2 357	1 221	51.8	1936	1 421	856	60.2
1932	2 835	1 209	42.6				

---

① 《为敌爪牙　奴役监犯　沈关泉徐泉源各科徒刑》，《新闻报》1946 年 11 月 15 日。

1946—1948 年监狱犯人作业统计表

月份	1946 年 日均在押数	1946 年 日均作业数	1946 年 纯益金（元）	1947 年 日均在押数	1947 年 日均作业数	1947 年 纯益金（元）	1948 年 日均作业数	1948 年 纯益金（元）
1	1 194	416	552 375	2 758	2 212	13 368 573	2 721	44 789 627
2	1 205	423	519 151	2 227	1 782	10 746 037	2 718	96 391 734
3	1 311	544	5 304 247	1 760	1 409	10 206 488	2 751	387 839 712
4	1 574	534	7 021 398	2 011	1 609	10 212 683	2 643	925 795 887
5	1 662	644	2 828 067	2 406	1 926	23 697 614	2 517	117 333 327
6	1 911	466	2 681 290	2 841	2 294	40 869 220	2 481	822 436 553
7	2 240	1 073	5 288 225	3 245	2 644	51 510 138	2 603	5 123 240 324
8	2 626	2 107	10 136 813	3 604	2 828	55 417 687	2 736	4 878
9	3 166	2 335	13 450 224	4 125	3 300	58 678 847	2 701	3 863
10	3 420	2 742	31 371 136	4 682	3 750	66 117 980	2 849	4 395
11	3 659	3 065	45 744 742	4 393	3 520	71 002 489	2 684	68 113
12	3 771	3 266		4 125	3 320	52 504 109	2 256	65 860

资料来源：上海市档案馆　档号 Q177-1-69、Q177-1-198。

旧提篮桥监狱犯人的刑满释放

释放系刑罚执行的最后一道程序，也是犯人重新获取自由的门槛。公共租界时期，提篮桥监狱的犯人释放除了刑满释放外，还有少数犯人的减刑释放，个别犯人的医嘱释放、法庭判令释放等。在租界及民国时期的提篮桥监狱对犯人的刑满释放，在不同时期却有不同的操作程序。

一、释放前的准备

1920—1933年5月间，提篮桥监狱主要有4幢监楼关押犯人，其中AB监又称东监（1933年5月拆除），CD监又称西监（1933年5月拆除），FG监又称南监（今称3号监），HI监又称北监（今称4号监）。当时这4幢监楼的关押犯人有所区别：东监、西监除了主要关押长刑期的犯人外，还有新收与出狱的功能，新犯人入狱的第一夜必须关押在东监，老犯人刑满释放前一天必须关押在西监。

1935年以后，提篮桥监狱扩建部分监楼，添建完成并启用，形成占地60.4亩的规模。对犯人刑满释放的各项手续趋于完善，犯人服刑凡刑期届满者，至少于释放前3日为独居监禁并停止作业。监狱发还犯人入监时由其保管的物品。监狱还规定对被释放者无归乡旅费及衣类得酌情给之，但实际上往往难以落实，几乎是一纸空文。对患重病者及传染病者释放时，则事先通知其家属或亲族。刑满犯人于刑期终结的次日释放。

1946年前后，提篮桥监狱犯人释放时，大致经过如下程序：（1）由总务科负责登"出监簿"，通知教化、卫生、作业、警卫课及保管股。（2）停止作业，分房集训。（3）作业课清算犯人赏予金，交付保管股。（4）保管股清算保管财物交付本人。（5）卫生课施行健康诊断。（6）教化课施行出监教诲。（7）让被释放人员填写出监感想录。（8）总务科施行出监手续，核对指纹，填写出监证，通知各层门卫放行。（9）释放出监。犯人填写的"出监感想录"，列有5个要点：在监中所特觉痛苦或愉快之事；对于官吏之管理上以为不当或适当之事；于囚人间暗中所见或所闻之事；听教诲而有所感，或曾读何书而有所感之事；在监中自觉之事，出监后预想实行之事。当时在押犯人中文盲较多，真正能填写"出监感想录"者为极少数。此办法实际上也徒有虚名,没有真正实施。

二、释放的手续

提篮桥监狱启用初期,犯人释放送交公共租界总巡捕房,由总巡捕房办理犯人出狱手续。后来提篮桥犯人刑满出狱,不需通过巡捕房,由监狱直接办理出狱手续。监狱犯人出狱前几天,由监狱负责采录犯人指纹,送总巡捕房指纹室(手印间)交验指纹。如果刑释犯人指纹和姓名、番号、案由等符合,由指纹室加盖印章,监狱凭此材料放人;如果指纹与犯人姓名、番号等不符,监狱严禁释放,以防止犯人间冒名顶替,或管理人员故意"调包",李代桃僵。犯人释放时脱去囚服,由监狱负责发还犯人入监时所穿的衣服和保管的物品。

30年代初期,监狱释放犯人,由公共租界临时法院签发释放令发往监狱,命令监狱在指定日期释放某犯人。释放令有两个部分组成:一是被释放犯人的姓名、人数、罪行、法院案号、警署名称、判决和释放理由、法院印章和签发法官姓名;二是在犯人释放后由监狱管理人员填写释放日期、时间,然后送回法院。

三、释放的地点

提篮桥监狱启用初期,犯人刑满释放的地点在福州路的公共租界总巡捕房,由总巡捕房办理犯人出狱手续。如章太炎,1903年因《苏报》案,被会审公廨判处监禁3年,关押于提篮桥监狱。1906年6月29日,章太炎刑满出狱由公共租界总巡捕房办理出狱手续,经过核对指纹,查验身份后,在福州路上释放。章太炎刑满出狱,这在当时也属重要的社会新闻。时在日本的孙中山特地派了两位同盟会成员从日本抵达上海专程迎接。当日上午10时,章太炎跨出福州路巡捕房的大门时,等候已久的蔡元培、叶瀚、蒋维乔等人迎上前相拥相握。被人扶上马车,直驶吴淞口,当晚离沪东渡日本。[①]

后来提篮桥监狱犯人刑满释放的地点有所变动,犯人释放时,由监狱看守把他们移押到北浙江路公共租界会审公廨,由会审公廨出面办理刑满释放手续。1927年会审公廨被中国政府收回,改为上海临时法院后,这一做法被废止。20世纪30年代,提篮桥释放犯人时,在办毕出狱手续后,不让犯人直接走出监狱的二大门、一大门,而是把他们押上囚车或有棚的大卡车,把他们带出监狱,故意拐

---

① 华强:《章太炎》,南京大学出版社2015年版,第49—50页。

了几个弯道后,把车辆停靠在监狱不远处的马路边,才把他们释放回家。①有时候也把对部分犯人释放地点安排在公共租界工部局或福州总巡捕房。据中共党员黄乃一回忆,他于1935年5月26日被捕,后以"危害民国秩序罪"判2年6个月,扣除审讯期的关押日子,应该是1937年12月中旬刑满。12月21日,英国看守来到牢房把他带到监狱门口,和20多名普通犯人一起上了没有窗户的囚车,押到英租界工部局。经核对身份,按捺手印等程序,发回入狱时的衣服及原有的零钱后,被释放获得自由。②革命志士任富定1935年6月26日在上海巡捕房逮捕,后被判处2年半,7月囚禁提篮桥监狱,1937年12月25日刑满,在监狱办完相关手续,乘上囚车送到福州路中央捕房门前释放。③后来,随着提篮桥监狱犯人增多,出狱犯人数量也增多,犯人刑满释放时,才让他们直接走出监狱。

四、政治犯转送苏州反省院

20世纪30年代末,提篮桥监狱关押的部分政治犯,刑期届满,却不能直接释放,须先送北浙江路上海地方法院看守所,再移押苏州反省院,经过数月半年,甚至一二年"反省"后再释放。例如,袁也烈,湖南洞口人,系开国少将,中华人民共和国成立后曾任海军副参谋长。1931年5月在上海被捕,化名袁映吾,没有暴露真实身份,江苏高等法院第二分院于6月29日以所谓"危害民国"的罪名判处5年徒刑,移押提篮桥监狱。次年7月,根据国民政府的《大赦条例》被减为3年4个月,1934年10月刑期届满。按理应该释放出狱,但是监狱当局根据国民党法院的指令,将他引渡到华界的北浙江路上海地方法院看守所,后强行押送到苏州反省院,直到1935年10月才恢复自由。④又如中华人民共和国成立后曾任上海交通大学校长、系中共八大代表的彭康,江西萍乡人,1930年4月9日在上海被捕,化名彭子劫,同年5月30日被租界法院以所谓"意图推翻国民政府,组织进行违法宣传"的罪名判刑7年,1935年2月获大赦,减为4年4个月。同年5月刑满到期,被送往苏州反省院。直到1937年8月由于日本飞机轰炸苏州,反省院被迫转移,经过斗争交涉后,彭康等在押人员才无条件释放。⑤再如中华人民共和国成立后曾任上海市市长的曹荻秋,四川资阳人,1932年3月在上海被捕,化名张云卿,5月13日被江苏高二分院以"宣传与三民主义

---

① 李守宪:《上海西牢回忆》,《上海文史资料选辑》第53辑,上海人民出版社1992年版,第84页。
② 笔者2023年10月17日,在北京访问王乃一记录。
③ 任富定同志给笔者提供的书面材料。
④ 《中共党史人物传》第25卷,陕西人民出版社1985年版,第261—274页。
⑤ 《彭康文集》,上海交通大学出版社2018年版,第498—502页。

不相容主义"的罪名判刑 5 年,后押送提篮桥监狱。1937 年 4 月 27 日刑期届满,与彭康等人相同,不予释放,被送往北浙江路法院看守所后,转押苏州反省院。反省院对所谓的反省人按文化程度编班,曹荻秋最初编列中学组、后来编入大学组。8 月 16 日日本飞机轰炸苏州,政治犯转移到市郊东山,8 月 26 日曹荻秋等人才结束铁窗生活,从苏州步行两天一夜到达上海。① 还有在 20 世纪 30 年代,被判刑入狱的政治犯,如杨放之、周立波、②桂涛声③等人刑期届满后,却不能恢复自由,也被转往苏州反省院。

---

① 蓝桢伟、魏仲云:《丹心铁骨曹荻秋》,重庆出版社 2009 年版,第 42—43 页。
② 《中共党史人物传》(第 27 卷),中国人民大学出版社 2017 年版,第 250 页。
③ 《"在太行山上"的词作者桂涛声》,《炎黄春秋》2003 年第 9 期。

旧提篮桥监狱的犯人脱逃

篱笆扎得紧，总有漏洞可钻。关押狱中的犯人总希望逃离樊笼，早日回到社会。据美国的心理学家柯林调查，85％的犯人头脑中产生过逃走的念头，5％的犯人具体盘算过，10％的犯人跃跃欲试。在租界及民国时期，不少监所多次发生过犯人脱逃的情况，就连壁垒森严的提篮桥监狱也不例外，其中既有单个逃脱，也有团伙脱逃，其形式多种多样。

一、利用监狱管理中的漏洞脱逃

正如俗话所说，罗马不是一天建成的。号称远东第一监狱的提篮桥监狱也是经过多次扩建改建而成，防范措施也是逐步完善的。监狱启用初期，围墙岗楼还没有完全建成。监狱启用的第二年曾有2名犯人分别脱逃。如惯窃犯徐阿金，又名饭店阿茂，被探捕抓获，经租界会审公廨谳员黄耀宿讯问，责打400板，判处徒刑2年，押入提篮桥服刑。1904年4月25日凌晨3点钟从监狱脱逃，不知去向，后来经探访，获悉徐犯匿迹苏州，派人缉拿，才在苏州日本租界青旸地拿获，后押回上海。①

1907年5月8日晚上，盗窃犯俞正成，诨名河南麻子，判刑12年，在提篮桥监狱一监楼的4楼，他挫断窗户的铁栅，借助绳索，从高处滑落而下，坦然从狱中脱逃。②1915年3月23日，提篮桥在押判刑2年半的盗窃犯曹桂林与冯长发越狱脱逃，在外流窜，于1916年1月中旬曹桂林被包探查获；19日押解会审公廨，经中西官审讯，加判曹押西牢3年。③

从1943年1月起，日本侵略军在上海多处设立盟国侨民集中营（简称上海集中营），关押英美等国侨民及其他人员，其中也包括提篮桥的十字楼（时称华德路集中营），但人数不多，主要关押美国人。原美国炮舰一船长司密斯也关押在

---

① 《逸犯成擒》，《申报》1904年8月1日。
② 《西牢逃逸要犯》，《申报》1907年5月10日；《西牢逃逸续闻》，《申报》1907年5月11日。
③ 《包探查获逃犯》，《申报》1916年1月20日。

此1年多,50多岁,他阅历丰富,经过仔细观察,发现日本看守平时较少巡视监舍。日本看守自认为十字楼建筑精良,壁垒森严,在押美国人服从管教,因此对他们放松警惕,而且当时十字楼四周的岗亭也无人站岗看守。司密斯与斯脱莱、伍莱一起谋划酝酿了越狱的计划,一方面通过行贿等方法讨好、迷惑日本看守,另一方面他们内外联络,由其同伙在狱外向狱中院内扔进4把锯子和1个铁钩。司密斯利用放风机会,在院子中拾起带回牢中锯断铁栅,他们又将捡到的一块帆布撕成布条,搓成绳索,并用一个钩子拴在绳索的一头。

1944年10月6日晚上,准备就绪的司密斯等8人逃离监舍来到十字楼外面的院子,用带有铁钩的绳索用足气力向围墙上抛去,让铁钩牢牢地勾住在墙上。年纪最轻时年25岁的斯脱莱,首先通过绳索攀爬上去,坐在监狱的围墙上,然后司密斯、伍莱先后通过绳索爬到墙头,再从围墙,通过绳索滑到狱外的舟山路上。接着还有5名美国陆战队成员也通过这办法成功越狱。这时候提篮桥监狱外面的舟山路上挤满了看热闹的人,其中既有中国人,还有少数犹太人,由于他们对日本人怀有深仇大恨,也没有人主动向日本人报告。越狱成功的8个美国人兵分两路,一路3人逃往浦东中国人的游击区而获救,另一路5人跑向上海某处,但再次被日军抓获。

陈元盛,浙江镇海人,生于1918年2月,系上海中央银行职员。1946年5月他因监守自盗,由其保管的一块重达543两2钱3分的金砖潜逃外地,后被捕获。同年8月判处无期徒刑关押提篮桥监狱。入狱后,由于陈元盛态度诚恳,又有文化。被分配在监狱医院做外役犯,晚上住在医院5楼牢房。外役犯平时干些杂活、活动范围大,日子一久,他摸清狱中监楼布局方位和防范情况。由于当时监狱财政经费严重短缺,为了减少开支、紧缩人员,提篮桥所有值勤岗楼空无一人,建筑面积达5 000平方米的医院,晚上只有一个人值班。陈元盛利用监狱及医院管理上漏洞,就跟同监犯王海良、姜吉祥和刘阿六暗中酝酿越狱计划并做好各种准备,以叫犯人做轮船模型为名,让护士带入两根钢锯锯条,把监房窗口上的一根铁栏锯断。为防止被人识破,就在铁栏断口处用胶布裹好,外蘸墨汁以作伪装。他们偷拿医院的医用绑带,暗中绞成绳索,又向医院借得一把老虎钳。此外,陈元盛又买通医生为其开了一张其患重病行动不便,需要特别接见的假证明。其姐姐就凭此证明,进入医院给陈带入若干现金。

1948年8月24日凌晨,大雨倾盆。陈元盛、王海良、姜吉祥借助恶劣天气,在监狱医院五楼监室内,扳开早已锯断的铁栏,冒雨钻出窗外,攀缘墙壁处的落水管,滑降而下。同监犯刘阿六本因故放弃脱逃。陈元盛等3人从5楼顺着水管滑到一楼,来到监狱东南角的3层高岗楼前。陈元盛一伙用事先准备的钢锯,锯断岗楼铁门上的门梢,沿着盘旋而上的楼梯,登上岗楼的3楼,又用医用纱布所制成的绳索拴在铁栅上,3 人越出窗口沿绳而下,到达围墙外再翻越一堵竹篱笆后,来到狱外。①他们 3 人落地后叫了一辆出租车,冒雨疾行,到新开河下车,姜吉祥、王海良摆渡去浦东,陈元盛一人在外独行。事发后,8 月 26 日、27 日,警员先后将姜、王两人捕获。8 月 30 日深夜 11 点,陈元盛在今瑞金二路金谷村弄口束手就缚。②

二、在就医的医院中脱逃

提篮桥监狱早在 1903 年启用初期,建有一座小型医院,是一座 3 层高的小楼,共 36 只病床。1933 年 11 月,医院新楼启用,8 层高,设 350 只病床,但是医务力量薄弱,药品稀少。凡是遇到犯人中的重病则送往社会上的医院治疗,其间先后有同仁医院、工部局医院、圣兴医院、巡捕医院;麻风病犯送大场麻风病医院,精神病犯送闵行精神病医院。上述医院的监管条件肯定不能与监狱相提并论,所以,在就医或住院期间,也发生过多起犯人脱逃案。

1907 年 6 月初,监狱有 3 名犯人因病解送病院,此病院四周均有巡捕看守,但相关人员放松警惕,总认为患病之人,行动不便。6 月上旬的某天晚上,这 3 名犯人在病院击壁逃逸,事后多时才发觉,也不清楚他们什么时候、用什么方式逃跑的,事隔多日也没有捕获归案。③姜云祺前因犯案经公共租界会审公廨判处有期徒刑 4 年,关押提篮桥监狱服刑。1910 年 5 月,姜云祺因病送往位于海能路(今海南路)的工部局医院医治,监狱派出甲乙两名华籍看守看管。这两人事先分工明确,每人一天休息、一天看管,日夜翻班。经过几天的看管,甲乙两名看守感觉犯人姜云祺听话,白天安稳,根据医生、护士的要求吃药打针,晚上按时睡觉,他们慢慢放松应有的警惕,对姜云祺的看管有所宽松,仅仅把守住病房之门,一切高枕无忧。5 月 11 日晚上,姜云祺乘看守打瞌睡之时,忽然击碎没有安装铁栅栏的玻璃,跳窗逃遁。案发后监狱当局怀疑甲乙两看守是否接受犯人贿赂,得钱买通放行,立即将这两名看守一并拘禁。④

1912 年 4 月,提篮桥押犯王连生前因患病送工部局医院医治,乘隙逃脱。4 月 27 日晚上,王连生又到汇山捕房境内,企图偷窃物品,被当场捕获,后拘解巡捕房侦讯。饬探指认属实,押候究办。⑤

---

① 《上海监狱三犯越狱》,《申报》1948 年 8 月 25 日。
② 《上海监狱越狱三犯全部弋获》,《申报》1948 年 8 月 31 日。
③ 《犯人逃逸》,《申报》1907 年 6 月 11 日。
④ 《病犯逃逸》,《申报》1910 年 5 月 13 日。
⑤ 《美租界逃犯图窃》,《申报》1912 年 4 月 29 日。

1914年4月13日,提篮桥监押犯陆阿虎,因病送入海能路工部局医院疗治,其病情较重,思想消极。14日清晨,陆犯趁医院管理的空隙之机,迅速离开医院,来到苏州河畔,投河企图自尽,此刻正被苏州河的水巡船发现,及时把其捞起,送往附近的同仁医院医治,随后查明身份后再作进一步的处理。①提篮桥监狱1935年累计有患病犯人18人送往圣心医院医疗,后来有2人脱逃,1人捕获。1936年累计32人送圣心医院,又有1人就利用医院管理上的薄弱环节而脱逃。②盗窃犯吴阿康,宁波人,时年26岁,1937年6月因病送入圣心医院治疗。6月20日清晨越墙脱逃。③

三、在外出劳役中伺机脱逃

租界民国时期,提篮桥监狱犯人的劳动作业,一般分为狱内作业及狱外作业两大类型。犯人的狱外劳动场所,点多面广,而且监狱需要派出相当多的警卫人员担任看管,虽然在狱外每两名犯人为一组,犯人的腰部都戴有1米多长的有10斤左右重量的锁链,但是逃跑的事情时有发生。1908年8月7日中午,提篮桥监狱的押犯周桂生、张阿三、陈小栗子、高三等4名犯人在作工时逃逸,并击伤监工印度人一名。当即报知各捕房,立饬通班西籍、华籍包探四出弋缉。④

1909年9月30日傍晚,提篮桥监狱罚作苦工的押犯徐阿二等在靶子路(今武进路)做工完毕,返回监狱行经汉璧礼路(今汉阳路),徐阿二等两犯竭力奔跑。看管犯人的印度看守立即开枪追击,当场擒获其中的一名犯人。而徐阿二则被逃脱,不见踪影。印度看守回到监狱后,即回禀典狱当局,由监狱通过电话分报各捕房,通报情况希望协助一起抓获逃犯。当印度看守开枪追捕逃犯的时候,枪弹误伤及路边行走的行人叶阿昌,击中他的腿部,血流倒地,由巡街巡捕把他送入附近的同仁医院,由于伤势较重不得不将腿截去。⑤

---

① 《急求一死》,《申报》1911年4月15日。
② 《上海公共租界工部局年报》(1935、1936年)。
③ 《窃犯吴阿康在医院越墙脱逃》,《时事新报》1937年6月21日。
④ 《西牢逃脱犯人》,《申报》1908年8月8日。
⑤ 《印捕开枪追击逃犯》,《申报》1909年10月2日。

旧提篮桥监狱患病者转诊的几座医院

1903年,提篮桥监狱设立一座医院,严格意义上讲是一个医务诊所,为一幢3层楼房,有病床36张,治疗犯人的一般疾病。1929年,在监狱狱区的东南角,动工建造一幢8层楼监狱医院,占地面积959平方米,建筑面积4840平方米,1933年11月20日启用。医生、护士均为男性,院内设有候诊室、药品室、门诊室、病床350张。医院的医疗业务由工部局卫生处管理,卫生处每月或两月或不定期到医院内检查工作。医院内看守、就诊及住院犯人及监管工作由监狱负责。1935年8月,新增小手术室一间,次年设立痨病诊所、皮肤病诊所、花柳病诊所。1937年,又成立牙病诊所。八一三战事爆发后,皮肤病和花柳病两诊所暂停。1942年1月,日军接管监狱,对医院的管理仍维持原状,但医院设备陈旧、经费不足、药品匮乏。

自1903年5月提篮桥监狱启用以来,除了本监狱医院以外,面对一些疑难杂症,或重病或特殊病症经监狱高层批准,则须先后转诊到下列医院治疗。

一、同 仁 医 院

同仁医院创建于1866年,由美国圣公会传教士汤蔼礼牧师和华人牧师吴虹玉在文监师路(今塘沽路)与百老汇路(今大名路)转角处租房开设诊所,中文初名同仁医局。两年后扩大规模,并更名为同仁医馆,它是虹口地区最早的一所西式医院。后经募集到700两银子,添置房屋13间,使医局初具医院规模。1879年医院进入发展时期,1880年在粤籍富商的支持下,购买地皮拆除旧房全部重建。1881年新院新楼建成,内设病房、手术室和各种辅助用房。同仁医院坐落于沿着今长治路、塘沽路、南浔路汇成小三角孤岛地块中,坐北朝南,主体建筑为一座2层旧西式砖木结构楼房。正门在今长治路159—177号,后门在塘沽路。1886年同仁医院发起创立中华博医学会,即中华医学会的前身,并设立了中国首家医学博物馆和首家中华病理博物馆。1893年的同仁医院设有内科、外科、妇科、齿科、眼科等门类。1909年,该院拥有当时中国第一辆救护车,开创了中国近代急救医学。医院病房分头等、二等、普通三等。30年代同仁医院迁往今虹桥地区。

1906—1908年,提篮桥监狱的重病犯人大多送往同仁医院治疗,但是被送犯人往往病入膏肓,或者生命垂危,大多死在医院,很少痊愈归来。例如,1906年5月4日,提篮桥监狱外籍看守持枪打死4名华籍犯人,10多名犯人受伤。其中章阿四、朱宝山、陆老佛、狄仁山4人伤势较重,被送往同仁医院救治,章阿四于5月6日因伤毙命;①不久另外3人也告死亡。5月13日下午又有一名犯人在同仁医院医治无效而病亡。②又如,1908年王阿四因哄抢物品由会审公廨判刑3年,关押提篮桥监狱。次年8月26日王犯因病送入同仁医院,27日晚毙命。③

同仁医院

二、工部局医院

工部局医院位于虹口,其大门分别开设在老靶子路(武进路)、海能路(今海南路)。初称隔离医院,后来改称工部局医院。从1908年起,提篮桥监狱不少患重病的犯人大多移送到工部局医院,有时候监狱还派看守到医院看押犯人。例

---

① 《伤犯又毙》,《申报》1906年5月8日。
② 《四汇西牢押犯越狱案》,《时报》1906年4月15日。
③ 《押犯病毙》,《申报》1908年1月8日。

如,1909年8月,押犯苏州人施文光因犯窃案拘押提篮桥,8月24日患病送工部局医院,医治无效身死;①周四贵因案犯罪判刑关押提篮桥监狱,8月26日患病送工部局医院,延至27日身死。② 据当时的《申报》报道,1908—1910年间,送往工部局医院的犯人就有黄少梅、陈锡康、王香山、陈荣生、宓仲其、朱阿四、康裕昌、姜云祺、李尧卿等犯人死亡。③从1911年起,提篮桥监狱的重病犯则送往巡捕医院。

三、巡 捕 医 院

公共租界的巡捕(警察)主要有印度巡捕和华人巡捕,所以巡捕医院也分为华捕、印捕两座医院。华捕医院位于虹口老靶子路(今武进路),该处原为老维多利亚医院,是一幢砖木结构的4层楼房,建筑面积900平方米,设病床70张,工作人员26人左右。印捕医院是一幢砖木结构的2层楼房,建筑面积200平方米,设病床20多张,工作人员10人左右。这两座医院主要为华籍巡捕和印籍巡捕进行疾病治疗、体检和防疫,同时也收押提篮桥监狱的一般犯人。据《上海公共租界工部局年报》(1911—1926)的记载,华德路(提篮桥)监狱移送巡捕医院的人数为:1911—1918年分别为151人、31人、82人、118人、176人、102人、65人、65人;1920—1921年分别为142人、83人;1924—1926年分别为82人、185人、105人。

由于巡捕医院地方较小,跟不上医务工作的需要,工部局经多年筹备于1929年在华德路(今长阳路)197号,毗邻提篮桥监狱处重建巡捕医院,耗资40万银元,由上海成泰营造厂承建,1932年竣工,同年10月启用。它是一幢钢筋混凝土结构的楼房,楼高8层,建筑面积5 000多平方米。启用时,把原先的华捕医院和印捕医院一起并入,行政上属公共租界工部局卫生处管辖。抗战胜利后改称上海警察医院。根据《上海公共租界工部局年报》记载,巡捕医院1933—1938年收押的犯人就诊人数,分别为313人、276人、201人、278人、184人、157人,平均每年235人;犯人死亡人数分别为21人、12人、12人、25人、12人,年平均死亡16.7人。再从病名分析,巡捕医院1933年和1936年就诊的313名和278名犯人中,轻伤重伤53人、61人,鸦片瘾45人、36人,消化系统疾病38人、27人,皮肤病31人、31人,神经系统疾病17人、4人,痨病(肺结核)13人、20人,呼吸系统11人、4人,花柳病14人、2人,钩虫蛔虫病8人、2人,疟疾9人、12人,回归热4人、9

---

① 《窃犯病毙》,《申报》1909年8月26日。
② 《监犯病毙》,《申报》1909年8月28日。
③ 《押犯毙命》,《申报》1908年3月13日;《连毙两犯》,《申报》1909年8月31日;《又毙一犯》,《申报》1909年9月26日;《押犯又毙》,《申报》1910年9月25日。

人,各种泻症4人、2人,伤寒1人、4人,其他65人、64人。①

四、圣心医院

  圣心医院系一慈善机构,位于今杨浦区杭州路340号。1916年为施医局。1924年由上海实业家、公教进行会会长、天主教徒陆伯鸿出资建造6幢病房。1931年建造耶稣圣心堂,拥有八角形钟楼,整座医院占地60亩。设病床100张,门诊、病房分等级,主要为外籍及有钱病人服务。职工大多系天主教徒,医师为各国专科特约医生及沪上中西医。圣心医院旧址存有两幢砖混结构教堂式建

圣心医院

---

① 《上海公共租界工部局年报》(1933年、1936年)

筑,室内窗户镶嵌欧式彩色玻璃,图案别致、色彩绚丽,铺设地面所用的马赛克拼嵌的几何图案。楼的正面上方原刻有"圣心医院"的字样。陆伯鸿、陆英耕父子任正副院长。目前医院建筑虽局部有所改造,但主体部分基本保持原来面貌,是上海保存较好的教堂式建筑之一。多年来医院先后办过养老院、孤儿院、小学、保产院等。据《上海公共租界工部局年报》记载,1934年提篮桥监狱因病释放13人,其中4人送圣心医院;1935年提篮桥因病释放29人,18人送往圣心医院,后有2人脱逃,1人捕获;①1936年提篮桥监狱因病释放34人,其中送圣心医院23人,有1人脱逃;1937年10人因病出狱,8人送圣心医院。

五、闵行神经病医院

闵行神经病医院,又名上海普慈疗养院,位于沪闵路北桥镇北首,1935年6月,由公教进行会会长、慈善家陆伯鸿募捐10万余元银元,购地119亩,建造50余幢房屋,设病床400张。1935年提篮桥监狱因病释放29人,其中1人患有精神病,送往闵行神经病医院医治;1936年提篮桥因病释放34人,其中有7人患精神病,送往闵行神经病医院医治,后来3人脱逃②。

六、大场麻风病医院

大场麻风病医院位于宝山县大场镇附近。其正规名称为中华麻风疗养院,成立于1935年12月,由中华麻风救济会负责管理,属于社会慈善救济性质。无专职医务人员,收容上海部分麻风病人和社会流浪人员,有床位96张,职工不到10人。1937年提篮桥监狱有10人因病出狱,有1人送入该院。③

---

① 《上海公共租界工部局年报》(1935年)。
② 《上海公共租界工部局年报》(1936年)。
③ 《上海公共租界工部局年报》(1937年)。

旧上海监所囚服的困境

服装是一个人的穿着。从职业服装看，如军人有军服、警察有警服、戏曲演员有戏服、囚犯有囚服。按规定，犯人入狱后，囚服应该由监狱负责发放，但是租界及民国时期，由于监狱行政经费不足，再加上管理人员的克扣盘剥，长期以来囚服一直无法正常发放到位，缺衣少被司空见惯。所以，当时上海地区各监狱犯人囚衣的来源大体有以下几个途径。

一、由监狱定期发放

租界时期的提篮桥监狱向每个入狱犯人，夏天发给衬衫、短裤2套，旧线毯3条作卧具；冬天发给棉袄、棉裤1套，棉被1条。未决犯和已决犯囚服有别，未决犯囚衣，单、棉衣裤均蓝色无标志；已决犯囚衣印有各种标志和号码。死囚犯囚服为一半白一半黑，犯人如果遗失和损坏囚衣、线毯要赔偿或受处分。1941—1943年，提篮桥监狱在日本人管理期间，犯人入狱每人发给黑色或蓝色棉衣裤1套、棉毯3条、布鞋1双、白色单衣裤2套，死刑犯囚服改为一半蓝一半红。出狱时，囚衣裤收回，洗涤消毒后再发给新入狱的犯人使用，反复循环以致衣裤均破旧不堪。

华界地区，1913年12月北洋政府司法部颁布《监狱规则》规定："在监狱者须给予灰色囚衣。""囚衣费用归地方政府负担。其他衣服无碍监狱纪律及卫生者准许自备。"1915年，司法部训令各地新监先发灰色单衣1套，佩以红色号码以资区别，自备衣服可由监狱改制。1918年又规定每犯发给棉被1床、草垫1条，夏季发给凉席1条、葵扇1把。但这仅仅是书面条文，实际根本无法兑现。上海华界各监狱由于经费拮据，官吏克扣，未能按规定发给，缺衣少被到处可见，患病致死时有发生。例如，1920年江苏第二监狱收押犯人600名左右，每百名仅发囚衣40套，贫犯居多难以分配；1927年夏，每人发灰布和尚领单衣1套、灰色和尚帽1顶（凡遇有外来参观者或牧师、僧侣来监布道传教时一定要着戴，平时不用）。1931年9月13日，该监狱向江苏高等法院呈送《添置囚衣的报告》中也坦言："本监囚衣久未添置，旧有囚衣不但不敷分配亦破烂不堪。为观瞻计，实不能不急于添置,以资应用。"

二、借助报纸社会各界呼吁捐助

民国期间,上海地区是中国新闻、报刊的集中地。各监所充分利用这一有利条件,通过《申报》《新闻报》等向社会各界呼吁,希望获得捐助。这里摘录几条《申报》上登载的消息,以印证当时的情况。

报道之一:《特区及漕河泾监狱为狱囚募捐衣被》:"本市法租界第二特区监狱及漕河泾监狱二处,近因冬季将至,囚犯孤居铁窗,不耐冬寒。故特代向各方请捐助冬季囚犯衣被。因各犯在狱中只穿囚衣一袭,别无御寒之物。每夜入睡,亦无蔽身之物,厥状颇为凄惨。每届隆冬,有各犯因争夺一被而互砍,情殊堪悯。现漕河泾牢狱中,有囚犯达二千余人,第二特区狱中亦有一二千人,共领衣被约四千套左右,如有捐助者,可至送该狱云"。①

报道之二:《第二监狱请捐助棉衣济囚》:"江苏第二监狱狱署,以天气严寒,各囚身披单衣实堪怜悯,但以经费竭蹶,无力添制。昨特函辛未救济会发放棉衣絮褥,以资救济。原函云:迳启者,现查敝监收禁之人犯超过定额,总计军刑男女已有2 600余名,异乡贫乏衣服不完者,十居八九,现在天气严寒,各囚冻状实堪悯恻。敝监经费竭蹶,添置衣服,极感困难,救济无方,奈何徒呼。凤闻贵会博施济众,薄海同钦,伏希慈航普度,惠及囹圄,无论何项棉衣各絮褥,量予捐募,俾彼抱膝之囚,赖慈惠而着阳春,是则仁施广布,不啻生佛万家矣。如蒙金诺,并乞先函示知,或请派员莅监直接散放,尤为德便云云。并闻该会一俟经费有着,即行购置棉衣散放。"②

报道之三:《思南路看守所囚人衣服匮乏,田所长呼吁捐助》:"思南路看守所羁押人犯数逾两千,超出定额一倍以上,其中无家属接济者,约占十分之八。囚粮实报实销,饮食尚可无虞,唯为经费所限,衣被极为匮乏,时已隆冬在押囚衣,单衣瑟缩,状殊堪悯。该所田立勋所长昨特致函本市各界名流暨各大公司商号,呼吁捐助。"③

通过上述办法各监狱及看守所也收到社会团体、商号、个人以及宗教等各界捐助的部分衣服、棉被、鞋子等。

---

① 《特区及漕河泾监狱为囚犯募捐》,《申报》1932年10月13日。
② 《第二监狱请捐助棉衣济囚 辛未救济会筹划施放》,《申报》1934年1月1日。
③ 《思南路看守所囚人衣服匮乏 田所长呼吁捐助》,《申报》1947年11月26日。

三、由律师公会捐助及开展义演筹款捐助衣被

1937年,上海律师公会接得各处监狱函请捐助衣被,以便贫苦押犯御寒,经该会分函全体委员,请慷慨捐助。现已陆续收到棉衣裤百套,于1月22日备函分别送往江苏第二监狱分监及看守所管理人,分发极贫苦之押犯御寒。①

"律师公会获悉时届严冬,本市看守所羁押人犯多无棉衣且染有疾病,不能医治者颇不乏人。为维持人道计,与上海市正宗救济会等团体于1946年11月27日下午2时,假中国大戏院演唱义务戏一天,所有当日票资统捐与看守所犯人以资救济。至于推销戏票办法,除由该会理事自行担任一部分外,所有会员每人分摊数张。"②

四、邀请文艺团体及广播电台,向社会各界进行募捐。

提篮桥监狱邀请游艺界知名人士筱快乐等人,于1948年1月17日在广播电台演出滑稽节目,代替监狱为因犯向社会各界募捐棉衣被,事后共募捐得棉衣200套、棉被10条。1月19日,滑稽界艺人筱快乐、程笑飞、杨笑峰、小刘春山、袁一灵、姚慕双、周柏春等一行13人访问提篮桥监狱,至各囚房及监狱医院参观,除将棉衣棉被送赠外,并借此机会觅取监狱内之滑稽题材。③

九九民声播音电台联合游艺界为上海监狱第一分监女犯请命。为善最乐,慷慨解囊,乐善好施,踊跃输将。九九民声电台周波1240,电话82334,空中劝募寒衣特别节目。上午8—12时:唱片;12时—下午2时:筱快乐剧团社会滑稽;2—5时:三五一三社歌星会串;5—8时:筱快乐第二剧团女子什锦戏;8—9时:云和国乐会;9—12时:姚慕双、周柏春、笑嘻嘻。④

上海监狱医院聘请滑稽名家程笑飞、筱刘春山、姚慕双、周柏春等先生联合凯旋电台于1月17日假该电台为上海监狱医院病犯空中劝募寒衣棉被,劝募得到寒衣143套、棉被100条,除如数接收转发各病犯领用外,特登报鸣谢。监狱医院院长孙逵方在《申报》刊登《上海监狱医院鸣谢启事》。⑤

---

① 《律师嘉惠狱囚　捐助棉衣裤》,《申报》1937年1月23日。
② 《律师公会义演筹款》,《大公报》1946年11月18日。
③ 《监狱中寻笑料　滑稽戏艺人送犯人衣被》,《申报》1948年1月20日。
④ 广告,《申报》1948年2月13日。
⑤ 《上海监狱医院鸣谢启事》,《申报》1948年3月1日。

五、由宗教团体捐助

旧上海的天主教仁善堂、基督教福音堂、灵粮堂、慕尔堂、景林堂、耶稣堂以及救世军等教派与团体,对抗战胜利后组建的上海监狱第一分监(独立建制的女监)非常关注,经常到监狱带一点小礼品、小点心为女犯传经布道,宣传教义,同时捐助部分药品及囚衣等。如1947年12月底,救世军向第一分监捐助袜子2打、毯子14条;1948年1月又向第一分监捐助棉被40条。[①]

六、社会人士捐赠

20世纪20年代,社会各界通过多渠道获悉上海各监狱及看守所贫苦囚犯缺乏衣被,均给予捐助。例如,南洋烟草公司总经理简照南获悉上海地方审判厅看守所中收押案犯贫苦者缺乏衣被,值此天寒瑟缩堪凛,特购绒毯300条,于1922年12月9日下午,派人运至上海地方法院检察厅,请为分给上海地方厅看守所各押犯御寒。车检察长如数收领,加盖厅印,饬发看守所长核发部分犯人。[②]1930年12月6日,上海帮会头目黄金荣向漕河泾监狱捐赠棉衣100套,12月16日又捐赠棉衣100套。[③] 1935年1月,上海名流陆连奎向江苏第二分监捐赠寒衣50套,1935年1月15日又捐送女棉衣、棉裤35套。[④]1948年3月久大企业公司总经理邵景惠捐助棉衣100套。据不完全统计,1946年11月—1948年10月,先后有淞沪警备司令部、港口司令部、上海冬令救济会、上海联合凯旋电台、大中华橡胶厂、久大企业公司、中美烟厂、上海供电局等单位,以及陈醒民律师、华侨陈奔士、严向培等人向提篮桥监狱捐助各种旧衣裤、军毯、棉被、鞋子等以解燃眉之急。

囚服,这是犯人狱中服刑的基本必需品,囚服的缺乏也折射出旧监狱的种种弊端,反映旧监狱行政经费的缺乏,严重影响了日常管理的运行。在旧中国大都市的上海,囚服都无法满足需要,千方百计地动用社会力量去解决,那么在旧中国中小城市的监狱更是问题成堆。

[①] 《上海监狱狱务日记》,上海档案馆档案,档号 Q177-1-452。
[②] 《简照南惠及狱犯》,《申报》1922年12月10日。
[③] 《黄金荣又施囚衣》,《申报》1930年12月17日。
[④] 《江苏第二分监昨接陆连奎等捐棉衣》,《申报》1936年1月16日。

旧上海监所的跨境调犯

上海自1843年开埠以来，五方杂处，东西交融。在近100年的时间内，"一市三治"，即一个城市内同时拥有公共租界、法租界、华界3套行政管理机构、3套司法监狱系统。1914—1949年5月，旧上海各监所等关押了大批犯人，各监狱也向外地调押部分犯人，同时外地监狱、看守所也向上海调入部分犯人。这里需要说明，本文所称的上海，仅指1927年以前的上海，以及1928年以后设立的上海特别市。当时的松江、奉贤、崇明、嘉定等县均属江苏省，所以本文中上海向松江、嘉定等地的调犯仍属于跨境调犯。

一、犯人的调出

一、分流押犯。民国时期，上海各监狱犯人向外地调动，主要集中在与上海毗邻的苏州。一是苏州距离上海较近；二是当时苏州设有多所监狱和看守所，如江苏第三监狱、江苏第三监狱分监、吴县监狱、江苏军人监狱、苏州反省院、江苏高等法院看守所、江苏监犯临时收容所等；三是江苏高等审判厅、江苏高等检察厅均设在苏州。据《申报》报道，1914年7月8日，上海模范监狱20名犯人及上海地方分监60名犯人调押吴县（苏州）监狱。还有180名犯人定于星期六押往苏州；①7月11日清晨，上海县监狱郑立、张保三、毛忠善、俞友光等12名犯人，由上海镇守使卫兵20名随同押解；②9月29日，上海地方检察厅第一分监60名犯人移押苏州；③9月30日，又有60名重犯调押苏州。④1915年，上海县监狱内人犯众多，上海地方监狱亦须改建，经禀奉江苏高等审判厅长将所有100余名刑期在1年以上的犯人，定于4月1日押解至苏州。⑤1921年10月28日，漕河泾监狱124名犯人调押至位于小柳贞巷的苏州监狱，24人分别押解昆山、无

---

① 《监犯押解赴苏》，《申报》1914年7月9日。
② 《解犯赴苏监狱》，《神州日报》1914年7月11日。
③ 《监犯分解苏州收禁》，《申报》1914年9月29日。
④ 《又有罪犯解苏收禁》，《申报》1914年10月2日。
⑤ 《监犯移禁苏沪监狱》，《申报》1915年3月31日。

锡、武进监狱；①11月1日，漕河泾监狱180人调押南京监狱。1925年12月15日，漕河泾监狱60名犯人调押松江。②1929年7月21日漕河泾20名女犯调押太仓监狱。

1930年1月，漕河泾监狱50名军事犯押解苏州，移禁陆军监狱；3月10日，漕河泾100名军事犯押解苏州陆军监狱；③10月30日，漕河泾220名犯人转解南京首都监狱；④11月9日，漕河泾20名犯人调押松江监狱。⑤1931年6月18日，漕河泾监狱侯端生等27名犯人调押松江监狱。⑥1932年2月11日，漕河泾监狱将466名犯人分别押解赴杭州浙江第一监狱、陆军监狱和江苏第三监狱；⑦10月8日，漕河泾监狱将100名犯人（其中女犯30人）调押太仓监狱。⑧1933年3月22日，上海第二特区监狱50名犯人调押嘉兴监狱；⑨3月29日第二特区监狱50名犯人通过轮船调押至安徽芜湖监狱。⑩1936年春天，漕河泾监狱几十名政治犯押解苏州军人监狱。⑪

1948年5月底，根据司法行政部的指令，提篮桥监狱对于有军人身份的案犯，送往浙江军人监狱执行；⑫9月7日，提篮桥监狱在押的28名政治犯解往狮子口苏州监狱；⑬同年9月，上海特刑庭因隆昌路看守所囚房太少，只能关300多个犯人，不敷应用。除把学生另外关在蓬莱路分局拘留所外，还是觉得不够，于是把已判决的被告疏散到外埠，9月30日深晚，已有几十个判决犯解送到苏州监所。解送到苏州去的以危害国家的罪犯占多数，关在上海监狱的是一批扰乱金融的金钞犯。⑭

二、办案需要。盗匪犯金恒德、贾松山、赵学义等前由上海地方审判厅一审判决监禁7年，金犯等人声请上诉未准。不久金恒德与同号押犯王永德等毁镣脱逃出外，当场被警方追获，法庭判决金犯加刑4年。由于金恒德、贾松山、赵学

---

① 《沪犯分苏监禁》，《申报》1921年10月29日。
② 《漕河泾大批监犯解松》，《申报》1925年12月16日。
③ 《军事犯移禁军监(苏州陆军监狱)》，《申报》1930年3月11日。
④ 《监犯转解首都》，《申报》1930年10月31日。
⑤ 《松江、漕河泾监狱犯寄羁》，《申报》1930年11月10日。
⑥ 《漕河泾狱犯寄禁来松》，《申报》1931年6月18日。
⑦ 《沪监犯移禁苏杭》，《法律评论》第437—438期合刊，1932年版，第36页。
⑧ 《漕河泾监犯寄禁太仓》，《申报》1932年10月10日。
⑨ 《法租界监犯移嘉兴第一批50人》，《申报》1933年3月23日。
⑩ 《第二特区监犯昨日押解芜湖寄禁》，《申报》1933年3月30日。
⑪ 中共上海市委党史研究室编：《上海党史资料汇编》第3册，上海书店出版社2018年版，第997页。
⑫ 《监狱人满为患，军事犯暂送军监执行》，《新闻报》1948年5月25日。
⑬ 《政治犯28名解往苏州监狱执行》，《大公报》1948年9月8日。
⑭ 《特刑庭囚犯起解》，《大公报》1948年10月2日。

义三犯不服前判,提出理由,续请上诉。经上海地方审判厅核准,1917年7月14日将金恒德等三犯押送苏州,由江苏高等审判厅讯办。①

三、押回原籍。1914年,上海地方监狱监禁判决徒刑的马悟九等16人,由于该监狱人犯众多,时值炎夏酷暑,各犯患病者甚多,马悟九等原籍浙江已经判决,所以可以改禁浙江省军事监狱,8月3日午后4点时,上海有关方面带兵赴上海监狱将马悟九等16名提回,8月4日上午派12名士兵,解送浙江省朱将军署。②

四、移送苏州反省院。20世纪30年代,国民党当局对在押提篮桥监狱已经刑满到期的政治犯采取违反法理的措施。当时囚禁狱中的袁也烈(开国少将、曾任中国人民解放军海军副参谋长。系中华人民共和国成立后,下同)、杨放之(曾任国务院副秘书长)、曹荻秋(曾任上海市市长)、彭康(曾任上海交通大学党委书记、校长)、周立波(作家,曾任湖南文联主席)、桂涛声(曾任上海音乐协会副主席)、甘爽(1941年在战斗中牺牲)等,他们多是刑满释放后被移送苏州反省院。1937年6月漕河泾监狱的彭国定、邢之陶、苏生、丁冬放、傅春申、刘景星等10余人被移送苏州反省院。③

五、移押外国。1853年9月小刀会攻陷上海县城后,大批华人涌入租界避难,形成"华洋杂居"的格局。公共租界的外侨数量1910年有13 536人、法租界有1 476人,合计15 012人。有的年份在沪外国侨民最多时曾达到58个国家。1942年外籍人口数量为9.6万人。④他们从事着各种职业及营生,同时也犯有不少刑事案件。公共租界普陀巡捕房印度巡捕阿玛辛格因杀死调戏其妻子的同伴被判处死刑,1936年12月29日在提篮桥绞刑房执行绞刑,在执行中因绳索断裂,绞刑失败。1937年1月18日英国驻华大使批示对其改判无期徒刑,押往印度孟买的安达曼岛监狱服刑。⑤

法国作家格罗克洛德于1936年9月关押提篮桥监狱,并在监狱绝食。1937年1月23日乘船移押越南河南候审。⑥时称"吃角子老虎大王"的美国人杰克·拉莱在上海活动已历15年,通过各种手段从事诈骗活动。1941年初,经美按察使判处有期徒刑18个月,关押提篮桥监狱,4月8日通过轮船押解至美国

---

① 《越狱盗犯解苏》,《申报》1917年7月15日。
② 《判决犯改禁解浙》,《申报》1914年8月5日。
③ 《党史资料丛刊》总第8辑,上海人民出版社1981年版,第102页。
④ 史梅定主编:《上海租界志》,上海社会科学院出版社2001年版,第113页。
⑤ 《印人绞刑不死案 减处无期徒刑》,《大美晚报》1937年1月18日。
⑥ 《法籍作家格罗克洛德绝食已近九日》,《申报》1936年10月23日;《法新闻家格罗克洛德已解越南候讯》,《申报》1937年1月25日。

麦克尼尔岛监狱。①驻沪美海军第四陆战队一等兵凯司门因杀人罪被捕,1941年4月9日关押提篮桥,经美按察使判决,4月22日由美国驻沪领事馆副领事押解回国,在麦克尼岛监狱服刑。②

二、犯人的调入

民国时期主要由苏锡、杭州、南京地区的犯人押解到上海。如1915年9月1日,苏州监狱的100名犯人调押上海,由苏州站乘火车抵达上海,上海一方委派陆军一个排的兵力加强警卫工作。犯人出站后,经步行,在苏州河换乘小火轮,到达黄浦江畔的大码头上岸,再步行押解审判厅,分别监禁。③

凶犯范友富等人,在外地某县监滋事,经上海县长讯实,拍电报请示江苏省高等法院核准,移禁上海漕河泾监狱。1919年8月4日上午由警察二分队长邓敏烈率警将滋事凶犯范友富、仇阿狗、徐人骏等7名,押解赴沪。④1924年5月14日,崇明县27名情节较重的犯人调押漕河泾监狱;⑤5月18日无锡县监狱派警察调押50名犯人,乘火车抵达上海新龙华站下车,经步行送入漕河泾监狱;⑥11月27日,江苏三监狱派遣看守30名将100名犯人调押上海,乘火车抵沪,然后换乘沪杭接轨铁路至新龙华站下车。由漕河泾监狱典狱长特派卫队员、看守,会同当地警察所前往押解到署,排列点名,核对身份予以收禁。⑦江苏第三监狱因改建监舍,1925年4月29日将100名犯人移送漕河泾监狱。上午由苏州挂车至麦根路(今石门二路底),再运往龙华,押解漕河泾监狱。⑧1932年6月24日,原羁押于杭州监狱的部分犯人,将其中的100余名通过火车押解至新龙华站,下车后,步行押赴漕河泾监狱。⑨

1946年司法行政部规定上海附近各地审理的汉奸案件,一经判决,均须解至上海执行。所以第一批汉奸陈则民、张考琳等30余人于1946年9月14日上午8时从苏州乘火车,下午1时押解抵沪。时正大雨倾盆,在月台内稍事休息

---

① 《杰克拉莱将解美国　乘克利夫仑号解美　监禁十八个月》,《申报》1941年4月5日。
② 《美兵杀害婴孩　定期解美》,《申报》1941年4月16日。
③ 《大批罪犯押解回沪》,《申报》1915年9月1日。
④ 《滋事凶犯移禁二监》,《申报》1919年8月5日。
⑤ 《崇明狱囚寄押沪监》,《申报》1924年5月15日。
⑥ 《无锡罪犯移送第二监狱》,《申报》1924年5月19日。
⑦ 《大批监犯寄禁第二监狱》,《申报》1924年11月28日。
⑧ 《第三监狱犯寄禁第二监狱》,《申报》1925年4月29日。
⑨ 《提回杭监寄案犯》,《申报》1932年6月25日。

后,即押上两辆大客车,直驶提篮桥监狱;①10月5日上午,江苏高等法院将已判决的张北生、潘宏器等46名汉奸犯移押上海,由江苏第三监狱典狱长陈松年等率法警负责押送,移押提篮桥监狱执行。②1949年1月16日,国民政府首都高等法院将南京老虎桥监狱的江亢虎、罗君强等54名犯人(其中女犯4人)移押提篮桥监狱,他们每两人用绳各缚一臂。各要犯所携行李达数百件;③1月31日,杭州市米粮同业公会理事长钟渭泉移解提篮桥监狱。④

在外地犯人送押上海的过程中,对送押的个别人员,由于事先两地监狱没有很好沟通,也发生过外地已经送达上海的部分犯人被拒收而退回原处。例如,1949年1月30日,镇江地方法院为了疏散人犯,将判处死刑、无期徒刑的60余名人犯移解上海提篮桥监狱;提篮桥监狱以该监狱系属司法行政部直辖,对于外县地方法院人犯不予收押,2月1日将60余名犯人仍押回镇江。⑤

三、调押流程

民国期间上海调出的犯人以华界地区的上海县监狱、上海地方分监、漕河泾监狱等为主,犯人调出上海一般由监狱官据情呈报上海地方审判厅或江苏省高等法院审核批准,或经司法行政部审核批准。由于受到当时交通条件及监狱设施的限制,往往是步行、轮船、火车的"组合交通"。如1914年9月30日清晨,上海地方厅第一看守所,将重犯60名调押苏州,派委所长带司法警押解,并先期商请驻防制造局的旅长派排长王德全带一个排的士兵到监狱,让犯人铐上手铐排队,步行押送至黄浦江畔的沪南大码头,再由水上巡逻队小火轮运送到苏州河边的闸北地区,最后从上海火车北站搭沪宁火车解往苏州,抵达苏州后,再步行到苏州监狱收禁。又如1921年10月28日,漕河泾监狱的124名犯人乘火车从上海抵达苏州后,先期由警察厅电传各区,从火车站开始,到位于小柳贞巷的吴县模范监狱,沿途加派岗位,并派侦探队骑巡队押解,各犯俱上刑具,每4名用绳索绑缚,该队伍需要经过钱万里桥、阊门等热地段。《申报》报道称:"繁盛市尘,观者颇为拥挤。"⑥1932年10月漕河泾监狱100名犯人(含女犯30人)调押太仓,由监狱官派丁协同武装法警20余人,先由犯人步行到车站,押乘沪宁慢车至安

---

① 《大小汉奸卅余人昨由苏解沪执行》,《民国日报》1946年9月15日。
② 《张北生等群奸今日由苏解沪》,《申报》1946年10月5日。
③ 《大批男女汉奸要犯江亢虎移解抵沪》,《申报》1949年1月17日。
④ 《已判死刑钟渭泉移解　由杭移解上海监狱》,《申报》1949年2月2日。
⑤ 《镇江地院人犯一批,移押来又押回》,《申报》1949年2月2日。
⑥ 《沪犯分苏监禁》,《申报》1921年10月29日。

亭站下车,再乘换两艘小火轮,到达太仓县监狱。1933年3月29日,上海第二特区监狱50名犯人,首先把他们通过汽车解至南市宁绍公司码头,押乘宁绍轮赴芜湖监狱。①

总之,在民国时期,即20世纪20—30年代和上海部分监狱分别用火车、轮船将部分犯人调往江苏苏州、太仓、宝山、奉贤、宜兴、松江,浙江杭州、嘉兴,安徽芜湖,山东烟台等地,一般每批30—400余人。30年代政治犯大多数调往苏州陆军监狱、苏州反省院、南京军人监狱、杭州陆军监狱等。由于当时交通设施较落后,各地割据,经常打仗,所以大批量长距离的调犯较少。

---

① 《第二特区监犯昨日押解芜湖寄禁》,《申报》1933年3月30日。

漕河泾监狱犯人的衣食住行医

衣食住行医,泛指穿衣、吃饭、居住、行路、看病等日常生活的基本需求。这是每个人须臾不能离开的事情。从一定角度讲,衣食住行医也反映了一个人、一个家庭、一个社会群体在一段时期、一个地区的民生状况。民国时期曾经一度号称"模范监狱"的漕河泾监狱犯人的衣食住行医,又是何种状况?让我们通过事实来说明。

衣。按规定犯人入监后,要脱去原先的衣裤换上监狱的囚衣、囚裤。但是漕河泾监狱行政经费严重不足,监狱犯人缺衣少食成为常态。如1920年,漕河泾监狱收押犯人600名左右,每100人中仅有囚衣40套,贫犯居多难以分配。1927年夏,每人发灰布和尚领单衣1套、灰色和尚帽1顶(凡遇有外来参观者或牧师、神甫来监布道传教时穿着,平时不准使用)、草席1条、葵扇1把。1930年9月13日,漕河泾监狱向江苏高等法院呈送的《添置囚衣的报告》中也坦言:"本监囚衣久未添置,旧有囚衣不但不敷分配亦破烂不堪。为观瞻计,实不能不急于添置,以资应用。"每到严寒隆冬来临,监狱通过慈善机构,通过媒体呼吁,以求社会各界募捐衣被。如1934年12月11日,监狱在致函佛教"居士林"的函件中坦言,犯人中"衣被不完者十有八九。……众囚冻栗,实堪悯恻。敝监因人,衣被预算,规定甚微,且国库竭蹶。经费极感困难,以杯水而救车薪,何济于事。"①

食。1919年漕河泾监狱启用初期,犯人伙食实行三餐制,1924年以后实行两餐制,1930年前后又恢复三餐制;不管两餐制、三餐制,均为量少质差,犯人饥饿难熬。监狱吃的是"四子饭"(饭里有石子、沙子、稗子、虫子),菜是无油少盐的"什锦菜",菜里面蜈蚣、蟑螂、草根、树叶一应俱全。有时因饭里沙子太多,无法下咽,他们只好把毛巾铺在铺上,再将饭倒在上面,用手扒一点吃一点。②因为犯人吃的米是陈仓发霉的米,吃的菜是市场收摊后的便宜货,如老冬瓜、菜皮、咸菜等,或者是监狱自己所种蔬菜剩下的老菜根头。犯人每天喝的是两杯没有烧开的水。1934年春,监狱按规定犯人名义上每月囚粮3元,监狱当局扣除1元,剩

---

① 《狱囚冻栗堪悯》,《申报》1934年12月11日。
② 桂蓬:《监狱生活回忆》,《安徽文史资料选辑》第19辑。

下 2 元再层层克扣,实际只吃到 1 元。

住。漕河泾监舍呈扇面形分布,每个监舍中间为走道,两旁为牢房。牢门上设有窥视孔,供看守观察牢内的动静。牢房分独居室和杂居室两大类,监狱初建时,有独居房 18 间和杂居房 74 间,再加上女监的 20 间、病监的 5 间,全监狱共有牢房 117 间。后来监狱在原有基础上又增建两翼监舍,男监舍重新以天干"甲、乙、丙、丁、戊、己、庚"7 字命名,分别称为甲字监、乙字监等,其中庚字监是独居房,其余 6 座监舍都是杂居房。7 座监舍,共计有牢房 209 间。1929 年 9 月,又在中央监的北部增建 50 人大杂居监 10 间,合称为"后新监"。至此,漕河泾监狱形成中央监、女监和后新监三大监区,占地面积扩大到 120 亩。犯人在很小的牢房里,地面都被铺占据,仅留下一条小道,只可供一人走动,其他人只能坐在统铺上。监舍内密布蚊子、苍蝇、跳蚤、虱子和臭虫,还放置一只粪桶,臭气难闻。在 30 年代,漕河泾的监舍,除了庚字监的独居间为单人床以外,其余各监舍都是木板通铺。冬天睡的是"黄花煨肉"(烂稻草和破棉絮),夏天发草席。[①]

行。犯人狱中的"行",主要指"放风"。漕河泾监狱犯人名义上每天有半小时"放风",放风时,犯人来到监舍尽头的小院子里,排队绕圈活动。但是每次放风通常只有 10 来分钟,有时一星期只有一二次,甚至一次也没有。

医。1919 年监狱启用时,设有医务所并建有病监数间,配有医生 1 人,但缺医少药,卫生条件很差,在押犯人死亡率很高。监狱启用当年的 7 月 27—28 日,狱内时疫流行,两天内女监连续死亡陆龚氏、沈龚氏、王林氏、王李氏、朱王氏、张杨氏、蓝陈氏、杨周氏、花王氏、刘曾氏等 11 人,还有乞求医治者 10 余人,奄奄一息者六七人,女犯通宵哭泣,呼号喊救,惨不忍睹。[②]监狱医生张吕基没法向各界交代,他就打一份引咎辞职报告。该报告称:"……今岁时疫流行,沪上更甚。吾监女犯殊为不幸亦被传染,朝发夕死,救济无效,致一日连殒三命。虽然天灾所及亦系吕基之不学无术,应对无方所致,是以不敢尸位,滥竽以误人命。为此,具陈恳请典狱长鉴核准予辞职,另荐贤能接充,实为德信谨呈。"

漕河泾监狱连续多年发生犯人死亡情况,据 1921—1923 年上半年《申报》的公开报道就有多起犯人死亡,现摘录于后。妇人华马氏因略诱案发,由上海地方审检厅讯明判决监禁 5 年,已送监执行在案。1920 年 6 月 28 日该氏在漕河泾监狱内患病不及医治而毙。[③]盗匪犯汤阿香,1914 年间被法庭判决监禁 12 年,发往江苏第二监狱执行在案。1921 年 9 月 20 日晚上该犯忽倒毙狱中。[④]窃盗犯徐

---

① 曾关押漕河泾监狱的离休干部孙诗画、桂蓬等人的回忆资料。
② 《漕河泾"二监"时疫流行》,《申报》1919 年 7 月 29 日。
③ 《女拐犯瘐毙》,《申报》1920 年 6 月 30 日。
④ 《监犯病死第二监狱》,《申报》1921 年 9 月 22 日。

正来、韩生才判决后送往漕河泾江苏第二监狱执行。近来两犯先后染病,韩犯送往普育堂医治无效,1922年2月16日倒毙。徐犯则死在监中。①案犯耿阿富前经地方审判庭讯明判决送漕河泾第二监狱执行,该犯在监染病而死。5月24日下午郭检察官、毛检察员等验明,因无家属判令由堂棺殓。②5月29日,犯人宋万卿死于漕河泾监狱内,由郑检察官莅临相验。③

1923年,漕河泾监狱有多名犯人因病死亡,其中女犯陶吕氏在1月26日晚上在监瘐毙。④监犯胡华于1月26日因染急病不及医治猝死。27日晨由吴典狱长函地检厅派员莅临验明。⑤4月14日,监犯陈阿发因病于监内倒毙。⑥5月上旬,监犯李上英因染急病不及医治而死,9日晨由吴典狱长函地检厅派员莅临验明。⑦5月15日又有一犯已病毙。即经检警官前往相验收殓。⑧5月24日早晨,监犯吴阿根因病死于狱中。⑨6月4日,监犯陈阿根在狱内倒毙,经地检厅许检察官检明委系病死,判由堂棺殓。⑩

当时漕河泾监狱对于患重病奄奄一息者,送往慈善机构新普育堂。该堂创办于清代同治年间,位于上海城厢蓬莱路,1913年在今上海黄浦区普育西路建新堂。该堂特划出一块地方设立病犯区,外有铁栅专收漕河泾等监狱病犯,司法部门每月给普育堂很少的补偿。

20世纪30年代,监狱关押2 000多名犯人,仅有2名医生,而且其中一人系挂名,每周才来一二次。医生看病时由看守陪着,挨着牢房一个一个看过来。医生看病马虎,对患病者大体问问情况,记录一下就走。病人一般都吃汤药,除特殊重病犯以外,医生把大体相同的疾病所用的中药一起放在一个大锅子里煎熬,煎好了每人分一碗吃,犯人把这种汤药叫做"大锅汤"。这种大锅汤药效很低,基本上起不到什么作用。重病号住病监,但是重病犯一般都不愿去,因为他们知道去病监死的多,活着回来的少。病监里许多病犯挤在一起,环境恶劣,卫生条件极差,医护人员也很少进去。有时候病犯死了,也不知道是什么时候死的。疾病和死亡一直威胁着犯人的生命。

---

① 《死了两个贼犯》,《申报》1922年2月17日。
② 《监犯耿阿富庚毙》,《申报》1922年5月25日。
③ 《监犯瘐毙者两名》,《申报》1922年5月30日。
④ 《女囚倒毙狱中》,《申报》1923年1月28日。
⑤ 《监犯胡华猝死》,《申报》1923年1月28日。
⑥ 《监犯陈阿发瘐毙》,《申报》1923年4月15日。
⑦ 《烟犯李上英病死狱中》,《申报》1923年5月10日。
⑧ 《漕河泾监狱之近况》,《申报》1923年5月16日。
⑨ 《监犯瘐毙》,《申报》1923年5月25日。
⑩ 《监犯瘐毙》,《申报》1923年6月5日。

1929 年漕河泾监狱犯人死亡病因统计表

病名	男犯	女犯	小计	病名	男犯	女犯	小计
肺痨	17	2	19	伤寒	2	0	2
呼吸系病	1	0	1	霍乱	2	0	2
下痢及肠炎	17	3	20	其他胃肠病	11	0	11
心肾病	1	0	1	其他	2	0	2
其他热症	2	0	2	合计	55	5	60

1929 年漕河泾监狱在监犯人患病、死亡统计表

年龄（岁）	性别	押犯总数	疾病	死亡	年龄（岁）	性别	押犯总数	疾病	死亡
16—19	男	30	30	0	35—39	男	140	130	10
	女	0	0	0		女	8	8	0
20—24	男	31	30	1	40—49	男	165	130	12
	女	5	5	0		女	10	8	0
25—29	男	149	142	7	50 以上	男	35	26	9
	女	40	40	0		女	4	3	1
30—34	男	208	192	16	合计	男	758	703	55
	女	33	31	2		女	100	95	5

1930 年 11 月,上海地方法院检察官在《关于改良漕河泾监狱意见书》中也披露:"查该监狱寄禁囚犯 1 500 余人,本年度死亡 150 人。"1931 年 9 月,淞沪警备司令部寄禁漕河泾监狱人犯 200 余名,到 12 月死亡人犯竟达 60 余名之多,甚或一日死亡数人,惨状纷呈,殊堪骇怪。①1932 年 9 月,漕河泾监狱犯人患病 114 名,死亡 14 名。②1932 年 12 月,监狱犯人中"坏血症"蔓延,病犯日益增多,经调查主要原因是犯人平日无新鲜食品,缺少维生素,加上夏受潮湿,冬受风寒,缺乏运动。全年犯人死亡 130 人:1933—1935 年分别为 109 人、141 人、180 人。

(本文原载《钱塘论丛》2023 年第 2 期)

---

① 江苏档案馆档案(档号 M55-247-584)。
② 《呈为医士旷职病犯失疗仰祈鉴核黜免事》,江苏档案馆(档号 1047-1022)。

薛华立路监狱的越狱案

古今中外,监狱的防逃与犯人的脱逃始终是一对矛盾,总在不停博弈。薛华立路监狱(又称马斯南路监狱)占地面积8亩左右、四周建有高高围墙的监所,历史上发生过多起犯人脱逃案。让我们拂去历史的尘埃,回眸当年犯人使用各种方式越狱有关情况。

一、向看守抛洒石灰包　抢夺武器

1926年2月18日凌晨2点,黄浦江畔笼罩在一片朦胧之中,众多的市民百姓大都还在酣睡之中。昏暗灯光掩映下的薛华立路监狱里却异常忙碌,在押于各监舍内的一群犯人,在事先的充分准备下,他们使用工具凿断脚镣手铐后,扭开监舍门锁,一哄而出,希图冲出监狱逃逸。一名犯人用事先准备的石灰包洒向当班看守,让其万分疼痛,睁不开眼睛,嘴巴鼻孔内夹杂着石灰的粉末,监舍立刻弥漫着白色的烟雾状。另一名犯人上前抢夺该看守的一把手枪,他迅速推膛、扣紧扳机,但是却迟迟发不出子弹。就在这同一时刻,其他法籍、安南看守发现狱内的突发事件,便急鸣警笛。管理牢房的法籍看守头目顾才君(译音),听到警笛声声,知道情况紧急,立即出外巡视,看到一批犯人来势汹涌,立即掏出手枪,扳机射击,当场击毙人群中领头冲在前面的3名犯人,10余名受伤,其他犯人急忙退回原来所关押的监舍。顾警官立即打电话通知法租界总捕房,捕房派大批法籍、安南、华籍巡捕,来到现场,并把薛华立路监狱团团包围。经过逐一检点,查明案发时并无脱逃一名犯人。监狱又用镣铐将各犯逐一钉就,并把受到枪伤的犯人送至广慈医院医治。[①]监狱对于已经死亡的犯人,把其尸体送往同仁辅元堂验尸所,用薄皮棺材予以收殓埋葬。次日上午,参与越狱并受到枪伤的8名犯人因伤势过重,医治无效,相继死亡。20日,又有1名犯人死于广慈医院内,这样2月18日的监狱越狱中,先后有9名犯人死在广慈医院。为此广慈医院通知法租界巡捕房,由捕房派车将9名犯人尸体送往同仁辅元堂验尸所棺殓。

[①] 《法租界西牢昨早发生越狱案　格毙三犯并无一犯脱逃》,《申报》1926年2月19日。

经法租界巡捕房查询，这次越狱者大多系浙江嵊县的一批绑票犯，他们蓄谋已久，法捕房早有所闻，预事戒备，因为他们把私自制作的钥匙藏于棉衣之中，故未能及时破案。监狱当局考虑到犯人有可能会借机抢夺看守的武器，所以法籍、安南看守随身携带的枪支，都卸去了子弹，如果越狱的犯人抢夺枪支后，也就失去应有的作用。2月20日有4名犯人，害怕日后受到加罪处理，在狱自缢而死。

2月22日，由法租界捕房将薛华立路图逃的狱犯胡锦昌、王桂玉、王金龙、刘佳才、封华亭、裘修文、王日林、徐小君子、吴锦堂、张桂生、林锦堂、杨阿二、赵安顺及归化中国籍的韩国人韩泰柱等14名解送法租界会审公廨。经聂谳员会同法租界领事德纳，升座刑庭审讯。先由管牢的法籍捕头顾才君及20号、35号两名法籍看守上堂，禀明当时越狱情形，并呈上当时越狱犯所使用的石灰、铁棍、铅丝等作案工具。并称查得押犯胡锦昌监舍内有一便桶石灰。经询问，胡锦昌供：自己一直关押在37号牢房，是日因有195号犯人即将释放，所以我到其房内谈话暂住一夜，不知越狱的事情。赵安顺供述：我前因犯抢案，判押10年，因在牢内遵守规则，得到从轻改判。农历初五晚上，由19号监犯俞伯鸿及24号监犯到来，通知我将镣铐锯断，协同脱逃。我自知该活动犯法，所以没有允从。不料俞伯鸿就用铁槌将我猛击，并恶狠狠地说：如不服从，将置你于死地。他说罢就离去。我不敢越狱，也没有越狱，希望你们详加调查。王桂玉等12名犯人共同供述，越狱图逃的事情，都是第19号犯人、俞伯鸿以及1号、24号犯人等发起，预将镣铐锯断，直至是晚，喝令越狱，我们实系被迫无奈所作，求情恩宥。经过中法谳员商议研究后，认为这几个犯人虽属事出逼迫，但脚镣均已锯断，亦有图逃的意图。胡锦昌等13人除照原断执行外，各加押5年，其中只有一名赵安顺的犯人系逼迫致遭殴打，惟镣铐锯断，从宽加押3年。

二、从高空抛掷绳索 攀缘围墙

1934年9月9日清晨3时半，第二特区监狱的看守按惯例把狱中从事炊事劳役的犯人提早开封，让他们走出监舍从事炊事劳动。这几人中有宁波籍的张惠才、赵云祖、刘阿桂。随着张惠才神秘的眼神，赵云祖和刘阿桂已经明白张的意图，原来要翻越围墙脱逃。他们拿了事先准备的绳索，来到监狱围墙的边上，把绳索抛上围墙，勾住围墙上一个凸出路灯的灯脚。老谋深算各判刑25年的张惠中、赵云祖，吩咐判刑3年的刘阿桂首先抓住绳索，登上围墙脱逃。他们两人躲在后面察看情况，如果刘能成功上墙脱逃，他们就紧步其后尘；如果刘越狱失败，或者发生意外，他们也能推卸责任。由于刘阿桂因心慌情急，加上对监狱的布局及围墙的建筑情况不熟，失手由高处坠落而下，张惠才、赵云祖两人也停住了越狱的步伐,不敢贸然行动。与此同时,随着一声沉闷的声响,立即引起了当夜值班看守警觉,几个看守拿了护身的工具及脚镣手铐,从四面包抄过来。张惠才、赵云祖两犯被当场擒获,加钉重镣,并将两人隔离,分别关押在禁闭室。与此同时,几名看守把摔在地上、又血肉模糊的刘阿桂送往监狱斜对面的广慈医院医治,终因刘犯伤势过重,医治无效,于当天下午9点半身死。

当天亮后,典狱长决定将张惠才、赵云祖两犯移送第二特区法院审理。此越狱案经过检察处王任检察官数度开庭,侦查终结,依脱逃未遂罪提起公诉。10月16日由刑庭庭长王纲煦会同王检察官开庭提审,并传监狱看守主任王葆昌及看守肖文荫、聂振春、傅茂顺等到案质证。面对事实,犯人张惠才、赵云祖供认不讳,低头认罪。11月14日被法庭加处有期徒刑2年。[①]而原判3年有期徒刑的刘阿桂却永远失去了生命。

三、拆卸监舍铁床　用铁杆捅破狱墙

民国时期的薛华立路监狱不但收押华籍犯人,同时还收押了不少俄籍犯人及无国籍犯人。1938年10月26日凌晨,两名俄籍犯人在狱中3号监,将铁床拆开,用铁床的铁杆把监房墙壁掘出一个洞,然后他俩从洞中钻出,逃出监房,又用木板搭在围墙上,翻越围墙脱逃。经查其中一名是维克多寇尔尼洛夫,因犯强盗杀人未遂判处徒刑12年,另一名是也乌基道尔果夫系窃盗案未决犯,判处徒刑6个月。[②]处于监狱围墙岗亭上执勤的看守张恩玉、瞭望台值班警卫队队员张和铨都失职,没有发现。两名俄籍犯越狱案发后,被监舍的当班看守获悉,报告主管科转禀典狱长孙雄。监狱立即报告法租界巡捕房,捕房除了法租界区域内布置警力巡查,同时还通知公共租界警务当局协同缉弋;因有可能匿藏于苏州河北岸,于是苏州河各渡口及桥梁业已多派探捕前往查缉;同时典狱长孙雄即传集在班的各看守查究。查得值班预备看守张恩玉有疏忽责任,遂予将其扣留,函送特二法院检察处请为侦查诉究。当由特二法院王任检察官于午后4时到第4法庭,下令提监狱看守张恩玉到案侦讯,同时又将瞭望台值班警卫队队员张和铨也移送特二法院检察处,与该案一起提讯。[③]据张恩玉供述,他多年来一直在宁波做警察,不久前经好友介绍,从宁波到上海,到第二特区监狱当预备看守刚满2个月。10月26日那天晚上,张恩玉代替看守王广和在俄籍犯监房看守。晚上

[①] 《两狱犯脱逃罪各处徒刑二年》,《申报》1934年11月16日。
[②] 《两俄犯越狱　脱逃掘墙洞跃出》,《申报》1938年10月27日。
[③] 《俄犯越狱案　续讯瞭望台》,《申报》1938年10月29日。

7—11点上夜班,每夜收封后至11时,监狱总值班将各监房钥匙收去由监狱统一保管。关押俄籍犯的监舍,设施很普通,监舍大门系木板门,房内电灯关熄,房门上有一小洞,望进去漆黑看不清。先前我见年轻的俄籍犯手里拿了东西进房。我上去检查,他予以反抗,不服从我的管教。对此情况我立即报告领班看守。领班看守听后,前去搜查。我当班的时候,不知该两名犯人在何时何处脱逃。王检察官听毕张的供述,吩咐法警对张还押,听候调查后再作审讯。

当法租界巡捕房和薛华立路监狱焦急等待10多天后,有消息传来。10月26日从监狱脱逃的俄籍犯人也乌基道尔果夫已于11月7日被公共租界捕房捕获。被捕地点在虹口公平路283弄内,当时还有其他俄籍三人一同被捕,他们是约翰果马里洛夫、约翰翟及夫、维克多依凡诺夫等。捕获之越狱犯也乌基道尔果夫将在公共租界内的上海第一特区法院受讯。经查该犯从狱中脱逃后,曾在虹口地区偷窃作案,被第一特区法院判处9个月。而后将他引渡到法租界,由上海第二特区法院办理。①同年12月22日,第二特区法院开刑庭,依脱逃罪对俄籍犯人也乌基道尔果夫提起公诉;同时第二特区法院王检察官认为监狱看守张恩玉、张和铨过失甚大,所以一并按过失罪提起公诉。该案经缪庆邦推事审理终结,12月22日升座刑一庭,宣告判决。主文称:在押犯也乌基道尔果夫毁坏拘禁处所及脱逃,加处有期徒刑3年,监狱看守张恩玉、警卫张和铨工作失职,巡查不周,造成犯人脱逃,各处有期徒刑2个月。②维克多寇尔尼洛夫尚未缉获。

四、身着制服　蒙混出狱

监狱、看守所或其他临时机构在工作、值勤期间一般多穿着相应的制服或特制的工作服,这不但是管理的需要,还是便于一个单位或部门对进出人员的管理及识别。但是如果这些制服被犯人穿着或利用、冒用,将会造成严重的后果。在法租界公董局印刷所从事夜班作业的薛华立路监狱28138号犯人,事先偷拿了一套该印刷所职工有特殊标记的衣服,悄悄地藏匿起来。1926年7月16日凌晨1时,该犯人脱掉自己的囚服,偷偷地穿了有特殊标记的衣服,俨然成为该印刷所的一名职工,逃过了夜班看守的视线,混出了印刷所的大门而逃跑。③

1946年上海警察局榆林分局司法股前股长刘紫苑因犯贪污罪一审被判有期徒刑12年,关押于薛华立路监狱。刘紫苑自以为过去自己好歹是一名警察,

---

① 《越狱俄犯　昨日拘获一名》,《文汇报》1938年11月8日。
② 《逃犯与看守　讯明分别判罪》,《申报》1938年12月23日。
③ 《上海法租界公董局年报》(1926年)。

这次以贪污罪对他处刑太重。想想抗战胜利后,上海多少接收大员,假公济私,大捞金银财宝,票子、金子、房子、车子、女子"五子登科",仅仅有个别人受到处理,而自己数额不大,却判处 12 年。因此他心态极不平衡,企图翻案,一方面他串通看守所的看守章汉生,与其交朋友,向其吹嘘他路道粗、交友广、办法多,以此抬高自己的身价。另一方面对章汉生行贿,通过其亲友家属向章送钱财,买通拉拢。过了一段时间,刘紫苑看到"火候"已到,请章汉生帮忙为其提供一套看守制服。几天后,刘紫苑在看守章汉生的帮助下,得到监狱的看守帽子及证章,冒充看守,大摇大摆,化装出狱,逃过了监狱门卫的眼睛。虽然刘紫苑一时逃出监狱,但是监狱每天都须清点犯人"人账",新收几名、释放几名、在押几名,一个人不能多,一个人也不能少。所以刘紫苑的脱逃很快被发觉。刘紫苑在黄浦江畔逍遥数天以后,就被警方锁定目标,再次被捕。在审讯中,刘紫苑牵连带出看守章汉生,其也被捕关押。刘紫苑、章汉生一起经法院检察处送交地院刑庭法办。1947 年 8 月 29 日上午由谢志英推事开庭宣判。刘紫苑以脱逃罪,在原有 12 年的基础上加处有期徒刑 1 年;章汉生以故意便利人犯脱逃罪,判处徒刑 2 年 6 个月。①

---

① 《贪官化装越狱　看守相助舞弊入牢》,《新民晚报》1947 年 8 月 29 日。

贪赃枉法　私放犯人

民国期间，上海老城厢老西门有一座1913年6月设立的监狱，初称"上海分监"，次年改称上海第一分监，1920年8月更名为"江苏第二监狱分监"，简称"江苏第二分监"或"第二分监"，属上海地方审判厅管辖。监狱大门开设在蓬莱路上，坐北朝南，后围墙紧靠文庙路。此处原系慈善机构普育堂的旧屋，经改建作为监狱关押男犯，关押数一般在200人左右。别看监狱小，押犯少，但是"庙小风波大，池浅王八多"。1919—1920年，却发生了多起私放犯人的案件。

一、私放犯人赵安宁

1920年一份揭露监狱看守与上海审判厅的书记官、法警相互勾结，营私舞弊，私放犯人的信件转到江苏省公署，后经省长批阅后，省高等检察厅派出钟尚斌及司法警长张祖斌等到上海；同时司法部获悉后，也委派福建省高等检察厅厅长刘子琨到上海调查。他们提取了相关案卷，询问有关人员，经调查揭开了一个监狱管理上黑幕，反映了旧司法系统的腐败。

1919年7月17日，一个名叫赵安宁（又名赵阿宁）的犯人关押入监，因私贩烟土而获刑。该案是一个团伙作案，共涉及14人，其中2人被罚巨款后释放，其余12人均被判刑10个月，并处罚金450元，投入江苏第二分监坐牢。但是赵安宁，其实并不安宁，他入监后，家属及亲戚朋友常来探监，其中就有两个比较妖艳时髦的女人。这两个女人探监时，故意与看守说话聊天，卖弄风骚，在不长时间内，就与看守混得比较熟。其中一个胡张氏，又叫金妹，39岁，家住虹口；另一个是赵犯的姘妇，称王三小姐，34岁，家住苏州，金妹与王三系闺密，经常同进同出。自赵安宁被捕入狱后，她们多次一起赴狱探监，并恳求看守帮忙，提出花钱缩短犯人的关押刑期。看守周福连忙答应，愿意从中效劳。周福是一好色之徒，与甜蜜软糯的苏州人对话，看到美女连连抛来的媚眼，周福魂不附体。对她们特别热情周到。并以便于联系为由，周福还拿到了家住虹口金妹的地址。

身为监狱普通看守，当然无权决定在押犯人的命运、掌控犯人刑期的变动。但是周福不惜动用一切可能的关系，卖力奔波。周福来到日常与监狱业务往来的朱云记账簿店,该店平时承接第二分监及上海审判厅部分资料的印刷,店老板朱景云熟谙人情世故,处事八面玲珑,与这些公职人员、法警、看守很熟悉。对他们光临店堂,总是热情招待,倒茶递烟。监狱看守有事没事也到账簿店吹牛聊天,甚至该账簿店成为监狱与外界的编外联络站。所以周福就请店老板转告审判厅的官员,在押犯家属拟出钱提前出狱。几天后,朱老板就向来到店里的上海审判厅书记官程冠吾谈起该事。程冠吾身为国家司法机关的公职人员,骨子里毫无职业操守,整天想图谋好处,程一口答应,提出需要大洋560元。民国初期,物价较低,一个普通看守每月的工资一般仅为大洋6—8元,560元大洋是一个不少的数字。朱老板把该"行情"告诉了看守周福。

周福为了给犯人赵安宁出钱提前出狱,他前后曾4次私自去犯人家属金妹(即胡张氏)家,该行为在民国监狱管理制度中也属违规违纪行为。周福首次到金妹家中的时候,其实事情还没有子丑寅卯,周福借机对金妹献殷勤,表示一下他的态度,同时也想看看金妹的家底情况。第二次去金家,周福说他虽然与中间人朱老板见面谈过,但是朱老板还没有同审判厅长官见面。第三次周福到她家,周讲现在已经与书记官程冠吾谈好,允准赎罪。第四次周福来到金妹家里,给她带来喜讯,说事情已经办成,但要花费大洋560元,才能达到赎罪的目的。于是金妹写信到苏州,催促王三小姐赶快准备钱款到上海。周福每次赴金妹家,除了听到金妹的一番甜言蜜语之外,还会受到金妹的酒菜招待,有时候还趁机在她身上抚摸一番,使周福感到这是一种高档的精神与物质享受。

12月23日,王三小姐自苏抵沪,与金妹一起到蓬莱路第二分监与看守周福见面。周福把她俩带到账簿店面见老板朱景云,交上大洋560元,朱老板当场书写收条。并说,如果事情没有办成,赵安宁不能放出,560元退回。那天朱老板实际收到540元,还有20元被周福侵吞。12月26日当天,朱老板就来到审判厅,把540元当场转交给程冠吾,并告诉其中20元已被周福半途索取,朱就回店料理商务。程冠吾收到钱款后,私自以地方厅的名义向第二分监签发一份公函,因办案需要,提押犯人赵安宁到地方厅审理,并盖上印章。随即吩咐自己的小兄弟、法警王振元去监狱提押赵安宁,特地交代清楚赵犯提押出狱后,当即释放,半途有人接应。王法警明知该事严重违法,但他还是按照程冠吾的要求办,凭公函到第二分监,很顺利地把赵安宁带出监狱。王振元打开手铐让赵安宁恢复自由,并告诉他去蓬莱路某处有人等候。

赵安宁离监回家安稳了一段时光。1920年4月下旬的一天,有人前来找他,并送上一封监狱看守周福的信件。赵安宁打开信件不由心惊肉跳,原来去年(1919年)他出狱,是法庭书记官从中作弊,私放犯人,现在案发捕拿,要他暂时躲避。赵安宁稍作准备,立刻离开上海,来到他的姘妇苏州王三小姐家中躲避风头。但是好景不长,5月30日,赵安宁被上海地方检察厅法警缉获归案,再次关押狱中,与赵安宁曾一起关押在第二分监的任生泉、唐生连等11名同案犯都移押漕河泾监狱。在这个案件中,具体涉及看守周福、审判厅法警王振元、朱云记账簿店老板朱景云和上海审判庭书记官陈冠吾,其中程冠吾是一个关键人物。①

二、私放犯人刘刁根

私运大宗烟土犯刘刁根,经上海地方审判厅审理判决,送押江苏第二分监执行。刘犯家属经行贿,刘刁根于1920年1月24日从监狱提押外出,半路上被法警私自释放。此事经前审判庭法警毛子坤举报,上级查问案发后,程冠吾弃职脱逃。审判厅首先通过监狱留存的档案,查到当天提押刘刁根的法警丁进;丁进供认,那天在途中由其奉命释放刘刁根的经过。经审讯,法庭对丁进以私放犯人的罪名,判处有期徒刑3年。但是丁进不服,认为自己是执行上级部门书记官程冠吾的指令去执行公务,怎么是私放犯人?自己蒙冤,受到法律惩处,所以上诉江苏省高等审判厅,后被驳回。丁进仍然不服,又继续上诉北京大理院,请求明断是非,还自己一个清白。但是此事还没有结束,后来又牵涉到上海地方检察厅法警毛子坤、审判厅承办官王兰生等人。为此,毛、王两人被拘捕在案,监狱私放犯人刘刁根的黑幕被徐徐拉开。

原来家境条件优渥的刘刁根被拘捕入狱后,其家属对监狱管理人员发话,谁能把刘刁根提前放出监狱,我愿意重金酬谢。在金钱的诱惑下,地检厅法警毛子坤闻讯,心有所动,放在嘴边的肥肉怎肯丢弃。为此他第一个内外运作,拟请法官将刘刁根更换刑种,将有期徒刑改判罚金,赎罪后放出监狱,但是经过多日不见眉目。毛子坤没有办成此事,刘刁根的家属就另托毛子坤的邻居、审判厅承办官王兰生帮忙。王兰生,镇江人,时年37岁,也是一个贪赃枉法之徒。家有一妻一妾,在上海分别有两个住处。有一年王兰生拿出大洋1 000元,迎娶妓女诨名"花国护花使"为小妾。

王兰生受到刘刁根家属的请托后,即转请审判厅书记官程冠吾办理。程冠吾闻悉马上允诺,他对这类营私舞弊之事可谓驾轻就熟,明码开出具体条件,由于刘刑期较长,家属应交付酬劳、缮写等费用,共计大洋1 600元。刘刁根家属闻讯后,并与王兰生约定时间,来到某茶馆的雅座,在王兰生等人见证下,立即把1 600元如数送交程冠吾,并写下收条。程冠吾、王兰生也对刘犯家属信誓旦旦,保证近几天刘刁根出狱,决不食言。事后程冠吾、王兰生将此钱款全部吞没,其

---

① 《梅检察长赴苏缉拿程冠吾》,《申报》1920年8月16日。

中程拿了大份,王得到小份。届时程冠吾回到办公处伪造一份提票,法庭提审刘刁根出庭,让其出狱上堂为他案作证,并盖上鲜红的大印,一场肮脏的交易就此完成。王兰生竭力推荐家在苏州的法警丁进前往,程冠吾表示同意。就吩咐法警丁进执行,并讲明具体的要求。丁进按照程冠吾的指令,非常顺利地把犯人刘刁根从监狱提出,走在半途中,予以释放,让其自行回家,时间定格在1920年1月24日下午。做贼心虚的程冠吾,知道地检厅的一个叫毛子坤的人,不久前也曾动过脑筋,想从刘刁根出狱问题获取好处,后来因故未成,现在刘刁根已经出狱,为了堵住毛子坤的口,也给他一点好处。

毛子坤,安徽人,是年43岁,住利涉桥崇义坊,1914年到上海检察厅当法警,后在检察厅内部人事争斗倾轧中受挫而闲赋在家。毛子坤与王兰生为邻居。有一天,毛子坤在大马路一乐天茶馆喝茶,听到旁人说起案犯刘刁根经人运作被释放。毛感到问题重大,当晚毛子坤就向某官员写匿名信反映该情况,请其彻查。次日,毛因为其女儿与其女婿的家事上法庭,遇见审判厅的法警丁进,丁进与毛子坤偶然间谈起刘刁根出狱之事。不久,丁进、王兰生等来到毛子坤家,王兰生告诉毛子坤,刘刁根非法出狱之事由其朋友所办,在外面不要多讲,外面传扬后对大家都不好。王兰生又以关心的口吻问起毛子坤的生活情况。

某天,一法警邀请审判厅司法警长梅南枝和毛子坤到他家喝酒。闲谈中,梅警长告诉毛子坤,最近厅中发生通过贿赂使监犯刘刁根出狱案,书记官程冠吾畏罪出逃,你可知道程逃到什么地方去了。如果知道报告拿获,我可以在厅长前面报功,恢复你原来法警的职务。1月27日上午,王兰生约毛子坤与他同去已离职的原李法警家中。王兰生等把交通银行的20张5元钞票,共100元送给毛子坤。毛子坤没有推托,当场收下。三个人又天南地北寒暄一番离别后,毛子坤立即到梅警长家中把这100元交出,并请求报告厅长以此为证据进行检举。晚上,梅警长叫毛子坤前去,说钞票人人都有,不能作为凭证,就将钞票还给毛子坤。正当毛子坤回到家里准备睡觉的时候,忽然有人敲门,毛子坤开门看到一人,并不认识。他自称姓陈,奉厅长之命前来告诉毛子坤,不必多事,以免自讨苦吃;如果你定要告发,厅长自有对付的手段。你如果恳息事宁人,厅长可以提拔你,恢复你原来的职务,请你要三思。该人说完话就回去了。于是毛子坤经过思考感到自知力量不足,不要鸡蛋撞石头,何必多事。几天以后,毛子坤就把100元交还给王兰生,分文不敢受领。

几天后,审判庭内外勾结私放刘刁根一案爆发,此案顺藤摸瓜,首先牵涉到提押并私自释放犯人的法警丁进。随着案情的发展,王兰生、毛子坤也被关押。丁关押判刑后,家在苏州司前街采莲巷丁进之妻焦氏认为,自己的丈夫丁进被捕都是王兰生所害。其间经中介人说好,今后如果丁进被捕一月,由王兰生补贴丁进的妻子家用20元,直至丁进释放为止。后来王兰生均于兑现,每月给焦氏寄送20元生活费。开始丁进家里焦氏平安无事。后来由于王兰生与毛子坤被捕,致使焦氏家里无法生活。上海检察厅根据丁进之妻焦氏的供述,询问王兰生有否每月给焦氏20元之事,但王始终否认。为此检察厅派员赴苏州调查。他们在苏州邮局查到8月26日由上海梦花街30号王善臣寄出单挂号信一封,并大洋20元。送苏州司前街采莲巷14号丁克香收,27日丁克香领取大洋20元。另查得王善臣即王兰生,丁克香即丁进。在事实面前,王兰生无法抵赖。

上海地方审判厅书记官程冠吾得贿私放犯人刘刁根、赵阿根,其实审判庭已经风闻,但审判厅长梅贻谷,该处理却不处理,其中恐有别情。后知情者状告江苏省公署,引起上级部门重视,司法部获悉后,委派福建省高等检察厅刘厅长抵沪调查。经新任上海检察厅厅长谭辛震处理。1920年7月江苏省高等审判厅派员调查贿纵监犯案。经查上海地方分监犯人刘刁根、赵安宁被人私自释放,营私舞弊。该事后有对涉及该案的法警王振元、李文耀、邢伯生,上海地方分监看守周福,利涉桥账簿店店主朱景云等。

程冠吾弃职私逃,屡拿未获,上海地方审判厅已经革去程冠吾书记官一职。司法人员受贿私放赵安宁、刘刁根案,发生在上海地方审判厅两任审判厅长的任职期间,他们都负有不可推卸的责任。1920年8月17日,上海地方审判厅经过再次开庭审判,对朱景云、周福、王振元犯有共同欺诈取财、伪造公文罪,各判处有期徒刑4年,褫夺公权终身,关押漕河泾监狱服刑。同年11月23日,他们三人经上诉被江苏高等审判厅改判为有期徒刑3年。但是朱景云仍然不服,认为自己是一普通商人,在私放赵安宁、刘刁根的案子上,没有获得任何好处,只是为朋友帮忙,给人提供一些方便,朱云记账簿店无非是一中介机构,自己起到联络作用,虽然有错,但是没有参与犯罪。朱景云上诉三审终结仍被驳回。由于他情绪苦闷,加上狱中生活条件不佳,他染病后医治无效于1922年9月29日早晨倒毙漕河泾监狱。①

上海地方审判厅书记官程冠吾弃职脱逃后,上海地方审判厅长梅贻谷限令司法警长梅南枝严加缉拿。因梅没有在限定的时间内完成任务,被交保停止职务,但仍然责成他继续追捕,由于半年后仍无动静,审判厅厅长认为梅南枝办事不力,1920年11月决定对梅革职,让梅当了替罪羊,对追捕查究弃职潜逃的书记官程冠吾一案就此终结。另任命杨德山为上海地方审判厅司法警长,11月14日到岗。②此外,上海地方检察厅屡次发现江苏第二分监分监长李绍颜平日对于

---

① 《朱景云瘐毙》,《申报》1922年9月30日。
② 《新委司法警长到差》,《申报》1920年11月15日。

检察厅提取人犯之押签，不加考察，以致多次发生私纵监犯案件，负有失察之咎，即予解职。后由江苏高等检察厅委任前上海地方审判厅推事吴伯寅为江苏第二分监分监长。

　　民国时期，尽管国家也颁布了宪法及其他基本法律，但是其制定程序和实施状况却与其宗旨大相径庭。监狱是司法系统执法的最后一个关口，但是司法部门、公职人员肆无忌惮地践踏法律制度、营私舞弊，为虎作伥的行为比比皆是，江苏第二分监私放犯人就是一个典型的例证。也许还有不少案件没有被揭露，湮没在历史的浪潮中。

犯人殴辱看守

民国时期的监狱主要分为两类：一是新监，一般设在省会或通商要埠，监管设施较好，规模较大；二是旧监，大多系清代衙门遗留下来的旧屋，监管设施较陈旧，规模较小。1926年全国有新监63所，截至1947年6月，全国2 000多座监狱中，新监仅121所，其余均为旧监。民国时期监狱的管理人员俗称狱吏、狱卒，总体素质不高，有的营私舞弊、克扣囚粮，有的打骂虐待囚犯，也有与在押犯人相互勾结从中渔利。有时候在押犯人因为某些原因，也会借机殴打或羞辱看守，这在上海多座监狱发生过数起。

一、为报复泄恨 故戳伤看守

盗匪王金标，江苏通州人，1938年5月在上海公共租界因抢劫案被捕，解送第一特区法院审讯，经查证据确凿，犯罪事实清楚，案犯供认不讳，被判处有期徒刑8年，解送提篮桥监狱服刑。后来王金标又主动坦白交代，供出1935年在法租界犯两次盗窃案，监狱就通知法租界捕房将王金标提押回法租界，由设于法租界内的上海第二特区法院审理。法庭认为王金标在同一时期内犯盗窃罪，后面新发现的两起案件，金额不大，既然经过第一特区法院判决生效，而且又系王金标主动坦白，故免于起诉，暂押第二特区看守所，待适当的时候送还提篮桥监狱执行。

王金标原在提篮桥监狱服刑，感到管理严格，处处限制犯人的活动，痛苦难堪。他为了达到去法租界第二特区监狱的目的，就主动坦白了自己在法租界犯案，希望经法院判决后两罪合并，可以解送第二特区监狱执行。因为他听坐牢的"老官司"讲起，法租界的第二特区监狱比公共租界的提篮桥监狱管理宽松，为此他使出了这一"计谋"。但是出乎意外，法庭免于起诉，自己一番折腾后仍须送回原来在押的提篮桥。王金标为了达到不去提篮桥的目标，竟然异想天开，不计后果，7月24日早晨6点3刻，用事先早已准备的一把尖刀，他乘主任看守赵西山在开封查看号舍的时候，猛戳赵的面部头颈等处7下。后经另两名看守查见，将王金标擒住夺下刀具，送往法捕房请予侦查；第二特区看守所立即将受伤的看守主任赵酉山送到广慈医院医治。

1938年7月26日,法租界捕房将王金标解送第二特区法院刑8庭审理,由邱焕瀛推事主审,首先由法租界警务处律师陈述案情,依伤害公务员罪对王金标起诉。被害人第二特区监狱主任看守赵酉山也到庭叙述当案发生情况:"看守所羁押已决犯与未决犯,深恐犯人彼此通话,所以有木板隔开。前天(7月24日)早晨由我值班,早晨6点3刻时王金标出号舍赴工场劳作时,乘我不备用刀刺伤我的面头等处,请求法庭重办。"案犯王金标供:收押在4楼的盗窃犯某甲,托主任看守赵酉山转交我法币10元,但是经赵看守转手,他只给了我3元,却被他侵吞了7元。所以我怀愤行凶,伺机报复。法庭又问:你所用凶刀从何得来?王犯答:我在参与修理浴室时拾到的铁皮,磨成刀片后才报复泄恨。我实在是一时之愤,请求法庭宽恕。邱焕瀛推事听毕双方的言辞,了解了事情的来龙去脉,拟作进一步调查,宣布休庭,改为后天(28日)再次审讯,被告王金标还押,被害人赵酉山投法医处验伤候核。[①]王金标最后以伤害公务员罪,被加判有期徒刑1年,收押于第二特区监狱服刑。

二、粪便作武器,看守遭侵害

粪便大多用于庄稼施肥。但是,在旧监狱粪便竟成为犯人手中的武器。

1920年3月25日下午,江苏第二分监二课课长朱某入监舍内点名,被犯人围住,犯人取一大便桶直套在朱某的头上,粪便淋漓,朱某极其气愤,立刻报告分监长予以制止,并报告县署转电淞沪警察厅请派30余人到监狱予以处理。[②]

被上海第二特区地方法院判处死刑、关押在看守所的绑票犯郑棠生(本地人)因不服原审判决,呈请江苏省政府核准该案审理终结,1935年4月12日裁定维持原判。该犯仍羁押于看守所内,听候呈报省政府核准执行。4月17日上午8时,郑犯家属来到看守所要求接见送物。看守所的管理人员以郑棠生违反监规纪律予以拒绝。郑棠生获知后,大吵大闹,一时间相邻监号内的其他犯人也群起附和,高声鼓噪,并用拳头敲击监房板壁,声震四起。当由该所副主任蔡沁泉偕同看守等入内制止,多名犯人不但不听从管理,反而进一步反抗,其中以被判死刑的杀人犯李国成为首,他当时正向最高法院三审上诉中,便唆使各犯将监房内的粪污,抛掷在蔡主任看守等身上。监狱即召警卫入内,始得禁止,平息风潮。上海第二特区监狱典狱长兼看守所所长孙雄命下属将肇事各犯人,提出加

[①]《强盗选择监狱 故意戳伤看守 凶器系铅皮磨成尖刀》,《文汇报》1938年7月26日。
[②]《第二分监亦起冲突》,《时报》1920年3月26日。

镣，另室收禁，听候究办。

三、犯人给监狱课员吞粪便

1948年3月1日，提篮桥监狱发生了一起在押犯人殴辱狱中科室职员的事情。在押犯杨宝荣、徐建生、林明新3人因为妨害公务及伤害两罪送上海地方法院审判后解送提篮桥监狱服刑，他们被安排在工场劳作。提篮桥监狱课员王炘于当日抵达孝监（今2号监）之际，正好有犯人正排队准备前往狱中监狱医院诊治，队伍中有1058号杨宝荣见王炘课员到孝监，前因违反监规处罚停工，就询问王课员，什么时候我们犯人可以恢复"长工"，即恢复劳作。态度傲慢戴着眼镜的王炘，扫视一下杨宝荣等犯人，没有理睬他们，也不回话，只顾自己朝前走去。而等候在旁、又准备去医院就诊的杨宝荣等犯人，本来身体不好，情绪烦恼，感到王课员架子太大，你起码应该回答一下我们的问话，或者说不清楚，或者让我了解一下，不应该置之不理。因此杨宝荣怒气冲冲，即将身旁预藏的粪便向课员王炘抛去，同时652号徐建生、3478号犯人林明新等囚犯也一拥而上，将王按倒在地，用粪便向王炘脸上涂抹，甚至企图把粪便强行喂入王的嘴里，同时对王拳脚交加，致使王炘眼镜破碎，眼鼻充血、脚部受伤。此时此刻幸被看守宋明鉴、2485号犯人刘裕哉奋力解救，同时警卫班看守闻声赶来始解围。王炘随即洗去脸上粪便，换了衣服，经浴室一番洗涤后，去至监狱医院验伤，填明伤单报告孔祥霖典狱长。

提篮桥监狱以该杨宝荣等3犯妨害公务及伤害罪，3月8日发函上海地方法院地检察处依法侦查。经查该杨、徐两犯均系盗匪犯，杨宝荣原被上海地方法院判刑10年，1945年9月7日关押提篮桥监狱，大赦后减为5年；徐建生原由警备司令部判刑8年，1946年12月24日送押提篮桥，大赦后减为4年；林明新经上海高等法院判刑7年6个月。这3个犯人均在狱中闹事，曾隔离监禁，1948年1月30日刚刚才免除隔离。①3月8日，典狱长孔祥霖下令把这三个犯人解送地方法院检察处查办。

四、犯人殴打看守长

在押提篮桥监狱的施瑞庆、蔡文锦、张异新、杨关寿、周发根5人，因犯有盗匪或杀人等罪，由上海警备司令部移押入监。他们看到狱中在押病监的犯人与

---

① 《监狱三囚犯大粪打课员　已送地检处讯查》，《大公报》1948年3月9日。

汉奸犯的狱中生活待遇不同,狱方对一些汪伪大汉奸生活特别照顾,每人住一间牢房,平时监舍敞开,甚至允许他们的家属每周两次送物到监狱,吃用物品应有尽有,而普通犯人根本享受不到。同样是犯人一样坐牢吃官司,为何却有天壤之别？1947年3月23日下午,施瑞庆、蔡文锦等5人,又聚众病监人犯约三四十人,质问本监楼的看守长戴毅,强烈要求改善待遇。但是戴看守长态度生硬,推托这是典狱长的安排,自己也是一般的管理人员,一切听命典狱长的指令,无权决定及擅自更改大家的生活待遇。施瑞庆等人怒气冲冲,认为看守长当官不理监情犯情,推卸责任,大家气势汹汹挥起拳头朝将看守长身上、头上打去,并致其右颊打伤。事发后监狱当局组织看守迅速拉开犯群,典狱长一面安抚戴看守长,一面对行凶殴打看守长的几名犯人一顿臭骂,并依妨害公务罪移送上海地方法院讯办。看守长戴毅被犯人殴打辱骂,感到自己有失身份,不但被狱中的看守看不起,而且在犯人中也传为笑谈。监狱为了维护看守权利,也要求法院从严处置。5月23日,上海地方法院由汪家焯推事审讯。施瑞庆、蔡文锦等犯人在法庭上拼命抵赖,均不承认行凶,仅称他们向戴看守长要求改善待遇;戴毅到庭历述被打情形。至此,庭谕本案定6月4日宣布。[1]

---

[1] 《五囚犯为争待遇　打伤看守长候判》,《申报》1947年5月24日。

新监过往·革故鼎新

上海市人民法院监狱首批施行的规章制度

1949年5月27日上海解放。次日,上海市军管会政务接管委员会法院接收处接管司法行政部直辖上海监狱(即提篮桥监狱)和第一分监(女监),对原押狱中的50名革命人士进行慰问,并在29日、31日分别召开"慰问与欢送大会",欢送他们出狱。6月初,法院接收处监狱首次收押犯人,并向犯人公开伙食账目。对旧监狱机构和人员进行初步整顿和清理,被接收的610名职员看守(内有23名中共地下党员),经清理,遣散174人,开除和法办14人;另有辞职、请长假离去145人,自行脱离8人,留用200多人;新吸收录用来自解放区115名,新参加工作108名,由思南路看守所调入37名。到1949年底监狱实有管理人员547名,其中女性54名;中共党员72名、共青团员42名。

9月25日,上海市人民法院监狱正式成立。上海市人民法院副院长韩述之致词,主要讲了三个要点:(1)监狱的成立意味着反动的旧监狱的结束与为人民服务的新监狱的开始。今天我们把这一个屠杀人民的工具拿到人民自己手里来了,是有非常的意义。(2)监狱在新社会中仍然需要,不过对反动派是镇压,叫他们在人民面前服服帖帖,而对破坏社会秩序的人民内部分子则是谆谆善诱,所以在本质上不同的。(3)旧监狱是染缸,新监狱则是改造灵魂、身体的漂白厂,是工厂和学校。[①]

为加强监狱管理,建章立制,在吸收东北哈尔滨监狱等老解放区监狱规章制度的基础上,上海人民法院监狱于1949年底,制定并公布了《上海市人民法院监狱工作规程》《上海市人民法院监狱看守员、警卫队员工作规则》《上海市人民法院在监犯人应守规则》,这是解放后上海监狱系统首批制定颁行的规范性文件,明确了监狱管理的指导思想、工作方针,规范了具体措施,极有针对性和操作性。

《上海市人民法院监狱工作规程》,下设总则、组织及职掌、狱务会议、收监、监禁、戒护、教育、劳动和劳动管理、赏罚、供给、卫生及医疗、参观接见及书信、保管、死亡、释放、附则共16章,116条。涵盖了监狱管理中的方方面面,内容非常详细。《上海市人民法院监狱看守员、警卫队员工作规则》,下设总则、纪律、制

---

① 《本市人民法院监狱昨开成立大会》,《解放日报》1949年9月26日。

度、勤务、附则五章,其中第4章勤务为重点,章下还具体列出门卫、巡查、检查、监房、工场、炊场、运动沐浴及理发、接见及送入物品、外役、杂勤共11节。《上海市人民法院监狱在监犯人应守规则》,计14条。

在《上海市人民法院监狱工作规程》(简称《工作规程》)的总则,明确提出"监狱以改造人犯为目的,坚决实施改造教育方针"。监狱以改造犯人为目的。应反对恐怖与报复主义,对犯人坚决实施改造教育方针。其任务主要列出三项:管押犯人,确保犯人在服刑期间不致逃脱法外、不再危害或威胁人民;组织生产,从劳动中改造犯人,以求经费自给自足,减轻人民负担,增加人民财富,发展国家经济;教育犯人,使其认识和纠正错误思想及恶习,改过迁善,重做好人。要求监狱管理人员,应本着为人民服务的精神,把犯人看好、教好,其工作作风和态度应是耐心说服教育,积极争取和改造犯人,反对打骂、虐待及一切侮辱犯人的观点和行为;廉洁奉公,不拿犯人和犯人家属的一针一线,不与犯人发生买卖行为,不私自劳役犯人;提高警惕,反对麻木不仁,对犯人应有敌情观念。

《工作规程》明确教育为监狱主要任务,通过劳动,改造思想,为教育基本方针。教育内容包括:劳动教育:改造社会败类分子,培养其生产技能、劳动习惯,并树立正确的劳动态度,使其入社会后成为劳动生产的公民。思想教育:根据犯罪特点进行不同的思想教育,务使一切入监犯人认识错误,敢于正视错误,勇于纠正错误,改过迁善,重做好人。政治教育:提高犯人对时事和新社会以及人民政府的政策法令之认识。业务教育:经常总结和交流各项生产业务的经验与知识,并以互相学习、带徒弟或短期训练等方式来教育和提高犯人生产技能。文化教育:组织犯人进行文化学习及互助提高其文化水准,尤其对文盲及少年犯,应有计划地进行一定的文化教育。教育方式具体有:采用上课、检讨会、轮训、反省、广播、讲演、文化娱乐活动等方式进行人犯思想教育及政治教育,邀请有学识、德望之人演讲报告或广播;利用报纸、收音机、广播器按时收听时事新闻进行教育。鼓励为主,处罚为辅,发扬好的,批评坏的,教育全体。实行鼓励多于批评,但对怙恶不改者,于尽力说服,教育无效,并俟其在一般人犯思想中被孤立以后,必须坚决处罚,对在监进行破坏涉及刑事者,并提送法院治罪。

对监狱的组织机构及运行作出规范管理。监狱设正、副典狱长。监狱内设秘书、人事、总务、财务、管教、生产六科,及女监、医院各一所;各科设科长,女监设监长,医院设院长,在正副典狱长及狱务会议领导下,分掌各科或女监、医院工作,并依各科、女监、医院工作性质及需要配置秘书、科员、办事员,医师、护士及其他技术人员,警卫、看守等若干人,并得分设办事。并具体规定了秘书、人事、总务、财务、管教、生产六科,及女监、医院掌管的工作及职责。除了分工负责外,监狱还规定每两周定期召开一次狱务会议,每周召开一次科务会议,并做好会议记录。对监狱管理人员奖励和惩罚相结合。奖励具体分为 6 项：表扬(大会表扬与书面表扬)、记功、记大功、加薪(临时加薪与加底薪)、升级；惩罚具体分为 7 项：批评(个别、大会与书面批评)、记过、记大过、禁闭、减薪(临时减薪与减底薪)、降级、开除。

解放初期,监狱对在押犯人在服刑期间有明确要求：必须遵守规则,服从管理,不准乱说乱动；监房中应保持静肃,除反省讨论外,不得互相交谈。静坐时间,不得随意起立；除指定写自白书、检举表外,不得书写涂抹；严禁谈论案情,串通口供,或与隔室犯人暗通声气,传递纸条,向室外窥望等图谋不轨行为；监房中不得拉拢私人感情、称兄道弟、朋比为奸、相互包庇、交换住址,意图伺机传递消息情事。案犯经提审或提讯回监房后,其他人犯不得询谈提审提讯情况及妄加推测,造谣生事；反省讨论或集中做身体活动时,动作要迅速,态度要静肃,不得避出管理人员视线；在多数案犯同行时,须列队行走,严禁争先恐后,或随便漫谈散漫行为等；带入或送入之金钱及有价值物品须交出保管,严禁私自藏匿。凡隐藏利器、纸烟、火柴等违禁物品者,一经查出,概予没收缴公,并予一定处分；公物衣类、器具须加爱护,门、窗、墙壁、地板严禁涂污或损坏,并须经常保持清洁,注意卫生；早起衣被折叠整齐,不得将衣物挂至铁门或墙壁上,室内不得洗刷衣物,不得将什物垃圾抛掷地面；严守起息时间,开封、收封时,必须静肃端坐,不准昼眠,入晚即睡,睡时交叉而卧,不得并头,不得借故不睡。遇有疾病,或其他必要之请求时,得向管理人员报告,不许隐瞒,无病不许伪装,或借病故意叫嚷；遇管理人员或训导人员询问时,须据实详答,不得虚伪隐瞒,更不得强调理由,态度不正；等等。

对在押犯人也实施宽严相济的政策,对违纪违法者采取的措施有：警告、记过、惩罚、呈报政府加刑。对于报告同监房或同案各犯之犯罪、犯规事实者；对遵守监规,并确有真诚悔过、立功赎罪之表现或在服役中表现积极者,其奖赏办法有：奖励、记功、呈报政府减刑、呈报政府假释等。

上海解放初期,百业待兴,形势复杂严峻。随着旧政权的灭亡和新政府的建立,以及镇压反革命运动的开展,监狱押犯数大增,1950—1953 年全年新收犯人,分别为 29 284 人、39 099 人、11 840 人、23 022 人。[1]上海解放初期首批施行的规章制度,也为监狱干警在面临严峻复杂的工作中,起到规范和指导作用。以后随着工作的发展,收押对象的变化,工作要求的提升,上海监狱系统也不断总结、修订及新制定一些规章制度。70 多年来广大监狱干警严守法纪,牢记工作使命,为打击犯罪,维护国家的长治久安,保障人民安居乐业,服务社会的发展,作出了贡献。

---

[1] 麦林华主编：《上海监狱志》,上海社会科学院出版社 2003 年版,第 175 页。

上海市人民法院监狱干警的徽章及胸卡

上海市人民法院监狱即上海的提篮桥监狱，挂牌成立于1949年9月25日。当年底有管理人员600多人，在押犯人6232人（其中未决犯4588人、已决犯1644人）。1950年7月1日，中国共产党上海市人民法院支部和中共党员名单公开，亚丁任支部书记，支部下辖13个党小组，党员86名（其中候补党员10名）。

人民法院监狱成立不久，监狱的工作人员每人都发有一枚红底白字的徽章，直径2.5厘米，徽章上的"上海市、人民法院、监"，这8个字分成三行排列。徽章的背面，别针的上下分别刻有两行字，上面统一为阿拉伯数字：1949.6，下面分别为该徽章的编号，如021、046、624、668等。该徽章发放及使用者均需要实名登记，不能遗失，须妥善保管。上海市人民法院监狱的工作人员除了徽章以外，还发有胸卡。该胸卡系长方形，长8.5厘米、宽5.5厘米，系为白底黑字，四周有4毫米宽的红色边框，"上海市人民法院监狱"，这9个字分两行，从右到左排列。与目前的从左到右的阅读书写顺序不同；该胸卡的背后为分列4行5个空格，分

监狱干警胸卡　　　　　　　上海市人民法院监狱管理人员胸章

别印有职别、姓名、性别、编号、年月日,并加盖方形的公章。根据当时监狱工作人员分工的区别,除了"上海市人民法院监狱"的胸卡外,还有看守员、工务员的胸卡。该两种胸卡与"上海市人民法院监狱"的胸卡大小、样式相同,而红框内的布局有区别,左边有一道黑线,把胸卡分成左右两栏,左边为空白处用毛笔写有使用者的姓名;右面分上下两行,居中一颗红五星,上面为:上海市人民法院监狱,下面为"看守员"或"工务员"。

1951年4月,根据中央司法部、公安部关于监狱、看守所由公安机关管理的指示,市人民政府指令上海市人民法院监狱移交市公安局领导,成立由杨光池、韩述之、谢家有、王征明、侯季五、迟自修、武仲奇、杜蔚然、刘大庸9人组成的监狱移交委员会,即日起开始正式移交。5月16日,监狱正式划归市公安局领导,移交时,干警职工共计718名(内中共党员114名、团员80名),犯人若干人(其中未决犯占有相当比例)。7月25日,上海市人民法院监狱改称"上海监狱";8月25日,根据华东公安部指示,上海监狱改名为上海市监狱;1995年6月,上海市监狱更名为上海市提篮桥监狱。

如今,于1949年9月—1951年5月,上海市人民法院干警使用的监狱徽章、各类胸卡已经成为珍贵的历史文物,成为上海法院博物馆、公安博物馆、监狱陈列馆、司法陈列室的展品。通过这些徽章、胸卡也见证及反映了人民法院监狱、提篮桥监狱这段难忘的工作历程。

反腐倡廉永远在路上
——解放初期上海监狱从严治警实例

1949年5月27日上海解放。次日,上海市军管委派员接管旧提篮桥监狱;9月25日,上海市人民法院监狱正式挂牌成立。当时管理人员构成比较复杂,其中既有中共监狱地下党成员及来自解放区的干警,也有相当多的旧监狱的留用人员,各自的社会经历不一样,而且管理人员中还存在供给制和薪给制两种标准。因此,抓好监狱管理人员的思想政治教育,是一项重要任务,对管理人员中发生各类问题予以从严处理,而且都把处理结果,连名带姓,公开登报。当时监狱管理人员中的违法乱纪主要表现为以下几种情况。

一、"跑条子"非法获利

所谓"跑条子",就是在押犯人写了纸条委托看守人员到其家里通风报信,为他们带进物品、食品到狱内;看守则从中索取财物,获取好处。"跑条子"是旧监狱管理中长期存在又难以根治的顽症。"跑条子"的叫法主要通行于民国和解放初期;在租界时期提篮桥还有个"切口",叫"跑大黄",因为那时犯人身边没有纸张,他们只能写在大便用黄草纸上。在旧监狱的各种制度中也是明令禁止"跑条子"的,如果发现,看守轻则训诫,重则开除。但是丰厚的好处,往往让人铤而走险,难以根除,对监狱管理具有很大的危害性。

上海解放以后,人民法院监狱狠刹"跑条子",态度坚决,声势浩大,措施得当,使"跑条子"的情况明显减少。但是,个别旧监狱留用人员仍然以"老官司"自居,错误地认为"跑条子"是监狱管理的"潜规则",根深蒂固,犹如人体上的"牛皮癣"难以根除,有人依然顶风作案。例如,看守翁锦涛曾替汉奸犯盛幼盦跑条子6次,并把公家发下的皮鞋当了抽大烟;监狱第45号看守员丛树明1950年10月陆续以5包大英牌香烟向236号人犯换取一件K字衬衫,和2块固本肥皂、美丽牌香皂,又以14包大英牌香烟、8包双斧牌香烟,陆续向581号犯人换取卫生裤、黄卡其裤各一条,花呢短衫裤、丝绸短衫裤各一套;丛树明又于11月3日替犯人送信,取得车费旧币1万元(相当于新币1元。下同),替犯人取衣服,所得车费 5 000 元。案发后,监狱领导对违法乱纪者开除公职,并对屡教不改、情节恶劣构成犯罪的丛树明、翁锦涛、袁某、郭某 4 名看守,宣布逮捕法办,并在报纸上公开曝光。

监狱看守长李仁才,主管炊场大炉间,一贯营私舞弊,经常给犯人购买违禁物品,并大胆私开犯人做工,从中取利,并与潘某沟通贪污煤炭,经常懈怠职守,不按时工作,致犯人于某在做工时乘机用布堵塞大炉水管,阴谋破坏,幸被发觉未遭爆炸。监狱领导对其经过一周的谈话教育,并召开了监狱全体工作人员大会,在公众揭发指责之下,李仁才方肯坦白认错,后给予革职处分,并在当时的媒体上公开指名道姓地报道了该情况,让社会公众监督监狱的执法活动。①

监狱管理人员丁声先后收受犯人钱财,两次分别为 15 万元、5 万元;管理人员徐庚南先后取用犯人一条西装裤、一件马甲及人民币 9 万元。监狱行政当局于 1950 年 4 月除了将他们革职处分外,并把他们移送人民法院处理。鉴于丁声、徐庚南坦白承认所犯罪行,并表示悔过,人民法院对他们从轻处罚,各处以有期徒刑 2 个月,缓刑 1 年。②

二、变造法律文书处徒刑

徐超凡系上海市人民法院监狱秘书,解放前曾当过国民政府军队中的军官,1947 年被人民解放军俘获,后参加华东军官团学习,虽然他参加新中国的工作,但是还没有根除旧社会带来的坏习气。特别来到上海后,看到色彩缤纷、五光十色的南京路更让他心猿意马,一心追求都市繁华、物质享受。每星期总要到他经商的表兄王秉钧家中吃饭饮酒。看到表兄家装饰豪华、菜肴丰盛,感到自己参加革命工作后,工资待遇不高,显得十分寒酸。同时,徐超凡在酒席上认识了上海江湖朋友刘永新。

刘永新知道徐超凡、王秉钧是姨表兄弟,两人关系密切,经常一起吃喝玩乐。于是刘永新就在外面招摇,说自己神通广大,认识司法系统的某某大领导。1950 年 3 月间,刘永新得知其友何启威贩毒判刑 3 年,关押在提篮桥监狱,还听说狱中大批犯人将移押苏北改造,何某也名列其中。因为解放初期苏北在上海人的心目中属于比较荒凉之地,何启威的亲属非常害怕他去苏北,希望他留在上海服刑。于是,刘告诉何的结拜姊姊罗某,说此事可托监狱徐秘书设法不送苏北,并

---

① 《人民法院剔除坏分子 监狱看守长李仁才等被革职》,《新闻日报》1949 年 9 月 7 日。
② 《两管理人员渎职贪污,监狱予以革职处分,人民法院复处以徒刑二月》,《新民晚报》1950 年 5 月 6 日。

说托人办事当然需要打点一下,给人一些好处费。便以此为名,刘永新狮子大开口,向家庭富裕的罗某需索 20 两黄金。罗某听到信以为真,但她也留个心眼,怀疑刘永新能否真能办妥,于是就先将何启威家中留存的 5 两黄金交送,其余的 15 两黄金,等待何启威 3 年刑满释放出狱后再付交。这样一场交易就此完成。

刘永新收到罗某的 5 两黄金后,即向王秉钧商恳,王通过电话请托在提篮桥工作的徐超凡设法解决何启威不去苏北农场之事。徐即向监狱名籍股调阅何启威的改造卷宗,变造法律文书,将原定何启威调押遣送苏北大丰的名单截留下来,仍关押提篮桥监狱服刑,何启威的家属也能够按规定的日子去探望,与服刑中的丈夫见面。后来刘永新因另外的案件被公安机关被捕入狱,但是刘永新的妻子李某明知其丈夫替人帮忙,获取不义之财,仍然向罗某继续拿取黄金,但被罗拒绝。嗣后据市民反映举报,人民法院对此事进行彻查,最后牵出监狱秘书徐超凡。

作为国家工作人员、人民法院监狱秘书徐超凡,渎职变造文书。刘永新等诈欺行贿一案,人民法院接案后从严处理,于 1950 年 7 月 17 日宣判如下:徐超凡利用职权变造职务上掌管之文书,徇私渎职处有期徒刑 6 个月;王秉钧徇私请托使公务员为违背其职务之行为处有期徒刑 3 个月;刘永新招摇撞骗,诈取财物,及意图行贿未遂处有期徒刑一年;李某帮助诈取财物未遂,罗某意图行贿未遂均予训诫,行贿财物黄金 5 两,向刘永新追缴没收。①

三、管教队书记员渎职被判刑

人民法院监狱书记员李荷生,30 岁,高中毕业,苏北人,家住杨树浦路英伦纱厂工房。高中文化在 20 世纪 50 年代属于高学历。上海解放前,他原在上海高等法院充当职员,解放后一度被遣散,1949 年 11 月 15 日被上海市人民法院吸收录用,派往提篮桥监狱工作。1950 年,上海市人民政府劳动生产垦区管理局,简称垦管局(即位于苏北大丰的上海农场的前身)劳改生产大队成立,李荷生调为该队第三大队书记员。平日利用出入监房机会与人犯接近,先后多次携带香烟等违禁物品卖给犯人王涌三等人,价格高于普通市场,从中渔利,并代张姓少年犯携出字条,至其家中取得衣服、钢笔等送入监房。该大队窃盗犯李福全,经批准保外释放;李福全家属无法寻觅到符合条件的具保人(解放初期必须是"铺保",即具保人必须是开设店铺者),就请托李荷生代为设法。李荷生乘机向李福全家属程某索取人民币 30 万元(相当于新币 30 元),程某先后两次交付各

---

① 《徐超凡变造文书处徒刑》,《文汇报》1950 年 7 月 20 日。

15万元。但李荷生收了犯人家属的钱款后,并没有去寻觅铺保,犯人李福保外释放一事也就拖延下来。事后被监狱系统发觉,追查书记员李荷生的违法乱纪的行为。在全体干警的大会上,敦促李荷生检讨,并移送人民法院,最后上海垦管局管教队书记员李荷生,因连续违反工作纪律及贪污渎职犯罪,被人民法院判处有期徒刑一年,并追缴赃款人民币30万元,发还犯人李福全家属程某。1950年8月9日《文汇报》,以《监狱书记李荷生贪污渎职被判刑》为标题,向社会进行公开报道。

四、利用工作之便获取钱财

提篮桥监狱生产科科员王书五,解放后进入提篮桥监狱工作。由于他以前是杭州江宗木行的销售人员,对销售业务比较熟悉,各种销售渠道情况比较了解,是组织上对其的"因才使用"。但是王书五辜负了组织的信任,在为单位因公购买木材的时候,利用业务关系,接受私人商家的贿赂,获取好处,对进货的木材通过低价买入,在单位做账时,利用当时财务制度不够健全的漏洞,故意抬高价格,即虚报价格,以骗取国家资财,把钱款吞入自己的腰包。东窗事发后,王书五受到严肃处理。

监狱生产科业务股股员秦云清,一方面在监狱从事工作,另一方面又与人合股开设现代印书馆,违反国家机关的规定,从事第二职业。他利用职权,勾结会计人员,涂改发票。经常同个体商人混在一起,诈骗与盗窃国家财物,比如在接洽法商电车公司一批印刷品时,就与4家私营印刷厂密商,用"抬轿子"的方式,向法商电车公司投标,事先商量好标底,让一家印刷厂故意高报标价,获受承印权,以便做账;然后再转送另一家印刷厂按普通的市场价格承印,所获利润大家平分。秦云清把狱内印刷工场的承印品,让给私营厂商,结成团伙操纵价格,单在这笔交易上,他们共获暴利7 000多万元。把一批重要的军用物资分给一家私人小厂去做,从中渔利,发了一笔横财。上述犯罪活动东窗事发后,秦云清受到了严正处治。

五、蜕化变质 开除党籍

张胜,1923年生,山东泰安人,原系高小学生,1946年在上海加入中国共产党。1949年初经组织委派到苏北解放区学习。1949年5月上海解放后,与毛荣光、王正福、宁模等同志参与接管旧提篮桥监狱,而后留在监狱工作。但是他虚荣心十足,当时张胜系接管组的普通成员,但他自称是股长、指导员,由于接管人员及监狱的管理人员来自五湖四海，大家并不十分了解，也就以股长、指导员来称呼他；对此张胜感到非常高兴，并获得心理上的满足。不久人事体制正常化，确定人员编制后，宣布张胜定为办事员。于是张胜垂头丧气，情绪消沉，对组织不满，工作消极，陶醉于上海华丽的霓虹灯下。平时羡慕穿着漂亮的女子，多次欺骗组织谎称自己的老婆早已去世，要求组织为他介绍女朋友。1949年12月，张胜回老家把老婆带到上海探亲，由于她长期在农村劳作，显得比较苍老，张却对同事谎称是他母亲。1950年3月组织上调派张胜去苏北大丰农场工作，他表面上服从组织决定，背地下却私自潜逃。组织上为挽救他，请地方政府派人作思想工作，张胜竟避而不见。综合张胜以上情况，中共上海市政府机关党委于1950年6月6日，决定对张胜开除党籍。

监狱管理人员是代表政府、代表国家执法机关对服刑人员执行刑罚，其言行举止，举手投足，对人民群众，对服刑人员都有着示范和教育的作用。廉洁清正、从严治警，这是我们政法机关的永恒主题。历史是一本深厚、翔实的教科书，可以给人教训与启示，执法者应引以为戒。反腐倡廉永远在路上。

1983—1990 年"严打"时期的上海监狱工作

1983 年 8 月,党中央作出《关于严厉打击刑事犯罪活动的决定》,全国各地开展了从重从快、严厉打击刑事犯罪活动(简称"严打")。严打是一项较长时期内政法工作的重要任务,这里就 1983—1990 年"严打"时期的上海监狱工作(时称劳改工作)进行简要回顾。

一、上海"严打"惩处刑案之概况

1983 年 8 月—1986 年,上海公安系统共开展了严打活动的三大战役。1983 年 8 月 19 日打响严打第一战役的第一仗,12 月 19 日为严打第二仗;1984 年 9 月 5 日为严打第二战役第一仗;1985 年 1 月 12 日、2 月和 7 月 4 日分别进行严打第二战役第二、第三、第四仗;1984 年 9 月 10 日—1986 年 1 月 20 日,是打击流窜犯、追捕逃犯,查禁赌博、流氓、卖淫嫖娼为重点的严打第三战役第一、第二、第三、第四仗,10 月又开展以"抓现行、打流窜、破积案"为重点的第五仗,至此,为期 3 年的上海严打斗争告一段落。[①]其间,市公安局与市司法局还联合举办《严厉打击刑事犯罪活动展览》,70 余万人前往观看。

表 1　　　　上海严打前后各三年刑事案件变化统计表[②]　　　单位:件

时间	案件总数	大案	流氓捅刀子	拦路抢劫抢夺	涉外案件	走私大案	诈骗大案	盗窃大案
1980 年 8 月—1983 年 7 月	69 394	3 500	1 737	1 417	20	71	109	1 100
1983 年 7 月—1986 年 7 月	28 588	3 292	671	316	75	100	331	1 308
升降对比(%)	−58.8	−5.8	−61.4	−77.7	275	40.8	204	18.9

据上海公安机关调查,20 世纪 80 年代上海外来人员犯罪情况日趋严重。

---

① 易庆瑶主编:《上海公安志》,上海社会科学院出版社 1997 年版,第 42—45 页。
② 《中国现阶段犯罪问题研究论文集》(一),中国人民公安大学出版社 1989 年版,第 66 页。

1983年以来,破案抓获的犯罪人员中,外来人员所占比例逐年递增,1983年占6.8%,1984年占10.8%、1985年占11.26%、1986年占17.8%、1987年占19.8%,1988年猛增至29.9%。①

1983年4月—1984年2月,上海各级人民法院初审刑事案件10 853件,被告14 283名,审结二审刑事案件1 793件。依法判处死刑立即执行174名,死缓2年执行42名,无期徒刑176名,有期徒刑20年以下10年以上1 877名,10年以下5年以上4 367名。②

表2　1984年3月—1987年3月上海各级人民法院判处刑事案件统计表③

单位:人

时间	审结刑事案件	判处罪犯	其中严重危害社会治安 案件	其中严重危害社会治安 罪犯	死刑立即执行	死缓2年执行	无期徒刑	5年以上有期徒刑
1984年4月—1985年3月	9 056	14 054	4 278	7 020	95	25	79	4 119
1985年4月—1986年3月	4 829	5 888	2 004	2 684	55	27	26	1 332
1986年4月—1987年3月	3 246	4 157	1 603	2 268	97	16	20	1 100

1988年,上海各级人民法院受理刑事案件5 190件,人犯7 388名,其中属于严重危害社会治安秩序的犯罪案件1 280件,人犯1 986名,分别占判决总数的24.7%和26.9%,④判处5年以上有期徒刑、无期徒刑直至死刑(包括死缓)的,占严重刑事罪犯总数的59.4%。1989年上海各级人民法院受理一审刑事案件8 767件,人犯13 454名,审结8 503件,判处人犯12 963名,其中严重犯罪案件2 141件、人犯3 993名。⑤1990年上海各级人民法院受理一审刑事案件10 490件,连同上年存案全年审结10 521件,判处人犯14 324名,其中严重犯罪人员5 208名。⑥

---

① 《中国现阶段犯罪问题研究论文集》(一),中国人民公安大学出版社1989年版,第22页。
② 《上海市高级人民法院工作报告(1984年4月)》,腾一龙主编:《上海审判志》,上海社会科学院出版社2003年版,第659—660页。
③ 笔者根据1985—1987年上海市高级人民法院工作报告汇总整理。
④ 《上海市高级人民法院工作报告(1989年4月)》,腾一龙主编:《上海审判志》,上海社会科学院出版社1997年版,第683页。
⑤ 《上海市高级人民法院工作报告(1990年4月)》,腾一龙主编:《上海审判志》,上海社会科学院出版社1997年版,第690页。
⑥ 《上海市高级人民法院工作报告(1991年4月)》,腾一龙主编:《上海审判志》,上海社会科学院出版社1997年版,第695页。

二、上海劳改系统收押犯人之概况

1983年8月,上海劳改局①有上海市监狱(简称市监狱,即提篮桥监狱)、上海第一劳改支队(简称劳改一支队,即后来的五角场监狱)、第七劳改队(简称劳改七支队,即后来的北新泾监狱)、上海第二劳改总队(又称白茅岭农场,即后来的白茅岭监狱)、第三劳改总队(又称军天湖农场,即后来的军天湖监狱)、少年犯管教所(简称少管所)共6个单位,承担收押罪犯改造任务。劳改局下属的其他单位除监狱医院及部分工厂企业外,主要承担收容管理劳教人员、刑释留场(厂)人员等工作。当时除市监狱外,其他劳改场所监舍较陈旧,防逃功能较差。

1983年8月19日,上海全市集中统一行动拉了严打活动的第一网后,上海劳改系统的工作目标是"收得下、管得住、跑不了、改造好"。承担新收任务的市监狱及时调整监舍,保证大批收押任务的完成,每个大队的押犯大多在1 000人以上(由于看守所人满为患,市监狱也收押了大批未决犯)。自8月19日到年底,上海劳改系统共新收押已决犯8 519人,未决犯2 823人,其中移押第二、三劳改总队3 193人。②与此同时,市委批准拨给上海劳改局基建投资5 000万元,在上级领导的统一布置下,劳改局迅速调整布局,扩大收押单位,1984年7月恢复位于殷高路上的上海市第九劳改队的建制,8月恢复位于南汇周浦的第二劳改队(又称劳动玻璃厂,即后来的周浦监狱)的劳改职能,再次收押犯人。同年8月第二、第七劳改队分别升格为第二、第七劳改支队。截至1984年底,上海劳改系统共有市监狱,第一、第二、第七劳改支队,第九劳改队,白茅岭、军天湖农场,少管所8个监所收押犯人。③而后,皖南的白茅岭、军天湖农场深挖潜力、增加收押点,确保严打深入进行。如白茅岭农场1982年接收犯人仅703人,严打开始后,先后扩建了6个关押点,1983—1986年分别接收犯人2 021人、5 126人、4 615人、4 354人,截至1990年全场共有8处关押点。

---

① 当时上海劳改局承担了改造罪犯、管理劳教人员及刑满释放留场人员等工作。1995年5月,根据刑事处罚和行政处罚分开的原则,监狱工作与劳教工作分开管理,上海劳改局更名上海市监狱管理局,新成立上海市劳动教养管理局。
② 麦林华、胡军、刘怀宝、戴卫东主编:《上海市志·公安司法分志·监狱卷》(1978—2010年),上海人民出版社2020年版,第19页。
③ 截至2024年底,上海监狱(劳改)系统共有提篮桥、五角场、周浦、南汇、青浦、宝山、女子、北新泾、白茅岭、军天湖、四岔河、吴家洼监狱和未成年犯管教所共13个监所收押改造罪犯。

表 3　　　　1983—1990 年上海市劳改系统新收押罪犯统计表　　　　单位：人

年份	收押数	年份	收押数	年份	收押数	年份	收押数
1983	10 524①	1985	5 129	1987	3 740	1989	6 994
1984	12 859	1986	5 096	1988	3 434	1990	7 741

资料来源：《上海监狱志》，上海社会科学院出版社 2003 年版，第 175 页。

表 4　　　　1983—1990 年上海市劳改系统年底在押罪犯统计表　　　　单位：人

年份	人数	年份	人数	年份	人数	年份	人数
1983	15 538	1985	19 623	1987	16 484	1989	16 924
1984	19 570	1986	18 109	1988	14 732	1990	19 706

资料来源：《上海市志·公安司法分志·监狱卷》，上海人民出版社 2020 年版，第 106 页。

表 5　　　　1988—1990 年上海劳改系统在押罪犯案由比例统计表　　　　单位：%

案由	1988	1989	1990	案由	1988	1989	1990
反革命	2.60	1.00	0.49	伤害	2.20	2.00	2.00
杀人	1.70	2.00	2.00	流氓	19.80	13.00	9.00
抢劫	6.50	6.00	6.00	容妇卖淫	0.20	0.20	0.20
强奸	15.24	12.10	12.00	诈骗	6.60	7.00	8.00
纵火	0.16	0.10	0.20	贪污	2.90	3.00	3.00
盗窃	36.20	46.00	48.21	赌博	0.70	1.00	1.00
投机倒把	0.80	1.00	1.00	行贿受贿	1.40	1.60	2.90
其他	3.00	4.00	4.00				

资料来源：麦林华主编：《上海监狱志》，上海社会科学院出版社 2003 年版，第 177 页。

三、严厉打击犯罪活动，大批罪犯遣送外地

1978 年 12 月，中共十一届三中全会以后，上海的劳改劳教工作进入调整转折阶段，进行"揭批查"，平反冤假错案，落实政策，拨乱反正。但当时一些犯人乘调整落实政策之机，错估形势，对抗管教，一度改造秩序不稳定，存在逃脱、殴斗、赌博、吃喝四股歪风，甚至还发生哄监闹监等恶性事故。"严打"前夕的 1983 年

---

① 经查对，1983 年原数字 9 775 人有误差，现根据现有资料作了改正。

8月15日,白茅岭农场的干警对第一、二、三大队监房进行统一搜监,缴获匕首、刮刀、菜刀、尖刀等各种凶器、利器291件。①

1983年8月18日,最高人民法院、最高人民检察院、公安部、司法部联合发出《关于严厉打击劳改犯和劳教人员在改造期间犯罪活动的通知》,要求各劳改单位依法从重从快惩处在改造期间继续犯罪的罪犯。上海市劳改局立即作了传达布置,明确"严打"期间,上海的劳改、劳教场所打击的主要对象是:(1)组织、煽动逃跑闹监和暴乱的主犯;(2)犯罪团伙的首犯、主犯和为非作歹的牢头狱霸;(3)杀害或伤害干警,夺取枪支武器的;(4)坚持反动立场,攻击、污蔑党的领导、人民民主专政、社会主义制度;组织反革命集团以及进行其他反革命活动的;(5)多次逃跑、暴力越狱或逃跑后重新犯罪的;(6)教唆犯罪、传授犯罪手段的;(7)破坏警戒设施或聚众冲击改造机关的;(8)抗拒改造的惯犯、累犯以及进行其他严重犯罪活动的。上海劳改系统各单位对上述8种主要打击对象,排队摸底、调查取证,抓紧预审和材料整理,迅速上报,依法提请重判一批,各单位还选择典型案例公开宣判,造成声势,震慑罪犯。

1983年8月30日,犯人唐某等6人被上海市高级人民法院(简称市高院)核准死刑,押赴刑场立即执行。②10月21日,上海市中级人民法院(简称市中院)在第二劳改总队(白茅岭农场)召开公判会,对犯人费某、周某判处死刑,并在农场就地枪决,对其他6名犯人分别判处6年11个月至无期徒刑。③12月27日,市中院在提篮桥监狱召开宣判大会,对在1980年9月参与闹监、呼喊反革命煽动性口号的犯人江某、王某判处死刑,押赴刑场执行枪决。④1983年,上海劳改系统共打击处理了2146名刑事犯罪人员。

1984年1月19日,市中院在劳改一支队召开宣判大会,宣布市高院对一名服刑期间抗拒改造、犯有严重罪行的流氓团伙首犯执行死刑的命令,并将其押赴刑场执行枪决。⑤1月28日,提篮桥召开罪犯大会,宣布市高院下达对罪犯沈某、李某两人执行死刑的命令,押赴刑场执行枪决。4月,市中院又在提篮桥召开加减刑大会,对李某、陶某加处死刑执行枪决。4月19日,市中院在军天湖农场召开公判大会,判处在狱内组织流氓集团,持械聚众殴斗的团伙案首犯朱某、范某、徐某等5人死刑,执行枪决。⑥9月28日,市中院在白茅岭农场召开公判大会,对

---

① 上海市公安局档案处编:《上海公安大事记》(1949—1998年),第270页。
② 麦林华、胡军、刘怀宝、戴卫东主编:《上海市志·公安司法分志·监狱卷》(1978—2010年),上海人民出版社2020年版,第19页。
③ 《市中级法院在劳改二总队召开公判会》,《新民晚报》1983年10月21日。
④ 于旭光主编:《上海市提篮桥监狱志》2001年印,第198页。
⑤ 《迷途知返受欢迎》,《新民晚报》1984年4月25日。
⑥ 麦林华主编:《上海监狱志》,上海社会科学院出版社2003年版,第59页。

抢劫作案情节严重的李某宣判死刑、王某无期徒刑、其他4人分别判处有期徒刑3—15年。12月25日,市中院又在白茅岭农场召开宣判大会,对结伙持械斗殴的犯人曹某、刘某判处死刑,其他4人分别判处有期徒刑。据统计,从1983年8月严打以来,截至1984年6月期间,上海劳改系统共有46名犯人被依法执行死刑。①

1985年,市中院在提篮桥多次开庭及宣判。4月,对李某、刘某、秦某3人判处死缓,张某加刑8年;8月27日对15名在劳改劳教期间继续犯罪的犯人和劳教人员公开宣判,其中张某等7人分别加刑3—9年、何某等7人分别加刑11—15年,张某被判处死刑,押赴刑场立即执行。②8月24日市中院在少管所开庭,对少年犯毛某宣判死刑,9月17日执行枪决。该犯于当年8月3日越狱脱逃,出狱后又多次作案,在一民居入室盗窃、抢劫、杀人,并使被害人身受重伤。

随着严厉打击刑事犯罪活动的持续开展,上海劳改系统犯人收押量激增,根据司法部的统筹安排,上海向外地大批调犯,调犯的对象主要属于全国人大常委会通过的《关于严惩严重危害社会治安的犯罪分子的决定》中确定的"七种打击对象"。1983年9月16日,上海首批通过专列向青海省调犯800名;同年10月11日,上海又向青海调犯800名。媒体曾公开报道。例如,1983年10月17日《上海法制报》刊发消息:"本市又押送一批罪犯去西北劳改"。1983年11月、12月,上海分两批,每批800人向新疆调犯。1984年3月23日,上海800名犯人调押新疆,犯人首次乘坐客车,客车的车窗安装铁栅,途中不铐不镣,安全到达目的地。这一做法得到中央调犯领导小组肯定。4月26日、6月13日、7月9日各有800名犯人调押新疆,8月6日和10月9日分别有500名、800名犯人调押新疆。全年共计4 500名犯人分6批调押新疆。③以后上海分批集中向内地及边疆调犯。例如,1985年9月上旬,上海又遣送一批犯人去西北某劳改农场改造。这次押送的犯人,多数是刑满释放或解除劳教后重新犯罪,又被判刑的累犯、惯犯和犯罪团伙的成员,其中有近半数人已被注销了城市户口。④

四、敦促犯人坦白余罪检举揭发　配合公安机关破获各类案件

凭借"严打"声威,上海劳改系统在犯人和劳教人员中开展政治攻势,开展法制教育,敦促他们坦白交代隐瞒的余罪,检举揭发犯罪同伙,并取得显著效果,向

---

① 《上海市志·公安司法分志·监狱卷》(1978—2010年),上海人民出版社2020年版,第19页。
② 《本市严惩一批抗拒改造的罪犯》,《文汇报》1985年8月28日。
③ 麦林华主编:《上海监狱志》,上海社会科学院出版社2003年版,第59页。
④ 《本市遣送一批罪犯去西北改造》,《文汇报》1985年9月12日。

公安机关提供了一大批有价值的破案线索,查获了许多大案、要案、悬案。据统计,自1984年9—10月,近两个月来就收到犯人、劳教人员坦白检举材料1.7万多份;坦白交代的人员占劳改、劳教人员总数的80%。从这些材料提供的线索中破获杀人、强奸、轮奸、抢劫、盗窃、诈骗各类案件269起,其中大案要案33起。例如,南市区居民钱某3年前失踪,下落不明,经一名犯人揭发,钱某是被姐夫、姐姐合谋杀害的。公安部门查核已将钱某的尸骨从钱家房内的水泥地坪下挖出,从而破获一起重大杀人隐尸案,两名凶犯受到法律的严厉制裁。① 上海公安机关在1984年11月上旬一周内又查破各类刑事案件113起。例如,卢湾公安分局根据某犯人所提供对复兴中路某居民家进行撬窃一案的线索,迅速查获并一网打尽市建107工程队木工王某、市建一公司运输队装卸工吉某、上海阀门七厂杨某等4人组成的犯罪团伙。这个犯罪团伙从1980年12月—1984年3月连续在上海16个单位和多个居民家进行撬窃,盗窃居民家的大量现金、票证及电视机、收录机、金项链等实物。松江县公安局五里塘派出所根据一名犯人的交代,深追细查,在一周内就挖出了以殷某为首的5人盗窃农船的重大盗窃团伙,该团伙先后盗窃5条农船,价值7 000余元。在查破的积案中,公安部门还缴获一批赃款赃物。②

劳改一支队自1984年上半年以来,加强对在押犯人的政治攻势和感化教育,促使200多名犯人交代余罪,并检举揭发他人的罪行。上海重型机器厂科研所两年前一台16英寸黑白电视机被盗,厂保卫科内查外调也没破案。事隔两年多,正在该劳改支队服刑的徐某(原系该厂工人)主动交代了盗窃电视机的犯罪事实,并退还赃款。还有一犯人,捕前是虹口虹镇地区有名的"大刀队队长"。在狱中受到教育后,主动交代自己和同伙的犯罪事实。劳改一支队与当地派出所配合,让犯人到地区现身说法,当天就有5人去派出所检举揭发线索13条。有一个犯人是双胞胎哥哥,其弟同样犯有流氓罪,却因兄弟俩长得相像而由兄顶罪。在狱中受到教育后,他主动与前来探监的弟弟和母亲讲形势、谈政策,敦促弟弟投案自首。③ 军天湖农场一犯人补充交代自己于1982年9月伙同刘某等3人两次翻墙进入上海运动鞋总厂,窃得大量牛皮,从而使这3名漏网的盗窃犯落入法网。1984年2月,军天湖农场犯人魏某原系上海市虹口区光明电表厂青工,在强大的政治攻势下,主动交代1980年6月7日夜间,伙同他人翻墙潜入厂财务组进行撬窃,窃得现金、手表的余罪,使4年前发生在该厂财务组被窃案真

---

① 《法制教育震动劳改犯心灵 两月来写出坦白检举材料一万七千多份 公安部门借此破获各类案件数百起》,《新民晚报》1984年10月27日。
② 《认真查证劳改犯检举线索 公安机关一周破案一百余起》,《新民晚报》1984年11月7日。
③ 《市劳改一支队对在押犯加强教育 促使二百多名犯人交待余罪》,《新民晚报》1985年4月30日。

相大白,蒙受不白之冤近 4 年之久的助理工程师唐某得到平反。此后魏某在该电表厂的法制教育大会上,向全厂职工忏悔,汇报自己改造的情况,并一再向唐某鞠躬赔罪。唐某又以极其宽容的气度,愿意与他保持通信联系,帮助他改过自新。①

在"严打"斗争中,劳改干部一方面做好监狱整体面上的发动,另一方面也及时掌握犯人思想动态,发现苗子深入工作。例如,1984 年 1 月初,某劳改队一犯人被依法执行死刑后,干部陆某发现一名李姓犯人心神不定,他花了整整一天的时间,对其耐心细致教育,使李某打消顾虑交代 3 年前的余罪;原来 1980 年 9 月李某窜至近郊上海冶炼厂工人杜某家中,将他们夫妇结婚时购置的物品席卷而去,杜某之妻闻知当场昏厥,并留下轻度精神分裂的后遗症;同年 11 月,李某又闯入郊区顾某家中,窃得金戒指两只、金手铃一只和全国粮票 260 斤。随后陆某等人冒着凛冽寒风,查找到这两户被害人,又从县公安局查到报案时的现场勘察记录。对破案早已失去信心的顾、杜两家得知被窃案件已经告破后深受感动,一再称赞劳改干部为人民做了件好事。李某因为坦白交代两起撬窃案,并退还部分赃款,获得检察院免予起诉的决定。

五、充实干警队伍　坚持改革创新

"严打"前夕的 1983 年 7 月 5 日,上海劳改、劳教工作整建制由市公安局划归市司法局领导,公安、司法两局举行隆重的交接暨迎送大会;移交时劳改局共有干警 6 036 名。同年 8 月,"严打"开始后,上海市委决定配增劳改局干警编制 1 500 人。当时上海劳改系统新充实的干警主要有四个来源:一是退伍武警战士及军队转业干部、复员军人,如:1983 年 10 月吸收 393 名退伍武警充实到白茅岭、军天湖农场,11 月劳改局在具有上海城镇户口的复员军人中录用干警 300 人;1983 年接收军队转业干部 404 人(1984 年报到),其中营、团职(级)干部占一定比例;1984 年又接收军队转业干部 140 人,其中分配到市内单位 35 人,分配到劳改局所属皖南、苏北四个农场 107 人。②1984 年,劳改局从武警上海市总队退伍战士中招收干警 486 人,定向分配至农场。③1990 年又从武警上海市总队和全市复员退伍战士中招收录用干警 191 人。④二是在农场职工中提拔干警。例

---

① 《唐焙钧四年沉冤得昭雪　魏取智坦白余罪受欢迎》,《中国法制报》1984 年 9 月 20 日。
② 麦林华主编:《上海监狱志》,上海社会科学院出版社 2003 年版,第 529 页。
③ 《500 名武警战士参加"两劳"工作》,《上海法制报》1984 年 12 月 27 日。
④ 麦林华、胡军等主编:《上海市志·公安司法分志·监狱卷》(1978—2010 年),上海人民出版社 2020 年版,第 617 页。

如,1984年8月上海劳改系统职工提干条件为:1982年7月底以前参加工作,年龄25—30岁(个别表现好的可放宽到35岁以下)。农场提干对象需具有初中毕业文化程度(不含"双补"对象),市内单位提干对象必须取得高中毕业证书。三是从学校教师及大中专毕业生中接收录取,如:1986年接收劳改警察学校107名毕业生;1990年从安徽大学等高校引进大专毕业生50人,其中分配在白茅岭农场31人、军天湖农场19人。①四是从全民所有制企业和安徽省芜湖、宣城地区的城镇高中毕业青年中招收录用青年干警,如:1983年军天湖农场招收的168人中,就包括上述皖南两地区的青年学生以及上海在安徽"小三线"单位的青年工人。此外,还有一些临时应急性的帮助工作的干部,如1984年1月,市委动员市内工交、财贸等战线抽调403名干部支援上海的劳改劳教工作,他们主要赴皖南、苏北四个农场,其中首批140人已经于当月10日出发。②

表6　　1983—1990年年底上海劳改局管理人员统计表　　单位:人

年份	总人数	女性	中共党员	文化程度			年龄(岁)				
				大专大学	高中中专	初中及以下	25以下	26—35	36—45	46—55岁	56—60岁	60以上
1982	5 585	816	2 125	416	1 315	3 854	301	1 483	1 000	1 688	759	354
1983	5 783	1 105	2 039	491	1 659	3 633	447	1 789	1 004	1 521	769	253
1984	7 328	1 259	3 137	583	2 103	4 642	1 531	2 183	1 279	1 447	829	59
1985	8 363	1 578	3 465	862	2 778	4 723	1 552	2 531	1 575	1 653	951	101
1986	8 356	1 559	3 352	1 093	2 621	4 642	1 398	2 693	1 792	1 637	793	43
1987	8 498	1 608	3 609	1 322	3 065	4 111	1 297	2 792	1 944	1 620	800	45
1988	8 246	1 618	3 512	1 584	3 025	3 637	878	2 844	2 136	1 560	763	65
1989	7 969	1 605	3 367	1 929	3 148	2 892	727	2 518	2 335	1 575	750	64
1990	8 236	1 638	3 437	1 773	2 909	3 554	693	2 491	2 620	1 623	719	90

资料来源:《上海监狱志》,上海社会科学院出版社2003年版,第532—533页。

"严打"以来,为了加强劳改劳教工作,1983年10月,上海劳改局机关内设机构列为副处级(1989年9月升格为正处级),各单位的行政级别也有所提高(1987年底劳改局所属的21个基层单位,相当于处级的13个、相当于副处级的5个,科级的3个)。1984年4月,成立半军事化的劳改工作学校,隶属于劳改局

---

① 麦林华、胡军等主编:《上海市志·公安司法分志·监狱卷》(1978—2010年),上海人民出版社2020年版,第619页。
② 《加强劳改劳教工作　本市百余工作人员赴苏皖》,《文汇报》1984年1月12日。

领导,学制 2 年,并向社会公开招生。①1985 年 1 月起,劳改局进行行政体制改革,首先在劳改七支队试行支队长负责制。1986 年 4 月劳改局成立咨询委员会,由一批长期从事政法、劳改工作的老干部组成。1987 年 8 月在全局范围内开展科级管教员评选工作。1988 年 4 月,在白茅岭农场筹建实验劳改大队和教导大队,以加强基层大队的规范化建设,探索改造工作的新路。1988 年底,劳改局所属各单位先后实行了行政领导(支队长、总队长、监狱长、所长)负责制,并在干警的各工作岗位上试行聘任制、考任制,试行竞争上岗,推行工作目标任期制。同时,下放干部的审批权限,引进竞争机制,促进深化改革。其间召开了有 170 余人参加的劳改劳教工作改革研讨会,就组织体制、人才开发和发扬民主三个专题进行研讨,对干警增强改革意识、转变观念、推动改革,起到历史性转折作用;还召开劳改局第二、第三次党代会,选举产生第二、第三届局党委,成立思想政治工作研究会。1990 年劳改局组织一支有 200 名干警的防暴队;12 月上海市第二监狱(后更名为青浦监狱)新建工程立项。

多年来,上海劳改系统不断加强对干警的教育管理,开展"外塑形象,内强素质"等活动,坚持从严治警,从优待警,建立培训、激励、监督和考核、责任追究等机制。在全局干警职工中弘扬"红烛"精神,积极开展劳改科研活动及文化宣传工作。1983 年,创办全国监狱系统的第一份月刊《劳改劳教工作通讯》(该刊后与《劳改理论与实践》合并,更名为《上海警苑》)。1984 年成立上海犯罪改造研究所和犯罪改造学学会(后改名为上海市监狱学会),开展群众性的科研活动,每年召开学术年会。1988 年,成立《大墙内外》杂志社,系全国劳改系统第一本公开发行的法制文学月刊,最高月发行量达 30 万份,1990 年 6 月停刊。

六、宽严相济　多方位做好犯人的教育感化工作

"严打"期间,上海劳改系统对犯人既教育感化,又严格要求,对狱内犯罪行为给予打击,法院经常召开宽严大会、加减刑大会,及时兑现政策,对认罪伏法、踏实改造的犯人给予减刑、假释,对抗拒改造、违法犯罪的犯人依法加刑,直至死刑。1984 年 9 月 11 日,在提篮桥监狱的宽严大会上,有 27 人获减刑、3 人被加刑、2 人处死刑执行枪决。国庆前夕,市中院在白茅岭农场召开宽严大会,检举立功的 37 人获从宽处理,其中 10 人当场释放,多人被加判无期徒刑和有期徒刑,1 人宣判死刑就地枪决。②11 月 21 日,在提篮桥的加减刑大会上,13 人获减

---

① 《劳改工作学校成立开学》,《上海法制报》1984 年 9 月 24 日。
② 《一批罪犯有立功表现获从宽处理》,《上海法制报》1984 年 10 月 1 日。

刑,47人主动交代余罪或检举揭发表现突出,获宽大处理或表扬记功,1人加处死刑。劳改七支队于1986年3月26日、6月3日,先后共有32人获减刑;6月19日,姜某等5人分别获减刑及减去余刑提前释放,重新犯罪的徐某、余某依法加刑;8月28日,闵某等20人分别减刑和减去余刑提前释放。

1988年2月5日,劳改二支队召开犯人改造总结表彰暨减刑大会,会上分别对175名在劳改中表现较好的犯人予以记功、表彰,并由南汇县人民法院开庭,对34名认罪伏法、积极改造的犯人减刑。①8月24日,虹口区人民法院在提篮桥召开大会,依法对118名正在服刑的犯人裁定准予减刑或假释。这是当时全市对犯人减刑、假释规模最大、人数最多的一次。②1990年12月19日,白茅岭农场98人获减刑、5人假释。

据统计,提篮桥监狱1984—1990年犯人的减刑人数分别为:59、112、132、134、146、136、418人;军天湖农场1984—1989年犯人减刑人数分别为:70、78、112、195、281、352人;白茅岭农场1984—1990年犯人减刑人数分别为:52、68、67、198、253、171、305人。

表7   1983—1990年上海监狱系统罪犯减刑统计表   单位:人

年份	人数	年份	人数	年份	人数	年份	人数
1983	173	1985	320	1987	840	1989	1 173
1984	122	1986	306	1988	1 046	1990	1 351

资料来源:《上海监狱志》,上海社会科学院出版社2003年版,第194页。

表8   1983—1990年上海监狱系统罪犯假释统计表   单位:人

年份	人数	年份	人数	年份	人数	年份	人数
1983	8	1985	18	1987	11	1989	15
1984	4	1986	10	1988	11	1990	37

资料来源:《上海监狱志》,上海社会科学院出版社2003年版,第201页。

上海劳改系统抓住"严打"的历史机遇,积极探索改革上海监狱工作。针对监狱押犯构成发生的变化,在外省籍犯、长刑犯、短刑犯、暴力犯、涉毒犯增加的情况下,上海各监狱、劳改队严格依法管理,讲求文明、公正执法,加大教育力度、监督力度。严格按照法律和制度办事。向社会公布纪检、监察举报电话,增加执法透明度;在监所内设立"监狱长信箱",实行狱务公开,对犯人减刑、假释、监外

---

① 《劳改管教二支队为罪犯减刑》,《新民晚报》1988年2月6日。
② 《百余罪犯今天获准减刑》,《新民晚报》1988年8月24日。

上海某监狱召开的犯人加减刑大会

执行等予以公示,聘请社会监督员,主动接受社会监督,营造严肃、健康、积极向上的改造环境。狱政管理贯彻依法、严格、文明、科学管理四项原则,推行规范化管理;改进对犯人的考核,实行改造、生产百分考核制;推行分类关押、分级管理、分类施教。20世纪80年代末,上海劳改系统在全国范围内首次提出"监区文化"新概念,创办特殊学校,建立犯人政治、文化、技术教育制度,各劳改单位成立分校,组织犯人参加文化(技术)考试,成绩合格获文凭(证书),获教育、劳动部门的认可。在犯人中开展诗歌创作活动、读书活动,定期邀请新华书店到监狱流动服务,开设犯人图书馆、图书室;邀请作家、艺术家、知名人士、劳动模范、刑释新人、犯人家属前来监狱开展各项活动;在犯人中开展读书活动、"习美"活动,举办"习美"展览;统一囚衣式样、颜色,涉及短袖单衣裤、长袖单衣裤、棉衣裤、罩衣裤等4类25种,停止使用原来的黑色囚衣。

1984—1990年,上海劳改系统出现了许多"新鲜事"。曾经在提篮桥服刑7年的金城出狱后,积极工作,并获得华师大多门自学考试单科结业证书,为了不忘监狱的教育,主动提出与其女友在监狱的小礼堂举行婚礼。事后许多媒体均予以报道,①照片还登上《人民画报》《上海画报》。提篮桥新岸艺术团在市府礼堂汇报演出自编自导自演,反映教育改造犯罪青年为主题的七幕沪剧《路,就在脚下》,市领导、公检法司的领导及文艺界知名人士等出席观看。②新岸艺术团和少管所回春艺术团参加上海法制文艺汇演,并获创作奖和演出奖。劳改一支队

---

① 《金城偕新娘到监狱举行婚礼》,《解放日报》1984年1月13日;《浪子回头缔良缘》,《文汇报》1984年1月13日;《监狱里的婚礼》,《瞭望周刊》1984年第17期。

② 《失足者自编自导自演"路,就在脚下"》,《解放日报》1984年7月26日;《本市罪犯演出大型沪剧》,《文汇报》1984年7月26日。

向犯人家属送红包(罪犯劳动奖金),①干警、犯人及亲属一起吃年夜饭,劳改七支队部分犯人试行食堂就餐制。劳改局与深圳影业公司签约联合拍摄故事片《少年犯》,影片中部分演员由少管所少年犯担任,获1985年度全国优秀故事片奖和第九届《大众电影》百花奖、"最佳故事片"奖。② 在中山公园举办《上海劳改劳教工作展览》,观众达22.2万人次,其中包括1 000多名服刑改造的犯人。③举办全局性的犯人"希望之声"文艺汇演。试办犯人电视大学视听大专班,筹建有线电视台。支持并鼓励罪犯进行创造发明,申报非职务发明专利。组织部分犯人外出参观,如:少管所和劳改七支队分别组织犯人参观宝钢等;提篮桥组织犯人参观沪嘉高速公路、虹桥开发区、延安东路隧道、浦东新貌等,让他们感受改革开放后上海新貌,促进改造步伐。

依靠社会力量进行综合治理。首创"一帮一"的志愿帮教工作者队伍,采取各种形式搞好犯人改造的综合治理,做好劳改工作的向前、向外、向后延伸。组织10余名上海籍犯人家属,组成"上海亲人宣讲团"去新疆生产建设兵团和青海,对上海籍犯人规劝宣讲。组织10名有悔改表现的犯人组成"告别昨天"汇报演讲团,向大中专院校的师生及社会各界作汇报演讲。少管所与虹口、徐汇等区联合举办家长学校,对个别少年犯实行出所试工、试学。此外,上海劳改系统的工作也得到社会各界的大力支持,它们采用各种形式做好帮教工作,如:上海市少年儿童图书馆向少管所赠书4 000余册;④上海音乐学院民乐系演出队到劳改队对犯人演出,运用音乐感化教育;⑤黄浦区金陵街道办事处与派出所组成一支法制宣传队到白茅岭、军天湖农场,为本地区在押人员播放"亲人的期待"电视录像片,展示在押人员家属的工作生活情况,让他们听到妻子、子女、父母的话语,促进其改造;⑥上海癌症康复(CA)俱乐部20余名癌症患者来到监狱与重刑犯进行座谈,让一些消极悲观情绪的重刑犯树立生活信心,唤起走向新岸的勇气。⑦

1983年8月—1990年,诸多人大代表、政协委员,以及党政军的领导视察上海的劳改场所,其中有司法部部长蔡诚,副部长郑希文、李石生、朱剑明、顾启良、金鉴、鲁坚、佘孟孝,公安部副部长于桑,最高人民法院副院长王怀安,最高人民

---

① 《铁窗后的犯人获得奖金》,《中国日报》1985年2月13日。
② "少年犯"创四个第一》,《人民日报》(海外版)1985年12月1日。
③ 《劳改局组织罪犯看展览》,《文汇报》1985年5月19日。
④ 《少儿图书馆赠书四千少管所将建图书馆》,《新民晚报》1986年8月23日。
⑤ 《用音乐感化犯人 上音师生国庆赴劳改队演出》,《新民晚报》1986年10月2日。
⑥ 《录像带送到劳改队 在押犯荧屏会亲人》,《新民晚报》1989年2月2日。
⑦ 《20多名癌症患者与病魔顽强拼搏的事迹唤起罪犯走向新岸的勇气》,《文汇报》1990年11月21日。

检察院副检察长陈养山、冯锦纹、张灿明，武警总队政委李振军、参谋长王文明，南京部队司令员向守志，中共上海市委副书记吴邦国、杨堤、倪鸿福，副市长庄晓天，市人大常委会副主任施平、陈沂、王涛、李培南、左英、王鉴、陈铁迪、王崇基，市政协主席李国豪、副主席杨士法、徐以枋、吴文琪、张瑞芳、王兴、杨樾，团中央书记处书记刘延东、李源潮。还有中顾委委员曾志（陶铸夫人）、全国政协委员王定国（谢觉哉夫人）、全国人大常委会委员林月琴（罗荣桓夫人）等。有的领导及人大代表还与部分犯人座谈。

2015—2023 年部分领导视察上海监狱简况[①]

2015 年

3月31日—4月1日　中共上海市委常委、市委政法委书记姜平视察提篮桥监狱、青浦监狱。

4月11日　武警总部副司令员戴肃军视察新收犯监狱。

9月1日　武警上海总队司令员朱宏视察四岔河监狱、吴家洼监狱。

9月25日　上海市高级人民法院院长崔亚东视察提篮桥监狱。

11月2日　中共上海市委常委、上海警备区司令员何卫东、政委马家利视察提篮桥监狱。

2016 年

10月25日　中共上海市委常委、市委政法委书记姜平视察北新泾监狱。

11月22—24日　武警上海总队司令员朱宏视察提篮桥监狱、五角场监狱、周浦监狱、青浦监狱。

2017 年

6月15日　上海市人大常务委员会副主任薛潮视察提篮桥监狱、五角场监狱。

6月28日　上海市人大常务委员会主任殷一璀、副主任钟燕群、薛潮视察提篮桥监狱。

8月10—12日　中共上海市委常委、市委政法委书记陈寅视察军天湖监狱、白茅岭监狱、四岔河监狱、吴家洼监狱。

11月16—17日　上海市人大常务委员会副主任沙海林视察白茅岭农场、军天湖农场社区。

12月13—15日　上海市人大常务委员会副主任薛潮视察四岔河监狱、吴家洼监狱。

2018 年

4月18日　上海市副市长彭沉雷视察白茅岭监狱、军天湖监狱。

[①] 部分领导视察上海监狱简况(1952—2014 年),已收入徐家俊著:《上海监狱的前世今生》,上海社会科学院出版社 2015 年版,第 365—374 页。本文系前文的续篇。

8月22日　中共上海市委常委、市委政法委书记陈寅视察宝山监狱。

2019 年

3月28日　司法部副部长刘振宇视察提篮桥监狱。

8月7日　中共上海市委副书记、市委政法委书记尹弘视察提篮桥监狱、青浦监狱。

2020 年

2月22日　中共上海市委常委、市纪委书记、监委主任廖国勋视察上海监狱系统。

2021 年

4月1日　中共上海市委副书记、市委政法委书记于绍良视察提篮桥监狱。

2023 年

4月13日　上海市人大常委会副主任周慧琳视察白茅岭监狱。

5月18日　上海市副市长、市公安局局长张亚宏视察提篮桥监狱。

6月13日　上海市人民检察院检察长陈勇视察提篮桥监狱。

9月13日　上海市人大常委会副主任、市总工会主席郑钢淼视察提篮桥监狱。

解放初期上海少年犯的管理

1949年10月1日中华人民共和国成立后,至1994年12月29日《中华人民共和国监狱法》颁布前,18岁以下的未成年犯称为少年犯。多年来,对少年犯的年龄,曾有多次调整变动。1954年9月施行的《劳动改造条例》第21条规定,少年管教所管教13周岁至18周岁的少年犯;1972年"全国第七次劳改工作会议"提出少管所的收押对象为年满15周岁至未满18周岁的少年犯;1982年公安部《关于少年犯管教所收押、收容范围的通知》规定少管所的收押对象是年满14岁不满18岁的少年犯。

1949年5月上海解放以来,少年犯的收押管理经历了收押在成年犯服刑场所,到与成年犯监狱分离,独立建制,单独成立少年犯管教所的过程。本文就1949年5月—1956年12月,上海少年犯的主要关押管理单位,即提篮桥监狱、上海农场、上海少管所的管理制度进行叙述。①

一、提篮桥监狱

提篮桥监狱早在1903年起就开始关押少年犯,年底在押少年犯31人;1913—1932年曾租用至今安国路唐山路口一座楼房单独关押,1933年返回华德路(长阳路)。1949年5月上海解放后的次日,市军管会派员接管了旧提篮桥监狱,经过清理、整顿、改造,6月起开始收押成年犯,也收押少年犯(含未决犯)。同年9月,人民法院监狱正式成立,10月把分散在各监房、年龄在20岁以下的男性青少年犯与成年犯分开关押,集中关押在感化院(今9监);女少年犯关押女监(今十字楼)。1949年10月,在押少年犯共有70多人,11月开始有所增加,到次年1月为240人,后来少年犯增加到300余名。

1950年3月初,提篮桥监狱动员组织犯人前往苏北大丰垦区垦荒劳动,许多犯人包括少年犯纷纷报名参加,3月21日监狱2 515名犯人,其中少年犯220

---

① 当时隶属于上海市公安局劳改处的上海第二看守所和上海第七劳改队,在20世纪50年代初期也一度关押过少年犯。

人,通过水路航行于当月 27 日抵达兴化县中堡镇(以后陆续进入大丰县四岔河等地)。截至 1950 年 4 月 12 日,提篮桥监狱有少年犯 83 人,其中无家可归的(流浪者)占 60%,有家庭而为了生活犯罪的占 30%,有家庭而职业犯罪的 10%。案由绝大多数是盗窃,占 95%;烟毒占 3%;伤害、风化等占 2%。当年 6 月,监狱在押少年犯 110 名,其中男少年犯 102 名、女少年犯 8 名,已决犯 38 名,占 35.5%,未决犯 72 名,占 65.5%。各年龄段情况为:10—12 岁 6 名,占 5.5%;13—14 岁 32 名,占 29.1%;15—16 岁 72 名,占 65.5%。犯罪类别为:烟毒 3 名,占 2.7%;抢夺 5 名,占 4.5%;诈欺 4 名,占 3.6%;窃盗 98 名,占 89.1%。①

1949 年 5 月,上海解放后监狱在押的犯人统称"自新人"②。在干警领导下,把在押自新人(犯人)组织起来,建立由犯人自治管理的一个群众性的组织——自新人俱乐部。同年 11 月,少年犯中也成立自新人俱乐部,干警挑选了部分在监表现较好、具有较高文化水平的成年犯担任少年犯的文化教员。少年犯被编成若干个班,由少年犯自己推荐班长,经管教科核定,对少年犯开展以政治教育和文化教育为主、文娱活动为辅的教育。监狱针对少年犯的特点,重点开展思想政治教育,以培养他们爱祖国、爱人民、爱劳动、爱科学、爱护公共财物的"五爱"品德。当时以《工人政治课本》和《新华活页文选》中适合青少年学习的文章作为教材,并把成年犯教育中有关认罪伏法、劳动光荣等内容加以简化,使少年犯易于听懂、接受。为了指出并纠正少年犯以往所犯的错误或罪行,启发并提高他们的思想觉悟,养成爱劳动、守纪律的好习惯,鼓励他们凭事实,说真话,开展批评和自我批评。由于过去许多少年犯流落在街头,感情上受到损害,缺少家庭温暖,大多倔强固执、爱面子、拒不认错,抱有江湖义气,但是经过多方面的工作,让他们说出真心话。例如,一个褚姓少年偷了隔壁邻居女人的一个包袱,内有 3 只金戒指、10 美元、37 元港币、一只手表,赃物被他表兄带往浙江余姚。但关押狱中的褚某,不承认偷窃,一口咬定该包袱是他在门口拾到,后在永安公司被扒手偷去。通过学习教育,他提高了认识,说出了自己的作案真相。通过这样的教育,使少年犯破除思想负担,轻装上阵。

文化教育则主要培养少年犯读、写、算的能力,增加他们的自然科学常识。负责教育的成年犯,根据不同科目,作了合理分工,每人每周轮到 10—15 个小时的课程。根据少年犯的文化状况,监狱把他们编为高级班、中级班、低级班各 1 个,幼稚班 2 个,共 5 个班,组织他们参加文化学习。高级班相当于小学的高小

---

① 麦林华主编:《上海监狱志》,上海社会科学院出版社 2003 年版,第 414 页。
② 自新人,中国抗日战争期间,革命根据地高等法院对在监所服刑的犯人的法定称谓。这是为改造旧的监狱管理方法,实行新的管理制度,落实民主管理和教育的方针而提出来的。

五六年级、中级班相当于初小三四年级、初级班相当于一二年级,幼稚班是不识字的孩子。课程内容是政治、算术、国语、音乐、体育5门课程,每周每课授课5小时,如:政治课,高级班的读人民大宪章,中级班读鲁迅先生的有关文章,初级班、幼稚班主要由教员讲各类有教育意义的小故事;国语课,高级班用《解放日报》的解放副刊作教本,中级班用《工人读本》第4册,初级班用《工人读本》第2册,幼稚班先教识字、扫盲,到了相当程度读工人读本的第1册;算术课,高、中、初级和幼稚班级教材则采用各级《工人算术课本》。体育教育是军事体操和柔软操合成的少年操,并且还可以打排球。文艺教育主要是音乐课,和普通学校相同。少年犯每天从上午7时起,开始了一天紧张有序的学习与生活:打铃后,他们上课、下课、唱歌、上操……每周星期六上午是诊病的时间,下午开小组会,讨论时事或者漫谈;星期天上午由监狱或科室领导给他们讲话,下午少年犯自己洗衣服。

监狱里还办起"少年壁报",规定每月出版两期,都是少年犯自己写的文章,虽然文字显得幼稚、版面排版不够美观,但这些都是少年犯通过学习后的切身体会,并受到监狱干警的鼓励。少年犯也展开了文娱活动,成立了歌咏队、戏剧队、秧歌队等,主要乐器是笛子和口琴,每个月都安排了一定的活动,并组织少年犯学图画、集体游戏、做集体体操,丰富少年犯的文化生活。1950年6月1日,迎来了上海解放后的第一个儿童节。当天早晨《新民晚报》记者到监狱采访。他们看到少年犯正在上课,努力学习文化知识,潜心做算术题。为了庆祝儿童节,少年犯的秧歌队和歌咏队在监狱广场上表演。

解放初期提篮桥在押少年犯在楼顶做早操

二、少年犯管教所

上海市公安局劳改处于1953年10月接收位于大场宝华寺香花桥22号的中国人民救济总会上海分会少年村村址。当时所移交的财产有:土地46 607平方米(70亩),房屋15幢120间,还有课桌、书柜、木床、电话机等生活用具,锄头、簸箕等生产用具。同年11月5日,上海市少年犯管教所(简称少管所)正式成立,是新中国最早在山东、内蒙古、吉林等地建立的10个少管所之一。所长桑玉庭、政治指导员肖德学;少管所下设管教组、总务组(1955年初增设业务组、会计组),全所工作人员21人(1955年8月增加到48人)。1953年11月,少管所开始收押男性犯罪少年,他们大多来自各公安分局和提篮桥监狱在押的违法犯罪少年,他们相当部分是流浪儿童,没有刑期也没有教养期(至此提篮桥监狱不再关押男性少年犯,但女性少年犯仍押提篮桥)。截至12月底,少管所收押人数479人。他们多数是惯窃,上海有家的占半数以上。

1953年,市公安局制定了少管所的收押办法,规定收押对象是12周岁以上、18周岁以下的犯罪少年犯,有以下罪行者:(1)一贯以偷窃为生,屡教不改者;(2)犯有反革命活动或严重刑事罪行(如杀人、纵火等);(3)有组织或一贯进行抢劫、敲诈勒索、欺诈别人财物者;(4)犯有其他严重罪行者,如强奸妇女等。凡属下列情形者不予收押:(1)凡年龄不满12周岁和超过18周岁之犯罪少年,前者送民政局收容,后者送提篮桥监狱关押;(2)患有严重传染病或精神病者;(3)患有危险疾病或严重慢性病,入所后有生命危险或有不能保持生命之虞者;(4)凡有家可归或有亲属可靠之初犯,偶然犯罪而情节又不十分严重者可予以教育后,动员家属或亲属领回教养。收押改造之少年犯一般以1—3年为期。在改造期间,行为有所转变,而又有家可归者,可动员家属领回教养;年龄超过18周岁而行为又未改变,仍需继续改造,或无家可归释放后可能危害社会治安者,可给以留所改造或提请法院判处徒刑,以便送监狱另行改造。同年12月,市政治法律委员会通知称:"现在公安局已设立少年犯管教所,容量也很大,故12足岁以下的少年犯已无必要送民政局收容教养。"为此,不足12岁的违法少年一度也被送进了少管所。

少管所对少年犯普遍进行入所教育,着重讲明人民政府对少年犯以"教养为主"的政策,要求他们必须遵守纪律、服从管教,并制定《寝室规则》《饭厅规则》《室外活动规则》《通讯接见规则》以及理发、洗澡、就医、卫生等制度,明确规定:少年犯没有管理人员带领或武装押解不得外出。对在押少年犯进行设卡登记并做好基础工作。1953年底,少管所对在押少年犯的文化程度调查,文盲约占

20％、小学毕业占 60％、初中和高中程度占 20％。1954 年 6 月,少管所试办小学教育,将 15 周岁以下的少年犯分为 6 个班级,设语文、算术两科,采用《职工识字读本》,每周授课 12 小时,教员由管教人员兼职。同年 9 月,增设初中一、二年级两个班级。全所 8 个班级,全部采用普通小学、中学的课本,教育逐步向正规教学过渡。少管所针对少年犯的特点,因地制宜在少年犯中开展多样的文体活动,如篮球、排球、乒乓球、田径和歌咏、舞蹈等,并每月放映一次电影。

1954 年 5—6 月,少管所布置少年犯书写"自传",其内容要求写家庭情况(包括人员、称呼、职业、住址、生活来源)、本人经历(从 10 岁起,何时何地、做何事)、社会关系、犯罪次数(每次人数、方式方法、何时何地)、逮捕次数,逮捕后受过哪些处分和教育等。在组织少年犯书写"自传"的过程中,不少少年犯都是几经起草、多次修改补充,并在干警辅导帮助下才完成。少管所坚持对少年犯进行思想政治教育、文化教育,如:思想政治教育中,进行"劳动创造世界""爱护公共财物"的专题教育。为强化教育功能,少管所组成教育研究小组,定期汇集少年犯的思想动向,有针对性地研究教育的形式和内容。1954 年 12 月《劳动改造条例》颁布后,少管所制订对少年犯奖惩制度和释放标准。首次释放 16 名表现好的少年犯,并在原来实施的规章制度的基础上,增加《劳动纪律》和《课堂规则》,完善少管所的管理,进一步规范少年犯行为。1955 年五一国际劳动节,少管所干警带领数十名少年犯参加庆祝游行。外出途中,少年犯均能遵守纪律,听从指挥。1955 年的思想教育,主要是宣讲《劳动改造条例》和据此制订的少年犯必须遵守的六项规则。

少管所自 1953 年 11 月在大场建立后,对少年犯组织生产劳动,培养他们的劳动习惯,主要项目有从事板刷、搓绳和竹制热水瓶壳等手工生产。少管所对外企业初称少年习艺工场,1954 年 3 月起称"地方国营上海劳动第二手工艺厂"。1954 年 8 月,少管所迁往大场余庆桥 408 仓库后,少年犯的生产劳动项目主要是摇草绳。11 月 1 日,少管所借用附近的张家宅共计 48.3 亩土地(截至 1955 年 3 月 31 日),组织少年犯参加农业劳动,学习农活,体验农业生产的辛劳。1954 年底,少管所在押少年犯 699 名。1955 年 9 月,少管所搬迁到黄浦江边小木桥路中山街 3 号。

1956 年 3 月起,根据最高人民检察院、最高人民法院、内务部、公安部、司法部的通知,少管所对在押少年犯进行清理,根据不同情况分别释放、移送民政局及劳改队。9 月,少管所搬迁到浦东高桥西街 160 号原上海市公安局高桥分局所在地。该处宅院占地面积 3 亩,建筑面积 2 000 平方米,坐北朝南,五开间三进深二层楼,这是一幢中西合璧的四合院,原称"钟氏民宅"。少管所自搬到高桥以后,房舍条件、改造环境有所提高,女少年犯调出提篮桥,提篮桥监狱停止关押女少年犯;至此男性、女性少年犯统一由少管所收押管理。9 月 21 日,假座高桥区大礼堂举行开学典礼,上海市公安局分管副局长和劳改处处长到会讲话,全体少年犯和部分家长参加。此后少年犯基本上是半天上课读书,半天劳动,生产项目有加工医学模型等。少管所成立"少年犯生活文体委员会",在管理人员领导下,出墙报、黑板报,并建立合唱、音乐、戏剧等小组。少管所进一步按学校的形式,开展较正规的教学工作,全所少年犯分上午、下午两班参加学习和劳动,女少年犯单独编班。小学设语文、算术、自然、地理、历史等课,初中设政治、汉语、代数、几何等课,每门课有专职教师,每班有班主任。1956年下半年,少管所分批组织少年犯参观上海市国营企业、农业合作社、高等学校和市政建设成就等。

位于高桥的少管所

上海少管所自1953年11月建立以来,由于各种原因曾多次搬迁,但是对少年犯的教育工作一直受到党和政府的关心与重视,多位领导及全国人大代表前来视察。截至1956年底,前后有全国妇联副主席康克清,全国人大常务委员会常务委员黄绍竑、许闻天、王葆真等9名全国人大代表,上海市副市长兼市公安局局长许建国等前往视察,还有不少媒体记者前去采访。新华社记者杨瑛于1954年10月10日在《文汇报》发表一篇文章,标题为《访上海少年犯管教所,社会风貌一瞥》,颇能反映少管所的工作成果,现摘录部分内容:

一个晴朗的下午,我到上海市郊区的少年犯管教所去参观。收容在那里的绝大部分是扒窃犯。……这些孩子刚到管教所的时候,差不多没有一个懂得纪律的,他们特别喜欢破坏东西。负责管教所教育工作的人员给我列举了很多事实:萧阿根3个月里穿破了6条棉裤子;在严寒的冬天,沈伯金把棉被里面的棉絮拉出来团成棉花球打着玩;院子里平滑的水门汀地面,也被打碎来作石子游戏。他们常常说不上三句话就动手打起来,队长们连劝架都来不及。上课钟早已敲过了,孩子们还在玩耍,队长好容易才把他们劝进教室里去。但是现在已经完全不同了,孩子们一听到集合哨子,5分钟内就能把一百多人的队伍排得整整齐齐,依次走进教室去听课。孩子们不但学习文化,而且也培养了新的道德观念,他们初次知道了劳动是光荣的事情。有一次,队长王余斌才上课完毕,一个孩子跑进他的办公室对他说:"过去我一直以为钱顶有用,有了钱就可以造高房子,随便买什么东西吃,今天我才晓得原来一切东西都是劳动创造出来的。"现在孩子们对学习和劳动都很认真,王崇伦、张积慧等英雄模范已成为孩子们最熟知的人物了。……在少年犯管教所办公室的桌子上,我看到堆着成百封信件,这些都是孩子们写给家里的。仲晶给他母亲的信上写着:政府很照顾我们少年,我们愉快地劳动,并且每天参加打篮球的运动,我一定下决心改造以前的坏思想,坏习惯,争取做一个好少年,将来为国家贡献力量。

今年8月底,少年犯管教所送出了一批改造满期的孩子。我访问了其中一个名叫丁道阶的。现在丁道阶已考进了育新初中文化补习学校读书。一年以前,他和别的小偷合伙,从家里出走,每天流浪街头。到少年犯管教所之后,他才认识自己已走到邪路上去了。经过一年的管教,他重新开始了正当的生活。

三、上海农场少管所

上海农场位于江苏大丰四岔河地区。1950年3月,苏北行署划出地处黄海之滨的20万亩给上海市作为游民、犯人开垦安置之地。不久成立上海市人民政府垦区劳动生产管理局(简称垦管局)。同年3月,上海有多批游民、犯人赴苏北,其中包括230名少年犯。他们大都是盗窃犯,出发前编为一个少年中队,中队长由监狱干部担任。在少年中队中还成立了秧歌、口琴、莲湘、笛子、歌咏等文艺活动小组。少年犯都乐意去苏北,通过农业劳动锻炼自己。① 到达农场后,初期少年犯没有单独编队,而与成年犯混押。1955年6月,根据上海市副市长许建国的指示精神,上海农场元华分场三队单独建立少管所。所部设正副所长3人,生产助理员、财务助理员、统计员、供应员、卫生员、事务长、文书各1人,另设教育组,组长1人,组员8人,后增设副牧队长1人等,干部编制25人。另选用纠察、炊事员、勤杂等共80多人。1955年6月16日,上海农场少管所从上海接收700名少年犯,其中:男性669人,编为5个中队;女性31人,安置在元华荡劳改支队女犯大队。这700名少年犯与农场原有的125名少年犯一并集中在元华三队上海农场少管所。7月,为适应管教和劳动需要,将5个中队编为4个管教队,每队170余人。又根据文化程度,每个管教队编为3个小队,每个小队50余人。上海农场少管所订立若干规章制度,对少年犯实行半天学习、半天劳动,确保9小时睡眠,每星期休息一天。各管教队有专人负责卫生保健,各小队推派少年犯1人担任卫生服务员,配合卫生员做好各小队防病保健工作。

　　上海农场少管所坚持对少年犯进行政治教育、文化教育和生产技术教育,教育时间每天4小时。政治教育包括所规、所纪教育,法制教育,政策教育,形势教育,场情教育等,教育形式采取所部上大课,各个管教队结合本队实际进行辅导,组织讨论,联系农场实际组织参观等。例如,在进行场情教育时,少管所组织少年犯代表170余人到农场加工厂、拖拉机队、医院、学校参观,由各单位负责人和流浪儿童出身的拖拉机手、护士等给少年犯做报告,讲农场艰苦创业发展的情况和本人成长过程,激发少年犯爱国、爱场的热情,努力改造自己成为新人。文化教育主要按少年犯经测验后的文化程度编班开展学习,自编课本,由教员进行教学,要求少年犯每人对主要的常用汉字及部分文章会认、会读、会写、会背。技术教育贯彻"干什么、学什么"的原则,教学内容主要是应用生产技术教育,边学边干和技术操作示范。少年犯每天劳动4小时,主要参加植棉生产,劳动作业是间苗定苗、中耕除草、整枝摸芽、收拾棉朵、拔起棉秆,有时也参加堆肥、运肥、运草等。少年犯通过劳动实践基本上学会田间生产。②

　　上海农场少管所还对少年犯实行考核奖惩。平时由管教队建立考核日常评比材料,由小队逐日记录劳动评分,根据各人表现按阶段由小队综合评分,作为奖惩依据,对有记功者给予物质奖励,对表现不好者给予警告、记过处分。1955年,经过考核评审,少年犯14人受记功奖励、51人受物质奖励、136人次受表扬、

---

① 《监中少年犯乐意去苏北》,《文汇报》1950年3月17日。
② 汤义仁主编:《上海市上海农场志》(上册)(内部资料),2010年版,第195页。

1人被记过处分、3人受批评。1956年3月,根据市人民法院、人民检察院、公安局、司法局、民政局《关于执行中央两院三部对少年犯和少年教养人员清理工作联合通知的意见》,市公安局劳改处对少管所和苏北上海农场少管所的少年犯中犯罪情节轻微,或是累犯但情节不严重且家有教养条件的,或已超过18周岁自愿留场就业的,以及少数流浪儿童或有伤残、或患有精神病的,分别释放、留场或由民政部门安置;对应负刑事责任依法起诉的,由法院作出判决。当时上海农场少管所有少年犯986人,共清理949人,12月放回上海404人、转送市民政局70人、放回外省174人、留场安置221人、维持原判19人、待处理58人。凡释放者均经上海少管所办理释放手续。清理工作结束,上海农场少管所于1957年初撤销。

1949—1960 年上海监狱的劳改生产

解放初期上海监狱系统属人民法院建制,从 1951 年 5 月起改为公安体制,上海市人民法院监狱改称上海市监狱;时有干警职工 718 人、在押犯人 15 055 人(其中未决犯 11 373 人、已决犯 3 682 人)。[①]为了教育改造犯人,为了不让他们坐吃闲饭,监狱干警因地制宜,克服困难,组织犯人从事各种生产劳动。初期还对少数刑期较短、表现较好的犯人实行保外服役。本文主要对 1949 年 6 月—1960 年底,上海监狱系统的劳改生产情况分为三个阶段,作一简要叙述。

第一阶段:1949 年 6 月—1952 年 6 月　上海劳改生产的艰难起步

(一) 接收旧提篮桥监狱,恢复生产工场,为社会服务

1949 年 5 月上海解放,获得新生。5 月 28 日市军管会接收处派员接管旧提篮桥监狱,次日成立接收专员办公室,作为全监的领导机构;9 月 25 日正式挂牌成立上海市人民法院监狱。随着打击反革命破坏和刑事犯罪活动,监狱押犯逐渐增多,为了减轻国家负担,不让犯人坐吃闲饭,同时也为了通过劳动途径教育改造犯人,监狱克服困难,迅速恢复狱内的生产劳动。当年 7 月首先恢复狱中糊盒、印刷、洗涤、打铁 4 个工场;8 月逐步恢复缝纫、制鞋、木漆等工场和女监的加工工场;11 月新设立织袜工场。各工场犯人的人数到 1949 年底均有增长,如:铁工场从最初的 9 人扩增到 56 人,木漆工场从开工时的 14 人增加到 59 人,制鞋工场从 4 人增加到 35 人,糊盒工场从 150 人增添到 550 人,织袜工场到年底有 32 人,板箱工场现有 63 人。[②]

在管理人员的教育下,在押犯人提高了改造积极性,产量逐月提高,不少生产工场成绩斐然,如:缝纫工场恢复生产后,缝纫机由 20 多架增至 280 架,300 多名犯人参加生产;印刷工场设有全张和对开密勒机、飞达机、三色板机、电动切纸机等各种大小印刷机器,并配有排字、装订、铸字等工场和设备,承印书报、刊

[①] 麦林华主编:《上海监狱志》,上海社会科学院出版社 2003 年版,第 39 页。
[②] 上海市人民法院监狱总务科 1949 年下半年工作总结。

物、账册、表格等。当年,产量从开始每月 16 万张提高到每月 100 万张;为新华书局印刷《李闯王》等两部书,每本印数 2 万册,还承印了普列汉诺夫的《论一元论历史观之发展》、刘白羽的《光明照耀着沈阳》,及学生联合会的练习簿等书刊。①整座监狱参加劳动的犯人从最初的不足 100 人,到年底扩大到 1 700 多人,并带来可观的生产收入。

监狱木工场制造各种板箱,日产由 800 只逐渐提高到 1 500 只(1952 年在木工场的基础上建立上海市监狱劳改板箱厂,专门生产包装板箱,同时为上海电缆厂加工绕电缆的木盘,1954 年 11 月迁往五权路 1675 号)。监狱建立的洗涤厂,最初 50 人每周洗涤印钞布 45 匹,后来每天洗涤 150 匹,一个月后提高到 180 匹,最后突破 240 匹。为了厉行节约,洗衣和盥洗从使用自来水都改用井水,甚至刚挖掘的四口井不够应用,又得开掘新井,现在每天省水 10 000 斤。②

1950 年 3 月,在狱内增设汽车修理厂,添置汽车修理工具 32 套。修车厂两个月完成修理的 5 辆汽车都在抗美援朝战场上发挥了作用。同年,监狱被服工场对外承接服装加工业务,13 天完成第三野战军军需处衣物 43 种,单棉衣共 312 340 件、衬领 6 800 条,用布近 5 万匹。同时,还为海军司令部制作制服 30 匹,皮鞋 1 000 双等,三野的 8 000 套雨衣,橡胶布 1 966 码,三野军用符号 130 万只。11 月,为在朝鲜作战的志愿军制作军衣 31.2 万件。③1951 年 6 月,缝纫工场

整修汽车出监狱

---

① ② 《东方"巴士底"的解放　上海市人民法院监狱参观记》,《新闻报》1949 年 8 月 26 日。
③ 1950 年上海市人民法院工作总结。

改为被服厂,生产规模逐渐扩大(1954年9月被服厂建制独立)。

1952年7月,监狱组织擅长土木建筑的技术犯200余人、其他杂工250人,建立上海市监狱劳动营造厂,从事房屋设计与营造工作,厂部设在长阳路147号,带队干部和犯人住在工地上(1957年厂部迁往漕宝路38号)。

(二)派出干部接收原属监狱的场地从事各项劳动生产

1949年10月,派出干部去市郊漕河泾接收原漕河泾监狱(又名江苏第二监狱)遗址组建小型农场。次年初,监狱组织改造表现较好的少数短刑犯,试行保外劳役的方法到漕河泾农场参加劳动。1月25日,组织9名犯人,带了一月的粮食和其他必需品,由毛荣光、郑承副典狱长带队送往漕河泾农场,从事农副业劳动。上海电影制片厂摄影队新闻片组也在早晨8时赶至提篮桥拍摄新闻镜头,直至漕河泾农场。①1951年7月,漕河泾农场与上海市民政局大场大生桥工场对调。监狱将原漕河泾农场人员、物资、用具全部调入北新泾农场。8月13日监狱接收了大生桥工场,改名为上海监狱大场劳改工场(1952年4月撤销)。

1949年11月,监狱派出万志平和姜天忠两人负责接管位于北新泾的原司法行政部直辖第二监狱遗址;12月,接管组召集遗址内居住及占有耕田的农户开会,宣布收回土地,开办农场。为照顾种田人的具体困难,凡已经下种的土地,等到来年收获后再收回;未下种的土地马上收回。至此1950年5月收回该处150多亩的旱田,同时第一批保外服役的犯人14人押解到场,7月又分三批解押41人(截至11月,保外服役犯共80多人);8月成立了人民法院监狱北新泾劳改农场。农场建场之初,除了少数干警,还招收几名农工,当时条件艰苦,交通闭塞、野草丛生,除了几间草房外,其他一无所有。干警顶风雨、冒烈日,带领犯人搭草房、开道路、打水井、挖河道、开垦荒地、种植农作物,劳动分成5个大组,每个农工负责一个组,担任组长,带领犯人一起劳动,从事种菜、搓绳、修路、垦荒等。蔬菜除一部分自给外,大部分供应提篮桥监狱炊场。运输工具是人拉塌车,每辆车5个人,由1名农工带4名保役犯,送蔬菜到提篮桥,回来装大粪作肥料,或运送其他物资,每天步行100里以上。

1951年9—12月,北新泾农场调入3年以下有期徒刑的一般刑事犯436名,除了释放及调动外,年底共有押犯292人。同年10月,农场开始组织犯人发展手工业生产,开办制绳工场,摇制草绳;开办铁钉工场,打制铁钉。其间也一度土法上马自制白糖、豆腐、纸筋等。由于豆腐运输不便,途中容易破碎;白糖关系到食品安全,不宜让犯人制作;建筑盖房用的纸筋又销售不畅,后来均停产。

---

① 《自新人保外服役分别在自新理发室和漕河泾农场开始工作》,《商报》1950年1月26日。

1953年1—3月,80名犯人在干部带押下,修建虹桥机场,劳动项目主要是除草、挖土、铺路等;3—6月,120名犯人在干部带押下,修建大场机场,打短工;1953年第二季度承接自行车管加工,次年形成拉管、油锉、电焊3个车间,使手工劳动逐步向半机械化过渡。

(三)在监狱门外开设为民服务商店

1950年1月25日,提篮桥监狱在长阳路111号,利用监狱的自有房屋,略经整修,并添置设备后开设"自新理发厅",向社会公众开放,并选择7名改造表现较好具有理发技术保外劳役的犯人作为理发员,对外营业为大众服务,其收入为监狱所有。①典狱长武仲奇亲自书写"自新理发厅"的招牌。该理发厅的设备与当时上海二、三等理发厅相同。而收费为上海理发厅的最低,男宾为3 000元(相当于新币3角)、光理发只收1 700元(即1角7分);女宾收费相同,火烫收费4 700元(即4角7分),儿童1 400—2 300元(即1角4分—2角3分)。理发厅开张后,获得狱内干警及附近居民的欢迎。北京电影制片厂到场拍摄了新闻片。②自新理发厅营业颇佳,2月份营业收入新币981.9元(下同),3月份营业收入1 385.4元。农历新春保持原价,顾客清晨6时就排队理发。平时往该理发者因人数众多,所以亦须挂号登记,该厅理发师后已增至10人。③后来监狱又开设了自新照相馆、自新供销合作社,其工作人员均为保外劳役的犯人,同时在监狱炊场设立有全套设备的酱油厂,酱油产品除狱内炊场使用外,还供应市场消费。后来根据上级的有关政策,劳改单位为了不与民争利,同时也为了杜绝保外劳役犯人借机作案的渠道,1951年上海监狱系统的自新理发厅等三个部门全部歇业撤销。不久,监狱也取消了少数犯人的保外劳役制度。

(四)开赴苏北建立大型农场

解放初期,上海市的地域面积很小,全市总计仅600多平方公里,当时上海监狱系统一度收押了大批犯人,但仅有一座提篮桥监狱、几个看守所及两个面积较小的漕河泾、北新泾农场,关押场地拥挤。同时,民政部门还收容了几千名闲散在社会上的无业游民、流浪儿童。1950年2月6日中午,盘踞在台湾的国民党派出飞机对上海以发电厂为主要目标进行轰炸,被炸死亡542人、炸伤836人、失踪5人,受灾居民5万多人。④造成全市工厂大多停产,一度对上海带来较

---

① 《自新理发厅昨日开幕》,《文汇报》1950年1月26日。
② 《自新人保外服役》,《商报》1950年1月26日。
③ 《自新人努力生产》,《文汇报》1950年3月7日。
④ 当代上海研究所编:《当代上海大事记》,上海辞书出版社2007年版,第25页。

大影响。上海市政府决定紧急疏散无业游民,组织犯人外出劳动。为此,上海市委与有关部门商定,划出江苏台北县(今盐城市大丰区)的20万亩荒地成立上海市人民政府垦区劳动生产管理局(简称垦管局),用作安置上海无业游民和犯人劳动改造的场所。1950年3月21日,提篮桥监狱的2 515名犯人调往苏北;[①] 1951年又有1 588名犯人调往大丰,同年10月前后,上海共遣送游民等12 043人去苏北。[②] 1952年7月起垦管局收押了大批犯人,并成立元华劳改支队。1952年8月1日,垦管局改名为上海市上海农场管理局。20世纪50年代初期,该处是上海监狱系统的一个重要的大型劳改场所和重要的粮棉生产单位。

第二阶段:1952年6月—1958年
扩大规模　从小到大　初步发展工业生产

1952年6月23日,上海市公安局劳改处成立,统一管理全市监狱、劳改队、看守所的工作。6月,根据上海市政建设的需要,组织有土木建筑技术、刑期较短、适合监外劳动的650多名犯人,组建上海市监狱劳改营造厂(后改称上海市新生建筑公司),从事建筑营造生产。

为了劳改处劳改科所属的各劳改工厂(工场)便于对外工作,联系业务,各厂开始独立经营,独立核算,1953年1月各劳改工厂,统称"上海市监狱劳改××厂";同年4月,各劳改工厂对外统一冠以"劳动"名称,即把原"上海市监狱劳改××厂"改称"上海市劳动××厂"。对内则称为"上海市第×劳动改造管教队",简称"劳改×队"。1953年4月,在提篮桥监狱内新建劳动针织厂,6—7月,又新建劳动牙刷厂、塑胶厂和洗染厂。1953年底,劳改处下有机器、印刷、板箱、被服、针织、洗染、塑胶、牙刷、营造9个工厂,但这些劳改工厂均设在长阳路147号内,由于场地狭小,生产规模都不大。1954年下半年开始,劳动板箱厂、新生建筑公司等单位先后迁出,择新址建厂。其中劳动板箱厂、劳动机械厂分别于10月、12月迁往军工路五权路(今民星路),新生建筑工程公司迁往漕宝路。1955年劳动洗涤厂,搬迁到凉州路。迁出的单位,由于条件改善,规模扩大,生产很快得到发展。

少年犯管教所(简称少管所)1953年11月在大场宝华寺建立,对少年犯组织生产劳动,培养他们的劳动习惯,主要项目有从事板刷、搓绳和竹制热水瓶壳

[①] 《本市收容的游民及部分犯人万余人将赴苏北垦荒》,《解放日报》1950年3月7日;《自新人将走上自新路,整装待发到苏北垦荒》,《文汇报》1950年3月21日;《苏北垦荒多了一支生产队伍,两千余犯人昨首途》,《新闻日报》1950年3月22日。

[②] 阮清华:《上海游民改造研究(1949—1958)》,上海辞书出版社2009年版,第133页。

等手工生产；少管所对外企业初称少年习艺工场，1954年3月开始改称："地方国营上海劳动第二手工艺厂"。1954年8月，少管所迁往大场余庆桥408仓库后，少年犯的生产劳动项目主要是摇草绳。

1953年，北新泾农场为华东工业部红星制造厂试制加工自行车铁管，在一无厂房设备、二无电力供应、三无技术力量的情况下，经过艰苦拼搏，自己设计制作了手工"绞盘"拉管机，采用人力拉制管胚，在草棚里建立了拉管车间。由于生产项目的改变，1954年12月，北新泾劳改农场对外名称改为"上海市地方国营劳动第一手工工厂"，同时为上海市交电公司加工电瓷瓶、羊角保险、接头箱等新品种。1955年2月，对内编为上海市第七劳动改造管教队（简称劳改七队）。从第四季度起安装照明和生产用电，给劳改七队带来生产的良机，从此手工劳动逐步向半机械化和机械化道路上迈进。随着劳改生产的发展和产品的调整，1956年7月劳改七队对外的企业名称改为"上海市地方国营劳动金属电器厂"，1958年7月又改为"上海市地方国营劳动钢管厂"。从当年起，劳改七队专业化钢管企业迅速发展，把加工压缩电瓷瓶等产品的车间扩建成热轧、冷轧带钢车间，并从上海钢铁加工公司调拨相关的机器设备，新建简易无缝钢管车间，安装剪坯机、穿孔机等机械设施。当年年底正式投产生产钢管，到1959年下半年初步形成从钢坯材料进来到成品出厂的一条龙生产线，取得良好的经济效益。

20世纪50年代劳改七队的钢管生产场所

1955年1月,依照公安部关于统一劳改生产单位和监狱、看守所、少管所名称的规定,上海市公安局劳改处对所属的机械工具厂、板箱厂、被服厂、印制厂、洗染厂、针织厂、金属电器厂、手工工艺厂、新生建筑工程公司、棉织厂等单位统一编称"上海市第×劳动改造管教队"(简称第×劳改队)。同年,劳改生产列入地方生产计划内。在计划编制、基本建设、财政预决算等方面,上报市计委,单立户头,纳入国家计划管理渠道。

表1　　　　　　　　1955年上海监狱系统劳改生产企业

对内全称	对内简称	对外名称	所在地址
上海市第一劳动改造管教队	劳改一队	上海市劳动机械工具厂	五权路(今民星路)
上海市第二劳动改造管教队	劳改二队	上海市劳动板箱厂	五权路(今民星路)
上海市第三劳动改造管教队	劳改三队	上海市劳动被服厂	长阳路147号
上海市第四劳动改造管教队	劳改四队	上海市劳动印刷厂	长阳路147号
上海市第五劳动改造管教队	劳改五队	上海市劳动洗染厂	长阳路147号
上海市第六劳动改造管教队	劳改六队	上海市劳动针织厂	长阳路147号
上海市第七劳动改造管教队	劳改七队	上海市劳动第一手工工厂	北翟路1551号
上海市第八劳动改造管教队	劳改八队	上海市劳动手工工艺厂	长阳路147号
上海市第九劳动改造管教队	劳改九队	上海市新生建筑工程公司	长阳路147号
上海市上海农场管理局	上海农场	上海市上海农场	江苏大丰县四岔河
上海少年犯管教所	少管所	上海劳动第二手工艺厂	大场余庆桥

1955年5月,上海农场、劳改一队、新生建筑公司3个单位,被公安部列为全国大型和重点劳改生产单位。1955年7月,上海新生建筑公司更名为上海新生建筑工程公司;不久,该公司对内编为上海市第九劳动改造管教队(简称劳改九队);1957年7月从长阳路147号搬迁到漕宝路38号。1956年4月,在长阳路147号内筹建劳动棉织厂,8月投产,1957年1月,对内编为上海市第十劳动改造管教队(简称劳改十队)。

1957年11月,上海市民政局、公安局劳动教养处成立(简称劳教处)。12月,地处安徽郎溪、广德境内建于1956年的原属民政局的白茅岭农场划归市公安局领导。1958年10月劳改处与劳教处合并,统称劳改处;从当年起,市公安局劳改处下属的几个劳改队,因工作需要及生产业务而有所调整。1958年1月,撤销劳改六队(劳动针织厂)和劳改十队(劳动棉织厂),并入劳改五队(劳动洗染厂);4月,少管所从高桥西街搬往漕宝路;6月,撤销劳改二队(劳动板箱厂),并入劳改一队;8月,在福建省将乐、泰宁县境内建立"闽北上海农场"(收容劳动教养人员)[①],在江西省铅山县境内筹建劳教农场,始称铅山农场,又称江西上海农场,次年3月正式定名为上海市劳动教养赣东北农场;[②]9月,位于苏北的上海农场管理局改名为上海市地方国营上海农场,归上海市公安局直接领导;10月,提篮桥监狱内利用犯人中的科技人员,试制仪表,生产测量仪器和照相排字机、双筒望远镜等光学仪器,新建劳动仪表厂,并建立试制半导体硅车间,提炼出少量硅单晶体。

为了解决原材料供应、产品销售渠道等问题,从20世纪50年代中期起,上海监狱系统各劳改队采取行业归口的办法,即按产品类型分别归口地方有关工业局和公司,由主管局与地方有关工业局、专业公司协商解决落实,如:被服厂、针织厂、棉织厂、洗染厂,归口上海市纺织工业局所属衬衫、服装工业公司、制袜工业公司、毛巾被单工业公司、织布工业公司;板箱厂、金属电器厂,归口市木材公司和上海市第二重工业局所属螺丝工业公司、钢铁加工公司;印制厂、手工工艺厂,归口上海市第一轻工业局所属印刷工业公司、毛刷工业公司、制笔工业公司;机械工具厂机床生产部分,归口上海市机电一局所属机床公司;手工具生产归口商业部上海五金采购供应站,农机配套随机工具归农业部;钢管厂,归口上海市冶金局所属钢加工公司;电焊机厂,归口上海市机电一局所属电器公司;建筑工程公司,归口上海市建筑工程局等;劳改农业归口市农办,劳改农场的农副产品在自给的基础上,实行统购统销。农业生产资料,包括化肥、农药等,由市农业生产资料公司按计划调拨,粮食由上海市粮食局统购统销,棉花、油料和其他农副产品也由市有关部门统一购销,不足部分,由粮食局和有关部门调拨供应。归口后,有关生产的计划任务、主要原材料供应和产品的销售,由归口公司负责;生产安排、劳动力的组织等,由劳改生产主管部门负责;工业总产值和企业利润归劳改生产部门。这种行业归口的管理办法,对上海劳改生产的发展起到了重要的推动作用。[③]

第三阶段:1959年1月—1960年12月
随着上海行政区域扩大,上海劳改场所扩容

为解决上海市辖区面积狭小、人口众多、副食品供应短缺等发展瓶颈与民生

---

① 1962年闽北上海农场迁到安徽宣城,改称上海市军天湖农场。
② 1960年5月,赣东北农场撤销,全场大部分人员迁并到冶金部所属赣东北有色公司江西德兴铜矿,小部分人员迁并到江西彭泽县的上海市建工局所属的马当采石场,少数留交江西上饶专区公安处。
③ 麦林华主编:《上海监狱志》,上海社会科学院出版社2003年版,第496页。

问题,1958年,国务院批准将历史上与上海关系密切的江苏省嘉定、宝山、上海、川沙、青浦、南汇、松江、奉贤、金山、崇明10个县,相继划入上海管辖,奠定了今日上海市行政区域范围的基础。1959年1月位于南汇周浦镇原江苏省第十六劳动改造管教队(浦东砖瓦厂)、位于松江北门的江苏省第十七劳动改造管教队(松江针织厂)、位于青浦天圣庄的江苏省第二十四劳动改造管教队(青东农场),随着南汇、松江、青浦三县划归上海,移交上海市公安局劳改处领导,分别改为上海市第二劳动改造队(简称劳改二队),企业名称为南汇砖瓦厂,1960年该厂转产玻璃后,企业名称更名为上海劳动玻璃厂;上海市第十劳动改造队(简称劳改十队),企业名称改为劳动针织厂;①上海市第六劳动改造队(简称劳改六队),对外名称为上海市青东农场。随着江苏三个劳改场所的划入,也扩大了劳改处的管辖范围。1959年5月,位于安徽郎溪、广德境内的白茅岭农场划归安徽省公安厅领导。②

  20世纪50年代中期,提篮桥监狱行政组在9号监底层设有一个小工场,修理、制作炊具、饭盒、木桶、马桶,以及内部零星维修;1958年初,小工场组织了一个翻砂作业,为缝纫机厂加工铁铸件、为医院加工人体模型;1959年上半年,曾试制比色计、示波器、光电自动记录仪,当年10月成立了隶属于提篮桥监狱的劳动仪表厂,厂址设在十字楼;1960年10月,劳动仪表厂独立建置,对内编为上海第三劳改队,对外称上海劳动仪表厂。

  20世纪60年代初的三年困难时期,上海劳改生产根据国家关于国民经济"调整、巩固、充实、提高"的方针,将劳改工业生产和基本建设指标降至切实可靠的水平,适当收缩劳改摊子。1960年3月,撤销位于长阳路的劳改五队(劳动洗染厂),并入位于松江的劳改十队(劳动针织厂);6月,撤销位于殷高路的劳改八队(劳动塑胶厂)和位于松江的第十劳改队(劳动针织厂),并入第六劳改队(青东农场);8月,撤销位于长阳路的劳改三队(劳动被服厂)和劳改四队(劳动印刷厂),分别改为隶属提篮桥监狱的被服中队和印刷中队。同时,将原属于提篮桥监狱的劳动仪表厂升格,编为劳改三队。在殷高路组建劳改五队(劳动汽车修造厂)。9月在同心路新组建劳改四队(劳动电焊机厂)。

  截至1960年底,上海监狱系统共有市监狱(提篮桥监狱)、劳改一队(劳动机械厂)、劳改二队(劳动玻璃厂)、劳改三队(劳动仪表厂)、劳改四队(劳动电焊机厂)、劳改五队(劳动汽车修造厂)、劳改六队(青东农场)、劳改七队(劳动钢管

---

① 1960年6月,劳改十队撤销,并入劳改六队(青东农场);劳改十队所在地改为上海市公安局消防器材厂。
② 白茅岭农场自1963年3月起,从安徽省复归上海市公安局领导。

厂)、劳改九队(上海市新生建筑工程公司)、少管所、上海农场、闽北上海农场(收容劳动教养人员)、上海市第二看守所和监狱医院。工业产品主要有扳手、机床,电子仪表、光学仪器、印刷品、服装、电线电缆,电焊机,钢管;农业方面有粮食、棉花、茶叶、林木、水果、蔬菜等。上海农场在1956年被农业部定为全国高产棉花示范单位。新生建筑工程公司1954年承接的任务占上海建筑总任务的8%左右,次年被公安部列为全国大型和重点劳改生产单位。

解放初期在提篮桥监狱刑场枪决的人员

旧提篮桥监狱原有两处刑场,一处是室内刑场,位于今十字楼 3 楼的绞刑房,启用于 1936 年 8 月,停止于 1946 年 4 月;另一处是室外刑场,位于昆明路 280 号内,原与提篮桥监狱一墙之隔,启用于抗日战争胜利以后的 1946 年 11 月。汪伪汉奸梁鸿志、常玉清、苏成德、傅式说等,以及黑泽次男、芝原平三郎等 14 名日本战犯先后在此执行枪决。1949 年 5 月上海解放以后,该刑场在 1949 年 11 月—1951 年期间,也枪决过不少反革命犯以及严重刑事犯罪分子。

一、枪决于监狱刑场的第一人

1949 年 11 月 23 日下午 2 时,提篮桥监狱刑场上响起一声枪声,上海解放以后在此刑场上枪决了的第一人——杀人犯姚祖舜。他系天津人,时年 34 岁,抗战时期曾入日伪司法官养成所受训,后赴日本留学。1943 年回国,任日伪天津地方法院推事(审判官),后改业当律师。抗日战争胜利后,他南下上海经商,收入丰厚。1947 年姚祖舜用尽心机,勾引京剧演员宋宝罗之妹、年轻漂亮的京剧女演员宋紫萍,并与之同居,感情上两人时好时坏,时密时疏。1949 年 2 月,宋紫萍赴南京演戏不久,姚祖舜催促宋紫萍返沪居住。宋抵沪后姚即对宋严加管束,不让她外出参加演出和其他社会活动,甚至不许她同娘家人员来往,处处限制其人身自由,并给以折磨和虐待。上海解放后,已怀有 5 个月身孕的宋紫萍决定同姚脱离同居关系,于 5 月 29 日毅然搬回娘家居住。工于心计的姚祖舜在电话里痛哭流涕地向宋紫萍认错悔过,说你已怀孕在身,这是我们的爱情结晶,更需要各方面的照顾。6 月 3 日,宋紫萍在姚祖舜的花言巧语下,又回到了南京西路 864 号(大华公寓)二楼姚祖舜的家里。

姚祖舜居室富丽堂皇,并雇用多名女佣。当宋紫萍又回到姚住处,姚特意烹饪丰盛菜肴为之接风。午饭前,姚祖舜邀请宋紫萍一起在家中浴室双双同洗"鸳鸯浴",美言洗去昔日尘埃,迎来新生幸福。当时让宋先脱去衣裤进入浴缸,然后姚祖舜才进入浴室,姚一改和颜悦色,露出真相。他从浴衣口袋里取出尖刀,朝着坐在浴缸内沐浴的宋紫萍背部猛戳一刀,接着又把宋的头揿入水中,朝宋的胸部、腹部、颈部、双肩和乳房处猛戳 11 刀,血水全都流入浴缸,浴室内弥漫着一股血腥味。姚祖舜看到宋紫萍赤身裸体死于浴缸内,才停止作恶,他脱去沾满血迹的浴衣,换好衣服,然后从橱里取出两根金条到所在地区的上海市公安局新成公安分局"自首投案"。新成分局接到报警后,立即派出民警去凶杀现场勘察,又迅速派法医前往验尸。经尸检,死者宋紫萍背脊、喉颈、两肩、双乳、脐肚、小腹、两胁共有刀伤 12 处。

上海市公安局和新成分局对这起手段极其残忍的杀人案十分重视,对凶手姚祖舜进行审讯。1949 年 8 月 19 日,成立不久的上海市人民法院在北浙江路 191 号开庭,审讯上海解放以后发生的第一起杀人案。上海各新闻媒体也作过报道,在庄严的法庭上,审判长宣布开庭,被告人姚祖舜被押上法庭,公诉人市公安局新成分局代表顾某,证人沈某(姚祖舜家的保姆)、被害人家属宋某等到庭陈词。公设辩护人(律师)王某予以辩护。法庭上姚祖舜也作了供述,并为自己进行从轻处理的辩护。同时据人民法院法医研究所法医鉴定,姚祖舜精神正常,具有刑事责任能力。人民法院于 8 月 21 日宣判,姚祖舜犯杀人罪,判处死刑。姚祖舜对此判决不服,提出上诉。原审法院依据法律程序送到上海市军管会复核。市军管会经复核,发文"原判决核准,姚祖舜之申请驳回"。1949 年 11 月 23 日下午 2 时,姚祖舜在提篮桥监狱刑场执行死刑。①

二、李森、史国良、廖公劭三犯执行死刑

1950 年 9 月 27 日上午 10 时,上海市人民法院判决李森、史国良、廖公劭 3 人死刑,并于当日上午 11 时,在提篮桥监狱刑场,将 3 名犯人执行枪决。②

李森,时年 36 岁,山东滕县人,原充任国民党军队的班长、排长,常常对军中的新兵欺压打骂,对驻地的民众百姓敲诈勒索。抗日战争胜利后,他曾在重庆的中美合作所受训,学习各种特工技能及应变措施。中华人民共和国成立后,混入中国人民解放军 30 军政治部学习,在训练期间曾与匪特刘吟秋等勾结。训练结束后,担任残余匪帮中央党员通讯局突击总队第三大队长,结识敌伪翻译赵勇及宋奎明、杨信义等成立匪特组织,密谋招收人员,购买枪支,并曾向泰昌桥龚姓、南汇县城潘鼎兴等家勒索(未遂)。第三次李森在上海近郊周浦一殷实人家进行勒索时,被我公安人员查获逮捕。经公安部门审讯查证,上海市人民法院呈军管会核准,判处死刑。李森的一支盒子枪及其他作案工具没收,同案的宋奎明、赵

---

① 《解放日报》1949 年 11 月 24 日。
② 《首恶者必办 今枪决三匪特》,《新民晚报》1950 年 9 月 27 日。

勇、杨信义、沈德生、金士珍等,分别被判处有期徒刑5—15年。

史国良,时年40岁,江苏丹阳人,民国期间历任丹阳县某乡保长及参议员等职。解放后被所谓的"中央政府苏南指挥部反共救国军"总司令韦元康委任为参谋,阴谋潜赴江苏金坛、丹阳、句容一带进行反革命活动。平时经常与原特工人员蒋英、赵仲钦勾结,参加匪"丹金区独立支队",受任"区长"一职。史国良被捕后,痛哭流涕,伪装坦白,检举揭发同伙。在带领公安人员拘捕罪犯韦元康时中途脱逃,后被我追获。人民法院认为史犯甘与人民为敌,罪行巨大,应予严惩,处以死刑。同案犯赵仲钦、蒋英、王培连共同组织反革命团体,发展人员,扩充队伍,参加匪特组织,均企图下乡进行武装扰乱,各有其反革命的历史与不可容恕的罪行,赵仲钦、蒋英各判处有期徒刑15年,王培连判处有期徒刑7年。

廖公劭,时年44岁,浙江青田人,黄埔军校四期毕业,早年曾参加中国共产主义青年团,后投敌叛变,参加军统组织,曾任军统杭州站站长等职,1938年后调任浙西行署调查科长,镇压民众抗日运动,并欺骗大批纯洁青年参加匪特组织。1940年投靠汪伪政府,充任华南区长。抗战胜利后,又以接收专员的名义回沪,接收不义之财,捞取高档物品,先后出任上海市警察局虹口分局局长及上海市警察局总务处长,策划镇压民主运动,上海解放前夕离职开办中国土产公司借作掩护。上海解放后被公安部门逮捕,予以教育,责以立功赎罪,但廖公劭毫无悔过之心,仍造谣惑众,歪曲人民政府政策,并企图潜逃香港,与国民党反动匪徒取得联系,继续从事反革命活动,实属怙恶不悛,被人民法院判处死刑,予以执行。①

三、其他被执行枪决的人员

1950年期间,有多名犯罪人员在提篮桥监狱刑场执行枪决。

6月9日上午9时,上海人民法院宣判匪特钱宝庆处以死刑,并经市军管会核准,押赴提篮桥刑场执行枪决。钱宝庆组织反革命武装团体,招收人员,搜集枪支,阴谋破坏革命秩序,扰乱社会治安,并连续在公路上抢劫,其犯罪危害及罪行无可宽恕。执行那天,经验明正身后,钱宝庆写毕一封遗书,即押赴提篮桥监狱刑场。9时26分执行枪决,一枪毙命。②

残酷成性的杀人犯张立民、蔡道鹏经人民法院判处死刑,并奉上海市军管会核准,7月12日上午9时,人民法院执行处派员前往提篮桥监狱,将该两犯在监

---

① 《李森等三匪分处死刑 昨在人民法院监狱刑场执行枪决》,《文汇报》1950年9月28日。
② 《匪特钱宝庆今枪决 人民法院在监狱刑场执行》,《新民晚报》1950年6月9日。

狱刑场内执行枪决。①

7月27日上午9时,谋杀康平路1号李祖夔(系上海知名工商业家、中国民主建国会成员)致死的强盗主犯周占平,在人民法院提篮桥监狱执行枪决。周占平曾充任蒋匪军官,1949年5月上海解放后,他不但不改恶从善,反而率同匪伙张尔文等连续抢劫作案,一度造成社会秩序混乱,而且从当年9月14日起,冒充人民政府公安人员,以调查户口、统计人口的名义,闯入居民谭秋心、李祖夔、陈家桢3户人家,抢劫大宗财物,获得钱财后,又大肆挥霍享受,他们并在抢劫过程中以麻醉剂"哥罗方"将李祖夔杀害致死。周占平被捕后,对其犯罪事实供认不讳,在关押及审讯期间,又乘机逃脱,后再度被公安局缉获。周占平犯罪情节严重,对社会危害巨大。由人民法院判处死刑,经呈上海市军管会复核,7月27日在提篮桥监狱刑场执行枪决。②

9月26日上午10时,市人民法院对季晋康、陈代新、蒋梵等6名犯人宣布执行死刑,由审判员审明各犯的姓名、年龄、籍贯后,于11时3刻将6犯押赴监狱刑场执行枪决。③

根据中共上海市委《关于加强镇压反革命活动的指示》,截至1950年底,上海市公安局共清理积案214件,处理案犯842人,其中148人被判处死刑。④其中不少人员均在提篮桥监狱刑场执行枪决。从1951年起,提篮桥监狱刑场停止使用,以后该地改为监狱的运动场。如1951年6月15日上海军管会军法处对289名反革命犯分别在龙华、军工路、江湾刑场分批执行枪决。⑤从1956年起建起了大礼堂,并同时用作犯人与家属的会见场所。

---

① 《两杀人犯残酷成性　法院判决执行死刑》,《文汇报》1950年7月13日。
② 《谋财害命难以改造　强盗周占平昨枪决》,《文汇报》1950年7月28日。
③ 《首恶匪特六名　今晨执行枪决》,《新民晚报》1950年11月16日。
④ 当代上海研究所编:《当代上海大事记》,上海辞书出版社2007年版,第43页。
⑤ 《本市军管会批准执行　今处理反革命分子一批》,《新民晚报》1951年6月15日。

五角场监狱建立年份考

上海市五角场监狱现位于杨浦区嫩江路199号,是毗邻上海东北角"绿肺"共青森林公园上的一座老监狱。70年来,其单位对内名称曾为上海市第一劳动改造管教队、上海市第一劳动改造管教支队,其对外(企业)名称曾为上海劳动机器厂、上海劳动机械工具厂、上海劳动机械厂等,其监狱(企业)的场地也有多次变化。但是该监狱的成立时间,目前各种资料表述不一致,主要有以下三种情况:一是1949年7月。资料来源:互联网、上海监狱管理局网站、《五角场监狱年报》。二是1954年。资料来源:《上海市志公安司法分志·监狱卷》(1978—2010),上海人民出版社2020年版第59页。三是1954年12月。资料来源:《上海监狱志》,上海社会科学院出版社2003年版,第130页。还有两本公开出版物,介绍五角场监狱概况时,对其成立时间没有具体年月:一为杨浦区五角场人民政府编:《五角场镇志》,科学技术文献出版社1988年版,第69页;一为司法部监狱管理局编:《当代中国监狱概览》(地方卷,1949—1989),法律出版社2000年版,第265页。

中华民族是一个最看重历史的民族。一座位于黄浦江畔有70年历史的监狱,有必要厘清其来龙去脉,对该监狱的发展历程作一简单的回顾。1949年5月27日上海全市解放,次日上海市军事管制委员会(简称军管会)派出毛荣光、王正福等人接管了时称司法行政部直辖上海监狱(提篮桥监狱)和第一分监(女监);29日监狱成立"接收专员办公室",作为全监狱的领导机构,对监狱进行清理、整顿、改造。6月1日开始接收犯人;7月,监狱利用原有的工场设备,恢复犯人劳动生产,恢复了糊盒、印刷、洗涤、打铁4个工场;8月又恢复缝纫、制鞋、木漆等生产;9月25日,上海市人民法院正式挂牌成立,下设七科一院一女监,具体为总务科、人事科、会计科、教育科、作业科、警卫科、秘书科,监狱医院,女监。1950年3月,警卫科改为管理科,作业科改称生产科;6月,管理科、教育科两科合并为管教科;8月,会计科改称财务科。

提篮桥监狱的大工场,于1929年12月建造,1930年9月启用,由成泰营造厂承建,建筑面积5749.8平方米,高5层,楼顶为平台,平台的四周建有近2米高的向内带弧形的铁栅。该楼呈南北走向,共设有南、中、北三座楼梯,中间部位设有电梯；每层楼面以居中的楼梯为界，分为南北两区域。据1947年3月25日《申报》题为《上海监狱工厂　囚犯努力生产》的报道，当时提篮桥监狱大工场楼各生产工场的布局分别为：一楼：北部为制铁工厂，南部为糊盒工厂；二楼：北部为工场办公室；南部为木漆工厂；三楼：北部为摇纱工厂，南部为毛巾工场；四楼：北部为印刷工场，南部为排字工场；五楼：北部为装订工场，南部为缝纫工场。1949年初提篮桥监狱各工场全部停工。同年5月27日上海解放，7月，监狱铁工场恢复开工，初期仅有9名犯人，1名干部，年底犯人增加到56人，2名干部。生产工具只有两只风箱、三只铁墩及铁榔头、老虎钳、手摇钻等简易工具；主要生产饭罐、痰盂、马桶钉、马桶箍和承担监狱内的维修。其中一只铁墩，约在1992年后，经本人寻觅在提篮桥监狱五大队（修建队）找到，目前系五角场监狱历史上的"镇监之宝"。当时监狱铁工场不是一个独立单位（法人），相当于一个生产班组，行政上属人民法院监狱总务科领导。1951年5月，提篮桥监狱由法院改为公安建制，移交时铁工场有42名犯人。1952年6月，上海市公安局劳改处成立，铁工场配备2名干部，有52名犯人；年底配备厂领导，增添干警和犯人，但行政上仍属劳改处劳改科。1953年1月，市公安局劳改处劳改科所属各劳改工厂独立经营，独立核算，当月23日铁工场改名为上海市监狱劳改机器厂，有12名干部，218名犯人。

　　1953年12月底，上海市公安局劳改处征用近军工路口的五权路（今民星路）1674号原中国乒乓球有限公司下属的乒乓球厂场地（原私营赛璐珞厂）68.05亩，另投资92万元新建厂房。当时为什么会搬迁到军工路五权路？这里还有一个历史背景，即赛璐珞属易燃品，当时该乒乓球厂经常发生火警。时任公安局劳改处处长李新（海南岛人），原系市公安局消防处处长，对此情况十分清楚，曾与该厂打过多次交道。所以当时一方面从防火安全考虑，另一方面也为了扩展上海劳改系统的场地，就让乒乓球厂搬迁，劳改处征用了该处土地。1954年2月，劳改处又征用五权路周围的华东军区防空司令部探照灯阵地以及营房、车库等，统一筹建军工路新厂房。

　　1954年5月25日上海市监狱劳改机器厂更名为地方国营上海市劳动机械工具厂。8月生产出第一批360把扳手。据《上海市劳改局组织史资料》（1949—1990）第31页记载，劳动机械工具厂厂长：邓惠普（1954年3月29日—1954年11月19日）；第一厂长：邓惠普（1954年11月19日—1955年3月4日）。第二厂长：陈希勤（1954年11月19日—　）。副厂长：王文长（1954年11月19日—　）。代副厂长：栗群。同年12月1日，从长阳路147号迁往军工路五权路的新厂房。当时有65名干部，13名厂员（刑满释放留厂就业人员）、693名犯人。

　　当时从长阳路搬出的有两个单位，除了劳动机械厂以外，还有劳动板箱厂，该厂先于机械厂，在1954年10月搬到军工路五权路。1955年1月，机械厂行政上编为上海市第一劳动改造管教队（简称劳改一队），劳动板箱厂编为上海市第二劳动改造管教队（简称劳改二队）。当时实行"监企合一"的体制，一个单位两块牌子，一个班子；对内称某劳改队，对外称某工厂。劳改一队、二队，两个单位均位于五权路的北面，从一扇大门进出，内分设两个厂，劳改二队（板箱厂）占的地方略大，它需要场地堆放木材等原材料；劳改一队（机械厂）占的地方略小。1958年6月，劳改二队撤销，并入劳改一队。1958年以后，该处又在今民星路的南面扩建一个区域，使劳改队形成南北两块地方。1982年9月，劳改一队升格为支队建制，全称上海市第一劳动改造管教支队；1995年6月，更名为上海市五角场监狱；2000年10月，成立民星公司；2002年4月，五角场监狱与民星公司试行监企适度分离；2004年5月，监狱与企业彻底分离，成为两个各自的独立法人。监狱位于民星路的北部的一部分，并征用了共青森林公园土地20亩，在嫩江路开设新大门，从嫩江路199号进出；企业主要位于民星路的南部及北部的一部分，从民星路201号大门进出。

我国《民法通则》第36条规定："法人是具有民事权利能力和民事行为能力，依法独立享有民事权利和承担民事义务的组织。"第37条规定："法人应当具备下列条件：1.依法成立；2.有必要的财产或者经费；3.有自己的名称、组织机构和场所；4.能够独立承担民事责任。"《企业法人登记管理条例》第7条规定：申请企业法人登记的单位应当具备下列条件：（一）名称、组织机构和章程；（二）固定的经营场所和必要的设施；（三）符合国家规定并有与其生产经营和服务规模相适应的资金数额和从业人员；（四）能够独立承担民事责任；（五）符合国家法律、法规和政策规定的经营范围。据此，认定一个法人、一个独立单位的成立，应该具有以上必备的条件和要素。

试想，1949年7月监狱铁工场，一个仅有9名犯人、1名干部的生产班组，系人民法院监狱总务科的下属部门，显然不是一个法人单位，怎么能够牵强地说成是五角场监狱成立之初？实事求是地说1949年7月恢复的监狱铁工场只能称它为五角场监狱的前身，而不是五角场监狱的建立时间。两者虽然有一定的联系，但属于两个不同的概念。从目前所掌握的资料看，按照法律规范，1953年1月才是五角场监狱正式的成立时间。如果追根溯源，公共租界时期旧提篮桥监狱的铁工场才是五角场监狱最早的前身。一般说来，人们总希望把自己工作单位的成立时间早一点、历史久一点，其心情可以理解，但是这需要建立在可靠的历史资料和客观事实基础上，而不能牵强行事。

上海监狱网，是上海市监狱管理局的官方网站，目前对五角场监狱的历史表述不够确切的文字我们应该及时修正，不应该让其误导监狱干警及广大市民。

巧制《御史台精舍碑》"拓片"

《御史台精舍碑》是我国唐代的一座古碑,现陈列于西安碑林二室。该碑螭首,方座,文隶书,额篆书。高145厘米,宽65厘米,18行,每行30字,有方格。立于唐玄宗开元十一年(723)。由唐殿中侍御史崔湜撰文,书法家梁升卿书写,赵礼镌刻。碑阴及两侧满刻先后作过御史的700多人姓名,其中有重复的,如颜真卿的姓名有两次、苗晋卿的姓名有3次。唐代御史台是国家的最高监察机关,其职能相当于现在的检察院。《御史台精舍碑》记载了建立御史台精舍的缘由,是研究唐代司法制度的重要史料。从碑文中可以知道御史台设有监狱,并在监狱旁建有"精舍"(即佛堂),统治者希望利用佛法来教育被监禁的犯人,要他们不可以怨天尤人,只有痛自忏悔,求佛度难,达到预防犯罪,稳定社会的目的。这是我国现存最早一块涉及监狱及教育犯人内容的大型碑刻,具有重要的历史和文物价值。此碑从艺术上看,其书法也极有功力,是一块珍贵的隶书名碑。

唐代在相当一段时间内佛教盛行,统治者积极推广佛教,并影响到艺术、文学、建筑以及人们的日常生活中。全国各地寺庙众多,正如杜牧诗歌中所说的"南朝四百八十寺,多少楼台烟雨中"。监狱的管理者也利用了佛教的教义,利用"精舍"为平台,对在押的人犯宣教佛家的"弃恶扬善""因果报应",宣传儒家的礼法、道家的"无为而治",从而起到法律惩治所不能起到的作用。从1997年起,我曾参与上海监狱陈列馆的筹建,1999年12月陈列馆开馆启用后,我负责该馆的管理及展品的充实调整。为此,我准备拓印一幅《御史台精舍碑》的拓片,放置于监狱陈列馆内,我曾打电话到西安碑林询问,他们同意拓印,收费4 000元。后来因为该事被拖延下来。

2001年,我去西安讲课,利用空余时间,来到西安碑林。看到工作人员以娴熟的手法在现场拓印宋代黄庭坚的一幅作品,博物馆的商店里还有部分拓片可以出售。在碑林碑二室内,我在玻璃罩内看到了《御史台精舍碑》。我满怀欣喜地想请西安碑林博物馆拓印一幅《御史台精舍碑》拓片,可惜博物馆的同志告诉我,为了保护历史文物,唐代及唐代以前的碑刻一律不准拓取,《御史台精舍碑》系唐代的,所以博物馆不提供服务。我说,多年前我曾打电话询问过你们,你们回答可以拓印,怎么现在不可以了。他们回答,为了保护文物,政策有所调整。

这样，拓印《御史台精舍碑》之事无法办成，就暂告停止。

有一次，我去北京开会，在王府井大街的新华书店里，看到由陕西人民出版社2001年出版的中国珍稀碑帖丛书《唐御史台精舍碑》，系按原来的大小双面影印，字迹清楚，书的最后还有整个碑刻的全部释文，并作了标点和断句。我一下买了3本，抵沪后，我拿了2本碑帖来到上海某书画装裱店，要求把碑刻上的几百个字一一剪来，重新组合装裱；由于功夫太大，他们不肯接受。后来我把该事情交于提篮桥监狱习美小组，让他们把2本碑帖上正反两面上的几百个字剪下来，按照原碑刻的碑文顺序装裱在一张大宣纸上。装裱完成，量好尺寸，我又买了一个有机玻璃的大镜框，另外配上一段文字说明，完成了《御史台精舍碑》的碑刻拓片的复制展品，并收到较好的展览效果。尽管这有违博物馆的传统做法，但是这也是一个特殊情况下的变通之法。

《御史台精舍碑》局部

枪下留人

"把某某人拉下,推出午门斩首","将某某拉下,立刻毙了"。突然间,有人站出,高声大呼:"且慢,刀下留人!"这也许是小说家、影视剧的编导者的杰作,在古代历史小说、公案演义或电视剧中常常会出现一个惊险的片段,让故事的情节,变得跌宕起伏、曲折离奇。但是在现实生活中,在上海司法执行中也存"枪下留人"的真实案例。

宣判大会上枪下留人

20世纪50年代,随着中华人民共和国的成立,中华大地一片欣欣向荣,为了社会的安宁、红色政权的巩固,政法机关对反革命犯及严重危害社会治安的各类刑事犯罪分子予以狠狠打击,同时对判刑入狱改造的犯人,也体现宽严相济政策。1954年3月15日,上海市公安局劳改处在十字楼前的广场上召开首次犯人加减刑大会,大会庄严肃穆,主席台上坐着市军管会军法处的军代表、人民法院的法官以及劳改处的领导。提篮桥监狱及各劳改队几百名犯人到会,同时组织其他犯人收听大会实况。这次177名犯人由于认罪伏法、积极改造而获减刑;另外,对3名判处死刑缓期执行的犯人改判死刑立即执行,对4名死缓期已满的犯人延长缓刑期1年。宣判大会对服刑的犯人带来极大的震动。正如俗话所讲,种瓜得瓜、种豆得豆。改造表现好坏的结果,显示了两种不同的后果。

同年10月15日,上海市军管会军法处又在提篮桥监狱召开重刑犯宣判大会,参加大会的有1500名犯人,还有近1万名犯人收听大会的实况转播。会上对67名犯人分别进行宣判,其中:4人由原判死刑缓期2年执行的改判为死刑立即执行;死缓犯中,35名改判为无期徒刑、12名改判为有期徒刑20年、1名改判17年;原判无期徒刑的3名改判为有期徒刑20年、11名改判15年、1名改判12年;还有63名获得减刑。会上,市高级人民法院军法处法官,宣读了沪军法判(54)市字第4403号判决书,对1名原判无期徒刑的一个犯人加判死刑,立即执行。宣判后,被判处死刑的犯人,由法警五花大绑,即将押赴刑场执行枪决之际,突然这个犯人,大声呼叫:"报告政府,我有重大案情需要交代,我有重大案情需要交代！"本来肃静的会场，刹那间引起一阵少有的震动。这可是从来没有发生过的情况。

在宣判大会上就坐的上海市公安局劳改处副处长杜蔚然，面临这突发事件，向军管会的领导扫视了一下眼神，并向法院的领导耳语几句，他当机立断，马上让法警暂停对这一死刑犯的执行，同时他立刻通过电话紧急向军管会汇报。

与死亡边缘一步之遥的人

这个在即将押赴刑场执行枪决的犯人是谁？他难道与劳改处副处长杜蔚然有何特殊关系？答案非也。杜蔚然，生于1915年，安徽金寨人。早在15岁就投身革命，担任党的秘密交通员，1937年7月加入中国共产党。1930年8月起在鄂豫皖地区红25军、红28军、新四军内任排长、连长、指导员、代营长，新四军二师九团团部特派员，淮南四分区联防政治部侦察股长，淮南四分区定合县保安处、县总队、十八团特派员，定远县、灌云县公安局局长，华东建设大学组织科科长、辽宁丹东市公安局局长、山东青州市公安局副局长。上海解放后为市军管会接收上海市警察局邑庙分局接管专员、上海市公安局邑庙分局分局长；1953年3月任上海市公安局劳改处副处长，次年12月任劳改处长。在战争年代其家中曾有多位亲人为国捐躯。

这个被枪下留人的犯人叫肖绍雄，生于1925年，江西南昌人，家住上海虹口昆山路。此人经历复杂，从1935年7月起，先后在上海、广州、重庆江津、四川璧山等地读书，但又常常转学。1943年8月毕业于重庆中央警官学校外事班，次年加入国民党。1945年2月来到上海就读东吴大学法学院，不久进入上海警察局，从1947年2月起，他担任上海市警察局外事室驻龙华飞机场外侨检查站巡官，上海解放前夕辞职。1950年1月起，在上海与朋友在昆山路开设鸿兴祥五金行，任副经理，同年3月逮捕。1951年9月判处无期徒刑。

肖绍雄押入提篮桥监狱后，错误地看待国内外的形势，不认罪服判，思想抵触，对抗改造，严重违法狱中纪律，受到18天的禁闭处分、两次行政记大过。而后他没有吸取教训，并无悔改表现，仍然我行我素。监狱一位干部教育他，肖抗拒地说：主管请处分我好了，把我铐起来，或关橡皮监，或枪毙我，我是无期犯，叫我改造思想是不容易的，我在黄埔军校受过蒋介石的教育。肖绍雄在狱中还煽动其他犯人联合签名报告，对抗管教。肖绍雄后来移押到1号监后，曾用拉拢、包庇、威胁等手段先后组织过10余名犯人散布反动谣言，打击积极改造的犯人。他还送东西给某短刑期的犯人，叫其在释放后，去告诉他的家属在接济送物时做上暗号，以各种不同的东西，代表各种不同的局势，如送上白色的袜子暗示家里平安无事,送来黑色的袜子暗示家中受到监视。为打击犯罪,1954年初,经管教干部讨论,肖绍雄一贯坚持反动立场,毫无悔改表现,在监劳改表积极差,拟将原判无期徒刑的反革命犯肖绍雄加判死刑,同年2月16日劳改处正式上报市军管会军法处。后经军法处审核,决定对肖绍雄加判死刑。

从死刑到有期徒刑8年

1954年10月15日,加判死刑的肖绍雄,在押赴刑场的前夕,因为大声呼喊"我有重要余罪要交代"被枪下临时留下一条生命。已经尿湿裤子、战战兢兢的肖绍雄向政府交代了过去自己隐瞒的余罪,主要是他曾经私设电台和漏网的同案犯等罪行。监狱管教干部首先认真做好记录,并要求肖绍雄连夜写出书面交代材料。肖绍雄写的自白书,还包括,他以前曾执行"亲美反苏"的政策,搜查过两名苏联间谍外围嫌疑;没收过香港版《文汇报》与《大公报》;替某资本家包飞机赴台湾与香港,并接受馈赠等;肖绍雄还揭发了杨某某等3人的反革命罪行。劳改处处长杜蔚然等派出干警对肖绍雄所交代的罪行及检举揭发的余罪进行初步查证,确认可靠,并具有一定的价值。然后,劳改处按照工作流程,向上海市公安局写出书面报告,详细汇报了对死刑犯肖绍雄的处理建议。

上海市公安局经过认真研究后,于1956年3月9日,就肖绍雄案致函上海市高级人民法院。全文如下"市高级人民法院:在押反革命无期犯肖绍雄,前于1954年10月15日由军法处决定加判死刑立即执行,因在执行前,该犯要求检举漏网现行匪特及电台等线索情况。……据此,建议你院撤销该犯死刑,维持原判无期徒刑。现附肖犯有关案卷材料,一并送请研究决定,并请将处理结果函复我局。"

上海市军管会军法处经研究后于同年4月3日,下达了对肖绍雄的裁定书:"被告肖绍雄,因反革命特务案,于1954年10月15日由本处以沪军判(54)市字第4403号判决处死刑。后因被告有检举立功表现,经本处核准暂缓执行。今查被告所检举的材料有一定作用,同时被告近来在监亦有一定的悔悟表现。因此、根据立功可以折罪的政策,决定将本处沪军法判(54)市字第4403号判决撤销,本案移交上海市高级人民法院处理。处长汤镛。"

市高级人民法院接到市公安局和上海军管会军法处的函件后,于同年5月18日下午,在高院第一法庭对肖绍雄一案进行审理。1957年3月,市高院作出(56)沪高刑字第7号刑事判决书:改判肖绍雄有期徒刑12年。肖绍雄接到市高院的判决书后,认为法院对其罪行的认定有一定的出入,为此他又向最高人民法院提出申诉。最高人民法院接到肖绍雄的申诉书,于1957年4月28日,由审判员姚文远担任审判长,审判员郝绍华、崔绍华组成合议庭,对此案进行审理。于1957年5月4日作出判决:撤销上海市高级人民法院(56)沪高刑字第7号刑事判决中判处肖绍雄有期徒刑12年部分,改判肖绍雄有期徒刑8年。

肖绍雄从死刑改判为有期徒刑8年,这样的案例确实少见,但非特例。在实事求是、公正执法的前提下,在其前面也有一个实例:王国瑞原是国民党204师的师部汽车驾驶员,上海解放后参加了中国人民解放军,在上海的警备部队工作。1949年6月3日下午4时许,他驾车至广元路时,因为"车速过大,且违警规,行使偏左",将同济大学学生服恭礼撞死,还同时将一电车乘客的手指碰断,一个三轮车夫碰伤。当王国瑞将被判处死刑的消息传出后,上海各界市民认为对王国瑞处刑太重,恳切吁请减刑。最后执法机关考虑到市民的一致要求,为尊重民意,批准该犯免处死刑,减为有期徒刑3年。[①]

判刑20年再次入狱　释放后担任副厂长

人生是一条河,人生更是一个舞台。有的人如溪流潺潺、平静安稳,东流入海;有的人似山间小河,反复折腾,角色多变。1958年4月29日,肖绍雄刑满释放,留场就业,安排在上海公安局劳改处下属的新生建筑公司当工人。同年,上海劳改系统为了支援各地的生产建设,向外地调出部分人员。6月21日肖绍雄与其他人员一起来到条件稍差的皖北地区。组织上考虑到他具有一定的文化,就安排他到淮北矿务局担任统计员。

当时淮北地区的生活条件,包括伙食、住宿、工资收入与上海、江南地区存在较大差距。肖绍雄常要下矿井,下基层第一线收集汇总各类数据资料,面对不够理想的工作条件和生活设施,肖绍雄渐渐不满现实,不满党和政府的政策方针,留恋起旧社会纸醉金迷的生活,又走上犯罪道路,因叛国投敌罪被人民法院判处有期徒刑20年,入狱劳动改造。在劳改单位,他从事过多个劳动生产岗位,学习到不少生产技能。刑满释放后,肖绍雄安排在某农场劳动就业。面对人生中的大起大落:从无期徒刑——死刑——有期徒刑12年——有期徒刑8年——刑满留场——有期徒刑20年;年过五旬、经过起伏动荡的肖绍雄也吸取了教训、领悟了人生的真谛,老老实实做一个守法的公民。

党的十一届三中全会后,劳改场所对留场人员也调整了政策,允许部分人员可以回到户口原籍所在地区,肖绍雄回到上海居住。他经人介绍来到浙江温州地区工作从事服装劳动,具有一定管理能力,后来成为永嘉服装厂负责人;1980

[①] 《解放日报》1949年6月16日。

年后，到永嘉服装厂联营厂的上海市川沙县金明报装厂任副厂长。

20世纪80年代初期，上海监狱系统根据市公安局的布置，各单位建立史志办，组织人员收集监狱的各类历史资料。当时就挖掘到肖绍雄从死刑犯枪下留人，到副厂长几经曲折的典型案例。提篮桥监狱副监狱长吴继陈，曾专程访问过肖绍雄，肖绍雄也回顾了自己曲折动荡的人生之路。多年前，本人还看到肖绍雄一家——他夫妇两人与5个子女的合影照及其他照片。后来由于种种原因，对这真实的案例一直没有整理成文。今天经查阅并综合了各类资料，并根据当时本人听到的有关人员的口述内容，写下这篇短文，愿为上海监狱历史上留下一份奇特的案例。

一个人的人生经历是复杂的，特别是曾经从国民政府、从旧社会过来的人，其思想的转变、世界观的改造，具有反复性、曲折性。但是从死刑执行到重新改判，这一变化来说，充分证明了党的"坦白从宽、抗拒从严"政策，说明了国家政法机关实事求是、依法办事的严谨作风。

人物述林·泰山鸿毛

铭记囚禁于旧提篮桥监狱的革命先烈

中华民族是一个崇尚英雄、英雄辈出的伟大民族。习近平总书记指出:"一个有希望的民族不能没有英雄,一个有前途的国家不能没有先锋。"[1]英雄烈士是沉淀厚重的民族记忆,是生生不息的民族脊梁。新时代背景下,做好英烈人物的褒扬宣传工作,是为实现中华民族伟大复兴中国梦提供强大精神力量的迫切需要,是培育和践行社会主义核心价值观的重要内容,也是新时期纪念类场馆从业者所肩负的责任和使命。旧提篮桥监狱在租界、民国时期曾经囚禁了许多志士仁人,他们中大多数均没有暴露真实的身份,使用了化名、假名,在监狱这特殊的熔炉里受到了磨炼。有的出狱后投入了新的战斗,中华人民共和国成立后在党政军等各部门担任重要工作,有的出狱后在战斗中牺牲、或被国民党反动派杀害,也有的积劳成疾而病故,更有的在出狱前病逝于监狱中。本文对其中的部分人员作一介绍,分类按人物出生年份的先后为序排列。

一、出狱后牺牲的同志

江上青(1911.4—1939.9)　原名江世侯,江苏扬州人。1911年4月10日出生于扬州市江都县。1928年夏转入扬州高中,同年冬被国民党当局以学运骨干分子为名逮捕入狱。1929年6月出狱后改名江上青,就读于上海艺术大学文学系,同年转为中国共产党党员,并担任上海艺术大学党支部书记,继续从事学运工作。1929年冬,江上青在上海参加党组织的秘密会议时再次被捕,囚禁于提篮桥监狱,化名张玉清,并在狱中写下许多反映监狱生活的诗篇,1930年冬出狱。1938年春夏时节,江上青在中共安徽省工委领导下,参加了安徽省抗日民众动员委员会第八工作团,在大别山区的六安、寿县、颍上、固始、商城一带开展抗日宣传工作。曾任皖东北军政干部学校副校长、皖东北特委委员,是皖东北革命根据地创始人之一。1939年7月29日,在安徽泗县做国民党地方实力派的工作后,与人返回途中遭地主反动武装伏击,身中数弹,

---

[1] 2015年9月2日,习近平在颁布"中国人民抗日战争胜利70周年"纪念章仪式上的讲话。

壮烈牺牲。①

楼明山(1913—1941.4)　原名彭年,又名童生,浙江余姚人。1932年10月参加革命,1935年8月在上海新闸路被捕,判处有期徒刑3年,囚禁提篮桥监狱,1937年6月出狱。1938年加入中国共产党,后赴陕北公学学习。历任余姚县政工队中共党团成员、政工队区队长、乡长、代理区长等职。1941年9月3日在浙江定海小碾岛牺牲。②

张海帆(1915—1940)　原名张鉴清,陕西汉中人,早年就读于南京金陵高中、上海大夏大学附属高中,秘密加入共青团,在中华书局当过职员。1932年开始参与党的地下工作,先后在上海三和电影院杂志社担任电影评论员和中华书局总编辑所进行地下工作。1935年初,他调任共青团江苏省委秘书,并负责部分学校的团支部工作,任沪中、闸北区团委委员,共青团江苏省委反日委员会负责人。同年12月被捕,判刑2年6个月,囚禁于提篮桥监狱,1938年出狱,转赴安徽战时省会金家寨工作。1939年任中共安徽省金寨县委书记、立煌中心县县委委员、宣传部长,并打入安徽省财政厅税警队,以特务长职务作掩护,从事党的工作。1940年4月初被捕。在被捕期间,他烧毁文件并迅速转移,在安徽金寨县被活埋,英勇牺牲。③

钱国华(1915—1941.3)　浙江定海人。从小居住上海,15岁起,在上海世界书局担任英文排字工。1934年冬天,加入中共的外围组织——社会科学者联盟,开办工人夜校,编印教材,亲自上课。1935年11月,因张贴革命传单被捕,判刑两年6个月,囚禁提篮桥监狱。1938年5月出狱,同年9月参加中国共产党;11月,到无锡县郊以教师身份为掩护,发展小学教师和进步青年入党,建立了八士桥地区第一个党支部。1940年夏,在常熟郊区开展抗日活动,组织创建虞西抗日根据地的武器力量。历任中共江苏澄锡虞工委委员、澄东工委书记、虞西工委书记等。1941年

钱国华

---

① 中共江苏省委党史工作室、中共扬州市委编:《春水绿杨风曼暖,纪念江上青文集》,中央文献出版社2011年版。
② 浙江省余姚市党史办资料:《余姚革命英烈》(2001年6月)。
③ 安徽省金寨县党史资料。

3月在战斗中牺牲。①

甘爽(1916—1941.4)　原名甘有祯、甘棠,化名洛文,江苏金坛人。1932年在上海世界书局印刷厂工作,1936年参加"上海职业界救国会",任1433组组长。同年3月15日,因组织支持上海裕丰纱厂反日罢工而被捕,以"危害民国罪"判刑2年6个月,囚禁提篮桥监狱,次年1月移押苏州反省院,8月获释。继在上海开展抗日救亡运动,在战斗前线带领人员抢救伤员。1938年6月加入了中国共产党,历任新四军连指导员、政治部副主任、中共吴县漕东区委书记兼区长等职。1941年3月再次被捕,受尽残酷,坚贞不屈,1941年4月21日在苏州吴县蠡口寺前村被敌人杀害。其父甘和卿,妹妹甘兰香亦是烈士。②

杨子清(1917—1941.7)　原名杨基朝,江西九江人。幼年家贫,为庐山美籍牧师收养,1930年来到上海,1935年初加入社会科学联盟,11月因书写革命标语、散发革命传单被捕入狱,囚禁提篮桥监狱,1937年5月获释。1938年初加入共产党,11月,任合泰难民收容所副主任兼党的负责人。1939年7月,调苏(州)常(熟)太(仓)地区工作,先后任吴县亲桥民运工作组党支部书记、中共苏州县委委员,肖陆区委宣传委员、苏常太工委组织部长。1941年6月任中共太仓县委书记,带领军民战斗反"清乡"第一线。7月20日,他赴常熟汇报工作,途经吴市区马楼里时遭日伪军袭击,在突围时中弹牺牲。③

商纪连(1917—1941.8)　又名商健民,浙江嵊县人。1932年到上海亚美绸厂当学徒,1933年7月加入共青团(后转为中共党员),10月在共青团法南区委工作,同年冬任共青团江苏省委交通员。1934年11月受团组织派遣回嵊县,建立共青团嵊县委员会,是嵊县共青团的创建人。1935年2月重返上海,任共青团码头区委书记。1936年3月被捕,囚禁于提篮桥监狱,化名张继(张健民),在狱中开展团支部活动,1939年3月出狱。任淞沪游击队青浦支队政治指导员;次年5月,经新四军教导队学习,历任江南抗日义勇军一支队三大队政治指导员、新四军六师18旅53团1营教导员,活动于苏常太和无锡等地。1941年8月3日,在江苏江阴县祝塘反"清乡"战斗中牺牲。④

吴祖成,1936年3月底参与领导杨树浦日商大康纱厂工人进行罢工斗争,

---

① 中国新四军和华中抗日根据地研究会编:《人物辞典(下)·新四军和华中抗日根据地》,中共党史出版社2016年版,第860页。
② 《常州革命英烈》,中共党史资料出版社1990年版。
③ 江苏省太仓县县志编纂委员会:《太仓县志》,江苏人民出版社1991年版,第890页。
④ 中共苏州市委党史办:《民族脊梁,苏州抗战人物传略》,古吴轩出版社2015年版,第83—85页。

在提篮桥沪东区分会机关,因印刷革命传单,被敌人发觉被捕入狱。判处有期徒刑 8 年,后经党组织营救保释出狱。1938 年参加中共江苏省委苏北特委工作。1939 年调去江南工作,后来英勇牺牲。①

二、出狱后被敌人杀害

杨匏安

杨匏安(1896—1931.8) 广东香山(今属珠海)人。早年在省立一中毕业后,回到家乡恭都小学任教,因揭发校长贪污,反遭诬害关进监狱。出狱后游学日本,1916 年冬回国,曾去澳门任教,1921 年加入中国共产党。在广州从事过工人运动。1924 年,国民党一大以后,曾任国民党代理中央组织部部长、广东省党部常委兼组织部长、中央执行委员会常委。1927 年,在中共五大上当选为中央监察委员。大革命失败后,活动于南洋、港澳等地,后在上海中共机关工作。1929 年囚禁于提篮桥监狱 8 个月,化名陈君复。1930 年出狱,1931 年春在上海再次被捕,同年 8 月被国民党反动派秘密枪杀于龙华。系早期中共马克思主义理论家,著有《美学拾零》《世界学说》《寒灰集》等。②

李文卿(1902—1934) 又承鑫、名鑫。湖北嘉鱼人。1925 年参加中国共产党,是嘉鱼县第一个共产党员,任中共嘉鱼县委委员。中共八七会议后奉命回嘉鱼,参加鄂南农民暴动。曾三次参加北伐战争,任国民革命军第 3 军 8 师 22 团 2 营党代表、团政治指导员。1927 年 4 月以后离队回家乡,任中共嘉鱼县委宣传委员;1928 年 6 月到上海,任共青团沪南区委书记。1930 年被捕,囚禁提篮桥监狱 1 个月。出狱后,在江苏铜山、宿县、宿迁中心县委工作,历任中共徐(州)(东)海蚌(埠)特委军事委员,中共铜山(徐州)中心县委委员。1932 年第三次被捕,在南京宪兵司令部领导难友同敌斗争,策反狱卒,1934 年秋在南京雨花台英勇就义。③

---

① 与吴祖成同时囚禁狱中的刘俊同志(中华人民共和国成立后曾任南通地区交通局局长)提供的资料。
② 《中共党史人物传》第 4 卷,陕西人民出版社 1982 年版,第 227—230 页;《上海英烈传》第 2 卷,百家出版社 1989 年版,第 137—152 页。
③ 范宝俊、朱建华:《中华英烈大辞典》,黑龙江人民出版社 1993 年版,第 916 页。

周奎麟(1905—1942.6)　又名周青、林开,江苏太仓人。1924年参加中国共产党,曾任中共上海物品交易所支部书记。1927年3月起历任中共上海沪中区人民代表会议常委、大会执行主席、党团书记、中共沪中区委宣传委员等职。1930年7月至1931年1月和1932年4月至1937年4月两次囚禁提篮桥监狱。1939年冬任新四军一支队特派员办公室三组组长。1941年皖南事变中,在战场上被捕,关入上饶集中营。6月16日,集中营转移至福建省崇安县大安,当夜被秘密杀害,英勇牺牲。①

陈履真(1906—1932.11)　又名理真、力直,安徽肖县人。1928年加入中国共产党。次年春从徐州调上海中共中央党员训练班学习。因参加集会,遭英籍巡捕逮捕,囚禁提篮桥监狱。获释后历任中共徐海蚌特委宣传部长、中共长淮(蚌埠)特委书记兼宣传部长、中共上海沪东区委书记、江苏省委巡视员等职。1932年调往中共江苏省委组织部,陈履真夫妇受组织委派将去苏联学习,因叛徒出卖在徐州被捕,后移押南京宪兵司令部关押,同年11月在雨花台英勇就义。②

陈从道(1908—1938.10)　原名景羽、又名景烨,字越宝。江苏武进人。1927年加入共青团,1929年转为中共党员,任共青团武进县委书记,同年调上海浦东共青团区委工作。在一次参加会议后被巡捕抄身,因携带党的宣传材料被捕,判刑1年7个月,关押提篮桥监狱,1932年春获释。抗战期间在《新华日报》社工作,1938年10月23日,与报社同人撤退时遭日机轰炸在湖北长江中牺牲。③

林青(1911—1935.9)　原名李远方,又名李肃如。贵州毕节人。1927年因参加重庆民众支援北伐战争的运动而被捕。1929年出狱后考入重庆美术专科学校,并加入共青团。1930年来到上海,次年转为中共党员,曾在提篮桥地区一家锁厂当学徒,并参加上海工人总罢工。1932年被英租界巡捕房逮捕,判刑2年,囚禁提篮桥监狱。1933年秋,因英国女王举行登基25年大典被大赦出狱。后返回家乡毕节,投身于抗日救亡活动中,发展党员。1934年1月领导组织贵州地区第一个党组织,历任中共遵义县委书记、贵州省工作委员会书记。1935年7月被捕,受尽酷刑,9月

林青

---

① 《上海英烈传》第5卷,百家出版社1989年版,第186—194页。
② 中共蚌埠市委党史办公室、蚌埠市民政局编:《长淮英烈》,安徽人民出版社1993年版。
③ 《常州革命英烈》,中共党史资料出版社1990年版。

11日在贵阳英勇就义。①

三、出狱后病故去世

张浩(1897—1942.3)　原名林育英,湖北黄冈人。系林彪堂兄。1922年加入中国共产党。1924年赴苏联莫斯科东方大学学习,次年回国,在上海从事工运工作。1927年起历任中共汉口市委书记、湖南省委常委兼工运部委员会书记、上海沪西区委书记等。1929年5月被捕,囚禁提篮桥监狱,同年9月出狱。后历任满洲临时省委书记、满洲临时总行动委员会书记、中华全国总工会常务委员、中华海员总工会党团书记、中共驻共产国际代表团代表和全总驻赤色职工国际代表、中共白区工作委员会副书记、中国工农红军援西军政委、中共中央军委委员、八路军一二九师政委、中共职工运动委员会副书记等。是中共第六届中央候补委员、中央委员。1942年3月6日病逝于延安。著有《职工运动讲授提纲》《职工问题》等。②

王凌波(1888—1942.9)　湖南宁乡人。早年毕业于湖南省高等学堂,在湖南宁乡、益阳等任教,1915年赴广东河源县政府历任民政科科长、高雷镇守使署秘书和道尹署科长,1918年辞职回乡从教,并任云山学校校长,推行新的教育思想。1925年加入中国共产党;1926年北伐军攻克长沙后,推为中国国民党湖南省党部书记长;1929年起在上海从事地下工作。1930年9月被捕,判处1年6个月,囚禁提篮桥监狱,化名黄德宣,1932年2月出狱。1935年2月在上海再次被捕,判刑7年,囚禁于苏州陆军监狱,1937年全面抗战爆发后出狱赴延安。10月派往长沙,任八路军驻湘通讯处主任,兼新四军驻湘办事处主任,后任延安行政学院副院长、主持校务工作。1942年9月3日晨,因脑溢血在延安去世。③

四、在监狱里折磨致死

谢德金(1901—1927)　江苏阜宁人,1922年参加革命工作,1925年8月加入中国共产党。曾任中共中央特科成员,被捕后在提篮桥关押,后在狱中死亡。④

---

① 中共党史人物研究会编:《中共党史人物传》第57卷,陕西人民出版社1996年版,第118—131页。
② 熊经浴、李海文:《张浩传》,当代中国出版社2001年版,第291页。
③ 李景田主编:《中国共产党历史大辞典》(1921—2011年),中共中央党校出版社2011年版,第130页;姜国仁、张力生:《四髯合传》,湖南人民出版社1984年版,第68页。
④ 上海市民政局:《上海烈士英名录》(1983年)。

刘怀清(1896—1930)　江苏盐城人。中共党员,1925年参加五卅运动,曾任中共沪西区委干部,1927年被捕,1930年在提篮桥监狱被折磨致死。[1]1951年8月8日追认为烈士。

刘古能(1898—1929)　江苏阜宁人。上海内外棉九厂工人,1925年加入中国共产党。参加过五卅运动、上海工人三次武装起义,曾任工人纠察队中队长。后被捕入狱,1929年7月在提篮桥监狱折磨致死。[2]

金承铭(1911—1933)　又名金啸远、锦秀园,贵州平越(现福泉)人。1926年考入贵阳省立师范学校,1928年8月到上海,在国立劳动大学附属中学理科部学习。在校期间,积极参加学生社团活动、反饥饿反迫害的学生运动。曾任共青团沪西区委青年干事。倡导组织"朝阳歌咏队",教唱抗日救亡歌曲、编排街头剧。1932年被捕,判处2年6个月,囚禁提篮桥监狱,1933年因病死于狱中。1994年4月被贵州省人民政府追认为革命烈士。[3]

邹泽沛(1913—1941.7)　四川江津(现属重庆)人。中共党员。1933年9月入复旦大学教育学系学习,历任共青团上海沪东区委委员、沪西区委组织部长、共青团江苏省宣传部长。1936年4月11日在上海公共租界被捕,化名李中,4月27日囚禁于提篮桥监狱,判处有期徒刑8年。他与一同被捕的共青团江苏省省委书记许亚等人一起成立了共青团狱中临时支部,开展活动。1941年7月2日在狱中病亡。[4]

---

[1][2]　《中华英烈大辞典》,黑龙江人民出版社1993年版。
[3]　福泉市档案史志局、中共福泉市委党史研究室编:《福泉英烈》,云南人民出版社2017年版,第10—23页。
[4]　四川省江津县民政局编:《江津县民政厅志》(1985);《复旦英烈》,《人民政协报》2021年6月24日。

铁骨铮铮姜维新

中国人民革命的道路崎岖曲折,广大热血儿女前赴后继,奋力拼搏在各个岗位,有的在刀光剑影、炮火连天的战场;有的在隐蔽战线、默默工作到深夜;有的发动群众,积极开展工人运动、农民运动;有的陷身铁窗斗争,身受酷刑,坚贞不屈;为新中国的诞生谱写了一曲曲颂歌。一位老人1924年投身革命,1925年加入中国共产党,到1949年中华人民共和国成立的前夕,6次被捕,9次上电刑,身受酷刑,九死一生,先后累计坐牢17年。中华人民共和国成立后,他听从党的召唤,在多个领域工作,在错误路线干扰下,较长时间内受到不公正待遇,直到80岁高龄时才彻底平反,1984年9月走到生命的终点,他就是姜维新同志。

姜维新

一、积极投身工运活动　五卅期间加入党组织

姜维新,又名郑承,原籍江苏省建湖县姜家湾,清末时期父辈逃荒到上海。父亲姜如春,上海码头工人,后拉黄包车;母亲郑氏,也在工厂做工。姜维新1900年3月生于上海。12岁的时候就与9岁的弟弟去闸北裕通纱厂当童工,1917年起进日商内外棉五厂做工。①

1921年秋,中共党组织在沪西小沙渡路(今西康路)开办工人业余补习学校。学校根据工人的作息分早晚两班上课,每日上午7至9时,晚上7至9时分别针对夜班、日班工人下班后进行教学,故称"半日学校"。李立三、瞿秋白、邓中夏、张太雷等同志和上海大学的进步师生常来演讲及讲课。时在日本纱厂做工的姜维新每天放工后就到那里听课学习,通过"半日学校",使他明白了许多道

---

① 姜维新1981年填写的《干部履历表》。

理,同时也接触到中共早期的工人运动的先驱孙良惠、刘华等人。"半日学校"一度成为中共的活动中心,1924年沪西日本纱厂的"二月罢工"就是在这里发动的。

此后,姜维新积极参与沪西日本内外棉工厂的工人罢工斗争。1924年12月,姜维新出席设在南市小东门一所小学内的一个会议,会议主持人是李立三,到会者来自全国各地,共有100多人。开会期间被反动当局发觉,警方当场以"乱党分子"为由逮捕50多人,姜维新因此被关押3天,并遭到一顿毒打。这是姜维新人生中的第一次被捕关押。

沪西地区是上海日本纱厂最集中的地方,有内外棉株式会社的多家工厂,还有日华、丰田、同兴等纱厂。1925年2月初,内外棉八厂日本监工殴打中国女工,激起工人义愤,爆发了声势浩大的沪西日本纱厂大罢工,姜维新积极参与。5月14日,工人队伍与日本资方交涉斗争中,中共党员顾正红挺身而出,遭到日本人连开4枪壮烈牺牲,成为震惊全国五卅运动的导火索。姜维新在这些工人运动中受到磨砺,从此走上了职业的革命道路。1925年5月经邓中夏、李立三介绍加入中国共产党,并在闸北宝山路宝山里3号举行入党宣誓。为抗议帝国主义的暴行,沪西工人6月1日开始总罢工。为破坏罢工,租界当局、不法资本家勾结军阀收买流氓工贼,诱捕残害罢工和工会领导人,至同年底,上海总工会副委员长刘华等人被捕牺牲。1925年12月前后,在中共上海沪西区委书记王炎夏的领导下,姜维新、李剑如、刘怀青、陶议、谢德金、杨福林等组成"打狗队",他们先在胶州路将日华纱厂一为非作歹的翻译砍死,后来又打死同兴纱厂的"包打听"(巡捕房的密探)戴鼎臣,把英商电车公司的总稽查尔天生打死在静安寺附近路上,把法商外号两脚马的杨家模打死在卢家湾法商电车公司办公室,此外还打死沪西大流氓刘金荣。这些除奸惩贼的活动,使特务走狗心惊胆战。以后打狗队的活动区域逐渐扩至浦东、沪东,后参加上海工人第三次武装起义,为起义胜利发挥了骨干作用。

二、关押会审公廨牢房　投身三次工人武装起义

1926年8月3日,日本轮船的水手无端打死舢板船工人陈阿堂,把其推入黄浦江中溺亡。次日,上海工人、学生游行示威,总工会决定发动海员的反帝罢工,并要求惩办害人凶手。①中共党组织领导罗亦农布置姜维新与张明、陶汉河等人乘小船送信给停泊在黄浦江中招商局的"江天"轮,并将总工会的通知交给

---

① 任建树主编:《现代上海大事记》,上海辞书出版社1996年版,第285页。

该轮大副,告诉他们立即罢工声援。当姜维新一行完成任务返回黄浦江边刚刚上岸的时候,就被招商局的走狗拦住。他们串通法租界当局,派安南巡捕把姜维新等人抓去,并对其一顿毒打,关押在卢家湾会审公廨的地下牢房。一个星期以后被送往法租界会审公廨,经过几次审讯,最后以"扰乱租界治安"的罪名,判处姜维新有期徒刑1年,缓刑1年,驱逐出租界。

1927年蒋介石发动四一二反革命政变后,"打狗队"骨干成员随党中央转移到武汉。5月,周恩来出任中共中央军事部部长,即在军事部下设特务科。"打狗队"骨干被充实到特务科保卫股和特务股。保卫股拥有60多人的卫队,专门负责中央领导和苏联顾问的安全警卫;特务股负责镇压特务叛徒。面临武汉"七·一五"反革命政变,疯狂捕杀共产党人的严峻形势,由于"打狗队"的护卫与反制,中央领导机关和组织基本未受损失。中央军事部特务科"打狗队"虽然存在时间不长,但为未来红军的发展壮大锻炼了队伍,培养了骨干。

1927年,中央成立了政治保卫局,"打狗队"改名为"红色恐怖队",编入保卫局的三科。为了加强组织纪律性,规定队员不能随便回家、不能自由外出活动,有事必须汇报,捕打哪一人必须由中央决定。周恩来十分重视这支武装力量,同时又反复强调,我们不是无政府主义者,我们不能靠暗杀过日子。以后上海的工人武装纠察队也是在这支队伍的基础上发展起来的。"红色恐怖队"后来发展有几十个同志,他们还担负着保卫中央的任务,如中央开会,他们就做警卫工作。有一年军委在康悌路(现建国东路)菜市路(现顺昌路)的一所小学里办了个武装训练班,姜维新参加了这一训练班的学习。罗亦农、赵世炎、蔡和森等都来讲过课。

1927年姜维新参加了第一、二、三次上海工人武装起义。特别在第三次武装起义中尤为突出。3月,姜维新按照罗亦农的指示,在蓬莱路警察局附近租一间房子。3月21日中午12时,姜维新首先在指定地点点起大火,作为起义信号,而后向警察局扔进一颗手榴弹,在爆炸声中,大家冲进警察局,缴获了警察的枪支。后来他们又攻打制造局(现江南造船厂旧址)、水上派出所。起义队伍先后占领沪东、沪西、浦东等地。闸北地区交火激烈,当起义队伍成功拿下闸北后,姜维新出任闸北商务印书馆工人纠察第三大队大队长。

4月11日,上海总工会委员长汪寿华被骗到杜公馆,遭武力绑架,然后押至枫林桥暗杀。次日,蒋介石通过流氓手段窃取了总工会及14个工人纠察队的枪支,解除了工人的武装。工人纠察队约有120人牺牲,180人受伤。党组织决定于4月13日召开群众大会,姜维新来到南码头竹行,拉了一榻车竹子到湖州会馆做旗杆,大家准备一整夜。第二天,即4月13日到闸北青云路广场召开群众大会,会后举行游行,纠察队举着旗子走在最前面。当队伍走到宝山路三德里附近,突遭到26军的血腥镇压,在机枪扫射下,100多人死亡,伤者不计其数,一时宝山路上血流成河。纠察队成员的姜维新大腿中了一枪,但尚能行动。他逃到一老百姓家里,那家的老妈妈予以营救,叫姜脱下纠察队的制服,包扎好伤口,换上他儿子的衣服。次日早上脱险后,经一星期左右的养伤,姜维新又投入新的战斗。

1927年夏天,因叛徒告密,姜维新在山海关路被捕,先押到公共租界戈登路捕房关押了一天;次日送到枫林路警备司令部军法处,军法处的特务说姜维新是共产党员,对其使用酷刑,被打得遍体鳞伤。幸好姜维新身上带有上海天蟾舞台的铜牌,他拿出铜牌,机智地回答,自己是天蟾舞台的小工,受戏院委托到外面工作,但是军法处仍然把姜维新定为未决犯,送押到淞沪警备区军法看守所,即龙华监狱。后来经过姜维新的父亲和堂弟姜维山通过天蟾舞台老板顾竹轩(又称顾四,江苏盐城人)的哥哥顾三的关系,化了几百元钱,作为"运动费",将姜维新保释出狱。

三、战斗在武汉　沪上遭第四次被捕

1927年6月姜维新来到武汉,在苏联驻汉领事馆工作。当时组织上急需武器弹药,姜维新设法组织他们到河里去摸枪(因为某军队战斗失败,很多枪被丢在河里),他们白天探测,晚上下水捞枪,一共摸到了几十支枪,还有不少子弹,这批枪械子弹都交给长江局处理。又有一次,长江局的同志说安徽、湖南一带游击队缺枪,设法买点武器。姜维新通过一朋友,在何成睿司令的副官那里买到20支驳壳枪和3 000发子弹,这批枪弹运到根据地,支援了根据地的武装斗争。10月的一天晚上,国民党军队包围苏联领事馆,将俄国人押到一个茶厂里,姜维新也被驱逐出来,做过一段时间的搬运工人。1928年3月,姜维新回到上海,接上组织关系,来到三马路(汉口路)惠中旅社,见了项英同志。姜维新被安排在中央纠察部工作,他深入下层跑工厂,组织工人纠察队。

1929年"三八"妇女节,准备召开纪念大会,姜维新担任总指挥,原先准备在西藏路宁波同乡会礼堂召开,后因警方注意,临时改在北京大戏院(现北京路贵州路口黄浦剧场)。开会时纠察队和租界巡捕发生冲突,一名队员牺牲,姜维新则被捕判刑1年,这是他第四次被捕。姜维新在狱中受尽种种酷刑的折磨,身体十分衰弱。在狱中,姜维新还见到了原"红色恐怖队"的谢德金、刘怀青等人,后来他们死在狱中。次年,姜维新刑满释放找到项英,请求接受新的战斗任务,项英考虑到他身体虚弱,给了姜几十元钱,要他到农村去养病。姜维新就住在交通路潭子湾附近的农民家里,一面养病,一面将农民组织起来。当年苏联10月革命12周年前后,姜维新等人还贴了标语,一直贴到南翔火车站。

1932年上海"一·二八"事变爆发。十九路军在前方抗日,姜维新等人加入救护队,积极支援前线作战,把伤员抬到交通路宿舍里,包扎好后送到后方医院,同时参与埋葬牺牲的士兵。后来十九路军撤退到昆山,救护队随同到了昆山。6月姜维新出任中共上海法南区委书记,姜到任后在太平桥转角(现顺昌路自忠路口)建立一个党的联络点。外表是一家当铺,老党员姜衡銮就住在那里。

四、怒对鄙视顾顺章　坚守秘密意志刚

1932年11月的一天,姜维新准备去电车公司联系工作,突然接到组织通知,要其离开南市,说有人盯梢。姜维新就来到了杨树浦。他有一个弟弟,在虹镇胡家木桥学皮匠,从弟弟口中获悉自己的父母、妻子、小孩和岳父都被捕了,现在刚刚释放,但房子被烧毁,妻子和儿子临时住在上海总工会交通员徐国贤家里。后在党组织关心下,发给姜维新若干安家费用,姜在大连路租了一间房子,让妻儿坐了一辆人力车绕了几个圈子来到租房处。没想到已经叛变的徐国贤,在第二天就带领一批人到姜维新的新住处抓人。姜维新当场拿起菜刀与徐国贤反抗,无奈特务人多势众,姜维新被徐国贤等人抓住。这是姜维新第五次被捕,其妻子与儿子也又一次被捕入狱。

中共中央政治局原委员顾顺章于1931年叛变后,成为反动派的鹰犬,到处搜捕共产党员。这次姜维新的被捕也是顾顺章指使叛徒带人围捕的,企图从姜维新身上打开缺口了解有关事实真相。姜维新被捕后,连同妻儿都一起解送到大南门警察局。看守人员怕他逃跑,在姜的脚上钉了十几斤重的脚镣。

几天后,共青团浙江省委原书记、叛变后为上海市公安局督察长的马绍伍把姜维新带到审讯室,顾顺章也在场。顾顺章反复讯问他自己一家人是怎样被杀的(鉴于顾在上海的家属中多人掌握中共许多核心机密,在经过说服教育无效的情况下,党组织才把他们处死,埋在住地的地板下面),并对姜维新施以酷刑。姜维新斩钉截铁地回答:不知道。马绍伍等人审问了2个小时毫无结果,最后顾顺章从口袋里拿出一颗子弹,放在桌子上恶狠狠地对姜维新说:"你不讲,就要吃这个!"对此姜维新仍然不动声色。他们不得不把姜维新押回牢房。其实姜维新虽然没有直接参加处决顾顺章一家的行动,当时他在上海郊区,事后了解这一情况,为了保护党的机密,他决不告诉叛徒。

第三天,顾顺章派几个外国人,用囚车把姜维新押到四马路(今福州路)巡捕房,按过指纹后,又送到成都路巡捕房的行刑室。那里的巡捕对姜维新说,任何人到这里,不管他是钢筋铁骨都要弄弯,接着把姜维新吊起来打,姜昏了过去;他

们又用冷水把他浇醒，又追问党组织杀死顾顺章一家之事。姜维新一口咬定不知道。过了两天，巡捕房又把姜维新绑着上电刑，当电流从身上通过时，全身就像千刀万剐、万箭穿心、疼痛难熬，大脑轰轰作响，如同炸开一般。姜维新咬紧牙关，结果把牙齿都咬碎了。姜维新坚不吐实，不讲半点真情。最后不得不把姜维新接回巡捕房，把姜维新关进一只铁笼子里派印度巡捕日夜看守。在受重刑的日子里，姜维新牢记入党宣誓时的誓言，随时准备牺牲自己。

第四天，外国巡捕对姜维新以酷刑折磨，要他招认，也毫无结果。不久顾顺章又派来多个叛徒、特务审问姜维新，多次酷刑，终无结果。就这样姜维新关在笼子里3个多月，受过7次电刑，他的牙齿全都咬碎了。

第五天，顾顺章一伙把姜维新交送地方法院审理。那天法庭上戒备森严，法警扶着遍体鳞伤的姜维新出庭。首先由原告国民党官员主诉，说姜维新打死了顾顺章一家多少人，还有名有姓。法官问姜是否认罪？姜维新说："这些事，我都不晓得，叫我怎么承认？"由互济会为姜请来的律师，为姜维新作了无罪辩论。最后法庭在没有被告人供词的情况下，以杀人罪判处姜维新无期徒刑。接着姜维新被引渡到华界，关押在大南门金坛路看守所。3天后，姜维新和其妻儿被6名警察乘火车押往南京，关入宪兵司令部看守所。

过了三四个月，顾顺章派了两个人来找姜谈话，还捎来了一个大西瓜。其中一人十分客气地对姜说，你来南京，是老顾（顾顺章）看在老朋友面上，为你着想才调你来的。你如果跟老顾走，可以给你汽车、洋房，并负担你一家所有开支，还让你一家团圆等。姜维新顿时火冒万丈，挥手把西瓜打落在地，这两个家伙只好灰溜溜地走了。在南京期间，姜维新和邓中夏、罗登贤同押在一起。不久，邓中夏、罗登贤均牺牲在雨花台。

在痛苦最难忍时，姜维新也曾想到过死。死，对他来说，是一光荣的解脱，既能保住党的机密，又摆脱肉体的痛苦，获得永久的安宁；但是他又鼓起了生存的勇气，决心挺起胸膛，顽强地与敌人斗争下去。

五、囚禁提篮桥监狱十三年

1933年11月，姜维新从南京押回到上海，关押在提篮桥监狱。他的妻子赵阿银被释放，因在监狱受尽折磨，不久就吐血身亡。父亲姜如春、岳父赵某也先后去世，两年内一家死了3位亲人，姜维新的儿子姜慕生释放后，无依无靠，只好由姜的堂弟抚养。

由于姜维新有多次坐牢的经验，熟知旧监狱管理的门道，极富有斗争策略。几年后，姜维新被监狱分配当外役犯。外役犯主要从事监狱的清洁卫生，为押犯送水送饭,干些杂活。外役犯两个人一组,每人腰部拴着一根1米多长的铁链条,互相制约活动,但是外役犯相比关押小监舍的犯人来说,活动范围较广。犯人称这些外役犯为"小链条"。姜维新也利用这些机会,接触到各类犯人,了解犯人的基本诉求,为犯人传递口信,他也是在提篮桥监狱最早公开是中共党员身份的犯人。当时狱中犯人生活条件很差,没有棉被,每人只发3条旧线毯,睡在水泥地上,一到冬天冰冷刺骨,无法御寒,囚饭量少质差,犯人只能喝冷水充饥。1935年冬天,姜维新领头组织印刷工场的犯人绝食罢饭。英籍监狱长派人调查,发现领头者是姜维新,立即把姜带到办公室,拍桌子训斥,听说你是共产党,过去在外面捣乱还不够,现在又到监狱里还要捣乱,领头起哄闹事。姜维新与典狱长据理力争。典狱长恼羞成怒,吩咐手下把姜维新钉上脚镣,调到某监楼的五楼和政治犯关押在一起。姜维新见到了被关押的一批共产党员,如曹荻秋、韩托夫、许亚、彭康、李守宪等人。后来经过斗争,政治犯允许在监舍外面的走廊上,搭起木板进行劳作,主要是缝制囚服等,大家可以利用集体劳作的机会,交流谈话,平时还可以看一些历史书、旧小说等。姜维新家中贫苦,从小没有机会念书,他就趁此机会学文化。在难友们的帮助下,以《王云五小字典》当书本学识字。1941年12月太平洋战争爆发后,日本人接管监狱,监狱更名刑务所。1943年8月汪伪政府名义上收回了租界,提篮桥监狱始由中国人管理,但背后仍是日本人当家。周恩来特地从延安打来电报嘱咐上海地下党组织要照顾好狱中的姜维新,设法营救他出狱。1945年,上海的汪伪政权摇摇欲坠,他们先后搞了3次大赦。这年7月17日,即抗战胜利的前夕,姜维新获大赦被释放出狱,重新获得自由,住在沪西长寿路堂弟姜维山家。7月20日姜维新带了10多岁的儿子姜慕生离开上海,从镇江过长江到瓜洲,乘小船抵安徽天长,后到达淮南新四军根据地,把儿子姜慕生送入部队,后来成为一名军医。中华人民共和国成立后,姜慕生从部队转业,曾任上海某医院院长。

六、第六次被捕入狱

1945年8月抗日战争胜利后,姜维新经组织委派又从安徽回到上海,派往沪西澳门路一家铁工厂开展工作。正当工作开展初露端倪的时候,组织上考虑拟在上海郊区开展武装斗争,设立若干游击区。当时除了在浦东、青浦等区域外,决定把姜维新派往嘉定准备开展工作。就在准备出发的前一天晚上,由于叛徒的出卖,姜维新在长寿路英华里小学临时联络点被捕,这是他第六次被捕。同时被捕的还有4位小学教师,警方把他们几个抓到今国棉一厂旧址内进行审问。由于警方不认识姜维新,就把其中一位小学教师吊起来拷打,但是该教师拒绝回答,接着警方又要拷打另一名教师。为了避免群众受苦(这些小学教师均是群众,因为联络点设在该校受到牵连),姜维新挺身而出,大喊一声:"我是姜维新!"主动把一切责任揽在自己身上。尽管这次警方"按图索骥",但又拿不出具体证据,对几个教师也问不出什么东西,就释放了他们,把姜维新带走,送到水电路一处地方关押。次日,押送到北四川路警备司令部,几个月后又把他送到思南路地方法院看守所,经地方法院审讯,判处姜维新有期徒刑2年。姜维新再一次囚禁于提篮桥监狱,再一次看到狱中的一幢幢熟悉的高楼,也听到一些汪伪汉奸、日本战犯被关押、被枪决的消息。1947年姜维新刑满出狱,结束了他的牢狱生活。

出狱后的姜维新虽然在上海一时找不到党组织,但决定自己赴苏北解放区找党。他打扮成小商人的模样,随身带着两袋旱烟丝外运贩卖,乘了小船去苏北。一路上国民党的关卡层层检查,那时有些官兵看到姜维新带有烟丝,就抓一把烟丝往帽子里塞,然后才放他通行。姜维新好不容易到了建湖县进入解放区,他的两袋烟丝也几乎成了两只空袋。后经组织介绍,他经过滨海、日照到达山东诸城。当时中共华东局机关就设在诸城。姜维新见到王尧山。几天后姜被组织送往大连休养,但半路上被国民党军队阻拦。姜维新就留在牟平一带打游击,几个月后,华东军区派人把他送到惠民县。1948年潍县解放,姜维新被调往潍县工作,初任潍县总商会军代表,后任坊子煤矿的行政领导,兼党支部书记。他深入基层、了解情况,努力解决贫苦矿工的生活,使原有5 000多工人家属的矿山得到了新生,煤炭生产很快上去,支援了解放区建设。

七、重返大上海　奋战多岗位

1949年3月,随着解放战争的节节胜利,组织上调配一批干部南下,姜维新被分配在接收大上海的干部团中,负责人是曾山、孙冶方等。南下时,经济南、蚌埠、扬州到达丹阳集中学习。陈毅等领导为他们宣讲党的方针政策,介绍上海的情况、特点、风俗民情,特别强调上海是帝国主义长期统治的十里洋场,我们要去改造建设这个城市。1949年5月上海解放。进城初期,姜维新首先在北四川路桥边老工业部工作。不久,组织又派他到江南造船厂当军代表。1950年初,姜维新又从江南造船厂调到时称"上海市人民法院监狱"的提篮桥监狱任副典狱长。当年熟悉的人员惊呼,昔日的"小链条"(囚犯),成了监狱的典狱长。当时姜维新使用的名字叫郑承。他也发挥了熟悉情况的优势,积极带领监狱干部开展工作,如1950年1月《商报》刊发的一篇报道中称:"1月25日,组织9名犯人,带了一月的粮食和其他必需品,由毛荣光、郑承副典狱长带队送往漕河泾农场,从事农副业劳动。上海电影制片厂摄影队新闻片组也在早晨8时赶至提篮桥拍摄新闻镜头,直至漕河泾农场。"①

　　上海解放初期形势严峻。国民党反动派不甘心自己的失败,常有飞机骚扰上海,特别是 1950 年 2 月 6 日中午,对上海以发电厂为主要目标进行轰炸,造成重大损失。②上海市政府决定紧急疏散无业游民、流浪儿童,组织犯人外出劳动。经商定,划出台北县(今盐城市大丰区)以四岔河为中心的 20 万亩荒地用作安置上海无业游民和犯人劳动改造的场所。1950 年 3 月 13 日、18 日、21 日,上海分三批共遣送游民、流浪儿童 1 417 人到苏北东台;3 月 21 日,上海人民法院监狱的 2 515 名犯人调往苏北。③农场时称"上海市垦区劳动生产管理局",直属上海市政府领导。姜维新任劳改管理总队总队长。他对犯人讲解政策,并把他们组织起来,开荒、建房、种地,办农牧业。1951 年春姜维新调回上海,负责筹建干部疗养院,地址位于西郊哈密路原英国人办的一处院落,姜维新任疗养院党委书记后任上海第二结核病医院院长。由于受到极"左"路线的影响,认为姜维新早年与上海市总工会副委员长刘华 1925 年被捕牺牲一事有关而受到牵连,1956 年姜维新调任上海中药切制厂厂长,1961 年调到上海市药品检验所工作,1965 年受到错误处理,被开除党籍,行政级别从原来的 13 级连降 3 级。"文化大革命"中,姜维新被扣上"叛徒"的罪名。直到 1980 年 3 月,时年 80 岁的姜维新才得以彻底平反。

　　为了发扬革命传统,中宣部、公安部、全国总工会和上海总工会党史资料室经常找他写革命回忆录,仅在 1982 年姜维新就口述,请别人笔录写了 1 万多字的党史资料。为了进一步回忆收集当年和周总理、刘少奇、邓颖超同志在上海做地下工作情况,姜维新不顾年老体弱,自费到宝山、嘉定、闸北等地寻找革命旧址。他深入调查和忘我的工作精神,博得了同志们的好评。1984 年 9 月 11 日深夜姜维新去世,享年 85 岁。当月的《解放日报》特地刊发了一条短讯,报道了这位老干部病故的消息。笔者在书写本文之前也访问了姜维新的儿媳陈惠兰,我也从她处搜集到不少珍贵史料,在此深表感谢。

---

①　《自新人保外服役分别在自新理发室和漕河泾农场开始工作》,《商报》1950 年 1 月 26 日。
②　当代上海研究所编:《当代上海大事记》,上海辞书出版社 2007 年版,第 5 页。
③　《自新人二千告别监狱》,《文汇报》1950 年 3 月 22 日。

孙海光同志在狱中

孙海光,原名孙秉球,号冠吾,江苏灌云(现划为灌南)人,生于1907年11月29日。父亲种田为生,家中有兄弟姐妹6人,孙海光排行老二。他早年在家乡读书,青年时代先后在本村当私塾先生,后去镇上当小学教员。1926年北伐革命的洪流波及灌云,血气方刚的孙海光积极投入,认真阅读进步书籍,接受新思想,1929年7月参加革命,加入中国共产党。孙海光参加革命后,以教书为掩护在家乡开展党的地下活动。1930年他调到中共灌云县委工作。同年8月,因被国民党当局通缉,他转往沭阳、东海等地活动;1931年底接到中共徐海蚌特委通知调往上海,租赁了杨树浦韬朋路(今通北路)18号一间苏北人的屋子住下,该居住地一度曾为党的地下联络点。中共江苏省委农委书记刘瑞龙等领导及其他省委巡视员都到此联络及布置工作。

1932年,孙海光任中共江苏省委失业部(又名职工部)干事,主要负责失业工人的生活及领导。由于一·二八淞沪抗战的炮火,使虹口、闸北一带工商业遭到破坏,大批工人失业,加上苏北水灾,大批灾民涌进上海,形成沪东一带的棚户区和贫民区。因此,做好失业工人的工作,解决好他们的基本生活,这是当时中共江苏省委的一项重要工作。次年6月孙海光任中共上海沪东区委宣传部长兼沪东电灯厂地下党支部书记。1934年1月26日晚上10时,由于江苏省委巡视员兼区委书记代号叫老曹的告密,使中共沪东区委机关遭到破坏,除了叛徒曹某、鲁某、马汉云之外,被捕的还有区委组织部长黄以

孙海光(1955年)

林、区委宣传部干事兼妇女干事林秀英、区委工运负责人朱云、工会干事傅春森、交通干事王俊来和交通员居林等。当天晚上他们被押上囚车,送往公共租界工部局的第一特区法院受审。法官名叫姜树滋,此人非常阴险狡猾,要孙海光等人逐一说出自己的姓名、职业,还要他们交代共产党员和党组织的情况。被捕者机智、沉着,没有一人承认是中共党员。当年1月28日的《时事新报》刊发了《沪东区要员七共党被捕》的消息:"公共租界警务处于前日受上海市警察局之嘱托,在租界内分别拘获共党七名。兹将拘捕地点及被拘者姓名志之如下……以上各犯均系沪东区共党重要人员,昨分别解送高二分院,由姜树滋推事提讯。"利用叛徒、奸细从党内来破坏中共党组织,这是20世纪30年代镇压革命运动的毒辣手段。

在特区法院受审以后,孙海光等7人被国民政府当局引渡到上海市公安局南市分局,关押在看守所内。大约一个多星期后,时在复旦大学读书的林秀英姐姐请了唐豪等6个律师来到看守所,找到林秀英,设法为她辩护出狱。他们要林秀英把案情讲清楚,林坚持按原先的供词讲述了案子的经过情况,不承认自己是共产党员,没有做危害民国的事。后来,敌人叫来叛徒进行当面对质,由于林秀英年轻缺乏斗争经验,在此场合暴露了自己的身份,承认自己是一名共产党员。所以当时在押的其他同志对林秀英产生了一些看法,甚至怀疑她的所作所为及动机。但是孙海光熟悉林秀英的经历,了解其人品,她是四川人,曾留学日本,回国后一直在沪东区委宣传部工作,兼搞妇女工作,工作积极负责,对党是无限忠诚的。入狱前,与孙海光单线联系。

当时南市看守所管理比较粗放,允许社会上的小商小贩到看守所内卖早点,管门的看守可以从中获得一些好处。一天一名男孩到看守所卖烧饼、油条,林秀英买了一些早点,同时她叫这个男孩送几块烧饼给孙海光吃。孙接过烧饼,发现有一块掰开了,里面夹着一张早就写好的纸条。上面的字很小,写着:"叛徒认出了我,这次逮捕时在我住处搜出纪念一·二八的传单,在这种情况下我只得承认了自己是共产党员。彭湃被捕后也公开承认了党员的身份,他继续与敌人斗争,得到同志们的理解,为什么我承认了党员身份就得不到同志们的理解呢。老孙啊,如果有一天你能出去,一定要向党组织证明我的清白。"孙海光看了纸条后立即写了纸条予以回复,夹在吃剩的烧饼里,让这卖烧饼的小孩带给林秀英。纸条大意是要她相信党组织、相信同志们。如果将来我能出狱,一定向党组织证明你的清白。

1934年3月中旬,孙海光等7人又被解到淞沪警备司令部军法处看守所(即龙华监狱),他们都做好随时牺牲的准备,便与敌人展开义无反顾的斗争。不久,曾任国民党陕西省财政厅负责人即林秀英的父亲,早年与国民政府上海市市长兼沪警备司令吴铁城同学,亲自来到上海找到了吴铁城,并到龙华看守所看望女儿,转告吴铁城同意林秀英出狱,但必须自首。林秀英听后立刻背过脸,对父亲说:"我不认识你、不认识你,快走、快走。"林秀英的父亲听了,知道林秀英坚决不自首,就伤心绝望地哭着走了。林秀英当即表示,断绝父女关系。体现了共产党人对党对革命事业的无限忠诚。①

一天,淞沪警备司令部军法处的法官提讯孙海光,孙思想上作好被秘密杀害的准备。看守把孙带到一个秘密接待室,孙刚做坐下马汉云就进来了。马汉云是孙海光的老乡,是江苏省灌云县杨家集附近的人,在家乡时孙海光就认识马汉云。马汉云后来到上海中国公学读书,读书时参加中国共产党,毕业后当了中共江苏省委的巡视员,曾经是孙海光的上级领导,但是后来他被捕后经不起考验,叛党出卖组织成为可耻的叛徒。孙海光冷冷地看了马汉云一眼,默不作声。马汉云压低嗓子说:"我们是老朋友了,特地来看看你。沪东一案我估计有你,因为你是在沪东区委工作的。报上没有登你的名字,可能你用了化名。"孙海光不知道马汉云葫芦里卖的是什么药,仍是不作声。马汉云神秘地说:"你们的这个案子,绝不是我搞的,你还不知道,上海党的各个区的组织都有我们(指特务)的人打进来,共产党的地下组织情况,我们全部都掌握,连省委的不少情况我们也都清楚。我知道你肯定会骂我当叛徒的,我因爱惜生命,也是没有办法啊。这次来,我只是看看这案子是否有你,我是关心你。我决不证明你是共产党。法庭来提审时,只要你不承认认识我,我决不证明你。这样你最多判几年刑。"孙海光当然不相信他的鬼话,但是孙心里清楚,并且决心不在敌人面前暴露共产党员的身份。

在龙华看守所关押了大约3个多星期后,大约1934年4月中旬,敌人对孙海光等人组织了一次军法会审,即由国民政府的党、政、军、警、法院等部门联合主持审讯。在审讯时,法官按他们的惯用伎俩逼迫他们承认是共产党,孙海光等人否认自己是共产党,还是坚持按照原来的口供回答,弄得敌人毫无办法,只好匆匆宣布判决。判决书上加给他们的罪名是"危害民国",还引用《危害民国紧急治罪法》的某些条款,判处孙海光有期徒刑5年,林秀英因暴露中共党员的身份被处以有期徒刑12年,其他同志亦分别被判了刑期不等的有期徒刑。宣判之后,就把他们押解到上海漕河泾监狱。

孙海光等人于1934年4月被关进漕河泾,并戴上脚镣。当时狱中政治犯的难友有:方毅(化名方斯吉,中华人民共和国成立后曾任国务院副总理)、张恺帆

---

① 中共江苏省委党史资料征集研究委员会、江苏省档案局编:《江苏革命史料》第13辑,内部资料1984年版,第56—57页。

(化名王文乔,中华人民共和国成立后曾任中共安徽省委书记)、林李明(中华人民共和国成立后曾任中共广东省委书记)、李干成(化名张启民,中华人民共和国成立后曾任上海市副市长)、桂蓬(化名黄育贤,中华人民共和国成立后曾任安徽省副省长)等。由于狱中伙食量少质差,环境卫生恶劣,孙海光关押半个多月以后,下肢浮肿到大腿,眼睛看不清东西,濒临死亡边缘。父母远在苏北农村,在上海除了其爱人和一个孩子,别无亲人。林秀英得知孙海光得了病重,她立即写了申请报告,把她的存款转拨20块银元到孙海光的名下。孙即用该钱款买药打针,购买营养品,疾病渐渐好转,起死回生。

为抗议狱中的非人生活而进行绝食斗争,孙海光等政治犯向监狱当局虐待犯人的行为提出抗议,要求改善伙食,定期放风、洗澡、允许送入书报等,狱方不但不接受,反而进行残酷镇压,把部分人员拉出去吊打。孙海光和难友们拒不屈服,大家团结一致,又通过律师向社会申诉,宣传狱中的反迫害斗争。为此,上海人权保障同盟、上海律师公会等社会团体派人到监狱调查了解后,向国民政府当局提出控诉和抗议。在孙海光等同志绝食斗争进行到第六天时,监狱当局才不得不向政治犯妥协,使犯人在放风、洗澡和伙食等方面有所改善。但是过了一段时间,狱方又恢复原状。政治犯先后又发起过多次绝食斗争,并动员刑事犯一起参加。孙海光等人还在狱中学习文化、学习革命理论,把监狱视为磨砺意志的特殊学校。

1936年6月,孙海光等同志被狱方认为是"最不安分"者之一,被解往苏州陆军监狱。当解送苏州之前,是凶是吉?谁也难以预料。临别前,难友们难分难舍。张恺帆当即代表押往苏州的46名政治犯写下两首《如梦令》,留给难友,词作如下:(1)"狱里方酣唱和,迷梦骊歌惊破。依念不堪行,情热相煎如火。无尔,无我,岁月莫虚空过。"(2)"书信因风时寄,但愿勿移初志。离别在须臾,后会什时何地?翘企,翘企,心系友情牢记。"

苏州陆军监狱属国民政府军政部直接管辖,位于苏州盘门外(今盘门路223号,其遗址已经改建成居民新村),占地1.2万平方米,设有"改""过""自""新""病"5个监房。孙海光等人关在"自"字监8号。同一号子里的难友有方毅、秦霖等同志。在押犯一律穿蓝色囚衣,背部缝一块白布,上写番号,犯人之间不准叫姓名,只准呼番号。判处10年以上徒刑者均加戴脚镣。在孙海光押解之前,1931年12月从杭州浙江陆军监狱调来120人;1933年2月又从上海漕河泾监狱调来180多人,这批犯人不少原是在上海共舞台戏院召开大会时被捕的共产党员和爱国青年。苏州陆军监狱政治犯的共产党员中秘密建立了党支部,张维桢(中华人民共和国成立后曾任全国总工会书记处书记)、徐迈进(中华人民共和国成立后曾任中共中央宣传部副部长)先后担任党支部书记。1936年6月,因狱方给犯人吃霉米烂菜、任意打人骂人等暴虐行为,孙海光等人参与政治犯举行的集体罢饭,持续了6天,迫使狱方同意改善伙食、废除体罚、每天放风、给予阅读书报的要求。

1936年12月,张学良、杨虎城发动西安事变,1937年7月卢沟桥事变后开始了全面抗战,随后国共合作共同抗战,国民政府终于接受立即释放共产党员和其他政治犯的条件。1937年8月19日,孙海光与其他难友等出狱,从此结束了3年7个月的监狱生活。他拖着虚弱的身子,在上海远房亲戚家休息几天后,立即回到了家乡苏北灌云,联络失掉关系的老同志和爱国青年,投入了抗日战争的洪流。1940年3月起,孙海光历任中共苏皖区党委第三地委巡视员、盐东县县委书记兼盐东县独立团政委、华东野战军第10纵队第84团政委、34旅副政委、华中第5军分区副政委、南通军分区副政委兼政治部主任、军分区党委副书记等。中华人民共和国成立后,孙海光历任苏北军区干部管理部部长、上海市兵役局局长、中共江苏省监察委员会副书记、中共江苏省委组织部副部长、江苏省人民检察院副检察长等职,1984年离休(享受副省级待遇)。2003年3月13日在南京去世,走完了壮丽的人生之路。

行文至此,余意未尽。这里还需要特地交代几句。孙海光兄弟姐妹六人,成年后都参加了革命,大哥牺牲在抗日战场,子侄辈也都参加革命,他家真是革命之家。晚年经孙海光口述,时明安整理,编印了革命回忆录《征途漫忆》,系内部资料,计9万多字,其中收录了孙海光各时期的17张照片,由江苏省人民检察院检察长张品华作序,省委书记陈焕友题写书名。难能可贵的是,2000年1月16日,83岁的孙海光同志还亲笔签名赠送给我一本《征途漫忆》。本文中我引用该书中的部分资料,以示感谢。

在牢房里入党的共产党员

旧提篮桥监狱曾囚禁过不少革命同志和共产党员,20 世纪 30 年代,他们在监狱的牢房内建立中共党支部,秘密开展活动,积极、慎重地发展党团员。有的革命青年就是在旧提篮桥监狱的牢房内发展入党的,成为坚定的共产主义战士。谢铭荣就是其中的一位传奇人物。

一、献身革命　拘捕入牢笼

谢铭荣,原名谢铭远,又名谢名荣,1912 年生于山城贵阳一个中医之家。1931 年来到上海,进入国立音专进修小提琴。在学习期间,思想进步又爱好文艺的谢铭荣认识了贵州籍的老乡、共产党员缪正伦和金承铭(又名金啸远)。共同的志向、共同的经历,使这批贵州籍青年相聚在一起。不久,他们在上海戈登路(今江宁路)戈登里 701 号租用了一间房间,成立了抗日救国社团,开展革命活动。谢铭荣还参加了歌咏队,以音乐作武器,白天上街参加抗日大同盟领导的示威游行和募捐,晚上在沪西和沪东工人居住区演出。后来,谢铭荣经缪正伦等人介绍,在工作中还认识了中共沪西党组织负责人曹荻秋。

1932 年 4 月 2 日下午 5 时,戈登路戈登里 701 号屋内,金啸远正在弹钢琴,陈倦曦、谢铭荣坐在窗口,郑柳青刚从外面走入。他们 4 人由于叛徒的告密,先后被印度巡捕和"包打听"抓走,押入戈登路巡捕房,开始了牢狱生活。他们人在牢房却不忘学习,黄昏以后,每周一、三、五互相讲解以前学习过的文件精神,二、四、六各人讲一段名小说,星期日练歌,但声音不能大。10 多天以后,谢铭荣、金啸远等 4 人由江苏高等法院第二分院(简称高二分院)开庭审讯。互济会请来潘震亚律师,谢铭荣的亲戚严谷士为谢和金啸远又请了俞锺骆、雷国能律师。高二分院没有抓到确凿证据,当时仅在谢铭荣的住处搜查到一些俄国作家的小说、合唱队的歌夹和一条崭新的红领带;加上律师给他们理由充足的辩护,高二分院没有对他们当庭宣判,谢铭荣等人过了几次庭审,暂时作为未决犯押入提篮桥监狱,关押到 E 监,每个牢房关押 4 个人。

5 月中旬,高二分院引用所谓"危害民国紧急治罪法"的条款,分别判处谢铭荣、金啸远、郑柳青、陈倦曦有期徒刑 2 年 6 个月。①判决后，谢铭荣等 4 人改押到 LM 监的 5 楼。他们原来所穿的蓝布未决犯的囚服，换成白色的已决犯的囚服，囚服上的番号，谢铭荣、金啸远分别为 3726 和 3727，囚服左上胸还缝有标明刑期的红色布条。这里每 3 人关押一间牢房，牢房很小。每间仅有 3 个多平方米。谢铭荣、金啸远和另一个人，同在一间牢房。虽然一天三餐，但不够半饱。年轻的谢铭荣十分沉着、冷静，把监狱看成一个特殊的课堂，把坐牢当做磨炼意志的场所，利用一切机会学习文化，采用极其简单的办法锻炼身体；并向共产党员、又是同乡人的金啸远再次提出了入党的请求，并请求党组织分配工作任务，以实际行动接受党组织的考验。

隔了没多久，大曹和小曹（曹荻秋、曹心哲兄弟俩）被捕，也因禁在提篮桥监狱内 LM 监 5 楼，与谢凡生等人同押一个监楼，同一楼层。时任上海社会科学研究总会负责人兼党团书记的曹荻秋当时没有暴露其真实身份，化名张云卿，在敌人的眼皮底下，与狱中被押的中共党员秘密组织成立了党支部，在铁窗下开展活动。

二、特殊"熔炉" 锤炼始成钢

LM 监的 5 楼，20 世纪 30 年代初期集中关押政治犯。白天看守人员来回巡查，警戒森严，只是到了夜晚，印度看守力量稍显薄弱。政治犯就借机活动，他们活动的方法很特殊，把嘴凑到铁栅边上与隔壁牢房的犯人轻轻地交谈，传递消息。如果听到看守巡查的皮鞋声，靠近楼梯的牢房里负责"放哨"的人员，就发出特殊暗号，或咳嗽、或轻轻敲打铁门，大家就停止活动。但是这样交谈毕竟受到限制，因此放风时间就成为政治犯开展活动的最佳时机。

当时狱内放风，都是早餐过后，每星期大约有两三次；场地有两处，一是楼顶平台，二是楼下空地。放风时主要让犯人排队兜圈子跑步，场地中心和四个角落各站立一名印度看守进行监视。根据党支部联系人金啸远的布置，谢铭荣常称视力不好（他系近视眼，平时戴一副眼镜），在跑步时，由他朝站立场地中心的看守身上冲撞，或者把放在场地中间的痰盂踢翻，故意造成秩序混乱；印度看守对此十分恼火，就朝谢铭荣追打，谢就往放风的人群里乱窜，放风的队形乱了。在混乱中，政治犯和犯人中的党支部成员就互通消息，分析形势研究活动对策。为此，谢铭荣成了印度看守眼里一个捣蛋的犯人，经常遭到打骂训斥。②

---

① 上海档案馆档案，档号 Q-13-10505。
② 《上海党史资料通讯》总第 13 期。

由于他被捕前参加游行时曾被外国巡捕打伤过左手,狱中放风时左手又被多次打伤,在营养极端贫乏的情况下,老伤加新伤复发了;左膝盖也因多次被印度看守拳打脚踢受了伤,上下楼梯都感到困难。后来谢名荣虽然被批准去监狱医院看病,但是,医院设施简陋(当时系一幢3层楼的建筑,位于今十字楼和二号监处),医生有时上一点黑膏药敷敷,有时给两片止痛药,根本解决不了问题。那年冬天,谢铭荣左手中指开始溃烂,左膝关节肿得像个大馒头,左腿已经穿不进裤筒,右膝也屈伸不便,走路一颠一拐的。尽管如此,谢铭荣坚决服从党组织安排,宁可自己皮肉受痛苦,也要为狱中革命同志的活动创造时间和条件。

1933年初,某天放风回来,金啸远轻轻地告诉谢铭荣,谢提出的入党要求得到了狱中政治犯党支部的批准。那天夜里由金啸远带着谢铭荣(他俩同拘押在一间牢房里)进行入党宣誓。那里,既没有庄严的仪式,也没有鲜红的党旗,在狭小空间,谢铭荣走进了宽大的世界,步入了中国共产党组织的行列。谢铭荣的心潮如黄浦江水一样,久久不能平静……

三、遭受劫难 意志坚如钢

一天,看守打开牢门,大声斥令谢铭荣下楼,两个印度看守把谢从LM监移押到PQ监(今7号监)的5楼(顶层)进行独居反省。这里是监狱的禁闭室,分东西两边,背对背分布共92间。每间牢房除了铁门以外,还多加了两扇厚厚的木门,牢房顶部又多了一个窗洞。夏天,闷热难忍,霉臭死寂;冬天刺骨寒风,从屋顶长驱直入,格外寒冷,大家称它为"风波亭"。

这里的伙食比常规的明显减少,饥饿难熬,不得不用冷水充饥。更可恶的是印度看守每天带一名外役犯,手提铁筒用橡皮管朝谢铭荣关押牢房的顶部和三面墙壁浇水,美其名曰"用药水消毒",实质是把黑牢弄得满地湿透,使人坐立不宁。谢铭荣只能拖着坏腿,艰难地站起来,把三条既是卧具又是坐具、薄薄的灰毯抱在胸前,待他们一走,他把这三条灰毯放回潮湿的水泥地上。他白天坐在灰毯上,晚上也睡在灰毯上,灰毯紧贴水泥地,一片潮气,阴冷入骨,这是监狱当局故意对犯人进行肉体和精神上的摧残。在此环境下一个健康的人也要被折磨成病,更何况一个左腿已腐坏、左手已流脓的病人。面壁而坐的谢铭荣就默默地哼唱《国际歌》《马赛曲》和《苏武牧羊》,他的音乐细胞在黑牢里苦涩蠕动,他的文艺天赋在监狱获得深情发挥,谢铭荣用音乐来消磨时间,反抗孤寂。

一个阴冷晦暗的早晨,狱方又一次整治谢铭荣。印度看守开了门锁,两个外役犯冲进牢房,用栽赃的办法先把当时监狱里的违禁品——"板烟"放在便桶下,事后又当场在其便桶下搜到了板烟。吃过中饭,谢铭荣被带到一个大房子内,中间是一张写字台,边上站着两个犯人,他们好像事前排练过的,向居中端坐的外籍警官控告谢铭荣私藏板烟的罪行。而不容谢铭荣有一句申辩,狱方就以此罚处谢铭荣3天吊铐(让人站立,把双手反铐在铁栅上),没到3天,谢铭荣就昏死过去,处于休克状态。

四、死里逃生　几度风雨中

当谢铭荣苏醒过来时,他已经躺在监狱医院。据同房的病犯说,谢铭荣是被人发现后,才抬到这里来的。在医院里,也是铁窗铁门,但能看到渴求的阳光,环境有了变化,伙食等级也有提高。这是在党组织的帮助和谢铭荣的胞妹谢光琪奔走下才获得的一线生机。但是谢铭荣的病情并未好转,他的左腿膝关节肿得像一个人头,膝关节以下却枯萎得像一根干柴;左手中指溃烂得像一只剥了皮的死老鼠,既肿又臭,还影响到手掌也红肿了。同时,他的右腿也受到了严重影响,挪动身子也需请人帮忙。对此病情,谢铭荣仍显得十分乐观,他教病友唱歌、讲故事,还对手握《圣经》前来教诲的牧师进行嘲弄。有一个黄昏,谢铭荣从一位华籍看守的口中,获悉他同狱的难友、他的入党介绍人金啸远因病停止了心脏跳动。

当谢铭荣被捕不久,妹妹谢光琪就从贵阳来到上海,她主要设法营救谢铭荣,同时去读外语学校。她在严谷士夫妇和另两位亲戚协助下,找到监狱医生签字,又通过旁人向法院送礼,申请保外就医,并公开向监狱交付400元"保外就医保证金"。1933年8月某日,谢铭荣获准保外就医,离开提篮桥监狱送到海格路(今华山路)上的红十字总医院。在医院住了10个月左右,经过多种治疗都无济于事。最后,医院决定给谢铭荣截去左腿和左手中指,以保住右腿和左手掌。手术成功,病情渐渐好转,但体力尚未恢复。而敌人的魔爪又向谢铭荣伸来,法院发出了重新收监的传票。谢铭荣不得不匆匆出院,躲到法租界一位亲戚家里,谁知3天不到,亲戚害怕受到牵连,就下了逐客令。谢铭荣只好由谢光琪掩护住入旅馆,但保外就医的担保人、亲戚严谷士受到传讯。他在组织的帮助下,经常调换住处,或朋友家、或旅馆、或浴室。不久警务处发出了对谢铭荣的通缉令。在此紧急情况下,组织上又把谢铭荣男扮女装,化装成一个临产的孕妇,把他送进上海一家产院,后来又被转移到虹口一个日本友人家里……[①]

1934年9月的一个深秋之夜,上海十六铺码头边,开来了一辆汽车,在多人陪护下,一位独腿男青年,被人背着进入了长江轮船的客舱,随着一声汽笛长鸣,轮船离开码头,谢铭荣终于逃脱了上海警方的追捕。他乘船到达重庆后,又辗转

[①] 《贵阳党史资料》1986年第1期。

回到故乡贵阳。到达山城贵阳的第二天,就是 1934 年的 9 月 18 日。"九一八"既是全国人民难忘的日子,更是谢铭荣终生难忘的日子。为了今后的安全,他改掉原名谢铭荣,改名为谢凡生,并一直使用到晚年(被捕服刑时称谢铭远,为了阅读的便利,本文统称谢铭荣)。

五、不灭火种　熊熊燃心中

谢铭荣回贵阳之前,贵州省毕节籍的共产党员林青(李肃如)因参加革命活动,1932 年被捕也关押于提篮桥监狱(由于林、谢关押在不同的监楼,他们互不知晓)。1933 年冬,林青获释回到贵州与缪正伦(贵州人,中华人民共和国成立后在解放军某部工作)、秦天真(中华人民共和国成立后曾任中共贵州省委书记)相遇,互诉衷肠。1934 年 1 月,他们几个青年精英,在贵州省毕节县创建了中共贵州省的第一个党支部。9 月,谢铭荣回到贵州,接上了组织关系。

1935 年 1 月,中央红军长征到达贵州遵义,中共党员吴亮平(延安时期系毛泽东与美国记者斯诺的翻译,中华人民共和国成立后曾任化工部副部长)也来到这里。在一个偶然的场合,吴亮平与林青相遇,他们分外高兴。原来 1930—1932 年吴亮平也在押提篮桥,与林青相处过几个月。随后,吴亮平带着林青去见中央长征时任中共中央地方工作部部长罗迈(即李维汉,中华人民共和国成立后曾任全国人大常委会副委员长等)。20 世纪 30 年代初,李维汉也囚禁于提篮桥监狱,在狱中认识林青。李听取了林青的工作汇报,经研究,他代表党中央承认中共贵州地下党,从组织上与贵州地下党接上关系,并批准林青、秦天真等 3 人组成中共贵州省工作委员会(简称党工委),林青任书记。同年下半年,林青不幸被捕,在贵州英勇就义;谢铭荣继任党工委书记。

贵州境内山峦起伏、地形复杂、交通不便,长期以来是一个军阀统治的地区。在红军离黔入滇,挥戈北上后,蒋介石击垮了地方军阀,将魔掌伸向贵州。针对敌强我弱的特点,贵州地下党隐蔽分散活动,并通过和利用社会上公开合法的一些团体和组织进行工作。当时贵州有个"筑光音乐研究会"①,谢铭荣出任该研究会的艺术指导,常常挂着拐杖,拖着一条病腿,利用合法身份,以文艺为武器,团结各界人员,开展抗日救亡活动。

一位参加"筑光音乐研究会"、1938 年入党的贵阳女师毕业生吴庸,在共同的工作中,与谢铭荣激起了爱情的火花。出身官绅家庭、面容娇媚的吴庸不顾家人的反对,与只有一条腿的谢铭荣结成终生伴侣。当时,他俩一个是 27 岁,一个

---

① "筑",系贵阳的简称。

是 20 岁,他们的婚礼是在贵阳赴延安途中的重庆举行的,他俩乘坐的木船漂过江津、白沙、合江等地。他们到达重庆后,曾在《新华日报》化名刊发了一条结婚启事:"国难期间,一切从简。"他们原来准备去延安工作,后来由于形势变化,只能改变计划,在组织安排下,谢去了北碚石子山一家杂志社当编辑,吴庸参加复旦大学抗日宣传歌咏队。在重庆,他们躲过一次次日本飞机的轰炸,特别是身为残疾的谢铭荣更是步履蹒跚,甚为艰难。

1939 年冬,国民党掀起抗日后的第一次反共高潮,重庆的地下党员被安排疏散,谢吴俩人听从中共南方局的安排回到贵阳。谢铭荣在药店经商作掩护,吴庸主持家务,长期隐蔽,秘密开展工作。后来谢吴俩人一起遭到敌人的关押、审讯(有时候分别关押、审讯)。有次特务们想从谢铭荣的口中逼供出中共贵州省工委负责人秦天真的行踪,对谢进行拷打利诱,恩威并施,特务还许诺,只要谢一说出来,就可放他回家,夫妻团聚。一次,谢被问得不耐烦,忍不住调侃说:"你们几十个两条腿的人都找他不着,我才一条腿,有什么办法。"引得几个特务傻笑,谢铭荣却挨了一顿扁担打。

从此,谢铭荣、吴庸就被国民党特务套上了"锁链":坐牢——监视——坐牢——管训,成为一对革命夫妻的生命轮回。夫妻俩轮互坐牢、轮流探监。之后特务们又施用恶毒的伎俩盗用他俩的名字在《中央日报》上登出"脱党宣言",在政治上搞臭他们,使党组织和同志们对他俩不信任。作为共产党人没有比这种手段更锥心的了。[1]谢铭荣从重庆回来时,按中共中央关于疏散地下党员的指示,转地不转党,不带组织关系,对党只凭一颗纯真的心联系着,如今,这颗心被敌人用"粪水"污染。看到这张报纸,谢铭荣两眼冒火,举起朝夕相处的拐杖,朝门槛砸去,以发泄心中的怒火。

1942 年,吴庸被押送到重庆五云山集中营进行"感化"教育,严酷的军事训练、很差的生活待遇,反动的训诫宣传,并没有摧垮她坚定的意志。两年后被放回贵阳。在这复杂的环境下,谢铭荣、吴庸无视敌人的劝诱、刑讯和挑拨,坚持革命气节,在平凡又充满危险的岗位上坚守机密,保护同志,默默为党工作。后来吴庸逃脱虎穴,转道桂林、广州、香港,拟通过海路北上。吴庸到了香港,因海上封锁,只好滞留港岛。1949 年广州解放,吴庸离开香港,来到羊城,考入南方大学,毕业后分配在广东华南财委工作,后来调到粤北山区。

六、身处逆境 一片赤诚心

1949 年 11 月贵阳解放,谢铭荣被分配在民政系统,出任贵阳市救济院院

---

[1] 《贵阳党史资料》1989 年第 3 期。

长。他积极组织生产自救,为新生的政权作出了贡献。但是,在左倾路线的干扰破坏下,谢铭荣曲折的经历受到了组织上的严格审查。在提篮桥监狱的牢房被发展入党?入党介绍人——贵州同乡金啸远病死在狱中?而谢铭荣怎么逃离监狱返回故乡?贵州期间又多次被敌人拘捕、释放,为何能九死一生?问题丛生。在错综复杂的斗争中实行的"单线联系",许多情况时过境迁,缺少直接证据;有些经历难以用一句话、两句话说得清楚。谢铭荣传奇般的人生履历更显得扑朔迷离,给人带来了一个个政治问号。叛徒、特务、假党员、变节分子,一顶顶帽子飞到头上。谢铭荣蒙冤受屈,被开除党籍,长期遭到不公正的待遇。谢铭荣之妻吴庸因为曾在重庆五云山集中营受训2年,在贵阳也被多次关押释放,一个官绅人家的小姐、女子师范的毕业生怎么嫁给一个只有一条腿的人。疑点重重,许多事情看来都无法理解,在广东也同时被开除党籍,同样受到不公正的处理。谢铭荣与吴庸虽然分居贵州和广东,长期处于逆境,但他们忍辱负重,面对鲜艳的党旗,不忘初心,在平凡的岗位上默默工作,为了党和国家的事业而战斗。

党的十三届三中全会以后,谢铭荣、吴庸双双获得平反,恢复党籍,他俩的党龄分别从1933年和1938年算起,谢铭荣又出任中共贵阳市委常委等职。他们分到新居后,就把旧屋出卖,得款3 000多元,把2 000元作为党费一次性上交组织,余款仅仅添置了一台黑白电视机和一些简单家具。①谢铭荣除了认真做好本职工作外,又积极书写党史资料,几年中,他先后发表了《回忆筑光音乐研究会》②《"二·四"轰炸亲历记》③《解放初期的游民乞丐收容改造工作》④等文章。

七、"故地"重游 感慨颂党恩

1981年10月,谢铭荣、吴庸等来到上海。谢铭荣慎重地向中共上海市委有关部门提出:我是1932年因从事革命活动,被捕后被反动派判刑押入提篮桥监狱的,1933年在那里加入了共产党,我恳切希望批准我去提篮桥监狱参观,了却我多年的愿望。

一个金色的秋天,谢铭荣、吴庸和其外甥女冯兰馨等4人来到提篮桥监狱参观访问,受到时任监狱长李仁堂和办公室负责人胡静等人的热情接待。谢铭荣回想昔日曾被关押过的监狱,看到如今狱内高耸的大楼、整洁的监舍、葱茏的绿叶,感慨万千,狱中的一草一木、一砖一瓦都勾起他思绪的彩线。1982年他在一

---

① 谢铭荣的妻子吴庸提供给笔者的资料。
② 文章署名谢凡生,发表于《贵阳文史资料》总第5期。
③ 文章署名谢凡生,发表于《贵阳文史资料》总第6期。
④ 文章署名谢凡生,发表于《贵阳文史资料》总第10期。

篇《地狱·人间·天堂》"参观杂感"的遗稿中满怀深情地写道:"1981年10月,我从北京出来,到了上海。我是专门来探望我这个50年前曾关过的第二故乡。我用第二故乡来说上海和我的关系,一点也不过分。上海这个地方、这个名字,她在我生命中占有重要的地位。70年前我在贵阳获得了肉体,上海,她为我塑造了革命人生观——把我带进了中国共产党。""……在李监狱长的热情陪同下,我们一行进了最后一道铁门。迎面看到了树。树,本来是地球上最平凡随地皆是的生物,但在这一群既黑又高的房子中间,当年却是没有的。当年除了黑色的墙,就是灰色的水泥地,现在这里面还是监狱,却听不到镣铐的叮当声,空地上不但有树,还有花坛,甚至假山、鱼池。旧的记忆和眼前的现实在我脑海里盘旋。"[1]

多年前我通过查阅史料、走访老人、实地考察,让我接触了不少珍贵的史实。后来,我通过上海和贵州的党史部门,找到了谢铭荣的工作单位和家庭通讯地址,当我想进一步找谢铭荣深入了解情况时,我收到吴庸的来信,她告诉我谢铭荣1985年11月15日21时45分不幸患脑溢血病故,已离开人世,走完了他73年的人生之路。事后,我又通过书信的方式,多次向吴庸作过"书面采访"。年事已高、视力严重衰退的老人热情地为我提供了资料,使我梳理成文。吴庸提供的谢铭荣的肖像照,多年前已放置于"上海监狱陈列馆·人物厅"之内,以告慰九泉之下的谢铭荣。

（本文原载《提篮桥监狱》,中国文史出版社2011年版。收入本书时有较大补充修改,并增添了资料出处）。

---

[1] 谢铭荣的妻子吴庸提供给笔者的资料。

阿英的狱中生活与《灰色之家》

著名作家、收藏家阿英，1900年2月6日（农历正月初七）生于安徽省芜湖市花津桥畔一座旧宅院里，父亲是个小手工业者。阿英学名钱德赋，后由一位老先生为其改名叫钱杏邨。1919年阿英中学毕业来到上海，考入中华工业专门学校土木工程系。那时正值五四运动爆发，阿英积极投入各项活动，被同学们推选为安徽旅沪学生会代表。1919年12月28日和1920年1月4日上海的《民国日报》，两次报道了安徽旅沪学生会的活动，其中三次提到"钱德赋"的名字。钱德赋（钱杏邨）还参加了上海学生联合会，与交通大学的学生邹韬奋一起，担任学生会《日刊》的编辑工作。此外，还经常给各类报刊写稿，常用笔名阿英，其后就一直以阿英而称呼，其真名倒反而很少被使用。在革命浪潮的熏陶下，1926年秋天，阿英经高语罕、周范文介绍加入了中国共产党。

1927年四一二反革命政变后，阿英等人遭到敌人追捕，他千里跋涉来到武汉，在邓中夏领导的中华全国总工会宣传部工作，并参与筹备第四次全国劳动大会。后来他撤离江城，辗转家乡，11月又回到上海，住在虹口北四川路丰乐里的苏广成衣铺楼上，与著名作家蒋光慈是邻居。后与蒋光慈、孟超等人筹备成立文

晚年阿英

学社团"太阳社",由阿英负责编辑《太阳月刊》,该刊出了7期,后被反动当局所禁而停刊,不久又先后改名《时代文艺》《新流月刊》《拓荒者》,继续传播革命思想。当时阿英除了编辑刊物、写文稿外,还积极投入反帝斗争中。他接受党组织的指示,经常与同一党小组的安徽老乡李克农等人在夜晚上街贴标语、散发传单,并参加各种示威游行活动。①

1929年7月14日,阿英参加了中共党组织的一次反帝斗争示威游行,不幸被公共租界的巡捕在沪西小沙渡路抓住,与他一起被捕的共有27人,他们关在一间4尺长、3尺宽的临时拘留栏里。在遭受到毒打、恶骂、询问、搜身、按指纹等一系列活动后,阿英等人被关进普陀路巡捕房押所。那里阴湿闷人,卫生条件极坏,蚊子又多,咬得难友们一夜难眠。阿英索性起身,他借助昏暗的灯光,向四周扫视,看到拘留所墙壁上,不少犯人随手涂写的文字,有的骂法官、骂巡捕,骂帝国主义,也有的题记何日到此,以示纪念,仿佛游览名山大川似的,文字似通不通。

第二天,即7月15日上午,阿英等人戴铐,押上汽车来到公共租界的法庭予以初审。在庭审时,询问每人的姓名、籍贯、职业以及所谓的犯罪经过。国民党当局闻讯后,立即提出要求把阿英等政治犯从公共租界"引渡"到华界。租界是外国人的领地,中国当局无权捕人,公共租界巡捕房抓到犯人,还得经外国法庭的判定。巡捕房为了显示租界国中之国的特权与地位,拒绝国民党当局的"引渡"要求。初审结束后,阿英等人被关押到公共租界管辖下的提篮桥监狱。囚车通过两道沉重的铁门,在新收监前停下了。最先呈现在他们眼帘的是几个持鞭的印度看守,他们用鞭子把阿英等人抽到屋角里挨次坐下,两只眼睛恶狼似地盯着新入狱的犯人。阿英等27人中凡是有说话的,就被印度看守抽一鞭,凡是坐得所谓不规矩的又被抽一鞭,如果双脚伸出去的,同样挨上一鞭。这些印度看守就这样无端折磨犯人,企图用这种架势给新收犯精神上的威慑感。

随后,阿英等人来到一间屋子,一个发油涂得很厚的青年人,穿着白纺绸长衫,戴着金丝边眼镜,拿着巡捕房转来的犯人资料,走进他们的身边,一个个地讯问每个人的姓名、籍贯、年龄等基本情况,如果被询问者稍微回答慢了半拍,或者回答的内容与他所掌握资料上有一点差错,就会遭到他的毒骂。最后,他问:"你们是共产党么?"见没有人吭声,他啐了一口,就恶狠狠地说道:"这帮家伙都该杀头!"便傲慢地走了。

接着来了几个外役犯,在印度看守的监视下,进入一个屋子,让狱医作体格检查,助手是一个犯人。他呼喊着名字,照前例,姓名、籍贯、年龄等再询问一遍,

---

① 钱厚祥:《阿英在上海》,《文汇报》2003年3月14日。

然后要犯人全身脱光,把衣服等交给印度看守。接着就是检查身体,让犯人张开两手,让他看腋下有无夹带;再张开嘴巴,看看嘴里有无夹带;以后是向后转,用自己的两手,扳开屁股给他看;再弯起左右腿给他看两脚心。检查完毕,然后对新入狱的犯人编定番号,便由一个外役犯给予一张写有番号的小纸卷,要各人放在嘴里,送到相邻的屋子里。犯人的答话动作,一样地要快速、匀称,如果让当助手的劳役犯或印度看守稍有不满,轻者谩骂,重者鞭打。①

　　接着,阿英等人进入洗澡间,首先剃头。剃头师傅是犯人,都是两个人腰间同拴一根大约有 1 米多长的铁链条。先把他们每一个人扔在凳上,然后就很快用发剪带推带拉地理发,仅 2 分钟左右被修剪以后的头发高低不一,参差不齐。第二步手续是光脸,另由一些外役犯在同一房间里执行。新收犯的脸上,同样是有的地方剃到,有的地方没有剃到。最后就是洗澡,先由印度看守把人赶到木板上站着,然后扳动开关,上下淋浴,因为水太热,犯人中有的企图躲避,却被印度看守鞭了回来,任水浇烫。这样又两分钟,算澡也洗过了。水止后,用布条草草揩干身体,便再到隔壁的房间里,拿出嘴里的纸卷。阿英的番号是 4999,向管衣服的犯人领取一套囚衣穿上。坐下后,就是剪脚指甲、手指甲。由印度看守给予两把剪刀,各人坐在那里,在印度看守的严密监视下,大家互相传递剪刀来剪指甲。剪好以后,每人再盖上手指指纹。片刻后,看守让犯人排成两人一行的队伍,开了铁门,转了两个弯,走进监楼,每 3 个人关押一间。

　　1929 年的时候,提篮桥监狱分为行政办公区和押犯狱区两大地块,狱区内除了炊场(伙房)、医院、工场,和正在扩建中的一些建筑外,共有 AB、CD、E、FG、HI、J 监 6 幢监楼,其中早期建成使用、呈南北走向的 AB 监和 CD 监,还有后期建成使用、呈东西向的 FG 监和 HI 监;前者高 4 层,每幢楼有 240 间牢房,后者高 5 层,每幢楼有 460 间牢房。E 监,高 3 层 36 间牢房;J 监,高 5 层 110 间牢房。除了 E 监、J 监外,AB 监等 4 幢监楼,是关押犯人的主要地方,由于分布的方位不同,AB 监又称东监,CD 监又称西监,FG 监又称南监,HI 监又称北监。当时这 4 幢监楼的关押犯人有所区别:东监、西监除了主要关押做工的犯人外,还有新收与出狱的功能,新犯人入狱的第一夜必须关押在东监,老犯人刑满释放前一天也必须关押在西监。南监关押判刑 2 年以下者,北监关押初犯及短刑期者,时间最短的是被判 3 天拘役犯。所以,根据提篮桥早期各监楼关押犯人的分工,阿英等 27 人最初就关押在东监。

　　第二天一早,阿英等新入狱者在过道里排队、点名,每人发一块一尺见方的白洋布,可是该布大多被前人洗成黑色,上面全是滑腻腻的,甚至比茶楼上用的

---

① 钱小云、吴泰昌编:《阿英散文选》,百花文艺出版社 1981 年版,第 136—137 页。

抹布还要肮脏；然而这是犯人唯一洗脸揩鼻涕的手巾。又一会儿，叫每人从放在地上的衣服堆里抱回自己原来的衣服，然后再一个个到东边几个外役犯人处，由他们卷成筒形，用黑墨写上本人的番号。接着，又去另一处抱回自己的帽子和鞋子进行登记。新收的最后一课是"种痘"，是在昨天打手印的房间里执行。具体包含两项内容：一是体格检查，二是种牛痘。各人依次走向狱医面前，脱下衣裤，先张开嘴给他看，然后是生殖器，并要咳一声嗽，转过身，给他看肛门，答复他过去有无花柳（性病）病症，穿上衣服后退下。然后才——种牛痘，先由狱医助手的犯人用刀在臂膀上拼命地刮出血，然后注射一点浆进去，医生用眼斜睨一下，点点头就算是完结。就因为如此的草率，种痘的部位往往有溃烂，甚至一两月不得痊愈。①

新收手续结束后，阿英等人被关押于监狱的北监。每一个犯人，在被判决的第一个星期，就住在这里，每餐只给予普通犯人的 1/2 的饭，使你不饱不死，狱方之意就是要犯人饿一星期，反省一星期，然后再给予正式的囚饭。所谓正式的囚饭，实际上也是吃不饱的，在狱中，总是忍饿挨饥。犯人腹中空空，就只能喝冷水填肚子，狱中还美其名曰："吃冷水饭"或者称之"扛冷水饭"。

提篮桥监狱，在 3.3—3.6 平方米左右的小监室内都关押 3—4 个人，而且还要放下一只洋铁马桶。每天早晨 6 点起身，把前一天发下来的一条线毯（冬天是 3 条）折好，就由外役犯把洗脸水送到铁栏外。小而圆的白铁盆里盛着稍许微温的水，每两人共一盆，隔着铁栅把手伸出去，捧一点水在脸上抹一抹，再把手巾整好揩一回，就算完了。以后是发筷子，6 点半吃早饭。饭前由看守用尺把长的大钥匙，砰砰地开启一扇扇门锁打开牢门，犯人把马桶送到铁栅外，有时送到最底一层的户外。同时，把折好的毯子送出去，也是早饭以前的事。很快吃完黄米的黄豆稀饭，由外役犯人收去。饭先由外役犯拿来，放在铁栅外，依照里面犯人座式依次地拿，不能越规，因为腰形的洋铁罐里的饭有多有少，只有各凭"天运"，不然彼此间常常引发纠纷。这以后，除了在 9 点钟取回马桶外，只有数太阳、谈天说地了。中午 11 点钟发两杯水，每两人共一杯。两点钟发毯子，4 点多钟开晚饭。中晚两餐饭。饭上面加一点菜，每 4 天轮转一次，分别为牛肉，咸鱼，猪肉、黄豆。初听起来很好，但是数量极少极少，正如不少犯人所说的菜是"记日菜"，原来吃两片牛肉是初一、吃几颗黄豆是初二、吃一点咸猪肉是初三、吃一点咸臭鱼是初四，饭是"续命饭"，水是"甘露水"。约 5 点钟，上级狱官来查狱，领头的印度看守，沿途高喊"立起来"，于是他所到的地方，犯人都立着。最后，就是西籍看守关最后的一道锁，至迟晚上 9 点，大家必须一齐躺在地上睡着，一床毯做垫被、

---

① 钱小云、吴泰昌编：《阿英散文选》，百花文艺出版社 1981 年版，第 138—140 页。

盖被,还要做枕头,这是狱中特有的应用技术。至于白天,除病人,或午后,是不许睡的,要睡就要受处罚。狱中的生活,比较最放松的是在黄昏,即晚饭后的一两个钟头之间。那时早班的西籍看守全退去了,晚班的还没有来,只有印度看守在守着。犯人在这时,可以唱歌、说故事、唱戏、唱小调,做政治报告,一切都是自由的,直到第三道锁锁上。跟着就是静寂、凄凉、阴暗的光线,茫茫的悲哀的长夜了。

阿英等人在这样的情况下关了9天。7月23日的清晨,经过了种种的手续,又被押入囚车送到法庭进行复审,26日又去了一次,这才被判徒刑。由于阿英使用假名字、假身份、假地址,没有暴露自己中共党员的真实身份,反动当局也没有抓到他的其他所谓证据,在提篮桥监狱被关押40天以后,他被释放了。出狱后,阿英根据他在狱中40天的生活斗争经历,以及以作家特有的观察力和敏感性写下一本小书《灰色之家》。阿英将提篮桥监狱比喻为"灰色之家",反映了1929年的时候提篮桥监狱的狱政管理的有关情况,包括犯人入狱、新收的具体过程及生活的细节,披露了旧监狱的黑暗。阿英以徐衍存的笔名署名,后由良友图书公司作为"一角丛书"的一种,于1933年1月出版。这本《灰色之家》是目前所看到最全面完整反映1929年旧提篮桥监狱犯人入狱的全过程,具有重要的存史价值。本文中有关阿英入狱新收时的详细过程,大多运用了《灰色之家》中的资料。

提篮桥监狱的关押期间,阿英还看到一个小孩,不知什么原因,被关进监狱。孩子在监狱里,整天哭闹着要回家。见到监狱警官或印度看守走过,就隔着铁栏,边作揖边喊:"好老爷,放我回家吧,我妈妈在家等我呢。"一连两天,不吃不喝,变得哭笑无常。人们对他都很同情,一些犯人帮着说好话,也毫无结果。第三天深夜,孩子又大哭大叫,所有人都被闹醒,值班印度看守束手无策,叫来管监的英籍看守,他气势汹汹地将孩子拖出去,用皮鞭狠狠地抽打。惨痛的哭叫震撼了每个人的心,大家愤怒了,不约而同地一齐狂呼,使劲摇铁栏、跺脚、吹口哨,才迫使英籍看守停止抽打。次日,孩子被关进单身牢房,听说不几天就死了。[①]殖民主义者就是这样残暴。阿英出狱后,还常提起这个无辜受害的小生命。

1993年1月的某一天,我在提篮桥监狱史志办工作时,领导上让我接待一下外单位的来访者。他和蔼地自我介绍,恭敬地送上他的名片。他叫钱厚祥,他父亲阿英20世纪30年代曾在提篮桥监狱关押,希望我们提供一些阿英在狱中的资料。接着他又送给我一本由百花文艺出版社出版的《阿英散文选》,翻到书中的一篇《灰色之家》时,钱老师说道,该文章就记述了他父亲阿英在狱中的有关

---

① 钱小云、吴泰昌编:《阿英散文选》,百花文艺出版社1981年版,第146页。

情况及细节。对于阿英,过去我既熟悉又陌生。早在中学时代,我知道有这位作家,读过他的若干作品,但印象并不深。对于钱厚祥老师的到来,让我既高兴,又惭愧,高兴的是他送宝上门,为我们提供了一份提篮桥监狱史上的重要史料,惭愧的是我们对旧监狱的详细情况知之甚少,无法满足钱老师的要求。我非常感激钱厚祥的监狱之行传经送宝,随后我也比较系统查阅了不少阿英的资料。该事情虽然已经过去了30多年,但是还让我记忆犹新。钱厚祥老师亲笔签名,赠送的《阿英散文选》我一直珍藏在我书橱,时常进行阅读。我在总纂《上海监狱志》的时候,把《灰色之家》稍作删节,作为该志书的第13章"文录",与其他14篇材料一起收录在由上海社会科学院出版社于2003年出版的《上海监狱志》中,让更多读者阅看。

监狱学家王元增的家庭成员

民国时期著名的监狱学家王元增,字新之。清光绪五年十月初五(1879年11月18日)出生于江苏嘉定(今属上海),1963年12月29日卒于上海,终年84周岁[1]。其一生先后经历了清朝,民国(北洋政府、南京政府)和中华人民共和国几个不同的历史时期。王元增光绪二十四年中秀才;后来又从事教学、电报和野外测绘工作。1906年曾留学日本,在日本警监学校学习;师从小河滋次郎学习监狱学,1908年回国后在奉天(沈阳)、江苏等地从事过2年的检察工作;1910年,他曾自费考察过俄国、奥地利、意大利、瑞士、法国、德国、比利时、荷兰、英国的监狱管理工作。1912年8月起他出任北京监狱的典狱长,1932年,53岁的王元增出任国民政府司法行政部监狱司司长。他从事监狱工作30多年,还担任过朝阳大学的法学教授。直接起草过不少国民政府时期监狱管理的法规和条例,同时还编撰了《京师第一监狱报告》《北京监狱纪实》《狱务类编》《监狱学表解》《京师第一监狱作业实务汇编》《监狱规则讲义》《监狱学》等著作。

王元增在职期间,多次参观视察上海地区的监狱。1922年2月6日,王元增以京师第一监狱典狱长的身份参观提篮桥监狱。[2] 1933年8月2日司法行政部监狱司司长王元增视察漕河泾监狱。[3] 王元增以司法行政部监狱司司长的身份于1935年2月26日视察参观上海第二特区监狱。[4] 1936年1月20日和10月17日,又分别视察漕河泾监狱和位于上海蒲淞区的司法行政部直辖第二监狱。[5] 此外,王元增还补订和纂修过《先泽残存》《先泽残存续编》《圣刻明修王氏世谱》《王氏世谱》《续王氏世谱》《王氏家谱》等资料。王元增1932年加入国民党,1957年,78岁时加入国民党革命委员会(民革),是中国近现代监狱史上一位很有影响和值得研究的人物。笔者早在《犯罪与改造研究》2000年第2期上发

---

[1] 上海市公安局户政处户籍资料。
[2] 《京师第一监狱长参观华德路西牢》,《申报》1922年2月7日。
[3] 《王元增来沪视察监狱》,《民报》1933年8月4日。
[4] 《司法行政部监狱司长参观监狱》,《申报》1935年2月27日。
[5] 《司法部长王用宾视察苏沪监狱》,《申报》1936年1月27日;《部派王元增光临蒲淞区监狱》,《申报》1936年7月28日。

表了《监狱学家王元增生平及著作初考》(系中华人民共和国成立后,第一篇有关王元增研究的文章)。后来,有关人员从王元增的职业生涯、从政经历、治狱思想、对监狱学的贡献、文献史料等多个角度进行了论述。多年前,我在王元增之子王文召先生的鼎力帮助下,新挖掘到有关资料,为了利于大家全面了解王元增的情况,现将王元增的家庭成员作一介绍。

一、王元增的父母及胞兄

王元增的父亲叫王其康,字寿承,号子传,别号紫躔,生于清道光十六年(1836年)九月初二,卒于清光绪十五年十二月二十日(1889年1月10日),终年54岁。(王其康去世时,王元增年仅11岁)。王其康安葬于嘉定南门外阳二图庄家宅新茔。王其康原是王之翰的长子,后立嗣给大伯父王之桢做嗣子。王其康曾当过多年幕僚,中年回嘉定从教,擅长小篆,工于镌刻印章。著作有《寿承印存》。王其康体质虚弱,50岁以后出门须有人搀扶。

王其康的元配江婳,字静娴,苏州人,生于清道光十六年(1836年)七月二十一日,卒于清同治元年五月(1862年6月),江婳居住在苏州。当时太平军与清军作战,十分激烈,社会动荡,江婳曾遭军士强暴,后来就自尽身亡,年仅27岁,葬于苏州支硎山祖茔。江姬生育一个女儿王元祥,夭亡。

王其康的续弦,即王元增的母亲,徐彩贞,嘉定人,生于清道光二十五年十二月初一(1845年12月29日),卒于民国十一年六月初七(1922年7月30日),终年78岁。死后安葬嘉定南门外,与王其康合葬。徐彩贞与王其康生育过两个儿子,即长子王元培,次子王元增,四个女儿。长女送给姨妈为义女,后嫁于李日汇;次女未嫁,三女夭亡;小女王元筠,嫁给周诗禔为妻。

王元培,即王元增的胞兄,字渊之,生于清同治十一年正月十二日(1872年2月20日)。长期从事教育工作,先后在南京钟英中学、松江中学、云间师范学校以及南通省立第七中学(其中南通长达12年)执教。退休后回到嘉定定居。1951年1月1日病故,终年79岁。

二、王元增的三位妻子

王元增一生娶有三位妻子,他的第一位妻子,叫朱启明,比王元增大2岁。江苏嘉定人,生于清光绪三年三月初四(1877年4月21日),王元增与朱启明为旧式婚姻。朱启明文化较低,成家后主要在家操持家务,后来,王元增外出工作,朱启明也没有随夫外出,一直在家中伺候婆婆。她生育两个女儿,王文素、王文斐。朱启明病亡于民国十五年十月一日,即1926年10月1日,终年50岁,死后安葬在嘉定。

王元增的第二位妻子叫彭清惠,字斐君,苏州人,生于清光绪十六年十一月初十(1890年12月21日),比王元增小11岁。彭清惠毕业于天津女子公立学校,后来曾任河北保定第一女学、天津官立第二女学教员。文才很好,书法颇佳。课余时间向法国女士学油画。生有两个儿子,王文嘉、王文晋。彭清惠于1924年12月还生过一个女儿,但生下就死亡,并产后得病,病亡于民国十四年一月十一日,即1925年1月11日,终年37岁,死后安葬在北京白纸坊娄海庄。王元增时任北京监狱典狱长,家住北京自新路一带。

王元增的第三位妻子叫方艇鸥,江苏江阴人,无锡竞志女中毕业。生于光绪二十八年三月十五(1902年4月22日),比王元增小23岁。最初方艇鸥是王元增家中对其两个儿子辅导功课的家庭教师,后来两人相恋成婚。1937年南京沦陷后,王元增和方艇鸥一起随国民政府司法行政部迁往四川重庆。方艇鸥在司法院任录事,从事文秘工作。1945年抗战胜利后迁返南京。1948年底1949年初,人民解放军兵临城下,国民政府司法院迁往广州办公,方艇鸥也随之赴广州,不久便回到上海。解放后在浦东获塘街杨家宅小学,后去东昌路冰厂田幼儿园任教师。方艇鸥生育一个儿子,王文召。方艇鸥与王元增先后居住于上海武康路、武夷路、建国西路。方艇鸥1987年12月9日病亡,终年86岁。

三、王元增的五位子女

王元增娶了三位妻子,共生育长大五位子女。其中儿子三人:王文嘉(彭氏生)、王文晋(彭氏生)、王文召(方氏生);女儿两人:王文素(朱氏生)、王文斐(朱氏生),这5名子女,如果按年龄大小来排列,其顺序为:王文素(女)、王文斐(女)、王文嘉、王文晋、王文召。长姐与幼弟之间年龄约相差近40岁。下面按长序之顺,对这五位子女的有关情况作一介绍。

长女,王文素,后用单名王素,朱启明生,1903年生于嘉定,后嫁于葛福臻为妻。家住上海武康路,一直在家操持家务,后因病去世。葛福臻后去美国留学,攻读化学、药物专业,20世纪40年代回国后,在上海开办药厂,解放初期公私合营,该药厂并入上海第三制药厂。王素病故后,葛福臻又另娶妻续弦,但与前岳父王元增仍保持往来,王元增在20世纪40—50年代仍住在葛福臻处。王文素与葛福臻生育两个女儿,其专业分别是医学和化学,长女在上海,现已80多岁,次女在武汉,现已病逝。

次女王文斐,后用单名王斐,朱启明生。早年毕业于浙江美术学院,学习油画。后来因患肠癌,在动手术开刀时,死于医院的手术台上,未婚,年仅21岁。

长子,王文嘉,彭清惠生,1920年生于北京,后随父母去重庆。他对文化兴趣不浓,但酷爱技术工作,他当练习生,从师学技术。1939年经中央广播电台(重庆)实习,同年就职于国际文物电台(重庆),1941年先后就职于中央广播器材候选所(重庆)和电波研究所,从1950年起先后在重庆广播器材修造厂、无线电厂、微电机厂做技术工作,于1980年退休,1982年9月去世,终年62岁。王文嘉生育一子,系中共党员。

次子王文晋,彭清惠生,1923年生于北京,与王文嘉相差2岁多,学的是财会专业。上海解放后,他加入中国人民解放军,时称第三野战军(所以王元增和方艇鸥就成为军属,在工作和生活上受到组织照顾)后赴朝鲜参战,在部队从事财会工作。朝鲜战场停战后,从部队复员回到上海,在卢湾区一家印刷制品厂任人事科负责人。后来该工厂根据国家建设需要,内迁到宁夏吴忠。王文晋随厂去了宁夏回族自治区。三年困难时期,内迁吴忠的一家工厂被迫停产解散,王文晋被安排到牧区放牧,由于水土不服和生活不适应,王文晋辞职回沪,无固定工作。"文化大革命"期间,被动员去安徽农村落户,后来王文晋之妻因病死于安徽。20世纪80年代落实政策,王文晋从安徽调回上海某福利院养老,1997年去世。终年75岁。王文晋婚后未生育、无子女。

幼子王文召。1943年生于重庆,方艇鸥生。1945年抗日战争胜利后随父母迁南京,后来迁上海,在上海读书。高中毕业后入合肥工业大学读书,系66届大学毕业生,适遇"文化大革命",延期于1968年初分配至煤炭科学研究学院上海分院工作,后来煤炭部军管会要培养新型知识分子,王文召重新分配至徐州矿务局机厂,先当工人,后任技术员,1976年借调煤炭科学院总院上海分院搞科研课题。1980年正式调回煤科科学院总院上海分院工作,后任煤炭科学研究院总院上海分院测试中心主任工程师,2003年4月退休,系中共党员。王文召生育一子,在上海某文化单位从事管理工作。

(本文原载《江苏警视》2005年第6期;《练川古今谈》总第7期,收入本书略有补充)

解放后提篮桥监狱去世的领导

(按去世时间先后排列)

葛鸿庆(1920.5—1971.9) 山东掖县人。1940年加入中国共产党。历任山东掖县文峰区公所、黄山区公所公安特务班长、公安员、掖县公安局侦查股股长、沙河镇公安局副局长、潍县南关区公安分局侦查股长、北关区市局派出所所长。1949年初南下,历任上海市公安局普陀分局股长、副局长,上海市公安局江湾分局副局长、市公安局刑事侦查处副处长。1958年10月任上海市公安局劳改处副处长。1959年11月任提篮桥监狱①监狱长。"文化大革命"中受到冲击迫害,1971年9月在上海病逝。

葛鸿庆

刘大庸(1920.3—1984.7) 又名刘杨林,江苏海门人。1938年6月加入中国共产党。早年在上海从事党的秘密工作,1942年去淮南新四军根据地,历任新四军参谋处参谋、华东局统战部上海敌后工委秘书、华东工委情报部泰州、南通站长。1949年5月上海解放以后,历任上海市公安局社会处秘书组组长、人事科科长、市公安局政保处审讯科科长。1951年5月—1952年6月任提篮桥监狱典狱长。1952年6月起历任上海市公安局劳改处副处长,市公安局政保一处、政保二处

刘大庸

---

① 1949年5月上海解放以来,提篮桥监狱的名称曾有多次变化,初称上海市人民法院监狱,1951年5月由法院建制划归公安建制,改称上海监狱,同年8月起改称上海市监狱,1983年7月划归司法建制。1995年6月更名为提篮桥监狱。为了全文的统一和阅读的连贯性,全文统称提篮桥监狱。监狱行政领导,解放初期称典狱长,后改称监狱长。1962年设教导员,从1973年10月起设政委。

副处长、处长。1965年5月—1967年1月任上海市公安局劳改局局长、代理党委书记。"文化大革命"中遭到迫害被关押5年。1978年起任上海宝钢工程指挥部保卫处处长、上海宝钢地区办事处副主任兼宝钢地区公安分局局长。行政12级。1981年1月离休,1984年7月15日在上海病逝。

郑承(1900.3—1984.9) 又名姜维新,江苏建湖人。1925年加入中国共产党。历任上海纺织工人工会主席、中共特科成员。1927年参加上海三次工人武装起义,并任上海工人武装纠察第三大队大队长。次年起任武昌长江局叶挺教导团学员、武汉卫戍司令部特工队队长、上海总工会纠察部副部长、训宣部副部长,上海法南区区委书记,山东潍坊县总商会军代表、山东坊子煤矿负责人等。因参加革命工作,他在1924—1947年期间,先后6次被囚禁在各监狱中,累计长达16年之久,经受了严刑拷打等生死考验。上海解放后曾任上海重工业部接管江南造船厂军代表。1950年1月任提篮桥监狱副典狱长;同年3月,首批带犯人去苏北,任上海市垦区总队总队长。1951年春,历任上海疗养院党委书记、上海第二结核病医院院长、上海药材公司中药切割厂厂长等职。1965年被错误地开除党籍行政降三级,"文化大革命"中又遭到迫害,1980年后彻底平反,恢复党籍和行政13级。1981年离休,1984年9月1日在上海病逝。写有回忆录《我的革命经历》。

沈仲辉(1913.7—1984.12) 原名沈烈山,又名郭毅,安徽庐江人。1939年加入中国共产党,1938年1月参加新四军,历任战士、班长、排长、区特派员、县公安局治安股股长兼城关分局局长、苏皖边区公安局科长、特派员、团保卫股长、营教导员等。中华人民共和国成立后,历任南京市公安局十三分局科长、安徽省无为县公安局局长、巢湖专区水上公安局局长、上海市虹口区劳动就业委员会副主任、上海市公安局劳改处管教科科长。1955年4月—1956年7月任提篮桥监狱副监狱长。而后历任市公安局劳改处副处长、上海市闽北农场党委副书记、军天湖农场党委副书记。1983年离休,1984年12月19日在上海病逝。

汤镛(1903.4—1986.10) 又名汤恩泽、汤春如,湖北竹溪人。1926年11月,参加国民革命军,就职于总政治部宣传大队。1927年5月,加入中国共产党;7月,随部队编入贺龙军队教导队,参加"八一"南昌起义;11月,到武汉中央农民

汤 镛

运动讲习所学习。后在黄埔军校、中共广九铁路工委、武昌县委、武汉兵运工委、长江局交通机关从事地下工作。1936年4月起历任上海工学团桥头分团负责人、江苏省委难民工作委员会书记等。1939年起历任新四军司令部江南指挥部军法处审讯科长、苏北行政委员会保安处处长、苏北行署法院院长、北平军调部科长、鲁南行政公署公安局副局长、渤海行政公署公安局局长。1949年5月上海解放后历任上海市军管会军法处处长、上海市人民法院院长及党组书记（1949年9—10月兼任提篮桥监狱典狱长）、最高人民法院华东分院副院长等。1957年4月，任白茅岭农场政委；11月，又任党委书记。1959年5月因病返沪治疗。"文化大革命"中受到迫害，被非法关押多年。1986年10月15日在上海病逝。

李光文（1911—1987.9） 四川苍溪人。1930年9月参加中国工农红军，同年12月加入中国共产党。历任三十军班长、排长，红九十军政治部干事，红九师经理处指导员，陕北四师政治部、山西东进支部民运干事，山东教导旅供给处政治委员，山东鲁南二旅办事处主任，山东滨海军区政治部总务科科长，山东鲁南军区特务团供给处副处长，山东军区休教大队长等。他参加过二万五千里长征和平型关战役。1950年任提篮桥监狱劳改科科长，1952年7月至1954年2月任上海市公安局劳改处管教科科长（相当于提篮桥监狱监狱长）。① 1954年调上海市党校脱产学习三年。1957年起历任上海营造公司保卫科科长、上海建工局卫生公司党总支书记、上海工业设备安装公司党委副书记、上海凿井公司副经理、上海机械施工公司顾问等。1984年离休。1987年9月20日在上海病逝。

李光文

毛荣光（1917.3—1990.9） 山西稷山人。1937年10月参加革命，1938年4月加入中国共产党。历任八路军115师抗日军政干校学员、八路军总部随营

毛荣光

---

① 1952—1955年4月，提篮桥监狱行政编制撤销，对外保留名称；对内由上海市公安局劳改处管教科科长行使监狱长的职务，其间劳改处管教科科长相当于提篮桥监狱监狱长。

学校学员，后赴山东沂蒙山区历任文化教育干事、连政治指导员、营分总支书记、营教导员、鲁中纵队政治处主任及训练处处长、华东野战军后备兵团政治处主任。1949年5月上海解放后，任命为上海监狱接管专员率队接管旧提篮桥监狱；同年9月—1951年1月任副典狱长。1951年3月起任上海市人民法院中区分庭庭长、上海市第二中级人民法院院长、上海市政府政法委员会第一处处长、上海市煤炭基地筹建组副组长、安徽宿东煤矿筹建处副主任、淮北矿务局副局长、山西太原煤炭研究所副所长、山西省运城地区革委会业务组副组长、地直党委书记、公交建设政治部副部长、经委副主任及党组副书记等。行政10级。1984年10月离休。1990年9月18日在山西运城病逝。

王正福（1916—1990）　四川苍溪人。1935年5月加入中国共产党。1933年5月参加中国工农红军第四方面军。历任红三十军89师267团战士、警卫员、通讯班长，参加过长征。抗日战争时期历任三十三旅教导队学员、一一五师教导队抗大一分校学员、山东军区卫生部总务部长、山东军区高干招待所所长、华东党校学员、华东军区情报处科长等职。1949年5月上海解放后，任市军管会法院接收处提篮桥监狱副接收专员；同年7月起历任西南服务团大队长、西南公安部行政处处长兼办公厅副主任、中共西南局党校学员、云南省检察厅处长、云南陆良国营农场党委书记、云南省林业厅局长及厅党组成员。1990年在昆明病逝。

王正福

陈寿昌（1929.1—1992.7）　浙江嵊州人。早年在上海报童小学当教师，1947年8月加入中国共产党。1949年5月上海解放以后，参加南下服务团，任福建省公安厅政保一处一科科长。1958年被错划为右派，被开除党籍，受到错误处理，后在福建邵武农场漳平煤矿工作。1979年3月平反，恢复公职和党籍。历任福建省公安厅一处科长、上海市手工业管理局保卫科科长、上海市司法局政治处干部。1984年3月—1988年11月任提篮桥监狱副政委、纪委书记。1989年7月离休，1992年7月20日在上海病逝。

陈寿昌

梁桐芳(1910.10—1994) 又名梁韬,浙江上虞人。1938年4月加入中国共产党。1934年9月为抵制日货,组织赤血锄奸团,在炸奸商时不幸被炸断右手(解放后被定为甲等一级残废军人)。1937年8月起历任上海中华青年抗日救亡团副团长,延安陕北公学、马列学院、西北公学学员,解放军哈尔滨陆军医院副院长、卫戍病院管理委员会政治部主任及办公室主任、市立医院军事代表、哈尔滨市南岗区公安分局分局长、区长,哈尔滨市民政局战勤、誉管处负责人。中华人民共和国成立后,历任沈阳市民政局誉管处负责人、上海市公安局嵩山公安分局局长。1954年2月—1956年7月任上海市公安局劳改处管教科科长(相当于提篮桥监狱监狱长)。1956年7月任市公安局劳改处副处长。1958年9月起历任江西赣东北上海农场场长、江西省赣东北有色金属公司附属综合公司经理、江西省物资局储运公司经理、省机关事务管理局政治处主任、江西省政协副秘书长等职。行政12级。1983年6月离休。1994年在南昌病逝。

郑其祥(？—1996) 江苏灌云人,1947年加入中国共产党。1953年起历任上海市思南路看守所、上海市第二看守所副所长,提篮桥监狱副科长。1956年8月至1959年9月任提篮桥监狱副监狱长。1960年8月起历任上海劳改三队(劳动仪表厂)副科长,上海市公安局劳改处计划科、工业科副科长,生产科负责人,工业科副科长,上海申江企业董事会董事,上海市劳改局生产处副处长等。1996年在上海病逝。

施国祥(1921.11—2003.9) 江苏如东人。1944年10月加入中国共产党。1944年起先后在如东县桐本区担任村干部、村主任、指导员、区委委员等职。1949年5月南下,历任江苏省南汇县(现属上海)下沙区区委组织委员、南汇县六灶区区委副书记、区委书记。1952年6月起历任上海市公安局虹口分局第一科科长、副局长、局长,上海市公安局户政处处长。1966年起受到冲击,下放到上海市周浦制化厂、乒乓球网拍厂劳动。1973年10月—1978年3月,任提篮桥监狱监狱长,1978年3月任上海市劳改局副局长、党委副书记。1979年10月任上海市公安局户政处处长。行政13级。1984年离休。2003年9月在上海病逝。

提篮桥监狱领导合影照(拍摄于 1983 年)
左起副政委黄斌、政委牟德欣、监狱长施国祥、副监狱长周万明

武中奇(1907.10—2006.3)　原名武仲奇,山东长清人。早年曾任爱国将领冯玉祥的书法教师,1936 年 11 月加入中国共产党。1938 年初参与领导山东徂徕山抗日起义,历任连长、营长、团长,山东省历城县县长、济南市人民政府秘书长。1948 年南下,次年 5 月任上海市人民政府秘书科科长。1949 年 11 月—1951 年 5 月任提篮桥监狱典狱长。1951 年 5 月调任华东公安部治淮总队副司令员兼参谋长,组织数万人员参加治理淮河工程。次年起被关押审查多年,后任江苏省公安厅劳改处科员。平反后,历任南京钟表厂厂长、南京市文物管理委员会主任。"文化大革命"

武中奇

中,再次遭到迫害和关押。改革开放以后,历任中国书法家协会理事、江苏省书法家协会主席、江苏省画院副院长、江苏省人大常委会常务委员等。行政 11 级。2006 年 3 月 29 日在南京病逝。

周万明(1923.1—2008.8)　河北怀来人,早年在家乡务农、打短工。1946 年 7 月参加革命,1947 年 10 月加入中国共产党。历任中国人民解放军华北五旅、六十七军战士、副班长、副排长、排长、副连长。1952 年 2 月在中国人民解放军第二高级步兵学校学习。1955年3月起历任华东公安军部队营参谋长、解放军炮兵学院学员、上海警备区守备79团炮兵营营长。1964年7月转业,历任提篮桥监狱副科长、上海第二劳改队(劳动玻璃厂)副队长。1965年4月任提篮桥监狱副教导员,1972年11月—1982年3月任提篮桥监狱副监狱长。后调上海市第一劳改支队工作,1983年1月离休。2008年8月在上海病逝。

任鸿源(1920.10—2010.1) 山东临淄人。1947年4月参加革命工作,1949年3月加入中国共产党。历任山东临淄县独立营、第三野战军十兵团一营二连战士、班长。1949年1月起先后参加淮海战役、上海战役;5月,在华东荣军学校学习。后历任提篮桥监狱看守员、科员、副科长。1955年起在北京公安学院学习,1956年12月任提篮桥监狱副监狱长。1957年6月,支援地区工作,调任上海漂丝厂党支部书记。后调江西工作,历任赣东北有色公司机修厂党支部书记、副厂长、社教组长、江西有色冶炼加工厂车间党总支书记等。1980年10月退休,1984年7月改为离休。晚年回沪居住。2010年1月22日在上海病逝。

李耀忠(1947.8—2010.2) 上海人。1964年在解放军山东济宁雷达部队参军;1969年复员,任上海县新泾乡马桥村党支部书记。1971年,在上海市邮电管理局工作,任周家桥邮电支局党支部书记。1982年起参加监狱工作,历任提篮桥监狱管教员、中队长、副大队长、大队长、政治处主任、纪委书记。1990年5月—1995年6月任提篮桥监狱副监狱长;1995年6月任代监狱长,同年12月至2000年12月任监狱长。后任上海市监狱管理局公安处处长,2006年10月任上海市监狱管理局副巡视员。2010年2月2日在上海病逝。

李耀忠

翟云龙(1926—2013.4) 江苏句容人,1947年从原籍进入提篮桥监狱当看守工作。1948年12月加入中国共产党。1949年5月上海解放后仍在监狱工作;1953年5月起任监长、上海市公安局劳改处管教科副科长;1955年5月—1956年8月,任提篮桥监狱副监狱长。1956年8月起历任上海市公安局劳改处生活卫生科、劳动科、管教科副科长,遣送办公室负责人,管教科副科长等。1963年10月起历任上海军天湖农场枫河分场、钱村分场副场长,劳动轴承厂负责人,1988年4月离休。2013年4月26日在上海病逝。

吴继陈（1938.1—2014.10）　浙江余姚人。1955年2月参加工作，1983年4月加入中国共产党。先后在上海公安学校学习，上海市提篮桥监狱工作。后参军入伍海军航空兵第二师新兵连及协理员办公室、宁波基地作训科工作，20世纪60年代复员，回到提篮桥监狱出入中队、管教科等部门，历任学员、民警、科员、主任科员。1984年1月—1995年7月任提篮桥监狱副监狱长。1998年1月退休。2014年10月20日在上海病逝。

吴继陈

高麓源（1923.1—2015.5）　山东无棣人，1941年3月参加中国共产党。1959年1月起历任上海市第二劳改管教队队长、市公安局劳改处管教科科长。1960年8月—1963年11月任提篮桥监狱教导员。1972年12月起历任上海市劳改局政治处负责人、第一劳改管教队教导员，上海市监狱医院院长、教导员。2015年5月22日在上海病逝。

高麓源

王启和（1928.2—2019.8）　江苏建湖人。1946年11月参加新四军。1947年6月加入中国共产党。历任战士、班长、副排长、排长。1951年5月转业参加监狱工作，从1954年10月起历任上海市公安局劳改处管教科、狱政科副科长，管教科科长。1979年7月任市公安局劳改局党委委员。1982年10月—1987年5月任提篮桥监狱监狱长，1984年1月至1987年5月任监狱党委书记。后任市劳改局机关调研员。1989年1月离休。2019年8月13日在上海病逝。

殷光辉（1963.11—2020.1）　安徽滁州人。1982年参加上海监狱工作，1998年2月加入中国共产党，历任上海市白茅岭农场公安局民警，青浦监狱

王启和

警卫队民警、分监区长、副监区长、监区长,五角场监狱副监狱长。2013年1月—2015年任提篮桥监狱副监狱长,2015年8月起历任上海市监狱管理局劳动管理处(安全生产处)副处长、处长。2020年1月5日,在值班岗位上突发疾病,经抢救无效不幸去世。2021年被司法部追授全国司法行政系统二级英雄模范。

何道敏(1937.4—2022.11) 女,浙江宁波人。1954年参加监狱工作,1986年6月加入中国共产党。长期在提篮桥监狱女监及市公安局劳改处机关工作。1985年4月起历任提篮桥监狱狱政管理科副科长、办公室主任;1990年5月—1995年7月任副监狱长。1995年8月退休。2022年11月8日在上海病逝。

何道敏

牟德欣(1929.7.7—2022.12) 山东日照人。1944年参加革命工作,1946年3月加入中国共产党,历任山东省日照县太平区青会副会长、县财政科股员、区长,山东临沭县桃源区区长。1949年5月上海解放后,历任上海市公安局邑庙分局政保科副科长、科长,市公安局政保处政治协理员、副处长。1973年10月—1984年11月任提篮桥监狱政委。1984年12月起历任上海市监狱医院党委书记、劳改局机关调研员。1989年9月离休。2022年12月26日在上海病逝。

牟德欣

颜锦章(1931.8—2023.1) 上海市人,1953年7月加入中国共产党。1951年8月参加监狱工作,历任提篮桥监狱训导员、副监长、市公安局劳改局政治处副科长、管教科副科长。1982年10月起历任上海川东农场副政委,青东农场党

颜锦章

委书记、政委。1985年3月,任市劳改局党委副书记兼政治处主任、劳改工作学校党委书记。1987年5月—1988年3月兼任提篮桥监狱监狱长、党委书记。1990年5月—1995年5月任劳改局党委书记。1998年12月当选为第四届上海市监狱学会会长。2023年1月14日在上海病逝。

严天麟(1933.3—2025.1) 江苏太仓人,1949年3月加入中国共产党。上海解放后在市公安局政保处工作,后较长时间在上海农场工作曾任管教科科长。1979年8月起历任上海市劳改局宣教科、管教科、教育科科长。1985年任上海少管所副所长、党委副书记。1986年10月—1988年3月任提篮桥监狱副监狱长。1988年3月至1991年11月任劳改局劳教处处长。2025年1月12日在上海病逝。

黄斌(1929.3—?) 江苏如皋人,1947年7月加入中国共产党。上海解放后在上海市公安局政保处工作,曾任科长等。"文化大革命"期间受到冲击,一度被下放到白茅岭农场劳动,1973年10月—1984年1月任提篮桥监狱副政委。后任上海市司法局办公室副主任。后在上海病逝。

提篮桥汪伪汉奸群丑图

抗战胜利后，1945年11月23日国民政府公布《处理汉奸案件条例》，具体规定10条划定汉奸的标准：(1)曾任伪组织简任职以上公务员，或荐任职之机关首长者；(2)曾任伪组织特任工作者；(3)曾任前两款以外之伪组织文武职公务员，凭借敌伪势力侵害他人、经告诉或告发者；(4)曾在敌人之军事、政治、特务或其他机关工作者；(5)曾任伪组织所属专科以上学校之校长或重要职务者；(6)曾任伪组织所属金融或实业机关首长或重要职务者；(7)曾任伪组织管辖范围内之报馆、通讯社、书局、出版社社长、编辑、主笔或经理，为敌宣传者；(8)曾在伪组织管辖范围内，主持电影制片厂、广播台、文化团体，为敌宣传者；(9)曾在伪党部、新民会、协和会、伪参议会及类似机关，参与重要工作者；(10)敌伪管辖范围内之文化、金融、实业、自由职业、自治或社会团体人员，凭借敌伪势力侵害他人，经告诉或告发者。[①]次年3月13日，国民政府又修正公布《惩治汉奸条例》，对汉奸的量刑评判标准进行了具体的规定。

在此前后，各地司法机关大张旗鼓地逮捕大小汉奸，不少大汉奸被判处死刑，如汪伪立法院副院长缪斌、国民政府主席陈公博、外交部部长褚民谊枪决于苏州，汪伪内部部长梅思平、行政院宣传部部长林伯生、社会部部长丁默邨枪决于南京，伪华北政务委员会委员长王揖唐枪决于北平。同时，提篮桥监狱关押了从上海及苏州、镇江、南京等地解送的大批汉奸犯。本文主要对1945年8月—1949年5月，提篮桥关押的、由国民政府判处的汉奸犯作一简单回顾；此外也记载了原在押提篮桥、后于1949年5月之前出狱，上海解放后又被收押判刑的汉奸犯。

一、提篮桥监狱收押大批汉奸犯

1945年9月27日，军统在上海开始逮捕汪伪汉奸，上海地区关押汉奸的场

---

① 郑建锋：《战后国民政府在浙江检举汉奸工作略论》，《江苏科技大学学报(社会科学版)》2009年第3期。

所主要集中在建国西路的楚园和位于南车站路的南市看守所。楚园专门关押与国民党有历史渊源或沦陷时期对国民党"有功"的汉奸,其他汉奸则关押在南市看守所。①12月15日,上海高等法院(简称高院)检察署检毕的50名汉奸犯关押提篮桥监狱,其中有汪伪财政部次长陈日平、汪伪粮食部部长顾宝衡、马斯南路看守所所长丁广平及林光炎等。②

1946年1月初,提篮桥监狱集中收押一批汉奸犯。其中有上海建设局局长须季敦、证券交易所理事长沈长赓、杭州香烛税务局分局长伍联德、律师甘德云、上海经济局局长刘星辰及吴义良等10余人。③4月3日,提篮桥又收押了71名汉奸犯,其中大多是汪伪政府的高官政要,如监察院院长梁鸿志、司法行政部部长吴颂皋、宣传部部长赵尊岳、审计部部长夏奇峰、财政部次长严家炽、外交部次长汤良礼、教育部次长刘仰山、司法行政部次长赵钲铿、浙江省省长傅式说、广东省省长陈春圃、汪伪驻日本大使蔡培、中央储备银行副总裁钱大櫆、银行公会主席暨新闻董事长吴蕴斋、银行业联合准备委员会主席暨沪江大学校长朱博泉、江苏省警务处副处长谢葆生、国民党广东省党部书记长冯节、中央信托局经理许建屏、汪伪全国商业统制委员会理事江上达、上海高等法院院长徐维震、上海经济局长许江、上海地政局长范永增、上海教育局长戴英夫、上海公用局长叶雪松、上海社会福利局长周毓英等,还有金融界、商业界的人士,如汪伪上海商会董事长闻兰亭、汪伪上海市商会理事长袁履登、日伪上海市银行业公会秘书长林康侯、商统会理事长唐寿民、复兴银行总经理孙跃东、上海烟草股份有限公司董事长潘三省、中西大药房总经理周邦俊、永安赌台老板王永康,以及麦静铭、邹珊葆、李闵菲、刘邦俊、郑洪军、方立祥、惠之民、方济民、李浩驹、陈绍妫、张尧曾、黄天佐、许锡庆、姚雨生、张焰、李鼎士、张寺民、黄庆中、葛亮畴、张浩然、谢筱初、周文瑞、胡泽吾、何焯贤、吴继震、邵树华、谢仲复、程志良、陈国权、佘化龙、陈华柏等。④

1946年4月9日,提篮桥监狱收押了80名汉奸犯,其中包括汪伪社会部次长汪曼云、调查统计部常务次长夏仲明、交通部航运局局长李凯臣、上海警察局副局长苏成德、沪西特警署署长潘达、江海关监督唐海安、上海第二特区法院院长孙绍康、安清会会长常玉清、五金业同业公会理事长张运芳等;还有两名为女性,即特工恶魔吴世宝之妻佘爱珍、汪伪76号李士群之妻叶吉卿。⑤4月15日,

---

① 黄美真、张云:《下场,汪精卫集团叛国投敌纪实》,解放军出版社2013年版,第272—273页。
② 《汉奸案于监狱审讯 承审员将暂失去自由》,《大公报》1945年12月16日。
③ 《钱大櫆吴颂皋诸逆移解刑庭候审》,《申报》1946年1月14日。
④ 《巨奸昨移解 七十一人解上海监狱》,《大公报》1946年4月4日。
⑤ 《第三批巨奸起解 中有著名两富孀》,《申报》1946年4月10日。

提篮桥又收押了17名汉奸犯,内有汪伪宣传部次长章克,敌伪期间中汉洪门会联合会会长李芳及金健宏、任可、徐蘅伯、王维才、汤耀良、杜立、薛其寿等。①据统计,截至1946年6月24日,提篮桥共收押大大小小汉奸犯计510名。②他们少数是已经被审理判决,大多是未决犯,后来不少人被处无期徒刑。

1946年7月,经司法行政部的指令外地在押的汉奸犯也移押提篮桥。③同年9月14日,江苏第三监狱在押的原典狱长陈则民,以及张考琳、陈福民等30名汉奸犯,从苏州押入提篮桥,④10月2日,汪伪苏北地区清乡公署主任兼保安司令张北生等40名汉奸犯从苏州押入提篮桥监狱。⑤ 1947年2月19日,曾任汪伪国民党中央委员、伪考试院铨叙部政务次长、镇江县长等职的黄香谷,由江苏高院镇江分院押解提篮桥监狱;⑥3月28日,伪《平报》社社长金雄白移押提篮桥监狱;⑦7月8日,军统局上海区区长、被判处有期徒刑12年的陈恭澍移押提篮桥监狱;⑧8月18日,曾任汪伪特工总部第一处处长、江苏省政府秘书长,被判6年徒刑的唐惠民,移押提篮桥监狱。⑨

1949年1月16日,国民政府首都高等法院将原关押于司法行政部直辖首都监狱(南京老虎桥监狱)内的汉奸犯江亢虎、周隆庠、徐国弻、周乃文、罗君强、汪时璟、王荫泰、卢英、潘毓桂、邹泉荪、唐少候、张景朝、余家根、李乃光、胡弘矶、徐兆宏、李辅群、周国梁、杨班候、李宏堂、石超、徐国弻、包端正、朱炳荣、管怀志、张心风等50多人移押提篮桥监狱。其中,多人已经被法院一审判处死刑,如周学昌、王荫泰等;有的已判处无期徒刑,如卢英、汪时璟、余家根等;还有一些系未决犯,如张景朝等。

1949年5月上海解放以后,原关押提篮桥监狱内、由国民政府审判与判决的汉奸,人民政府除了个别人员外,绝大多数都没有重新审判或改判过。

二、汉奸犯的狱中生活

号称远东第一的提篮桥监狱共有近4 000间牢房,华人关押区内主要拥有8

---

① 《第四批汉奸起解 伪宣传部次长章克等17名》,《申报》1946年4月16日。
② 《上海监狱公函咨字第3号》,上海档案馆档案(档号55-1-87)。
③ 《各地判决监禁汉奸都要集中在上海》,《新闻报》1946年7月22日。
④ 《大小汉奸卅余人昨由苏解沪执行》,《民国日报》1946年9月15日;《定罪汉奸30名,昨由苏州解沪》,《中央日报》1946年9月16日。
⑤ 《张北生等群奸今日由苏解沪》,《申报》1946年10月2日。
⑥ 《黄香谷来沪 在上海监狱》,《申报》1947年2月20日。
⑦ 《金雄白移押上海监狱 余华龙期满出狱》,《申报》1947年3月29日。
⑧ 《陈恭澍昨移押上海监狱》,《和平日报》1947年7月9日。
⑨ 《唐逆惠民昨移上海监狱执行》,《和平日报》1947年8月19日。

幢 5 层高的监楼,最初用 A、B、C、D 等英文字母排序,称作 AB 监、CD 监等;从 1943 年 8 月起,改用忠、孝、仁、爱、信、义、和、平,8 个字排序,分别称作忠字监、孝字监等。当时的忠字监专押汉奸犯。监楼的牢房里搁一张床,放一个洋铁皮的马桶,大部分是 1 人住一间牢房;少数 2 人住一间。其中大汉奸睡床,小汉奸睡地铺。有的大汉奸每餐要摆上六七样的菜蔬,吃得比谁都好。原来他们吃用的东西都可以从外面送进来,每周两次。所以有的人等于把一个人的小家庭搬进了监狱。一间监房的角落里放着一个 7 磅(1 磅约合 454 克)容量的热水瓶,他们生活过得很舒服。有的汉奸犯觉得洋铁皮马桶不舒服,特地让家里送来用木头做的马桶,而且每天应分配到的洗刷马桶的任务,也由小汉奸去包办。大汉奸每天除了在走廊散步,其余时间看书、下棋、写字。[①]

当时监狱其他犯人,一般一个月家属送物及会见一次,但是汉奸犯的家属可以每星期二、五递送食物,星期四递送衣服。后来监狱当局以注意人犯清洁健康为名,自 1946 年 4 月 15 日起,食物必须向南京路上的先施、永安两大公司购买,由公司派车直接代送到监狱。不料这项规定发布后,引起许多汉奸犯及其家属的不满,认为这样就给家属送菜送物带来不便,因此不少汉奸犯绝食,并拒收两公司所送物品。4 月 19 日上午,汉奸犯家属携带食物前往提篮桥,并在狱外将先施公司的送货车包围,不准入内,僵持到 11 点半,最后狱方变通,菜肴主食、点心面包等物仍允许家属递送,但以 5 磅重量为限;水果等物则必须向先施、永安公司订购,纠纷始行解决。[②]不久又稍作调整,4 月 22 日上海高等法院检察处于提篮桥监狱门口张贴布告,汉奸犯家属可在每星期二、五上午 8—11 时,下午 2—4 时,递送不超过 6 磅重的食品入监所,至其他时间递送食物仍限定永安、先施等指定公司购买送入。[③]

狱中的汉奸犯生活条件相当优越,犯人不像犯人,监狱不像监狱。1946 年 12 月,有记者入狱现场采访,从衣食住行的四个方面来解剖狱中汉奸犯的具体情况。衣:按照监狱规定,无论已决犯和未决犯,都需要一律穿着囚衣。但汉奸犯在狱中仍是西装革履,长袍装束,每星期家属并可送衣被。食:每人每日囚粮 20 两米(1 斤系 16 两),分为两餐。但极大多数汉奸犯,自有家属每星期送来的罐头食品和新鲜水果代替,该囚饭就弃之不顾了。住:忠字监有监舍 370 间,因为监多人少,基本上一人一间,个别两人一间。行:狱中规定上午 7 时开封,他们在走廊里散散步,或和患难朋友聊聊天,11 时收封;下午 1 时开封,4 时收封。忠

[①] 《监狱门上题忠字,伪官触目惊心 大汉奸吟诗下棋 小喽啰洗刷马桶》,《新民晚报》1946 年 5 月 14 日。
[②] 《不愿吃指定饭 汉奸也实行绝食》,《文汇报》1946 年 4 月 20 日。
[③] 《文汇报》1946 年 4 月 23 日。

字监里的"寓公",不乏文人雅士,闲来赋诗作画,互相揣摩。闻兰亭、蔡培等闲时会念佛诵经,袁履登、沈嗣良等则在每星期日会同基督徒做礼拜。铁窗岁月,囹圄生活,道是在表示忏悔,还是冀求精神上的解脱?①

1947年1月16日,原关押于提篮桥十字楼的180多名日本战犯移押到江湾高境庙,次日该大楼被上海高院接收,经过修整清理后,作为高院临时看守所。从3月4日起,在押忠字监的汉奸未决犯袁履登、林康侯、傅式说、陈春圃、常玉清等57名,分别提迁高院临时看守所。各犯自提行李,已判决执行的汉奸犯蔡培、吴颂皋等百余名,仍羁押忠监执行。②十字楼6层高,建筑面积5 600多平方米,设有电梯,每个牢房为8平方米,牢房里有一个固定的铁床、凳子、小桌,还有抽水马桶,楼顶设有4个放风场。许多汉奸犯"笑逐颜开,拿囊携物……诸犯对新居设备完善以及管理井然有序,均感激涕零"。当年《大公报》的记者经采访后,还于3月15日发表了题为《上海汉奸迁新居,房间犹如高等旅馆》的消息。

提篮桥监狱在押的汉奸犯从媒体上获悉,全国司法会议将于1947年11月5日在南京举行,届时对于当年行宪实施后将举行大赦,将有重要决定。10月28日,这些汉奸犯甚至恬不知耻地书写报告,上书给上海市参议会,要求监狱当局转呈给市参议会,其内容:请于司法会议开会时,对今年决定实施大赦能放宽限度,所有汉奸罪亦望列入被赦之列,能使得一改过自新之机会,重新做人。③

三、汉奸犯的劳作

提篮桥监狱1903年5月启用后就组织犯人参与作业,初期以制绳、编席、缝纫为主。1943年8月汪伪政府接管监狱后,狱内作业急速萎缩。抗战胜利后,有关部门拨款作为监狱作业基金,次年已恢复监狱生产,狱内生产有印刷、排字、装订、缝纫、铁木、制鞋、摇纱、棉织、漂染、藤竹、洗涤、糊盒、牙刷、玩具等。从1947年起,已判有期徒刑7年的邮政局长李静铭,已判5年的河南省教育厅长、淮海省行政督察专员胡继芳,已判5年的蒋景海、已判3年的吴剑冲,由高院看守所移押提篮桥执行。又判决的汉奸如蔡培、吴颂皋、严家炽、章克、陈日平、丁观萍等共计87名,现分押于孝监、爱监各处。同时并命脱光长袍西装,穿上灰色囚衣,编成号码,技其能力,发往各工厂做工。④林康侯、袁履登、郑洪年、唐寿民、

---

① 《探监记 五百余名汉奸最近生活状况》,《申报》1946年12月26日。
② 《忠监未决 犯昨日起迁移 自提行李状甚愉快》,《申报》1947年3月5日。
③ 《上海监狱汉奸犯要求列入大赦》,《飞报》1947年10月29日。
④ 《脱去长袍西装穿上灰色囚衣 八十七名汉奸发往各工厂做工》,《申报》1947年3月24日。

徐维震、孙绍康等,诸奸日常工作为糊火柴盒。

汉奸犯中有不少人曾留学海外,通晓外文,中文根基也比较扎实,狱方管理人员感到让这些人在狱内从事普通作业劳动,如糊制火柴盒、搞缝纫等,一方面他们体力不济,另一方面也用非所长。当时上海高等法院、地方法院收受的案件中涉外案件也占有较大比例,在审判时须查阅国外法律及各国的法学著作。但是此类译本较少,远远跟不上审判和研究工作的需要。因此有人提议选择部分关押狱内、又通晓外文的未决犯做翻译工作。他们有曾留学外国,精通英、法、俄、德、日各国文字者。① 因此,就在狱中成立了一个外文翻译所。在押的未决汉奸犯中有四五十人报名要求参加外文翻译,其中除确有翻译专长者外,也有一些滥竽充数的。后来经过较为严格的筛选,确能翻译外国法律著作的仅约20人。狱方根据这些人员所熟悉的语种和掌握的专业水平,进行适当分工。对文理深奥、容量较大的著作组织几个人合作翻译,并指定主译人和校订者让他们互相讨论,以便完整地反映原意,同时还便于各章节体例统一、语言风格相一致。对外文著作字数较少,或文法词句相对浅显者就安排一个人单独翻译。另外,还邀请社会上或法院内比较熟悉外语及法学理论,并有一定工作经验的人员参与研究。译文成稿后还组织几名具有一定文化、书写比较工整的犯人专门对译文进行誊抄。

经过一段时间的努力,设在旧提篮桥监狱内的、以未决犯为主的外文翻译所已译出多部外国法律著作,其中有《苏联婚姻家庭及监护法》《英伦婚姻条例》《英国民法汇览》《国际私法概论》等。该外文翻译室,从1947年3月20日起开办②到撤销,时间上不足一年。

从1948年起,许多假释、保释等原关押在十字楼的汉奸犯日趋减少,从1949年2月开始,江亢虎、卢英、钱大櫆、陈济成、蔡培等汉奸犯搬迁到监狱的感化院。他们每人一间牢房,尽管该牢房只有3个多平方米,但是生活条件仍然优越,给他们安放了木床、小桌,可供读书写字,牢房铁门终日不锁,犯人之间可以自由串门聊天,允许家属送菜,使用电炉、收听无线电收音机等。

四、在押汉奸犯的各种下场

抗战胜利后在押提篮桥的汉奸犯,入狱的时间各有前后,最早的在1945年下半年,较晚的在1949年1月从南京老虎桥监狱所移押的一些人。他们的后半

---

① 《民国上海年鉴汇编》(第15册),上海书店出版社2013年版,第109页。
② 《囚犯译书 英国民法六篇》,《新民晚报》1947年3月21日。

生,大体有以下几种情况。

(一) 判处死刑 在上海执行枪决

当时在押提篮桥监狱的汉奸犯相当一部分属于未决犯,不少人员都是在押狱中后被判刑的,内有无期徒刑、有期徒刑以及多名死刑。历史上提篮桥只有室内刑场(绞刑房),而没有室外刑场;从1946年10月开始,提篮桥监狱在其东边狱墙外的一块空地上辟建起一个刑场,从1946年11月至1948年,有多名汉奸犯在此执行枪决。

梁鸿志(1882—1946) 福建长乐人,1912年任职北京政府国务院,后投靠段祺瑞,曾任法制局参事、临时执政府秘书长等。抗战期间投靠日本,历任中华民国维新政府行政院院长兼交通部部长、汪伪政府立法院院长、监察院院长等。抗战胜利后被捕,1946年6月25日被上海高等法院判处死刑,11月9日在监狱刑场枪决,系该刑场上执行死刑的第一人。①

常玉清(1888—1947) 湖北荆州人。早年在上海日商丰田、周兴各纱厂当工头,后开设大新舞台,大观园浴室。上海沦陷后勾结日寇及傅筱庵组织维持会,后又勾结日本浪人组建"黄道会""安清帮会",广收门徒,为非作恶。抗战胜利后被捕,1946年8月被上海高院判处死刑,褫夺公权终身。1947年3月12日在监狱刑场执行枪决。②

傅式说(1891—1947) 浙江乐清人,曾系厦门大学、上海大夏大学教授。1937年7月全面抗战后投敌,1940年3月起历任汪伪行政院政务委员、汪伪政府铁道部部长、浙江省省长兼任浙江省保安司令、太湖东南地区清乡保安司令等。抗日战争胜利后被捕,1946年9月28日被上海高院判处死刑,褫夺公权终身。1947年6月19日在监狱刑场枪决。③

苏成德(1900—1947) 山东济南人。早年加入共产党,进莫斯科中山大学学习,系中共六大的列席者,后叛投国民党。抗战期间又叛投日本侵略者,沦为汉奸,历任汪伪特工总部行动队队长、南京区区长、首都警察厅厅长、上海市警察局副局长、警察总监等。抗战胜利后被捕,1947年7月被上海高院判处死刑。8月9日在监狱刑场执行枪决。④

陆茂昌(?—1948) 江苏崇明(今属上海)人,原系崇明自卫队勤务兵,崇明沦陷后一度被敌宪兵拘押,禁闭2个月后,随即投敌,任敌宪兵队鹰犬充任崇明

---

① 《梁鸿志伏法》,《中央日报》1946年11月10日。
② 《老牌汉奸常玉清 一弹入后脑毙命》,《申报》1947年3月13日。
③ 《伪组织巨奸之一,傅式说昨晨伏法》,《申报》1947年6月20日。
④ 《临死说话犹荒唐 苏成德执行枪决》,《申报》1947年8月10日。

县宪兵队侦缉组长,刺探我方军情,并杀害乡民。抗战胜利后被捕,经上海高院判处死刑。1948年3月30日在监狱刑场执行枪决。①

卢英(1894—1951)　湖北江陵人。历任汪伪军事委员会委员、汪伪上海市政府专员、上海市警察局局长等。抗战胜利后被捕,1946年7月被南京高等法院判处无期徒刑,1949年1月移押提篮桥。1951年7月被上海市军管会判处死刑,7月26日执行枪决。②

潘达(1900—1951)　广东新会人,历任汪伪特工总部第四处处长、沪西特警总署总署长、上海沪西警察局局长等。抗战胜利后被捕,1947年7月被上海高院判处无期徒刑;1951年7月被上海市军管会判处死刑,7月26日执行枪决。③

钱大櫆(1898—1951)　江苏太仓人,曾留学日本,1920年回国。1940年5月起,历任中央储备银行副总裁兼上海分行经理、全国经济委员会委员、行政院政务参赞等。抗战胜利后被捕,1948年8月被判处无期徒刑。1951年9月28日被上海市军管会判处死刑,执行枪决。④

包端正(1907—1952)　浙江杭州人,曾任杭州日本宪兵队艮山门检查站谍报组密探长、铁路警卫主任等。抗战胜利后被捕,1949年1月16日从南京老虎桥监狱押解提篮桥监狱。1951年11月被上海市人民法院判处死刑,1952年5月28日执行枪决。⑤

朱炳荣(1919—1953)　江苏扬州人,系日本海军司令部情报员,1945年10月被捕,1946年3月以汉奸罪,被上海高院判处无期徒刑,1948年4月关押狱中;1952年12月被上海市人民法院判处死刑,次年3月10日执行枪决。⑥

(二) 刑满释放

汉奸犯在押提篮桥监狱服刑后,到期刑满释放者(或提前释放者)大多为一些职务较低、社会影响较小的成员。当时的媒体均有报道。第一个因汉奸案刑满出狱者为汪伪公使陈伯藩;第二个因汉奸罪判刑的上海警察局新城分局警长吴国志,安徽泗阳人,刑期1年3个月,1947年1月10日期满释放出狱。⑦

程为生,原系浦东三林塘东一青年,平日摇粪船为业,1943年投敌,系浦东孙家桥敌伪"检问所"的密探,并充当向导捕拿游击队,抗战胜利后判处1年零4

---

① 《偿还崇明的血债　汉奸陆茂昌枪决》,《前线日报》1948年3月31日。
②③ 《大汉奸卢英、潘达伏法》,《文汇报》1951年7月27日。
④ 《反革命罪犯四四二名昨判决》,《文汇报》1951年9月29日。
⑤⑥　上海市监狱管理局档案。
⑦ 《汉奸出狱第二人　吴国志刑期届满》,《申报》1947年1月10日。

个月,1947年2月12日刑满,交保开释。为提篮桥忠字监获得自由的第5人。①

尹定一,四川武胜人,此为该监刑期届满而获开释之第6人。尹原在军界供职,1939年充任汪伪政府军事委员会参议院中将参议,抗战胜利后被捕,处徒刑1年零4个月,1947年3月刑满释放。②

汪伪上海五金同业公会理事方国瑾,前经高院判处徒刑1年3个月,于1947年5月7日刑满出狱。③

(三)无罪释放

阮德富,时年46岁,江苏南京人,从事商业工作,住大通路526弄。1946年经人告发,称其于1943年8月在西摩路(今陕西北路)新闸路日本宪兵队东京永部队任情报主任。1945年除夕,遭警备司令部拘捕入狱,上海高院判处有期徒刑3年,褫夺公权3年,财产没收。嗣后,阮德富申请最高法院复判,后经发还更审,上海高院经审理宣告无罪,1947年2月6日出狱。此为提篮桥监狱忠字监获得自由之第4人。④应该说,当时因汉奸罪被人告发,最后被宣告无罪而释放的情况并不多。这是媒体公开报道的一例。

(四)假释、保释

上海解放前夕,当时的司法部门以押犯羁押的日子都已超过刑期的半数,或者平日遵守监规,合乎假释条件。从1947年起有大批犯人假释出狱,其中涉及部分汉奸犯,11月20日,提篮桥监狱第一批假释的汉奸犯有柳雨声、方祥、金行健等7人获得自由。⑤第二批汉奸犯获假释,经司法行政部核准者,有汪伪中央宣传部副部长章克、行政院副院长周佛海的秘书黄远、青浦县长杨寿章3人。1948年3月7日上午,在监狱礼堂举行第二次假释典礼,由孔祥霖典狱长亲自主持。⑥

汪伪上海高等法院院长徐维震原经上海高院判处有期徒刑8年,最高法院复判后改判4年,他在监狱监禁已满刑期二分之一,1948年11月22日假释出狱。⑦1948年12月初,提篮桥监狱根据司法行政部的命令,凡判处5年以下有期徒刑,监禁已满刑期二分之一,尚在上诉期间之未决犯,均将保释出狱。其中包

---

① 《小奸刑满释出忠监》,《新民晚报》1947年2月13日。
② 《第六人出忠监》,《新民晚报》1947年3月3日。
③ 《方国瑾出狱 六军事犯出狱》,《申报》1947年5月8日。
④ 《走出忠监第四人 阮德富复判无罪》,《新民晚报》1947年2月7日。
⑤ 《柳雨生等首批七犯鞠躬接受假释证书》,《申报》1947年11月21日。
⑥ 《二批假释犯章克等出狱》,《新闻报》1948年3月8日。
⑦ 《伪高院院长徐维震假释出狱》,《申报》1948年11月23日。

括不少汉奸犯被保释出狱,如上海烟草股份有限公司董事长、总经理潘三省,上海特别市百货业联合会理事长李泽,汪伪中国银行副经理李祖莱、上海教育局局长戴英夫,还有朱顺林、李闵菲、孙祖基等。①同年 12 月 28 日,汪伪上海市卫生局长袁钜范等 80 人假释出狱。

1949 年 2 月 5 日,提篮桥监狱疏散 90 多名犯人,其中包括汪伪中央政治委员会秘书长、宣传部部长赵尊岳,汪伪上海特工总部头目李士群之妻叶吉卿、特工总部警卫总队副总队长吴世宝之妻佘爱珍,他们与其他犯人也一起出狱。②2 月 7 日,提篮桥在押的 92 名汉奸犯出狱,他们是:汪伪中央候补执行委员、宣传部次长冯节,实业部次长李祖虞,司法行政部次长赵钲铿,公用局长徐季敦,配给处处长刘星晟,镇江县长黄香谷,《中华日本》主笔许力求,马斯南路看守所所长丁观萍、上海邮政局长麦静铭,上海社会福利局长周毓英,伪特工处长饶恕,伪财政司长费公侠,还有蔡美舜、毛仁堉、刘炜俊、吴文、周纯裕、张克昌等。各犯人家属于 7 日清晨聚集上海监狱门前迎候,10 时起即开始释放,各犯均欣然出狱。③2 月 9 日,汉奸犯财政部关务署长张素民及其他犯人等 129 人出狱。④2 月 22 日,提篮桥监狱继续保释囚犯出狱 71 名,内有伪杭州市长吴念中、汪伪特工部陈亚夫等。⑤曾任汪伪外交部部长、抗战胜利后判处 12 年的李圣五,也在 1949 年春季获释。

(五) 保外就医

1948 年以后,提篮桥监狱不少犯人获保外就医,但须具备相应的条件。这里主要介绍社会影响较大的几个汉奸犯。

袁履登(1879—1954) 浙江鄞县人,上海总商会副会长、工部局顾问等。上海沦陷后曾任上海市商会理事长。1946 年 5 月被上海高院判处无期徒刑,1947 年 9 月 30 日改判有期徒刑 7 年。1948 年 1 月保外就医移送虹桥疗养院治疗,后去香港就医。1949 年后回沪定居,1953 年 8 月被上海市人民法院判处有期徒刑 10 年。1954 年 12 月在上海病逝。⑥

张韬(1887—1949) 浙江萧山人,曾任上海地方审判厅厅长、浙江大学教授、杭州律师公会会长等。七七事变后投敌。历任伪维新政府立法院财政委员会委员长、汪伪最高法院院长等。抗战胜利后被捕,被判处无期徒刑,收押提篮

---

① 《上海监狱大批汉奸保释》,《大公报》1948 年 12 月 8 日。
② 《上海监狱疏散囚犯 赵尊岳等九十余人出狱》,《申报》1949 年 2 月 6 日。
③ 《大批汉奸昨疏散释放 赵钲铿冯节等九十二名》,《申报》1949 年 2 月 8 日。
④ 《上海监狱释放人犯 周作人传已出狱》,《申报》1949 年 2 月 10 日。
⑤ 《上海监狱继释囚犯内有伪杭州市长等》,《申报》1949 年 2 月 23 日。
⑥ 《上海研究论丛》第一辑,上海社会科学院出版社 1988 年版,第 175—176 页。

桥监狱。因病在监狱医院救治，历久未愈，1949年4月16日保外就医，送往上海中山医院，次日在该医院病死。[①]

蔡培（1885—1960）　江苏无锡人，曾任南京国民政府内政部民政司司长等。七七事变后投敌，历任汪伪工商部次长、南京市市长、汪伪驻日本大使。1945年9月被捕，次年11月判处无期徒刑。1956年8月8日因病保外就医，1960年7月在上海病死。[②]

罗君强（1902—1972）　湖南湘乡人，1939年参加汪伪集团，历任汪伪边疆委员会委员长、司法行政部部长、安徽省省长、上海市政府秘书长等。1947年3月判处无期徒刑。1949年1月16日从南京老虎桥移押提篮桥监狱，1962年8月21日保外就医，1964年4月12日收监，1972年2月22日病死监狱。[③]

（六）病亡狱中

张德钦（？—1947）　江苏宝山（今属上海）人。抗战期间投敌，曾任汪伪边疆委员会常务委员、浙江省财政厅厅长等。抗战胜利后被捕，1946年6月判处有期徒刑10年，1947年1月29日病死狱中。[④]

闻兰亭（1870—1948）　江苏武进人。1941年投靠汪伪集团，曾任全国商业统制总会监事长、纱厂联合会理事长等。抗战胜利后被捕，判处有期徒刑8年，1948年7月病死狱中。[⑤]

蒋文奎（1907—1952）　浙江东阳人，曾任侵华日军某部队情报组副组长。1947年3月被捕，以汉奸罪被上海高院判处无期徒刑，1952年5月1日病死狱中。

汪时璟（1892—1952）　安徽旌德人。曾任伪华北临时政府财政部总长、汪伪中国联合准备银行总裁、华北财务委员会委员长。1945年12月被捕，判处无期徒刑，1949年1月从南京老虎桥移押提篮桥，1952年8月12日病死狱中。[⑥]

周学昌（1891—1952）　河北安新人。曾任北京教育局局长、陕西省教育厅厅长、汪伪南京市市长。1945年9月被捕，判处死刑，1949年1月从南京老虎桥移押提篮桥，1952年11月26日病死狱中。[⑦]

盛幼盦（1875—1953）　江苏武进人。曾任津浦铁路局、京汉铁路副局长，代

---

① 《伪最高法院院长张滔患胃疾逝世》，《申报》1949年4月18日。
② 张宪文等主编：《中华民国史大辞典》，江苏古籍出版社2001年版，第1858页。
③ 张宪文等主编：《中华民国史大辞典》，江苏古籍出版社2001年版，第1211页。
④ 《伪财政厅长张德钦 病死于监狱医院》，《申报》1947年1月30日。
⑤ 张宪文等主编：《中华民国史大辞典》，江苏古籍出版社2001年版，第1412页。
⑥ 麦林华主编：《上海监狱志》，上海社会科学院出版社2023年版，第36页。
⑦ 张宪文等主编：《中华民国史大辞典》，江苏古籍出版社2001年版，第1248页。

局长,1939年9月起包揽鸦片买卖,与日本人从中牟取巨利。1945年9月被捕,1948年判处无期徒刑,1953年1月14日病死狱中。①

杨班候(1891—1953)　天津人。曾任上海警察局督察员、汪伪首都警察总监督署侦缉队长。1946年1月被捕,判处死刑,1949年1月从南京老虎桥移押提篮桥,1953年9月16日病死狱中。②

吴颂皋(1899—1953)　江苏吴县人,曾任复旦大学法学院院长、国民政府国际司司长、香港《星岛日报》总编辑等,1943年起任汪伪上海市政府秘书长、司法行政部部长。1945年9月被捕,判处无期徒刑,1953年9月30日病死狱中。③

江亢虎(1883—1954)　江西弋阳人。曾任北洋编译局总办兼《北洋官报》总纂、京师大学堂教习等。1940年3月起历任汪伪国民政府委员、铨叙部部长、考试院院长。1946年5月被捕,1949年1月从南京老虎桥移押提篮桥,1954年12月7日病死狱中。④

夏奇峰(1888—1961)　江苏泰州人。曾任上海《时报》编辑、驻巴黎记者,维新政府内务部次长、外交部部长、汪伪监察院审计部部长等。1945年10月被捕,以汉奸罪被上海高等法院判处无期徒刑,1961年9月12日病死狱中。⑤

潘毓桂(1884—1961)　河北盐山人。历任国务院法制局参事、江苏督军署政学参议、蒙藏院副总裁等。1940年3月起任汪伪华北政务委员会委员、天津市市长。抗战胜利后被捕入狱,判处死刑,1949年1月16日从南京老虎桥移押提篮桥,1961年11月12日病死狱中。⑥

王荫泰(1888—1961)　浙江绍兴人。曾任伪临时政府实业部部长、汪伪华北政务委员会委员长等。1945年12月在北平被捕,初判死刑,后改判无期徒刑,1949年1月16日从南京老虎桥移押提篮桥,1961年12月15日病死狱中。⑦

李乃光(1914—1961)　江苏兴化人。曾任汪伪政治保卫局第二局副局长、国民军第十战区苏北挺进军副总指挥部调查室主任兼新编独立大队大队长等。1945年12月被捕,判处无期徒刑。1949年1月16日从南京老虎桥移押提篮桥,1961年5月7日病死狱中。⑧

陈春圃(1900—1966)　广东新会人,曾留学苏联,1927年回国。1939年投敌,历任汪伪国民党中央党部副秘书长、行政院秘书长、建设部部长、广东省省长

---

① 张宪文等主编:《中华民国史大辞典》,江苏古籍出版社2001年版,第1612页。
②⑤⑧　上海市监狱管理局档案。
③ 张宪文等主编:《中华民国史大辞典》,江苏古籍出版社2001年版,第946页。
④⑦　麦林华主编:《上海监狱志》上海社会科学院出版社2003年版,第36页。
⑥ 麦林华主编:《上海监狱志》,上海社会科学院出版社2003年版,第36页;张宪文等主编:《中华民国史大辞典》,第1891页。

等。1945年被捕判处无期徒刑,1966年3月19日病死狱中。①

戴鹏天(1897—1969)　江苏句容人,早年加入中国共产党,曾任中共丹阳县委书记等。后投敌,1933年加入国民党,1939年起历任汪伪中央组织部副部长、教育部常务次长、上海市教育局局长等,后判刑入狱,1948年12月保释出狱。1955年被捕,1958年9月被上海市中级人民法院判处无期徒刑,1969年2月27日病死狱中。②

周隆庠(1905—1969)　江苏无锡人。曾任汪伪外交部亚洲司司长、次长、行政院秘书长、国民政府文官长等。1945年10月被捕,判处无期徒刑,1949年1月16日从南京老虎桥监狱移押提篮桥,1969年3月18日病死狱中。③

汪曼云(1904—1972)　浙江杭州人。曾任汪伪国民党中央委员、社会部副部长、司法行政部次长等。1945年9月被捕,判处有期徒刑15年,1949年2月疏散出狱。1954年7月被捕,1960年5月被上海市中级人民法院判处无期徒刑,1972年4月11日病死狱中。④

杨惺华(1908—1973)　湖南湘潭人,周佛海之妻舅。1934年起,先后在南京、四川、昆明等地铁路、公路处任职。1940年起历任汪伪信托公司总经理、财政部总务司司长。1945年9月被军统幽禁白公馆,后被首都高院判处无期徒刑。1949年1月从南京移押上海,1973年11月18日病死狱中。⑤

周国梁(1903—1974)　湖北天门人。曾任汪伪陆军部军需处少校办事员、杭州市蚕丝局第二课长等,1946年3月被捕,次年7月被首都高院判处死刑,1949年1月16日从南京老虎桥移押提篮桥,1974年1月6日病死狱中。⑥

邹泉荪(1902—1975)　山东福山人。曾任北京市商会会长、伪华北各省市商会联合协议会主席等。1942年2月起任汪伪经济委员会委员、华北政务委员会委员。1945年12月被捕,1947年6月被首都高院判处无期徒刑,1949年1月16日从南京老虎桥移押提篮桥,1975年2月26日病死狱中。⑦

(七) 移押外地处理

倪道烺(1881—1951)　安徽阜阳人,军阀倪嗣冲之侄。曾任安徽凤阳关监督、芦盐运销总局总办。抗战时期叛国投敌,历任维新政府、汪伪政府安徽省省长。1945年抗战胜利后被捕,关押提篮桥监狱。1951年4月30日被安徽省蚌埠市军管会押解出狱,1951年6月14日在蚌埠执行枪决。⑧

---

① 麦林华主编:《上海监狱志》,上海社会科学院出版社2003年版,第34页。
②③⑥⑦　上海市监狱管理局档案。
④ 麦林华主编:《上海监狱志》,上海社会科学院出版社2003年版,第33页。
⑤ 张宪文等主编:《中华民国史大辞典》,江苏古籍出版社2001年版,第887页。
⑧ 陈基余、赵培根主编:《安徽大辞典》,上海辞书出版社1992年版,第642页。

李辅群（1912—?） 广东番禺人。曾任番禺南部护沙自卫总队长，某部旅长兼20师副师长，汪伪中将、军事参赞武官等。抗战胜利后被捕，以汉奸罪被首都高院判处无期徒刑，1949年1月16日从南京移押提篮桥监狱，1959年2月23日移押广东省公安厅。①

张北生（1902—1954） 江苏南通人。抗战时期投敌，历任汪伪江苏省警务处处长、财务厅厅长、苏北清乡公署主任、苏北绥靖公署参谋长、江苏省第一区行政督察专员兼保安司令等。抗战胜利后被捕，1946年7月被江苏高等法院判处死刑（后改判无期徒刑），同年10月2日从苏州解押提篮桥。1951年3月14日押解南通，1954年12月被南通市人民法院判处死刑，12月29日在南通枪决。②

唐少侯（1883—?） 安徽凤阳人。曾任汪伪财政厅厅长等。抗战胜利后被捕，判处无期徒刑，1949年1月16日从南京老虎桥监狱移押上海提篮桥，1951年4月30日移押安徽蚌埠。③

余家根（1911—?） 江苏句容人。抗战时期投敌。1947年7月被捕，1948年12月由首都高院判处无期徒刑，1949年1月16日从南京移押提篮桥监狱，1951年9月10日解押江苏句容。④

石超（1910—?） 江苏南京人。曾任汪伪铁道部科员等。1945年10月被捕，后以汉奸罪被首都高院判处无期徒刑，1949年1月16日从南京移押提篮桥监狱，1951年10月4日解押南京。⑤

胡弘机（1913—?） 安徽巢县人。曾任汪伪浙江省嘉善县县长、南京电信局秘书等。1946年7月被捕，后以汉奸罪，被首都高院判处无期徒刑，1949年1月16日从南京移押提篮桥。1951年10月移押浙江嘉善。⑥

张景朝（1904—?） 安徽宿县人。抗战时期投敌。1947年1月在安徽宿县被捕，后以汉奸罪被蚌埠地方法院判处无期徒刑，1949年1月16日从南京移押提篮桥监狱，1951年11月解押安徽宿县。⑦

陆希令（1921—?） 浙江嘉善人，侵华日军浙江嘉善宪兵松本队密探组长。1945年10月被捕，次年2月由上海高院判处无期徒刑，1951年11月经上海市人民法院改判有期徒刑15年，同年12月送往皖北服刑。⑧

（八）自杀死亡

徐国弼（1903—1960） 北京人，曾任汪伪特工总部南京区蚌埠站站长、汪伪首都警察总监署特警处处长。1945年10月被捕，1948年春被国民政府首都高

---

① ③ ④ ⑤ ⑥ ⑦ ⑧ 上海市监狱管理局档案。
② 徐家俊：《上海监狱的前世今生》，上海社会科学院出版社2015年版，第337—338页。

院以汉奸罪判处无期徒刑,1949年1月16日从南京移押提篮桥监狱。1960年11月23日,因思想悲观,自杀于狱中。①

(九)上海解放后获宽大释放

1949年5月上海解放以后,上海军管会及人民法院对提篮桥监狱关押的原国民政府司法机关判决的除了少数汉奸犯及个别重大刑事犯外,大部分犯人都作了重新判决。在20世纪70年代,提篮桥监狱还有极少数在国民政府司法机关判处无期徒刑的犯人,这些人大多年龄较大,身体较差,在1975年时,狱中已经关押了近30年或超过30年。1976年2月14日,上海市劳改局根据中共中央关于"对国民党统治时期判决的汪伪汉奸犯,在清理国民党县团以上人员的同时清理掉,不发法院裁定书,由市公安局名义发给释放证,待遇可与清理国民党县团以上人员相同,但作个别处理"的批示,以上海市公安局的名义,对在押的8名犯人宣布释放,发给释放证;②在提篮桥监狱召集7名汪伪汉奸犯和1名杀死妻子于1948年8月3日被上海地方法院判处无期徒刑的国民政府少将陈希吾开会,宣布对他们宽大释放,给予公民权,并每人发给一套棉衣裤、一套衬衣裤、一双鞋子及袜子,生活补助费90元。具体名单如下:

陈济成　(1896—?),江苏嘉定人(今属上海)。1921年起,历任上海小学教员、上海纱布交易所职员、沪江大学教授、中国公学校长。1940年投敌,曾任汪伪社会部部长、驻伪满洲国大使等。1945年9月被捕,判处无期徒刑,1946年3月9日入监。③

顾宝衡　(1903—1985),江苏南通人。1940年4月起历任汪伪工商部商业司司长、实业部常务次长、粮食部部长等。1944年因粮食贪污案被捕判处死刑,后减为有期徒刑10年,又减为5年。抗战胜利后由军统拘押,判处无期徒刑,1949年1月从南京移押提篮桥监狱。④

郭秀峰　(1904—?),广东化州人。曾任汪伪宣传部宣传指导司司长、宣传部常务次长、中央电讯社社长等。1945年9月被捕,判处无期徒刑,1949年1月从南京移押提篮桥监狱。⑤

方锦堂　(1907—?),浙江杭州人。曾任杭州日军宪兵第155工作站站长、汪伪特工总队顾问等,1946年3月入监,以汉奸罪判处无期徒刑。⑥

王丙然　(1913—?),江苏江都人。曾任汪伪政治保卫局芜湖分局少校副科

---

① ⑤ ⑥　上海市监狱管理局档案。
②　麦林华主编:《上海监狱志》,上海社会科学院出版社2003年版,第206页。
③　张宪文等主编:《中华民国史大辞典》,江苏古籍出版社2001年版,第1098页。
④　张宪文等主编:《中华民国史大辞典》,江苏古籍出版社2001年版,第1478页。

长、上海分局松江支局局长等。1946年3月被捕入监,后以汉奸罪判处无期徒刑。①

刘勋 (1904—?),湖南平江人。曾任汪伪桐乡县税务处稽查员、某师二团中尉副官、浙江保安团连长等,1945年12月入监。后以汉奸罪,判处死刑,但未执行。②

李展斐 安徽合肥人。曾任山东兖州日军宪兵队联络员,抗战胜利后被捕,以汉奸罪判处无期徒刑,1947年5月27日入监。

鉴于陈济成等7名汉奸犯与杀人犯陈希吾,均年事已高,丧失工作能力,在他们正式释放前,上海监狱系统就对他们的家庭情况进行摸底调查,并认真细致做好安置落实工作。1976年3月上旬他们先后离开提篮桥监狱回归社会,他们8人中,7人被安置回家,1人因无家可归被安置在养老院。

---

①② 上海市监狱管理局档案。

汉奸陆茂昌在提篮桥监狱被枪决

崇明岛,它形似一条春蚕,头西尾东,卧伏于长江入海口的金涛碧波之上。唐朝万岁通天元年(696年)初,始有渔樵者在岛上居住,古有"大江门户、十郡屏藩"之称,现有面积1 267平方公里,东西长80公里,南北宽13—18公里,是世界最大的河口冲积岛,三面环江,一面临海。岛上地势平坦,水洁土净,是上海地区的一块风水宝地。

1938年3月18日侵华日军侵占崇明岛,崇明进入长达7年之久的沦陷期。日军铁蹄所至,烧杀抢劫、强奸妇女,无恶不作,残暴旷代罕睹,惨劫旷世未有,先后制造竖河镇大烧杀、永安镇大烧杀、樊家宅惨案等50多起烧杀惨案,杀害崇明民众1 000余人,烧毁房屋近万间,毁坏集镇近20座;还征收苛捐杂税,严重破坏崇明的经济发展,建立非法社团,推行奴化教育,输入毒品,给崇明人民造成极大的伤痛。面对日军的暴行,崇明人民在中共党组织的领导下,意志坚定、顽强不屈,与日本侵略者及伪军开展斗争。但是也有一些人在大敌当前,丧失骨气,认贼为父,充当鹰犬。其中有一个叫陆茂昌的崇明人。

陆茂昌原系崇明自卫队的一名普通勤务兵,崇明沦陷后,曾被日本驻崇明宪兵队拘押,关入牢房。尽管他五大三粗,身体健壮,但经不起日本人的严刑拷打、金钱美女的利诱,随即卖身投靠日本主子,出任日本宪兵队的走狗。由于他是崇明人,本乡、本土,情况熟悉,借助"天时、地利"的因素,刺探我方军情,杀害乡民、敲诈勒索、奸淫妇女,无恶不作。百姓畏之如虎,而日伪之敌称他为在崇明的第一个"靠手"。1940年5月,陆茂昌由伪崇明区长黄雅卿的介绍,在敌部队补石桥联络官下担任行动工作,专供给敌人情报。陆茂昌还策划、主持了当年6月惨无人道的崇明大烧杀案,并将我方派至崇明担任地下工作的施克昌击毙,崔振兴逮捕。因取媚敌伪,陆茂昌升任崇明日本宪兵队侦缉组组长。1941年春,日伪军在崇明实行全面清乡,并在崇明县四周沿长江堤岸编制竹篱笆460多里,封锁崇明岛的各港口,禁止船只出入,妄图割断崇明与启东、海门的军事交通。陆茂昌还与侵华日军驻崇明宪兵队队长大庭早志、崇明宪兵队特高课课长中野久勇相勾结,对被捕的革命志士严刑拷打,在他们身上绑缚石块投入长江。陆茂昌对崇明岛父老乡亲欠下了累累血债。

1945年8月,日本宣布无条件投降。崇明岛与全国大地一片欢腾。藏匿在阴暗处惶惶不安的陆茂昌,企图逃离,但法网恢恢,他被人举报后,押往上海市区。经过审理,1946年8月30日由上海高等法院以汉奸罪,对陆茂昌判处死刑,褫夺公权终身,关押提篮桥监狱。陆茂昌死到临头,还垂死挣扎,向国民政府最高法院提出上诉,后经最高法院驳回,维持原判。1948年3月下旬,经最高法院核准,下令对陆茂昌执行死刑。虽然陆茂昌逃不过死罪,不过他从被判处死刑,到正式执行死刑,还让他多活了1年半的日子。上海高等法院检察处奉令后,于3月30日下午,派检察官瞿镕前往提篮桥监狱执行。法警随同监狱看守,把关押在监狱死刑牢房里的陆茂昌提押外出。陆茂昌身材高大,穿黑布长衫、蓝绸裤,白线袜,黑布鞋。押出监狱的二大门,出狱时陆茂昌看见警卫森严,知道自己死期已到,他还强作镇静、缓步慢行。他在法警队押解下,沿着围墙,通过紧邻监狱的上海警察医院(今上海市虹口区公共卫生综合大楼)来到提篮桥监狱刑场(当时提篮桥监狱与刑场之间仅一墙之隔,但没有直接的通道)。

提篮桥监狱原来仅有室内刑场(绞刑房),曾对2两名印度人、1名中国人,6名日本战犯执行过绞刑;但是没有室外刑场。抗战胜利后为了处决汉奸要犯,1946年10月起典狱长奉命在监狱东面的一块空地设置了刑场,在此枪决的第一人是当年11月9日汪伪立法院院长梁鸿志,紧随其后还有黄道会会长常玉清、汪伪浙江省省长傅式说、汪伪警察总监苏成德。崇明伪特工侦缉组长陆茂昌则是该刑场上执行枪决的第五人。1948年3月30日那天提篮桥刑场已作简单的布置,设立临时公案。由监刑人、检察官瞿镕,典狱长孔祥霖升座公案。检察官瞿镕对陆茂昌验明正身后,严正告知之,今日奉令对你执行死刑,你有什么遗言要讲。陆茂昌耷拉着脑袋,缓缓地说道,我要写三封遗书。法官就吩咐法警在公案边上摆上一个小桌,让陆茂昌书写。但是陆茂昌却不肯坐下,反常地提出他要站着写遗书,在落笔时,又心神不定,频频回头观望,原来他害怕法警利用他写遗书的时候,趁其不备打死他。对此,引起在场人员的耻笑。

陆茂昌站在小桌旁,拿起自来水笔,铺开纸张,先后对其母亲、对其妻子穗芳,还对其有暧昧关系的某部一参谋长的太太分别写下三封遗书。遗书中大致表达了三层意思:一是人生苦短,表露了留恋人生的奢望;二是告慰亲人保重身体,好好生活;三是死到临头,死不认罪,认为崇明沦陷百姓受苦,这是日本人的罪行,不应该把账算在他的头上,让他当了日本人替罪羊。当下,他只好去阴曹地府与先祖相见,向阎王老爷申冤吧。陆茂昌写的遗书尽管文理欠通,语无伦次。但是他竟然要求检察官把这些遗书送到报馆发表,告慰民众。经历丰富的检察官瞿镕听毕一阵苦笑,为了让死刑犯临死前心理上有一暂时的平衡,他无奈地点了点头。陆茂昌写毕遗书。即被法警将双手反铐,押在"行刑椅"(结实的靠背椅)。随着一声令下,法警翁云泉端起手枪,对准陆茂昌的后脑扣动扳机,子弹自陆犯的后脑进入,鼻部飞出,一枪毙命,尸体倒下,在地上留下一片污血。时间的钟表指向下午 2 点 40 分。尸体于下午 5 时由陆茂昌的家属领殓。①

陆茂昌枪决的 10 天以后,即 1948 年 4 月 8 日,已被上海军事法庭判处死刑的侵华日军驻崇明宪兵队队长大庭早志、崇明宪兵队特高课课长中野久勇,在检察官王家楣的监刑下,也从提篮桥的牢房中提押到刑场,由法警徐希冀、李公浩执行枪决。与在同一刑场毙命、为虎作伥的同伙陆茂昌一起去见阎王。②

---

① 《万恶伪特昨枪决 陆茂昌一弹毙命》,《前线日报》1948 年 3 月 31 日。
② 《崇明两个日本战犯大庭中野昨枪决》,《大公报》1948 年 4 月 9 日。

抗战胜利后上海关押过的将级日本战犯

上海是中国抗日战争的战略要地,是两次淞沪抗战的爆发地,也是全国抗日救亡运动的前期中心。抗战胜利后,上海既是审判日本战犯的初始地,也是审判日本战犯的终结地,是全国10个军事法庭中存在时间最长、审判日本战犯最多的城市。这里,既有盟军美军军事法庭,又有中国国民政府的上海军事法庭。从1945年12月—1949年1月,曾有大批日本战犯关押在提篮桥监狱和位于江湾的战犯拘留所、国防部战犯监狱。据统计,美军军事法庭共审判日本战犯47名,被判处死刑10人(实际执行7人)、无期徒刑7人、有期徒刑28人、无罪释放2人;其中涉及将级战犯5名。上海军事法庭共审判日本战犯183名,13人被判处死刑、21人被判处无期徒刑、88人被判处有期徒刑、61人被判处无罪释放;其中涉及将级战犯20多名。

由于上海交通便捷、关押场所坚固,自1947年起,随着各地部分军事法庭陆续关闭,不少已经判处徒刑的日本战犯通过飞机、轮船等交通工具转押到上海。当时,上海关押日本战犯及嫌疑人主要有两处:一是位于今虹口区长阳路147号的提篮桥监狱,多年前已立为上海市抗战纪念地点和全国重点文物保护单位;二是位于今宝山区殷高路15号的国防部战犯监狱(又俗称江湾监狱或高境庙监狱),现址为上海高境戒毒所,但占地面积大为缩小,房舍已改建。

1949年1月30日,250名战犯均乘美国"维克斯"号轮船离开上海,回到日本,许多被判处徒刑的日本战犯象征性地在巢鸭监狱关押一段时间后均被释放。本文主要对1945年12月—1949年1月间,曾经先后关押在上海的将级日本战犯作一简要记录。

冈村宁次(1884—1966) 籍贯东京,大将,侵华日军中国派遣军总司令,是屠杀中国人民的头号战犯。[1]抗战胜利后曾一度关押在江湾监狱,1948年8月23日初审。在1949年1月26日第二次公审时,被上海军事法庭判处无罪释放。[2]

---

[1] 系其在侵华战争中所任的最高或主要职务。下同。
[2] 《日本驻华派遣军总司令冈村宁次宣判无罪》,《申报》1949年1月27日;[日]稻叶正夫编:《冈村宁次回忆录》,中华书局1981年版。

安藤利吉（1883—1946） 籍贯宫城，大将，侵华日军驻台湾总督，第10方面军司令官。抗战胜利后被捕，系国民政府战争罪犯处理委员会于1947年公布的261名日本重要战犯之一。1946年4月16日从台湾押解到上海，[1]4月19日深夜服毒自杀于提篮桥监狱。[2]系中国境内自杀死亡的侵华日军最高将领。

冈部直三郎（1886—1946） 籍贯广岛，大将，侵华日军第六方面军司令官。抗战胜利后被捕，系国民政府战争罪犯处理委员会于1947年公布的261名日本重要战犯之一。1946年8月初，从武汉转押到上海，同年11月28日因病在提篮桥监狱死亡[3]，系中国境内因病死亡的侵华日军最高将领。

田中久一（1888—1947） 籍贯兵库，中将，侵华日军华南派遣军第23军司令官、日本驻香港总督。抗战胜利后被捕，系国民政府战争罪犯处理委员会于1947年公布的261名日本重要战犯之一。1946年9月3日在上海被美军军事法庭判处死刑，[4]同年10月17日又被广州军事法庭判处死刑，1947年3月27日枪决于广州流花桥。[5]

矶谷廉介（1886—1967） 籍贯兵库，中将，侵华日军关东军参谋长、日本驻香港总督。抗战胜利后被捕，系国民政府战争罪犯处理委员会于1947年公布的261名日本重要战犯之一。1947年2月22日被南京军事法庭判处无期徒刑，同年3月20日押解上海，在国防部战犯监狱服刑。[6]

福田良三（约1889—？） 籍贯东京，中将，侵华日军中国方面海军舰队司令官。抗战胜利后被捕，系国民政府战争罪犯处理委员会于1947年公布的261名日本重要战犯之一。1947年4月从日本经台湾乘船于4月27押解抵沪，[7]1948年5月31日被上海军事法庭判处有期徒刑15年。[8]

左近允尚正（1890—1948） 籍贯鹿儿岛，中将，侵华日军日本海军舰队第16战队司令官、中国方面舰队参谋长。抗战胜利后曾在上海江湾战犯监狱关押，1948年1月被英属香港法庭判处并执行死刑。[9]

原田清一，中将，侵华日军海军厦门根据地司令官。1948年7月5日被上

---

[1]《安藤利吉等十四人专机解沪》，《中央日报》1946年4月16日。
[2]《安藤服毒自杀》，《中央日报》1946年4月21日。
[3]《日本战犯病死狱中》，《文汇报》1946年11月30日。
[4]《田中判处绞刑 沪美军法庭昨宣判》，《大公报》1946年9月4日。
[5] 张子申、薛春德：《走向神坛的哀歌》，解放军出版社1994年版，第249页。
[6]《日本战犯矶谷廉介等由京解沪送监执行》，《新闻报》1948年3月21日。
[7]《日战犯汉奸廿名 由日引渡昨抵沪》，《申报》1947年4月28日。
[8]《四重要日战犯判刑》，《大公报》1948年6月1日。
[9] 吴春秋主编：《外国军事人物辞典》，世界知识出版社1996年版，第659页。

海军事法庭判处有期徒刑 10 年。①

　　谏山春树(1894—1990)　籍贯福冈,中将,侵华日军驻台湾第 10 方面军参谋长。抗战胜利后被捕,从台湾押解抵沪,1946 年 7 月 26 日在上海被美军军事法庭判处无期徒刑。②

　　奈良晃(1888—1964)　籍贯长崎,中将,侵华日军第 11 军司令官。抗战胜利后被捕,1947 年 4 月从日本经台湾乘船于 4 月 27 日押解抵沪,③1948 年 6 月 8 日被武汉军事法庭判处无期徒刑;④7 月 15 日移押上海关押。⑤

　　鹰森孝(1886—1968)　籍贯三重,中将,侵华日军第 11 师团长。抗战胜利后被捕,系国民政府战争罪犯处理委员会于 1947 年公布的 261 名日本重要战犯之一,后关押在上海。⑥

　　泽田茂(1887—1980)　籍贯高知,中将,侵华日军第 13 军司令官。抗战胜利后在日本被捕,1946 年 2 月初自东京引渡至上海,拘押提篮桥监狱,⑦同年 4 月 15 日被美军军事法庭判处有期徒刑 5 年。⑧

　　松井太久郎(1887—1969)　籍贯福冈,中将,中国派遣军总参谋长,日本驻汪伪政府最高军事顾问、侵华日军第 69 师团师团长。抗战胜利后拘押上海。⑨

　　谷寿夫(1882—1947)　籍贯福冈,中将,侵华日军第 6 师团长,南京大屠杀主犯。1946 年 2 月 2 日在日本东京被捕,8 月 1 日引渡到中国,飞抵上海。⑩10 月 4 日从上海押解南京。⑪1947 年 3 月 10 日被南京军事法庭判处死刑,4 月 26 日在雨花台执行枪决。⑫

　　神田正种(1890—1983)　籍贯爱知,中将,侵华日军第 6 师团长。1948 年 7 月 15 日从日本东京乘飞机引渡押解抵沪,⑬拘押江湾战犯监狱,11 月 10 日被上海军事法庭判处有期徒刑 14 年。

　　三国直福(1893—1990)　籍贯东京,少将,侵华日军第 21 师团长,抗战胜利

---

① 《两日战犯宣判　原田清一判处十年》,《申报》1948 年 7 月 6 日。
② 《日战犯八名判决　谏山中将终身监禁　古川杉浦各处死刑》,《申报》1946 年 7 月 26 日。
③ 《日战犯汉奸廿名　由日引渡昨抵沪》,《申报》1947 年 4 月 28 日。
④ 刘统:《大审判》,上海人民出版社 2021 年版,第 933 页。
⑤ 《柴山神田两战犯昨由日押解来沪》,《正言报》1948 年 7 月 16 日。
⑥ 麦林华主编:《上海监狱志》,上海社会科学院出版社 2023 年版,第 706 页。
⑦ 《泽田茂押解来沪》,《大公报》1946 年 2 月 6 日。
⑧ 《杜立特飞行员案各犯仅处徒刑　被告泽田茂等喜出望外》,《民国日报》1946 年 4 月 16 日。
⑨ 《日战俘集中营参观记》,《文汇报》1945 年 12 月 17 日。
⑩ 《两残暴人兽　矶谷谷寿夫昨解沪》,《民国日报》1946 年 8 月 2 日。
⑪ 《南京大屠杀主角　两战犯由沪解京》,《民国日报》1946 年 8 月 4 日。
⑫ 《世界日报》1947 年 4 月 27 日。
⑬ 《柴山神田两战犯昨由日押解来沪》,《正言报》1948 年 7 月 16 日。

后被捕,系国民政府战争罪犯处理委员会于 1947 年公布的 261 名日本重要战犯之一。抗战胜利后被捕,1947 年 10 月 24 日被广州军事法庭判处无期徒刑,[①]后移押上海江湾战犯监狱。

十川次郎(1890—1990)　籍贯山口,中将,侵华日军第 10 师团长,第 6 军司令官。抗战胜利后被捕,系国民政府战争罪犯处理委员会于 1947 年公布的 261 名日本重要战犯之一。[②]曾关押提篮桥监狱、江湾战犯监狱。1947 年 5 月被上海军事法庭受审。[③]

柴山兼四郎(1889—1956)　籍贯茨城,中将,侵华日军第 26 师团长。抗战胜利后被捕,系国民政府战争罪犯处理委员会于 1947 年公布的 261 名日本重要战犯之一。1948 年 7 月 15 日从日本东京乘飞机押解抵沪,[④]11 月 24 日被上海军事法庭判处有期徒刑 7 年。[⑤]

落合甚九郎(1892—1971)　籍贯栃木,中将,侵华日军第 27 师团长。抗战胜利后被捕,系国民政府战争罪犯处理委员会于 1947 年公布的 261 名日本重要战犯之一。1948 年 6 月 7 日,被上海军事法庭判处无期徒刑。[⑥]

伴健雄(1892—1956)　籍贯福冈,中将,侵华日军第 34 师团长,抗战胜利后被捕,系国民政府战争罪犯处理委员会于 1947 年公布的 261 名日本重要战犯之一。1948 年 1 月 29 日被武汉军事法庭判处有期徒刑 10 年,[⑦]1948 年 8 月 23 日移押上海江湾战犯监狱关押。[⑧]

宫川清三(1890—1959)　籍贯东京,中将,侵华日军第 40 师团长。抗战胜利后被捕,关押提篮桥监狱。1948 年 5 月 31 日被上海军事法庭首判有期徒刑 12 年,[⑨]11 月 24 日改判无罪释放。[⑩]

细川忠康(1890—1958)　中将,侵华日军野战重炮兵第 1 旅团长、第 8 炮兵司令官、第 59 师团长、第 43 军司令官。系国民政府战争罪犯处理委员会于 1947 年公布的 261 名日本重要战犯之一。抗战胜利后被捕。1946 年 10 月 22

---

① 刘统:《大审判》,上海人民出版社 2021 年版,第 959 页。
② [日]稻叶正夫编:《冈村宁次回忆录》,中华书局 1981 年版,第 211 页;章绍嗣等主编:《中国抗日战争大辞典》,武汉出版社 1995 年版,第 870 页。
③ 《"浙东之虎"即受审》,《益世报》1947 年 5 月 24 日。
④ 《柴山神田两战犯昨由日押解来沪》,《正言报》1948 年 7 月 16 日。
⑤ 《战犯柴山处刑七年》,《世界日报》1948 年 11 月 25 日。
⑥ 《日战犯师团长两人昨天判处无期徒刑》,《大公报》1948 年 6 月 8 日。
⑦ 刘统:《大审判》,上海人民出版社 2021 年版,第 933 页。
⑧ 《战犯集中上海监禁》,《大公报》1948 年 8 月 23 日。
⑨ 《四主要日战犯判刑》,《大公报》1948 年 6 月 1 日。
⑩ 《战犯柴山兼四郎处有期徒刑七年》,《申报》1948 年 11 月 25 日。

日自南京押解至上海关押。①

落合松二郎(1885—1971)　籍贯岛根,中将,侵华日军第9师团步兵团长、第23军独立步兵第13旅团长、第60师团长。抗战胜利后被捕,1947年1月从提篮桥监狱移押江湾战犯监狱。②

田中勤,中将,侵华日军第61师团长。系国民政府战争罪犯处理委员会于1947年公布的261名日本重要战犯之一。抗战胜利后被拘押上海。③

船引正之(1891—1963)　籍贯东京,中将,侵华日军热河承德独立混成第11旅参谋、第64师团长。1946年9月押提篮桥监狱,④1948年5月31日被上海军事法庭判处无期徒刑。⑤

梨冈寿男(1894—1955)　籍贯东京,中将,侵华日军第64师团长,第55旅团长。1948年6月8日被上海军事法庭判处有期徒刑20年。⑥

堤三树男　籍贯宫崎,中将,侵华日军第68师团长。抗战胜利后被捕,系国民政府战争罪犯处理委员会于1947年公布的261名日本重要战犯之一。1947年11月26日被武汉军事法庭判处无期徒刑。⑦1948年3月12日移押上海关押。⑧

三浦忠次郎(1888—1962)　籍贯宫城,中将,侵华日军第69师团长。抗战胜利后被捕,系国民政府战争罪犯处理委员会于1947年公布的261名日本重要战犯之一。1948年5月31日被上海军事法庭判处有期徒刑12年。⑨

内田孝行(1891—1971)　籍贯山梨,中将,侵华日军第70师团长。抗战胜利后被捕,系国民政府战争罪犯处理委员会于1947年公布的261名日本重要战犯之一。1948年6月30日被上海军事法庭判处无期徒刑。⑩

小仓达次(1888—1970)　籍贯东京,中将,侵华日军第84师团长,第131师团长。抗战胜利后被捕,系国民政府战争罪犯处理委员会于1947年公布的261名日本重要战犯之一。1948年4月12日被上海军事法庭判处无期徒刑。⑪

菱田元四郎(1890—1952)　籍贯东京,中将,侵华日军满洲独立守备队队

---

① 《青战犯三十九人自京转解来沪》,《申报》1946年10月23日。
② 《日酋战犯一批移囚江湾》,《民国日报》1947年1月17日。
③ 《京沪区战俘共七万人》,《大公报》1945年12月8日。
④ 《船引正之 黑灏平一押提篮桥监狱》,《申报》1946年9月4日。
⑤ 《日将级战犯五名 军事法庭宣判》,《申报》1948年6月1日。
⑥ 《作恶多端之日战犯判决 梨冈判徒刑二十年》,《申报》1948年6月9日。
⑦ 严海建:《国民政府审判日本战犯研究》,江苏人民出版社2022年版,第341页。
⑧ 《日本战犯四十一名由汉押到送监执行》,《申报》1948年3月14日。
⑨ 《四重要日战犯判刑》,《大公报》1948年6月1日。
⑩ 《日将级战犯八名宣判》,《申报》1948年7月1日。
⑪ 《昨天宣判日战犯一批》,《中华时报》1948年4月13日。

长、第 84 旅团长、第 116 师团长。抗战胜利后被捕,关押提篮桥监狱,1948 年 6 月 7 日被上海军事法庭判处无期徒刑。①

内田银之助(1893—1951) 籍贯东京,中将,侵华日军第 118 师团长。抗战胜利后被捕,系国民政府战争罪犯处理委员会于 1947 年公布的 261 名日本重要战犯之一。1947 年 11 月 8 日被北平军事法庭判处无期徒刑,②1948 年 4 月改判有期徒刑 10 年。③1948 年 4 月从北平经过天津移押上海关押。④

盐泽清宣(1892—1969) 籍贯长野,中将,侵华日军第 119 师团长。抗战胜利后被捕,系国民政府战争罪犯处理委员会于 1947 年公布的 261 名日本重要战犯之一。后关押在上海。⑤

野地嘉平(1888—1981) 籍贯宫城,中将,侵华日军第 39 步兵团长、独立步兵第 5 旅团长、第 133 师团长。1948 年 4 月 12 日被上海军事法庭判处无期徒刑。⑥

藤田类太郎,中将,侵华日军青岛特别陆战队长官、日本中国派遣海军第 2 舰队司令长官。抗战胜利后被捕,拘押上海。⑦

樱庭子郎(1891—1969) 籍贯青森,中将,侵华日军第 20 军独立混成第 82 旅团长。抗战胜利后被捕,系国民政府战争罪犯处理委员会于 1947 年公布的 261 名日本重要战犯之一。被上海军事法庭两次判处无罪释放,第一次是 1948 年 7 月 5 日,⑧第二次是 1949 年 1 月 26 日。⑨

土桥勇逸,籍贯东京,中将,侵华日军广州第 38 军司令官、日本驻越南总督。抗战胜利后被捕,从越南引渡到中国,曾关押在南京、上海。1948 年 1 月 10 日被法国政府引渡到巴黎审讯。⑩

矢崎勘什(1893—1969) 中将,侵华日军第 321 师团长。1947 年 1 月 17 日从提篮桥监狱移押江湾战犯监狱。⑪

粟岩尚治,籍贯长野,少将,侵华日军第 3 师团辎重联队队长。1947 年 12 月 22 日被上海军事法庭判处有期徒刑 3 年 6 个月。⑫

---

① 《日战犯师团长两人昨天判处无期徒刑》,《大公报》1948 年 6 月 8 日。
② 《华北首要日战犯内田处无期徒刑》,《申报》1948 年 3 月 21 日。
③ 刘统:《大审判,国民政府审判日本战犯实录》,上海人民出版社 2021 年版,第 959 页。
④ 《北方战犯一批起解来沪执行》,《大公报》1948 年 4 月 25 日。
⑤⑦ 麦林华主编:《上海监狱志》,上海社会科学院出版社 2023 年版,第 706 页。
⑥ 《昨宣判日战犯一批》,《申报》1948 年 4 月 13 日。
⑧ 《战犯原田中将处徒刑十年,樱庭子郎宣判无罪》,《大公报》1948 年 7 月 6 日。
⑨ 《伊藤忠夫长监 樱庭子郎无罪》,《申报》1949 年 1 月 27 日。
⑩ 《日战犯土桥勇逸军庭移交法领馆 今晨登机解巴黎审讯》,《申报》1948 年 1 月 10 日。
⑪ 《日酋战犯一批移囚江湾》,《民国日报》1947 年 1 月 17 日。
⑫ 《军法庭昨判决战犯两起》,《申报》1947 年 12 月 23 日。

  黑濑平一，籍贯山口，少将，侵华日军第68师团步兵第57旅团长。抗战胜利后被捕，1946年9月押提篮桥监狱，①1948年2月25日被上海军事法庭判处无罪释放。②

  四方谅二（1890—1977）　籍贯神户，少将，侵华日军第131师团长，抗战胜利后被捕，1948年2月25日被上海军事法庭判处无罪释放。③

  长谷川正宪（1890—1964）　少将，侵华日军第6师团第11旅团步兵第47联队长、第17混成旅团长，上海警备队司令。抗战胜利后在押上海。④

  富田直亮（1899—1979）　籍贯熊本，少将，侵华日军第23军参谋长，抗战胜利后被捕，1946年9月3日在上海被美军军事法庭判处死刑（后没有执行）。⑤

  镝木正隆（1899—1946）　籍贯石川，少将，侵华日军第34军参谋长，日本无条件投降后，作为战犯引渡到中国，关押在提篮桥监狱，1946年2月28日被美军军事法庭判处死刑，⑥4月22日被美军军事法庭在提篮桥监狱执行绞刑。⑦

  田中透（1892—1947）　籍贯佐贺，少将，侵华日军驻台湾混成旅第2联队联队长。抗战胜利后被捕，关押于上海江湾战犯监狱，后由南京军事法庭审理，判处死刑，在雨花台执行。⑧

  加藤章，籍贯兵库，少将，侵华日军步兵第8旅团长。抗战胜利后被捕，由广东军事法庭移交台湾省，1947年10月7日被台北军事法庭判处无期徒刑，同年复判有期徒刑7年，⑨后移押上海关押。

  大井川八郎（1888—1961）　籍贯福岛，少将，侵华日军第35师团步兵第219联队长、第114师团步兵、第83旅团长、华北方面军司令部附和第12军第14独立装备队司令。抗战胜利后被捕，1948年5月31日被上海军事法庭判处无罪。⑩

  茂川秀和（1896—1977）　籍贯爱知，少将，侵华日军某地特务机关长。抗战胜利后被捕，1947年7月5日被北平军事法庭判处死刑，同年11月22日改判为

---

① 《船引正之 黑濑平一押提篮桥监狱》，《申报》1946年9月4日。
② 《日战犯一批判罪》，《申报》1948年2月26日。
③ 《日战犯一批判罪》，《申报》1948年2月2日。
④ 麦林华主编：《上海监狱志》，上海社会科学院出版社2023年版，第706页。
⑤ 《日二战犯判处绞刑 其余各犯分别判刑》，《民国日报》1946年9月4日。
⑥ 《穷凶极恶亦有今日 日战犯昨宣判》，《文汇报》1946年3月1日。
⑦ 《日本战犯五名昨绞决 在提篮桥监狱内执行》，《前线日报》1946年4月23日。
⑧ 张子申、薛春德：《走向神坛的哀歌》，解放军出版社1994年版，第265页。
⑨ 《日战犯加藤章处无期徒刑》，《时事新报》1947年10月9日；刘统：《大审判》，上海人民出版社2021年版，第540—939页。
⑩ 《四重要日战犯判刑》，《大公报》1948年6月1日。

无期徒刑，①1948年4月从北平经天津移押上海关押。②

佐藤田子男，少将，侵华日军第六方面军经理部长，抗战胜利后被捕，1946年7月12日解送上海军事法庭。③

梶浦银次郎，少将，侵华日军第132师团第97旅团长。抗战胜利后被捕，1947年11月30日被武汉军事法庭判处无期徒刑。④1948年3月13日从汉口移押上海关押。⑤

专田盛寿（1897—1961）　籍贯神奈川，少将，侵华日军华中派遣军第39师团参谋长、独立混成旅第81旅团长。抗战胜利后被捕，系国民政府战争罪犯处理委员会于1947年公布的261名日本重要战犯之一。1947年12月被上海军事法庭提起公诉，⑥1948年12月被判处无罪。

生田实雄（约1890—？）　籍贯山口，少将，侵华日军第34军独立步兵第7旅团长。抗战胜利后被捕，1948年12月上海军事法庭因证据不足，对其不予起诉。⑦

综上所述，抗战胜利后在上海关押过的将级日本战犯主要有下列几种情况：(1)在上海关押期间服毒自杀及病亡的有安藤利吉大将、冈部直三郎大将；(2)被上海军事法庭审判的，其中大将级：冈村宁次，中将级的有：野地嘉平、小仓达次、船引正之、三浦忠次郎、福田良三、宫川清三、落合甚九郎、菱田元四郎、梨冈寿男、内田孝行、神田正种、柴山兼四郎、原田清一、樱庭子郎，少将级的有：粟岩尚治、四方谅二、黑瀬平一、大井川八郎、专田盛寿；(3)被美军军事法庭审判的有：中将级的有：泽田茂、谏山春树、田中久一，少将级的有：镝木正隆、富田直亮；(4)曾在上海关押，后来被上海军事法庭撤销起诉的，如十川次郎中将、生田实雄少将；(5)曾在上海关押并起诉过，后被法国政府引渡到巴黎审讯的土桥勇逸中将；(6)曾在上海关押，后移押南京，由南京军事法庭判处死刑，在南京执行枪决的，有谷寿夫中将、田中透少将。(7)已被外地军事法庭判处无期徒刑、有期徒刑后移送上海，在国防部战犯监狱关押的，如矶谷廉介中将被南京军事法庭判处徒刑；伴健雄、堤三树男、奈良晃中将，梶浦银次郎少将被武汉军事法庭判处徒刑；

---

① 《日战犯茂川秀和赤穗正气在平判无期徒刑》，《申报》1947年11月24日。
② 《北方战犯一批起解来沪执行》，《大公报》1948年4月25日。
③ 《日战犯佐藤少将已解送军事法庭》，《申报》1946年7月13日。
④ 严海建：《国民政府审判日本战犯研究》，江苏人民出版社2022年版，第341页。
⑤ 《日战犯41名 由汉押到送监执行》，《申报》1948年3月14日。
⑥ 《发动侵华积极分子　军庭起诉专田盛寿》，《申报》1947年12月30日。
⑦ 刘统：《大审判，国民政府处置日本战犯实录》，上海人民出版社2021年版，第586—587页。

内田银之助中将、茂川秀和少将被北平军事法庭判处徒刑；三国直福少将被广州军事法庭判处徒刑。加藤章少将被台北军事法庭判处徒刑。(8)最后处置结果不明的中将级的有：矢崎勘什、盐泽清宣、鹰森孝、落合松二郎、松井太久郎、细川忠康、田中勤、藤田类太郎；少将级的有：长谷川正宪、佐藤田子男。

访谈集粹·口述实录

发现私改刑期的线索　见证梁鸿志被枪决
——柏其林先生访谈录

时间:1993 年 4 月　　地点:上海市泗塘新村柏其林家

讲述人:柏其林,徐家俊记录整理。

我是江苏南京人,20 世纪 30—40 年代曾在提篮桥监狱工作,先后担任总务科书记员、副科长、看守长等,1947 年 6 月到南京参加典狱长官训练班受训;回沪后于 1948 年 7 月起在苏州吴县分监任总务课长、上海提篮桥监狱科长;解放后在上海静安区的一所中学任老师,曾是某一届的区人大代表。

解放前,提篮桥监狱在中国人管理期间,科室设"三科两所",即总务科、警卫科、作业科、教诲所和卫生所。其中总务科的管理范围较多,管理监狱犯人的收监、减刑、释放、物品保管、统计、名籍、文书;职员看守的接收、辞退、会计、财务等,所以按职能而言总务科又称第一科。当时犯人的各种卡片资料是监狱的机要材料,平时各类档案和卡片资料只有总务科的工作人员才能看到。监狱制度规定各科室工作人员不准互相串门、交谈,也不准随意到各监楼;看守人员同样不准随意进入监狱各科室。提篮桥犯人进出量相当大,在押犯人最高达七八千人,其中短刑犯占了较大比例。为了确保监管安全,做到及时收押、准时释放,监狱里形成了一套比较规范的管理措施,收押和释放时注重犯人指纹的验证。

1943 年 12 月,我在做当年犯人年报,核对监狱押犯统计数时,突然发现监狱两套卡片资料上有误差,留底的一张多了 1 人,上报的一张少了 1 人。如果从数学计算上讲,其误差率在几千分之一,似乎微乎其微,如果从物资管理部门来说,也许是物品的"自然损耗",但是从监狱管理工作来说,这是一个重大的问题,犯人人账一丝一毫都不能出错。为此,我又进一步地探究,发现大办公室一套资料上显示某犯人已经刑满释放,但是小办公室资料上却反映该犯刑期未满,仍在狱内服刑。这种情况监狱过去没有出现过。我拿了两套卡片资料,又做了一次核对,发现放在大办公室里的一套资料,经仔细辨认,这个犯人的入监、出监日期,有被人涂改的痕迹,与小办公室一套资料相比,该犯人的入监、出监日期明显地提前了。我又到监狱档案室找来法院的判决书,果然该犯人资料被人做了手脚。这个犯人是被人通过"合法手段"堂而皇之地提前释放,走出了监狱大门。我马上把事情的来龙去脉汇报了典狱长邢源堂。

邢源堂,江苏江阴人,长期在司法监狱系统工作,他是提篮桥监狱历史上第一个出任典狱长的中国人,在此以前提篮桥一直由英国人当典狱长。他1943年8月从浙江第一监狱典狱长任上调到上海的,那时系汪伪政府管辖。对这起因私改刑期被提前释放的事情,邢源堂等经过排摸,疑点集中在总务科的另一名书记官厉某身上。在确凿的事实面前,厉某最终交代了事情的来龙去脉。厉某当时是分管监狱犯人出入监工作的人员之一,家住提篮桥监狱周围,平时交际的人员较广,朋友较多。他有文化,在监狱工作多年,对各类狱政业务比较熟悉。有一次,厉受朋友之请托,并拿了几千元的好处费,私自更改了那位朋友所托的在押犯人的入监和出监日期。因为当时监狱总务科备有多套犯人卡片,有一套是按犯人的出监日期为序,如某年某月1日释放的人放一叠,某月2日释放的人放另一叠,其余类推。由于厉某私自更改了那个犯人的入监和出监日期,而且一切干得十分"干净利落"。这个被做过"手脚"的犯人,和正常刑满释放的犯人一起按捺指纹,按照正常程序出狱,一路绿灯畅通无阻。

厉某利用职务之便,更改了监狱日常使用的一套犯人卡片资料;但是厉某不知道总务科内还有另一套存档的犯人卡片资料,由我管理,平时又锁在铁柜里。而且我们两人的工作监狱规定不准互相通气,最后年底做年度统计报表,核对人账时才使监狱罕见的舞弊枉法案得以曝光。总务科书记官厉某以贪赃枉法罪判处1年有期徒刑。厉入狱后,典狱长邢源堂对他还比较照顾,让他在办公楼搞搞卫生,干干杂务,最后一年不到被提前释放。家住提篮桥监狱附近。

提篮桥监狱从20世纪30年代起建立"外人监",辟有绞刑房,始有室内刑场,但是却没有室外刑场。狱中的死刑犯一般押到漕河泾监狱、南市看守所执行。抗战胜利后,提篮桥关押了大批汉奸,因为上级有密令,要建立室外刑场。时任典狱长徐崇文想到在监狱围墙外东边原有一块土地属监狱所有;它北临昆明路,西靠监狱高围墙,东面是居民住宅区"安乐里",南面有一扇小门,直通上海警察医院。在公共租界工部局时期,它是西籍警官的网球场,后又改作菜园,因无人照看,已经荒芜。徐崇文就吩咐将监狱此场地作了整修布置。我记得当年的《新闻报》也发过一篇消息予以报道,还登载了一张照片。1947年11月9日中午,上海高等法院检察处派来一位检察官及部分法警来到监狱,将汪伪立法院院长的大汉奸梁鸿志执行死刑。刑场布置了一个临时公案,梁鸿志经过验明正身,法庭宣布对梁执行死刑,并把最高法院的判决书交给他,告之即日执行。那天我也在场,我看到梁鸿志匆匆翻阅了一下,就在上面签了字。梁又提出要求让他回牢房,整理遗物,法庭不批准。但是检察官允许梁当庭书写遗言。于是梁鸿志就走到公案右侧前书案旁,戴上老花眼镜,用毛笔书写。遗书写完之后,梁鸿志又给蒋介石写信,其后把所写之信,交送检察官过目。

  监狱按照传统惯例为临死前执行死刑者准备了酒菜,梁无心饮酒,予以谢绝。把一只手表、一副眼镜、部分法币、小女儿的照片和一本袖珍版的经书等交给我保管。梁鸿志进入行刑执行区,坐入行刑椅中,面南背北。市高检处的两位警长立于梁的行刑椅两旁,一位法警举枪对准梁的后脑,"啪"的一枪,梁倒于椅子的边上。法警将尸体翻转朝上,检察官走到尸体边上,观看后确认已经死亡,并在犯人死亡执行书上签名。事后,我把梁鸿志的遗物交给有关部门,后转交其家属。梁鸿志的尸体当日下午送往胶州路验尸所检验后,遗体由家属停放在常熟路的中国殡仪馆。梁鸿志生前姬妾众多,死后却相互推诿,不加顾问,以致棺木无着,尸体搁置殡仪馆达两天,仅有年少的子女陪守。殡仪馆方面以尸体搁置过久,屡经催促梁的家属前来收殓,后来他们购买了一口简陋的棺木,草草收殓了事。我还听说梁死后,他的两位小妾曾经为了他遗产而闹得不可开交。

旧提篮桥两任典狱长沈关泉
——沈桂英、沈佩英女士访谈录

时间：1992 年 10 月　　地点：上海市公平路沈桂英家。
沈桂英、沈佩英口述　　徐家俊记录整理

我们是上海人，都是上海铝材一厂的退休女职工。年龄已大，沈桂英 74 岁、沈佩英 66 岁。我们的祖父在上海公共租界工部局工作。他生有 4 个儿子、1 个女儿，其中一人很早就去世。我们的父亲是沈关松，在上海公共租界工部局工作过；姑母叫沈金囡，住在惠民路；沈关泉是我们的叔叔，他曾娶过 4 个老婆，但先后死了 3 个。其中有一个老婆知道丈夫沈关泉与家中的保姆睡觉，非常气愤，就跳楼自杀了。沈关泉的第四个老婆叫金鞠赢，比他小 10 多岁，有点文化，她原在工部局工作过，后来到上海铝材一厂任翻译。该厂解放前由瑞典人开的，地点在杨浦区眉州路。

沈关泉先后在上海公共租界工部局工作，后来任旧提篮桥监狱副典狱长、典狱长，在典狱长任上共计 18 个月，抗战胜利后以汉奸罪被地方法院判刑 7 年，后来吃了 3 年半官司就出来了。解放后，沈关泉经人检举又被判刑，后来死在监狱里。他死的时候，留下两个儿子，大的 6 岁、小的 4 岁，其老婆金鞠赢迫于生活处境，后来就改嫁了，又组成新的家庭，现居住在泰兴路。解放前，沈关泉住在提篮桥监狱边上的房子里。那时候，我们曾经看到沈关泉把犯人叫到家里，打扫卫生，这些犯人两个人的腰间都拴上一根铁链条，链条有一定的分量，大约有四五尺长，让他们两人互相牵制，主要防止犯人逃跑；犯人把屋子里的玻璃窗擦得很干净。在日伪时期，名义上沈关泉是典狱长，但是最终当家作主的还是日本人。1944 年底、1945 年初的时候，日本人要沈关泉调几百名犯人到浙江舟山群岛一带为日本人修筑军事设施，开始沈关泉不同意。听说沈关泉与日本人之间有过争论，后来日本人把手枪放在桌子上进行威胁，最后沈关泉斗不过日本人，在日本人威胁下派看守带押了几百犯人到舟山，由于劳动强度大，死伤了一些犯人。主要为了这件事情，沈关泉在抗战胜利后和上海解放后均以汉奸罪被判刑。

听说沈关泉当典狱长时候，利用他的身份保护过两个犯人。上海正广和老板在解放前曾经在提篮桥监狱吃官司,沈关泉在狱中对其一定照顾,该老板释放后曾要沈关泉去香港谋业生活,沈认为自己是上海本地人,不肯外出。提篮桥监狱有个叫张雪梅的管理人员,长长瘦瘦的,是苏州人;他比沈关泉早到监狱工作。提篮桥还有个叫李奎元的,小宁波。

  沈关泉在抗战胜利前后家住亚尔培尔路21弄10号。沈关泉有个堂弟叫沈关荣,在厦门路监狱、提篮桥监狱工作,曾任提篮桥监狱的作业科长等。沈关荣的儿子叫沈谷仁。解放后沈关荣一家生活在杭州,我们与他们没有往来。沈关泉有个亲戚叫沈仁元,原在提篮桥印刷工场工作,现在已死亡。

提篮桥卫生课长赵伯勋的二三事
——赵爱芝女士访谈录

时间：2013年4月　　地点：上海市监狱管理局史志办

赵爱芝口述　　徐家俊记录整理

我的父亲赵伯勋，又名赵怀仁、赵瑢，浙江省东阳县巍山四村人，生于1904年。1927年从武昌高等师范（四年制）毕业，回老家教书。第二年和叶素娟结婚。同年（24岁）参加国民政府浙江省举行的县长考试，成绩优异遂被录用，就任浙江萧山县（一等县）县长，后转任昌化县县长。1930年辞官回乡，致力学医，从此长期以中医为职业，并为不少穷苦人治病。

1932年赵伯勋买彩票得中几万元的奖金，用这笔钱自己建造了一所房子。祖上留下的房产都由叔叔们分去。新房造得比较考究，做工设计优良，是附近有名的顶级古典民居。房子在1936年建成。我母亲叶素娟因造房辛苦劳累成疾而死，留下一男一女，儿子叫赵中凯，女儿就是我赵爱芝。次年由王慕曾做主，将其妹妹王慕兰作为续弦，嫁给我父亲赵伯勋。后来他们又生下一个妹妹和弟弟，分别叫赵慧芝、赵中模。

抗战期间，赵伯勋带领全家人逃难到富阳县农村，生活比较困难。1945年抗战胜利后，由于生活和子女上学的需要，1946年他到南京找他的堂叔父、著名法学家赵琛。赵琛当时是南京高等法院院长，赵伯勋在赵琛的帮助下担任南京高等法院书记员兼中医师，1949年初，他离开南京回到浙江新登岳父家，也就是王慕曾家。那时他的妻兄王慕曾也在家闲赋。眼看国民党政府要垮台，他们便一起讨论今后的出路问题。王慕曾因自己曾做过警察局长、陕西省临潼、沔县、宁强县县长，国大代表等伪职，共产党来了必定遭到清算，所以想出境潜逃，但全家老少哭哭啼啼表示反对。赵伯勋认为上海提篮桥监狱里关押了不少政治犯，国民党撤退时必将杀害他们。但是如果能把他们营救出来，就是莫大功劳，也许可以将功赎罪。当时提篮桥监狱属司法行政部管辖，司法行政部代理部长是赵琛，也就是赵伯勋的堂叔父。赵伯勋建议去找赵琛设法谋取提篮桥典监狱长职务。赵伯勋正好又有两个同学在上海做地下工作，这是弃暗投明立功减过的大好机会。王慕曾表示同意，便决定不出境了。

赵琛和赵伯勋不是一般的堂叔侄关系。赵琛在外做官时期，赵琛家婚丧喜事全由赵伯勋替他代办操作，其颇得赵琛的信任，故叔侄之间关系非常亲密。于是赵琛就在时任典狱长孔祥霖辞职后，将已安排好的典狱长某某改换成王慕曾；并不是典狱长的位置空着没人当，而是因为赵伯勋的介入排挤掉了别人。这些事都是赵琛的外甥女婿赵德福和我继母王慕兰告诉我的。要说王慕曾和赵琛沾点亲，那都是因为赵伯勋这个关系，赵伯勋是王慕曾的妹夫，赵伯勋又是赵琛的堂侄。没有赵伯勋，姨夫王慕曾就连接不上赵琛，因赵琛和王慕曾既非同学，也非朋友，也没见过面。这在赵伯勋向富阳法院交代的材料中可得到证明。

姨夫王慕曾谋求典狱长不是要做官，而是要找今后的出路。1949年4月王慕曾、赵伯勋到上海提篮桥上任时，南京已经解放。当时解放军的炮声隆隆不停，几乎兵临城下，特务不停抓人，苟延残喘，国民党的官员纷纷逃离上海。他们是在这个危险时刻前去就职，他们在借口拖延押解政治犯的同时，赵伯勋又以检查卫生为名，对狱中政治犯生活作了一些改善：医生到监室为病号看病；发灭臭虫药水，对监室进行消毒；把政治犯转移到条件较好的感化院牢房，并允许他们到图书馆借书等。5月27日上海解放，赵伯勋、王慕曾在极其险恶的环境下，与地下党配合，营救了50名"政治犯"（革命人士）。

我父亲赵伯勋，上海解放初期被留用工作，后来被遣散回乡。在"镇反"运动中，1951年11月21日以反革命罪，被富阳县人民法院判处有期徒刑10年，不久因病保外就医，后来去世，时年47岁。1986年4月富阳县人民法院撤销1951年11月的判决，父亲赵伯勋获平反，对赵伯勋按起义投诚人员对待。

监所服刑十三年的回忆及其他
——沈立行先生访谈录

时间:1993 年 6 月　地点:上海市虹口区曲阳新村沈立行家。
讲述人:沈立行　采访人:吴生甫、徐家俊　徐家俊记录整理

沈立行

我出生于 1922 年,江苏常州人。解放前在《立报》等媒体当记者,在工作期间接触到不少人物及事情。解放后于 1955 年因受潘汉年、扬帆案株连而判刑 13 年,关押提篮桥监狱,后来到劳改三队(劳动仪表厂)服刑,刑满释放后在劳动仪表厂留场就业 7 年。党的十一届三中全会后平反,后获离休,现为上海文史研究馆馆员。我喜欢动动笔头,写过不少文章,也出版过一些书籍。今天主要谈谈我在上海第一看守所、提篮桥监狱及劳改三队期间的有些情况。

1955 年元宵节后的一个晚上我被捕,押入南车站路的上海第一看守所,掏出所有东西、抽掉裤带、盖了指纹,办理相关手续后,进入牢房。我的番号为 1480。"1480",后来我仔细琢磨,用上海话讲,谐音是"一世不灵",当然这是一个消极的看法。在第一看守所,我作为未决犯关押了好几年,也提审过几次。当时我身体不好,我向管理人员提出,我患有肺结核,常吃"雷米封"。除了允许家属按规定送药、送衣物外,在管理人员的关心下,有一次我被送往到提篮桥监狱内的监狱医院看病配药,看到楼高 8 层的监狱医院,在此医院检查了近 2 个多小时,让我很感动。在第一看守所,我利用时间阅读了一些著作,包括外文资料。1956 年的时候,看守所管理人员安排我调到二楼死刑犯的囚室,与已经被判处死刑的犯人关押在一起,一方面协助管理人员看管死刑犯,另一方面对不服一审死刑判决要求上诉的犯人,听他们讲述案情后,为他们代笔书写上诉状或申诉书。其间,

有的人被执行枪决，也有少数死刑犯经过上诉后，被上级人民法院重新改判，从死刑改判为死刑缓期二年执行或无期徒刑甚至有期徒刑。

1957年，我被押到浙江北路上海中级人民法院，以反革命罪宣判我有期徒刑13年。1958年刚过春节，我送到时称上海市监狱的提篮桥监狱服刑。监狱干部对新入监的犯人首先进行认罪伏法教育，要大家端正态度，投入改造；然后进行思想政治教育，文化、技术教育，同时还把文娱活动结合起来，每逢休息天，监房就发象棋、扑克牌、康乐球等，每座监楼都有一个小图书馆，由犯人管理，当时最热门的是小说书，像《野火春风斗古城》《青春之歌》等，有时候紧张到你争我夺的程度，必须保证一个通宵看完，才能到手。我曾经在一个晚上看完《青春之歌》。当时社会上正开展大跃进，监狱也热气腾腾，大炼钢铁。那时候狱内可以利用的空地全部用上了，处处是一座座小窑，放着大大小小的甘锅，真可谓东西几堆火，南北一缕烟，部分犯人也被组织炼起钢铁。把狱中的旧面盆、旧搪瓷缸、旧漱口杯、破痰盂，横扫一空，打了一场破旧搪瓷物品的歼灭战。入晚，一度更是灯火通明，一片火红。工作都在有条不紊地进行着：将废铁、焦炭放入炉内，然后开动功率很大的鼓风机，让废铁熔化；再由身强力壮的犯人，抬着倒进砂模，冷却就成了"铁锭"；最后用卡车运送出狱。过了一段时间，监狱里带"铁"的东西实在没有了，焦炭也弄不到了，这才悄悄收场。最后炼来炼去，任凭那一堆堆"钢锭"斑驳锈蚀，风吹雨打。1958年提篮桥监狱大炼钢铁前后总共几个月。

在狱中改造期间，监狱干部知道我有一定的文化，也能写一些东西，调动我的改造积极性，发挥我的长处，我当过监狱《劳改报》的记者和编辑。《劳改报》由公安局劳改处主办，铅印，不定期发行，4开一张半共6个版面。主要刊登犯人写的文章。体裁有消息、随笔、杂文、小品，是监狱里特定环境中一份很好的特别报纸，报纸编印的前期工作，从采访、投稿、编辑到校对，都是犯人做的，都是在管教科干部的监督下进行的，最后经干部审定后，由印刷工场付印，供犯人阅读。犯人写的文章，如果录用还发给稿费，虽然只有三四元一篇，但是对服刑人员来说，也是一个物质鼓励，多年来我就拿过不少稿费。我当了一阵子"记者"，在狱内也碰到一些汪伪大汉奸，他们解放前大部分关在南京老虎桥监狱和苏州狮子口监狱。后来都移押到上海提篮桥集中管理。这批人大多判了无期徒刑，解放后没有重作处理。我以《劳改报》"记者"这一特殊身份，在监狱里碰到过的几个大汉奸是：曾任汪伪政府伪安徽省省长、上海市政府秘书长的罗君强，曾任汪伪行政院秘书长、实业部部长的陈春圃，曾任汪伪粮食部部长的顾宝衡，曾任汪伪最高国防会议秘书长的郭秀峰，曾任76号特工总部处长、首都警察厅长的马啸天，曾任汪伪清乡事务局长的汪曼云，等等。我见到这些人的时候，他们大多年老多病；他们也对我谈了汪伪政治上的秘史及一些细节，有些也有点历史参考价值。狱中我也见到国民政府监察委员、大汉奸汪精卫之妻陈璧君。

大约在1960年夏，监狱组织犯人外出参观。我作为"记者"的身份让我外出参观，并事先布置我书写参观见闻，参观结束后向其他犯人汇报。那时候，我们先后参观了刚刚建成的闵行卫星城、上海电机厂，位于闸北地区的华通开关厂、彭浦机器厂、番瓜弄居民新村、黄浦公园等处。参观结束，我准备了讲稿，我第一次登上大礼堂的主席台，讲了一两个小时，效果很好。这种有系统的参观活动，后来我还经历过一次。提篮桥监狱有一些生产工场，如被服工场、印刷工场。还有在十字楼建立不久的小工场，该工场只有七八个懂得金工技术的犯人，几只台式老虎钳，一台脚踏皮带车床，初期主要为监狱修补些金属用品；后来监狱集中了一批自称会搞仪器仪表的犯人，决心在小工场的基础上创办一个仪表工厂。我是货真价实在仪表厂工作过的，所以就被认可为第一批入选者。白天我在十字楼劳动，晚上全部住在提篮桥监狱4号监，使生产场所与居住监舍相分离。我在4号监住了多年。该仪表车间，后来升格成为一个独立的单位，对内称上海市第三劳动改造管教队，简称劳改三队，对外称劳动仪表厂。不久曾降格为提篮桥监狱下属的一个车间，后来又恢复成独立单位。我也在劳动仪表厂服刑多年。

1968年2月，我时年45岁，法院判决的13年的刑期届满；虽然刑满释放，但是被戴上反革命的帽子。重新回归社会，我连新版的人民币和粮票也没有看见过。我入狱时用的是老版人民币，也不使用粮票。出狱后，我有一个对社会生活的适应阶段。我刑满留厂，在劳改局下属的劳动仪表厂就业，单位给我安排在集体宿舍，每月工资33元。有病可以到附近的虹口区中心医院看病，但病历卡上，赫然有一个图章"刑满释放分子"。有的医生看到这枚图章，面色骤变，不过有的医生照样对我语言和顺，细致看病，并不歧视，让我深受感动。1976年，我摘除了反革命分子的帽子，不再回劳改工厂工作，重新分配在某集体编制的一玻璃厂工作，但每月的工资仍然是33元。同年8月，老婆提出与我离婚，离婚后，我分配到一间面积仅7平方米的小屋。我在这7平方米的斗室里，孤家寡人生活了4年。年近60的我，想找个老伴，希望有个照顾，今后能够安度晚年。在热心人的帮助下，有过几次尝试，但一听说我是33元的工资收入就告吹。后来在姐姐关心下，为我介绍了一个年近50岁离异的农村妇女，终于组成了一个家庭。党的十一届三中全会以后，我彻底获得平反，给了我3位数的工资，并获得离休的待遇，重新调配了有煤气、卫生设施的房子。自己也发挥了写作的长处，搞对外宣传工作，写了不少文章及多部著作，有的还被改编拍成电视连续剧，担任上海文史馆馆员,领到市长签发的聘书。

附记。沈立行回归社会后,勤于笔耕,先后出版了《我的铁窗生涯》《上海特工战》《叛逆人生》《上海滩故事》《周佛海和周幼海》等专著,还在《上海滩》《文史苑》《解放日报》主办的"连载小说"等发表了诸多文章。

题外札录·书边杂记

徐家俊发表的有关监狱工作的部分新闻稿

市监狱邀请犯人家属前往参观

日前,上海市监狱邀请40多位在监服刑罪犯的家属到监狱参观,罪犯家属看到罪犯在服刑改造期间的生活情况,提高了对人民政府给罪犯实行革命人道主义改造措施的认识,表示要积极配合政府,规劝家人加速改造。

上海市监狱邀请罪犯家属参观,这还是第一次,它对化消极因素为积极因素,动员家庭和社会力量协助政府,促进罪犯加速改造有积极作用。家属们来到监狱后,监狱领导首先介绍了监狱改造罪犯的有关方针、政策和做法,以及罪犯生产劳动、文体活动、生活待遇等情况,要求家属配合政府对罪犯做好思想改造工作,促使他们早日改造成为守法的自食其力的公民。接着,家属们参观了整洁明亮的监狱服装缝纫工场、手表壳加工工场和监狱医院、伙房、文娱体育活动场所和设在各个监房里的阅览室,以及整齐清洁的监舍,留下了深刻的印象。他们说:新旧监狱不能比,两个社会两重天,政府想尽了办法,为罪犯改造提供了条件,我们家属一定要规劝和督促他们早日改造成为新人。

家属到监狱参观的这一天,还旁听了上海市中级人民法院在市监狱召开的在押犯加减刑宣判大会。会上对9名在服刑期间改恶从善、悔过自新的罪犯,分别宣判减刑、假释;对一名在狱内重新犯罪的罪犯依法予以加刑。宣判后,由罪犯的代表和减刑的人发言;还有两位家属在会上谈了自己的感想,并对罪犯们进行了规劝教育。一个罪犯的母亲说:"今天在这里亲眼看到了政府给你们创造的良好改造条件,这一切使我很受感动。我在单位里,也没有因亲属犯罪而受到歧视,大家对我政治上平等相待,生活上热情关怀,我自己还被评上了先进教师。与林彪、'四人帮'横行时期,一人坐牢全家遭殃的状况相比,我今天更感到无比温暖。"(《文汇报》1980年1月12日。本文与徐丽群合写)

促进思想改造,书店办进监狱

全国第一家由劳改单位主办、为在押犯人供应服务的书店——上海市监狱新岸书店到去年年底正好满十个月。该书店在十个月中一共经销了全国240多家出版社有关法律、哲学、文艺、工具书等1 100多种图书,营业额达一万八千多元。监狱办书店在犯人中反响强烈,许多犯人把平时积存下来的零用钱,生产劳动的奖金以及家里的接见款纷纷用来购买各种图书,抓紧学习,促进了思想改造。(《新民晚报》1987年1月3日)

上海市监狱新华书店创办三周年

全国第一家由劳改单位主办、为服刑人员提供图书服务的上海市监狱新华书店,到今年3月7日创办整三周年。在虹口区四川北路新华书店的大力支持协助下,三年来该新华书店向服刑人员提供了有益于他们思想改造和文化技术学习的各类图书25 300多册,营业额达53 600多元,根据改造工作的需要,他们宁肯经济上少收益,坚决不进格调低下的书籍。书店还根据监狱的特点,实施可行的手续方法;组织犯人上门选购;流动售书;刻印新书目供预约登记,书店办进监狱,受到服刑人员的普遍欢迎。(《新闻出版报》1989年4月1日)

《监狱新闻》办出效果

上海市监狱充分利用狱内现代化的闭路电视系统,由管教干部摄制、编播反映干警风貌和罪犯改造实际的《监狱新闻》节目。自去年1月25日首播以来,已有一年多时间。该节目固定每月播出2次,重播2次。每次节目播出时,组织罪犯在电视机前观看。由于该节目具有视听兼备、声画并茂、感染性强的特点,受到在押罪犯的普遍欢迎,起到较好的宣传教育作用。(《上海法制报》1989年6月19日)

在押犯王某获非职务发明专利

上海市劳改单位中第一个获得非职务发明专利的在押犯人王某,最近被载入《中国专利发明者名录》。现年37岁的王某,原系上海服装进出口公司的司机,因犯盗窃罪于1980年被判处15年有期徒刑。在上海市监狱服刑期间,他在管教干部的支持和鼓励下,设计发明了"星球大战棋",并由上海市专利事务所冯晓明律师为其代理人,向国家专利局提出专利申请,获得国家专利局授予的专利权证书。王某虽然是一个正在服刑改造的罪犯,但是他在狱中的发明创造,国家有关部门仍给予充分肯定,他所发明的"星球大战棋"和他的照片同样被载入了《中国专利发明者名录》。(《文汇报》1990年4月25日)

犯人的文章登上大学的校刊

浙江籍犯人徐某写的散文《小路的回忆》,最近被刊登在中国逻辑与语言函授大学校刊《函大生活》上。徐某原为浙江湖州一文化站的专职群众文化干部,因参与上海一诈骗团伙案,1986年被判处有期徒刑9年。入监后,他认罪服判,踏实改造,努力使刑期变学期。原为初中毕业的徐某,在狱内获得上海市高中(文科)四门单科结业证书。去年又报名参加了北京中国逻辑与语言函授大学的学习,成绩优良,得到校方的鼓励和帮助。(《浙江新生报》1990年5月25日)

大学生—罪犯—大学生

犯人刑满释放后的出路,并非全是个体户和合同工。高等学府的大门向社会的每个适龄人都敞开着。从市监狱释放的新人董某以优异成绩考入上海科技大学。年前已大学毕业赴国外求学深造。本市某重点大学在校学生董某因盗窃作案被判刑入狱改造。1984年10月从市监狱刑满释放后,他牢记惨痛的人生教训,立志走新生之路,在各方面的帮助下迅速进步。由于他年龄较轻,符合市高校招生条件,他通过刻苦学习,以优异成绩于1985年秋考入上海科技大学,在该校材料科学工程系电子材料与元器件专业学习。上海科大各级组织并不因为他的历史污点而歧视他,反而在政治上给予关心,生活上给予帮助,为他创造了一个良好的健康向上的环境。4年学习中,董某各方面表现较好,尤其在学习上比其他同学更刻苦、更认真。据学校反映,大学毕业前夕,董某综合素质测评为第一档(学校共分为四档,第一档占学生的20%)。1989年7月他大学毕业后,分配在本市一家中外合资塑料制品有限公司工作。同年年底,他被批准出国求学。(《上海法制报》1991年3月18日)

美的回归,市监狱为罪犯举办个人书画展

这是一个多彩的艺术天地,面积不大的展厅里布置一新,墨迹飘香,别具神韵的书法、古朴典雅的篆刻、笔墨酣畅的中国画、构思新奇的装饰画,五光十色,满屋生辉——这既不是哪家专业画廊,也不是某个展览馆的一角,而是上海市监狱4大队的一间犯人的教室。这里正为即将刑满释放的两名罪犯举办个人书画艺术展览。罪犯李某毕业于上海财经学院,原是本市一家袜厂的财会干部,因贪污罪被判刑10年;罪犯翁某毕业于上海印刷学校,原是本市一家纸品厂的美术设计人员,因伪造票证罪被判刑6年。入狱后,他们在党的劳改政策的感召和干部的教育下,对自己所犯的罪行有较深的认识。管教干部安排他们相应的劳动岗位,并鼓励他们在空余时间进行书画创作,多次组织他们出狱参观书画展览,引导他们去追求艺术美和行为美的和谐统一。

多年来李、翁两犯在良好的改造环境中服从管教,认真学习,踏实改造,表现突出。李某自1985—1989年连续5年被评为市监狱改造积极分子,先后两次被依法减刑;翁某美术设计劳动成绩显著,1988和1989年两年先后设计了380幅各类印刷画稿,他也被评为改造积极分子和受到依法减刑,多年来出了许多作品,李某镌刻了500多方印章,不少作品在上海市监狱第2—8届"习美"展览中获奖,有的还获1990年《全国首届服刑人员书法、绘画、工艺美术作品展览》三等奖。翁某创作的各种标贴画、封面画、装饰画多次获得市监狱习美创作一等奖,受监区文化的熏陶,他还作为小提琴演奏员多次参加监狱新岸艺术团的演出。(《上海法制报》1991年5月20日)

犯人写的遗稿获公开出版

最近,中国文史出版社公开出版了《伪廷幽影录——对汪伪政权的回忆纪实》一书,计32万字。该书收录文章的作者大多是当时汪伪的政要。其中一部分人员在解放后被判刑改造。在狱内政府工作人员的教育下,他们经过多年的反省,对过去这段经历有了认识。本着保存史料的目的,在干部的组织下,让他们根据亲见、亲闻、亲历的原则撰写。现在《伪廷幽影录》一书中,就收录了汪伪司法行政部部长罗君强、汪伪社会部副部长汪曼云、汪伪广东省省长陈春圃、汪伪国民政府行政院副秘书长巫兰溪等人在服刑期间写的历史资料。这些人后来大多老衰、病亡于狱中。尽管这些犯人写的遗稿已相隔多年,但是它翔实、客观地记述了汪伪各个方面的活动,有的还属鲜为人知的内幕,对研究中国近代史、现代史仍有参考价值,同时也侧面反映了党的改造人、教育人,化破坏因素为有利因素政策的成果。(《上海法制报》1992年7月20日)

在押犯人发明三人国际象棋

上海市监狱在押犯人王某,在狱中设计成功"三人国际象棋",最近获国家非职务发明专利证书。王某发明的"三人国际象棋",是在原有两人国际象棋的基础上发展起来的,分黑、红、蓝三方,共有48只棋子,每方16只棋子,各有王、后一只,车、马、象各两只,兵八只,象棋棋子可以是立体式,也可以是图案式或文字式。棋盘是由深浅两种颜色间隔排列组成,呈钻石状。"三人国际象棋"既可以黑方联合红方攻打黄方,也可以黑方联合黄方攻打红方;还可以相互利用、相互排斥、各自为战。王某现年39岁,原是上海服装进出口公司的汽车驾驶员,1980年因盗窃罪被判刑15年,仅有初中文化。多年来他在管教干部的关心下,在狱中进行过多项小发明。1988年因发明"星球大战棋"获国家专利,"三人国际象棋"是他在狱中服刑期间获得的第二项国家专利证书。(《文汇报》1992年7月31日)

本市将设立王孝和烈士就义处

有关部门日前批准在上海市监狱内设立"王孝和烈士就义处",将由石碑、塑像和花圃组成。王孝和是上海地区的著名烈士,1941年加入中国共产党,1943年进入美商上海电力公司火力发电厂(今杨树浦发电厂)工作。1948年4月12日被国民党特务秘密逮捕,同年9月30日上午在提篮桥监狱刑场英勇就义,年仅24岁。这一"就义处"的设立为本市推动精神文明建设又增添了一个新的形象化教育基地。(《劳动报》1992年8月14日)

监狱犯人发明"窗外自动防雨晒衣架"获国家专利

服刑犯人吴某发明"窗外自动防雨晒衣架",最近获国家专利发明证书。吴某发明的"窗外自动防雨晒衣架",由晒衣框架和横式活动晒竿组成,可安装于窗外墙壁上,也可安装于阳台外。两根牵引绳分别系连着活动晒竿两端,晒衣架安有湿敏元件的控制器,当下雨时控制器能调节牵引绳,自动收拢晾有衣服的晒竿,防止雨水淋湿,还可对收拢的晒竿盖上篷布。这种自动防雨架具有使用方便、实用性强、价格较低廉的特点,很适合于我国东南部多雨地区居民特别是双职工家庭使用,还可以同城市新建居民住宅楼配套使用。"窗外自动防雨晒衣架"设计发明人吴某,原是上海建材局工程师,因犯贪污受贿罪判刑入狱。在改造期间,监狱管教干部一方面对其进行法制、政策、前途教育;另一方面积极为其创造学习条件,鼓励和支持他开展科技发明和智力开发,并为他解决技术发明经费、材料等实际困难。(《上海科技报》1992年9月23日)

监狱遗迹整修如"旧"

国内现存极少的"绞刑房"(又称室内刑场)最近在上海市监狱内修复。"绞刑房"位于狱内一幢6层楼建筑物的3楼,长六步,宽三步有余,面积不足20平方米,三面墙壁,一面有窗。墙壁呈黑蓝色,四壁顶端各装有一盏照明灯。这是根据前人回忆复原的。地板中间开有一个面积约1.8平方米的长方形孔,并安有两块活动地板。活动地板上方,在房顶上装着钢管固定吊架,这具吊架是当年的留存物。

据介绍,绞刑执行时,令死囚站在活动地板上,脚上绑着沙包,头上蒙住黑布口袋,绳索套在死囚的脖子上,一声令下,推动手闸,活动地板便会"轰然"向两边分开,死囚双脚腾空,被绳索悬空吊住,窒息而死。尸体通过二楼的孔道,可直达底层收尸室。在这里,记者了解到,这座"绞刑房"是当年按照西方国家的法律制度而设立的行刑场所。在旧上海,"绞刑房"内曾处决过印度籍、中国籍死囚。抗战胜利后,美国军事法庭也在这间"绞刑房"内处决过陆军少将镝木正隆等多名日本战犯。上海市监狱组织力量整修"绞刑房",目的是让各界人士能了解监狱旧貌,为人们提供一个英国式古典监狱的直观课堂。(《新民晚报》1993年3月

11日。本文与《新民晚报》记者李坚合写）

王孝和烈士塑像落成

王孝和烈士塑像落成揭幕仪式，日前在他46年前英勇就义的地方——上海市监狱内举行。塑像为仿汉白玉座像，垫落在墨晶色大理石座基上，身后为一排苍翠欲滴的龙柏和绿篱带。座基上安有黄色的铜牌，上面刻着"上海市虹口区革命纪念地，王孝和烈士就义处"。上海总工会、市党史研究室、市司法局、市电力工业局等几十个单位的领导和代表以及王孝和的亲属共150多人参加了揭幕仪式。（《文汇报》1994年10月2日）

上海提篮桥监狱史料陈列室正式开放

"上海提篮桥监狱史料陈列室"日前正式揭幕开启。陈列室开设在50年前关押和处决日本战犯的一幢监楼里。展品主要分为"解放前的旧监狱"和"解放后的新监狱"两大部分。陈列室通过320帧各类照片、30多幅表格，还有许多具有"铁窗"特色实物，生动形象地介绍了新旧两个不同社会制度下狱政管理、行刑制度和犯人生活等方面的史实。同时，陈列室还展出了曾囚禁狱中的章太炎、邹容、任弼时、张爱萍、江上青、周立波、阿英等志士仁人的照片资料等。此外，大汉奸陈璧君入狱时的照片及狱中她所写的、学习毛泽东《论人民民主专政》一文的体会的部分手迹资料等也陈列在内。（《当代司法》1995年第12期）

提篮桥监狱内日本战犯关押处等被列为上海市抗日纪念地

经市政府批准，位于上海提篮桥监狱内的日本战犯关押、审判和执行处，于日前列为上海市抗日纪念地点。抗战胜利后，提篮桥监狱先后关押过几百名日本侵华战犯。1946年盟军美国军队曾在狱中一幢监楼内设置军事法庭，审判日本战犯。1946年1月18日军事法庭首次对18名日本战犯开庭审判，有6名日本战犯在提篮桥监狱内的绞刑房被处以绞刑。并有14名日本战犯在提篮桥监狱刑场上由中国法警执行枪决。（《解放日报》1997年8月19日）

"抗日"专题走上明信片　提篮桥监狱与提篮桥邮局发行专题明信片

为了纪念抗日战争胜利53周年，开展爱国主义教育，提篮桥监狱与提篮桥邮局于8月15日共同发行抗日专题的中国明信片。明信片一套两枚，彩色精印，限量发行。第一枚，正面为现提篮桥监狱大门，反面为提篮桥监狱围墙和老大门的旧照；第二枚，正面为上海市政府公布的"抗日纪念地"石碑，反面为抗战胜利后关押日本战犯的监楼、绞刑房、处决日本战犯时的照片。明信片分机戳片、邮贴片两种形式，同时发行供应。

　　1945年抗日战争胜利后，提篮桥监狱先后关押过几百名日本战犯。1946年1月24日，盟军美国军事法庭首次在提篮桥监狱内对镝木正隆、福本龟治等18名日本战犯进行审判，这是抗战胜利后在中国境内对日本战犯的第一次审判。同年4月22日和1947年2月1日，共有6名日本战犯，在狱内绞刑房被执行绞刑（该绞刑房仍按原样保存至今）。1947年8月—1948年9月间，先后有14名日本战犯在提篮桥监狱刑场上由中国法警执行枪决。提篮桥监狱在中国抗日战争史和世界反法西斯战争史上具有独特的地位和作用，并被列为上海市抗日纪念地点。这套明信片的内容是反映"提篮桥监狱"，而明信片加盖的邮戳系"提篮桥邮局"，两者重名，起到相得益彰的作用，从收藏角度来讲，很有价值。（《上海法制报》1998年8月18日）

上海监狱陈列馆建成开馆

　　一座全面展示100多年来上海地区监狱历史和监狱现状，同时兼及中国监狱历史的上海监狱陈列馆，由上海市监狱管理局筹建完工，于1999年12月29日开馆迎客，馆址设在提篮桥监狱内。提篮桥监狱始建于1901年，启用于1903年5月，是一座具有西洋古典建筑风格、目前仍在使用的百年老监狱，其建筑物已被列为上海市近代优秀建筑。设有3层楼面、近3000平方米展区的陈列馆就位于狱内一幢呈放射状的高楼内。这幢监楼原系专押外国犯人的"西人监"，抗战胜利后关押过几百名日本战犯，是中国境内最早审判日本战犯的场所。1946年1月至9月间，先后有日本驻香港总督田中久一中将等47名日本战犯在此楼内受到审判。日本驻台湾总督安藤利吉大将在此楼内畏罪自杀，汉口日军参谋长镝木正隆少将等6名日本战犯也在此楼内被执行绞刑。该楼内还保存着国内罕见的橡皮牢房。上海解放以后，大汉奸如陈璧君也在此楼内关押。陈列馆通过近3000件文物和图片，直观、生动地展示了上海历史上和新中国的监狱。全国著名书法家、上海解放后提篮桥第二任监狱长武中奇为陈列馆题写了馆名。1999年12月28日，中共中央政治局委员、国务委员、中央政法委书记罗干，司法部部长高昌礼，中共上海市委副书记孟建柱等视察、参观了上海监狱陈列馆。（《监狱理论研究》2000年第2期）

陈琮英向上海监狱局赠送画册

　　3月31日，任弼时同志的儿媳娄惠平受其婆母、现已98岁高龄的任弼时的夫人陈琮英之委托，向上海市监狱管理局、上海监狱陈列馆赠送印制精美的《纪念任弼时》影集和《任弼时诞辰90周年纪念册》。《纪念任弼时》共收录了任弼时在各个历史时期的照片 300 多幅,是目前一本资料最完整的反映任弼时生平业迹的照片集。书名选自周恩来总理 1950 年的题词墨迹。《任弼时诞辰 90 周年纪念册》收录了江泽民、李鹏等党和国家领导人的有关讲话、题词以及全国著名书画艺术家的书画作品等。该纪念册由已故的前国家主席杨尚昆题写书名。

任弼时是湖南汩罗人。1929 年 11—12 月间,任弼时被殖民主义当局囚禁在旧提篮桥 40 天。60 多年后,任弼时的儿子任远远及妻子娄惠平、女儿任远征及其丈夫曾先后到提篮桥监狱参观,寻访和搜集当年其父亲的史迹资料(任弼时 1929 年被囚禁的监楼仍留存至今)。最近,他们向上海监狱局和监狱陈列馆赠送画册,这充分说明了老一辈革命家的亲属对监狱工作的支持和关心。(《中国司法》2000 年第 7 期)

上海监狱陈列馆上网展出

从今年 7 月 1 日起,上海监狱陈列馆正式进入东方网。网民在网上可以浏览到该馆主要陈列内容。过去一向被群众视为神秘之地的监狱,如今可以通过现代化手段走近它的身边。上海监狱陈列馆设在提篮桥监狱,拥有大量反映监狱特色的各类展品,如各种式样的由英国伦敦专业公司制造的铁锁、铜锁、钥匙,旧监狱使用的更钟、更表,犯人使用的各式囚服、胸卡、木枷、木笼、囚车、脚镣、手镣等。具有百年历史的提篮桥监狱其建筑本身就具有文物价值,是上海市近代优秀建筑保护单位。上海市监狱陈列馆于 1999 年 12 月 29 日,即《监狱法》颁布实施五周年之际正式开馆。(《长安》2000 年第 9 期)

中国监狱学会监狱史学专业委员会依托单位调整到上海市监狱管理局

最近,经中国监狱学会批准,监狱史学专业委员会的依托单位由中央司法警官学院调整到上海市监狱管理局,并成立了新一届专业委员会。新一届专委会成员中大学法学教授约占三分之一以上,各委员分布于多个省(区、市)。朱济民任主任委员,夏宗素、李豫黔、胡荣根、王立民任副主任委员。薛梅卿、王飞、颜锦章、费成康为顾问。徐家俊任秘书长。监狱史学专委会是中国监狱学会领导下的一个分支机构,自 1994 年 4 月成立以来,学术研究活动比较活跃,于 1996 年 8 月、1997 年 8 月和 1999 年 10 月分别在辽宁大连、山西太原、河南洛阳召开了三次学术研讨会。监狱史学专委会的依托单位调整到上海监狱管理局后,上海将充分借助专委会中的人员力量和知识优势,积极做好研究工作。(《中国监狱学刊》2001 年第 1 期)

《上海监狱志》出版发行

上起唐朝天宝十载(751)华亭建县,下至 2000 年,上海历史上第一部《监狱志》于 2003 年 12 月由上海社会科学院出版社出版发行。中共上海市委副书记刘云耕为《上海监狱志》作序。《上海监狱志》除设总述、大事记外,还设有建置沿革,刑罚执行,狱政管理,生活卫生,教育改造,少年犯、女犯、外籍犯,劳动生产,监狱管理人员,政党、团体,外事接待,人物,专记,文录,文献,杂录共 15 章。《上海监狱志》16 开精装加护封,全书 156 万字,984 页,另有 56 铜版纸精印的彩页照。

《上海监狱志》具有以下三个特点:一、广征博引,资料丰富。资料分别取自各类中文、英文、法文版的图书、报刊和档案,许多内容为首次披露。二、今古统合,各具特色。该志通过大量事实和数据重点反映了上海地区 100 年来租界监狱、民国监狱、解放后监狱的各类情况,并收录 1906—2000 年上海各监狱的 29 种规章制度,为近现代中国监狱史研究提供了翔实资料。三、图文并茂,可读性强。编者以独特视角、用大量文字记述了上海监狱各个历史时期、各方面的情况,刊用大事记 1 150 条,照片 560 余张;其中 1949 年前的老照片占了相当比例。同时介绍了近 300 位解放前曾因禁狱中的志士仁人资料,对中共党史和中国革命史研究,起到了拾遗补缺的作用。书中还收录了章太炎、阿英、邹韬奋、江上青、熊宇忠等 15 人所写的旧上海监狱亲历记。(《中国地方志》2004 年第 3 期)

上海第一部《监狱年鉴》成书出版

上海历史上第一部监狱年鉴《上海监狱年鉴》(2001—2003),2005 年 4 月由上海社会科学院出版社出版。麦林华任主编,全书 73 万字,16 开精装。该书按照大事记、特载、专文、领导视察、综合篇、改造篇、政工篇、生产篇、科研篇、人物篇、基层篇、资料篇、文萃篇、附录 14 个栏目分类编纂,根据条目内容,印有 130 余帧黑白照片,90 多张表格;卷首设 32 页 117 张彩色照。《年鉴》中还收录了上海及各地 20 多种报刊上 2001—2003 年间发表的报道上海监狱工作的近 90 篇短新闻,编为"文萃篇",以飨读者。《上海监狱年鉴》系全国监狱系统第一本经出版社正式出版的监狱年鉴。该《年鉴》与 2003 年 12 月公开出版的《上海监狱志》(751—2000),在内容和时间上相衔接,构成一个资料翔实、内容丰富的整体。(《监狱理论研究》2005 年第 3 期)

走进东广新闻台的播音室

为隆重纪念中国人民抗日战争暨世界反法西斯战争胜利 69 周年，经党中央、国务院批准，国务院于 2014 年 8 月以国发〔2014〕34 号文，公布了第一批 80 处国家级抗战纪念设施、遗址名录。其中上海地区仅两处，分别为上海监狱陈列馆及淞沪抗战纪念馆。国务院文件中指出，"各地区、各有关部门要加强抗战纪念设施、遗址的保护管理，深入挖掘抗战纪念设施、遗址的历史内涵和现实意义，广泛组织开展群众性拜谒、参观和纪念活动。"笔者作为当年曾参与筹建监狱陈列馆，及多年来参与陈列馆日常管理工作，这消息感到由衷的高兴，这是国家对我们工作的肯定。

2014 年 8 月，该新闻通过各媒体播出后，上海电视台的同志很快来到提篮桥监狱，拍摄了监狱陈列馆的有关内容，他们还对已经退休多年，但仍返聘工作的笔者和陈列馆的讲解员丁喜华女士进行了采访录音。当天晚上的电视新闻中对列为国家级抗战设施、遗址的监狱陈列馆及淞沪纪念馆作了报道。就在监狱陈列馆电视采访的时候，专门采访政法系统的王海平老师通知我，让我第二天上午到位于虹桥路 1376 号的上海东方广播电台新闻台与编辑赵老师联系，以上海监狱陈列馆列为国家级的抗战遗址为主题做一次新闻节目，时间大约控制在 20 分钟左右。为了充分做好这一节目，当晚我准备了一份书面资料，并从网上传送给广播电台，便于播音人员熟悉内容。

第二天上午，我来到东方广播电台的传达室，请他们电话联系新闻台的编辑赵老师。片刻后，一位 20 多岁、容貌姣美的女同志来到我身边，与我握手问好，并亲切地对我说，欢迎您到电台做节目。我出示了身份证，填好会客单，传达室给我一块"东广台"出入证的牌子，在她的引领下，我走进了广播电台的大门。手机不准带入，按规定存放在储物箱内。经过多道闸口，我进入东广台的播音工作区域。各播音间区隔成一间间独立的房间，每间的面积不是很大，但内部各仪器、设备很多。赵老师把我带到一间电台的工作室，介绍给辛丹老师。辛丹老师中等身材，当时大约 40 岁上下，辛丹老师声音甜美，我常在广播电台早新闻的时段听到她的声音。一开口说话，音色甜美，娓娓动人，极有吸引力。我在辛丹老师的指点下，戴上专用的耳机，来到三面墙壁、一面玻璃屏幕隔音的播音室。我与辛丹并排坐在工作台前,工作台上放着我起草的文稿。辛丹对我说:徐老师,今天我们是录播,不是直播。所以万一在播音的时候,发生语句漏字或者重复的情况没有关系,最后可以进行技术处理。

首先由辛丹老师播音:"各位听众,大家早上好。提篮桥监狱是远东第一监狱,是抗战胜利后中国境内第一个审判日本战犯的场所。今天我们请到上海市监狱管理局史志办原主任徐家俊先生,一起来为大家解密播讲。"在播音室内,辛丹老师首先作了一个开场白。接着我就提篮桥监狱的历史概况,上海监狱陈列馆的简况,日本战犯在提篮桥监狱的审判、执行等进行介绍。上海是中国抗日战争的战略要地,是两次淞沪抗战的爆发地;抗战胜利后,上海既是审判日本战犯的初始地,也是审判日本战犯的终结地,在提篮桥监狱先后有6名日本战犯处绞刑,14名日本战犯枪决于监狱刑场。接着又谈到日本战犯在狱中关押、审判、执行中的一些细节。

随着辛丹老师的提问,我简述了提篮桥美军军事法庭与日本东京远东军事法庭审判的区别与联系,从时间上讲美军法庭在先,东京法庭在后;从审判人数上讲,前者居多,后者为少,但规格更高,影响更大。两个法庭都清算了日本战犯的罪行,但都存有缺陷,同时还对上海首批两个列为国家级抗战纪念设施遗址的上海监狱陈列馆和淞沪抗战纪念馆进行简要的点评与比较。并提示对提篮桥监狱,我们可以从历史的、法律的、文物的各个角度去解读。我与辛丹老师相互穿插,或一问一答,或谈话畅叙,显得十分自然融洽。

我们的播音,没有事先的试播,也没有事后的补充,非常顺利,一次通过。在这个精巧密封的播音室内,就我和辛丹老师两个人。编辑赵老师则在大屏幕的播音室外间。为了留下这难得的瞬间,事前,我带了一架小型照相机,请赵老师隔着大玻璃为我拍摄了几张播音的工作照片。几天以后,东方广播电台对我与辛丹老师共同制作的播音节目,安排在8点多的早新闻专题节目中播出。事前,赵老师给我打来了电话,让我注意收听,同时她还给我传来了电台的录音资料。时间大约近20分钟。至今这段资料我还一直保存着。日月如梭,现在时间的指针转到2025年,屈指算来已经10多年过去了,又迎来中国抗战胜利80周年,但当时的情形仍历历在目,犹如眼前,欣而记之。

在《提篮下海——说说上海北外滩》
新书发行式上的发言

今天,"老虹口记忆"系列丛书的第四本《提篮下海——说说上海北外滩》①发布。我作为该书的作者之一,看到自己书写的文字、搜集的图照印入书中,感到非常高兴,我感谢该书的主创、编辑人员及各位作者付出的辛勤工作,为北外滩地区留下又一本丰富的资料。《提篮下海——说说上海北外滩》的书名,起得很有历史特色和地域风貌。"提篮桥",是黄浦江畔的一张历史文化名片,它有两个含义:一是地区的名称,二是监狱的代称。"下海",其实也有多重含义,可以指下海浦、或者下海庙,还可以指下海,即投身经济改革。"提篮下海",这4个字充分点名了本书的主题及涵盖内容。该书版本精巧,为24开本图文并茂,以通俗简洁的文句,讲述了北外滩地区的人文历史、风土人情、街巷轶事,涉及政治、经济、文化、社会等各个领域,该书的出版必将受到各界人士的欢迎。由于篇幅及资料的限制,书中也遗漏了一些历史遗存的记述,如汇山巡捕房、上海高等法院特刑庭等。

我是新中国的同龄人,1972年10月,我跨进了提篮桥监狱的大门,先后在监狱第一线管理过犯人,也在监狱和监狱局机关工作,一直到2009年10月退休。退休后又返聘至2016年6月底,屈指算来,先后长达44年。我对提篮桥区域有着特殊的感情,当年的东海、大名电影院、东山剧场、舟山路的小吃店、衣服一条街都给我留下很深的印象。工作期间,我曾经在这一带走访老人作过不少口述历史,我曾经担任过虹口区政协文史委员会的委员,参与过多辑《文史苑》的编撰,为《虹口区志》《虹口文化志》撰写及提供过有关材料。曾经主持了《上海监狱志》的编纂出版,参与了《提篮桥监狱志》的编纂付印、上海监狱陈列馆的筹建,执笔起草了王孝和就义处、提篮桥日本战犯关押审判执行的上海抗战纪念地、提篮桥全国重点文物保护单位的申报工作。退休后也关注北外滩的建设发展,并

---

① 《提篮下海——说说上海北外滩》,苏秉公主编,钱景林作序,文汇出版社2021年版。"老虹口记忆"系列丛书的前三本书,分别是《摩都水乡——徜徉上海音乐谷》《故境纵横——探秘人文老虹口》《海派虹韵——踏访四川北路底》。

挖掘资料尽力笔耕,前几年出版了《提篮桥监狱》《上海监狱的前世今生》;《上海监狱的旧闻往事》和《审判从这里开始——日本战犯在上海的审判》两本书也即将出版。①最近,结合中共建党 100 周年和当前开展的党史教育,我整理了《共产党人在旧上海狱中》等专题材料,在北京《炎黄春秋》杂志编辑部组织的会议上及自己所在的党支部内交流。从特定的角度、缅怀颂扬革命先辈,开展党史教育、党史学习。

如果说中国蜿蜒曲折的海岸线是一张弓,自西向东的长江是一支箭,那么上海就处于箭头的部位。开埠以来,上海在中西方文化碰撞交汇下成为中国最大的都市,是中国共产党的诞生地,革命初心的始发地。位于黄浦江畔的提篮桥地区曾是仅次于四川北路的虹口区商业中心,而后有所衰退。如今随着北外滩的开发,新貌初现,目前除了下海庙、摩西会堂、霍山公园、提篮桥监狱等历史遗存外,还建有浦西的最高楼白玉兰大厦及双子大楼等新建筑,与老外滩、浦东陆家

《提篮下海》书影

---

① 《上海监狱的旧闻往事》,上海社会科学院出版社 2021 年版;《审判从这里开始——日本战犯在上海的审判》,生活·读书·新知三联书店 2020 年版。

嘴构成"三足鼎立"的境地,未来的北外滩将成为上海的国际航运商贸区、现代商业区、高档住宅区和滨江休闲区。文化历史是一条长河,需要许多人的共同努力,我们的一篇篇文章、一本本书籍,都是整个长河中的一颗水珠、一条溪流。文化需要传承,书刊也要宣传,在当前信息多元时代,面对报刊、电视、广播、微信等大众媒体,我们也需要对《提篮下海》等老虹口书籍,通过多种途径进行宣传、衍生,使之发挥更大影响。

最后,祝《提篮下海》一书成功出版发行。

(2021年8月)

狱苑探"珠" 史海寻"宝"
——二十七年监狱史志工作回顾

我是新中国的同龄人。1968年11月务农,1972年10月参加司法监狱工作,1976年6月加入中国共产党。多年来在提篮桥监狱先后在基层第一线管过犯人,当过最高犯人数达1600多人的大队领导,从事过共青团、宣传教育、清查复查、落实政策等工作,曾任提篮桥监狱政治处副主任。从1989年1月起从事监狱史志工作。1994年8月起,任上海市劳改局(监狱管理局)史志办副主任、主任。2001年起我担任了中国监狱工作协会监狱史学专业委员会的多届秘书长。曾任上海市监狱学会理事、中国政法大学监狱史学研究中心副主任兼研究员等。2009年10月我退休后,又返聘工作到2016年6月底。屈指算来,自己从事监狱工作累计长达44年,其中史志工作27年。本文主要谈谈自己从事监狱史志工作的相关情况。

一、组织复制监狱旧物 努力撰写口述历史

1989年1月起,我从事史志工作后,虚心向老同志吴生甫等人学习请教,尽快熟悉业务,积极搜集资料。除了编印自1903年—20世纪90年代的《提篮桥监狱大事记》及部分单项专题资料外,在监狱领导的支持及其他同志的协助下开展了以下工作。

(一)复制租界期间的囚衣。英国人管理下租界时期的提篮桥监狱,未决犯囚衣浅蓝色、无标志,已决犯囚衣两膝、两肘等部位印有英文字母"Y",并根据不同时段的刑期,囚服上有不同的标记,他们囚衣的前胸缝有黄、红不同颜色,宽窄不同尺寸的标志。如死刑犯的囚服,颜色为黑白相间,左右两边一边黑色、一边白色,故称阴阳衣,或鸳鸯衣,胸前番号处有"E"字标志。囚裤裤裆处全为葡萄纽扣,可双向打开。该囚衣是外国人侵犯中国司法主权的实物,很有史料价值。经我多方询问,打听到上海某博物馆的库房内保存了几套旧提篮桥的囚服,我就约请了监狱生产科的同志去博物馆丈量尺寸,复制图样,组织监狱被服车间的犯人,按原样缝制了未决犯、已决犯、死刑犯的囚衣,保存了旧监狱囚服的实样,并

在日后建成的"提篮桥监狱史料陈列室"和"上海监狱陈列馆"中展览。

（二）组织修复绞刑房。绞刑房又称室内刑场，建于1934年，位于一幢6层建筑物的3楼，长6米多、宽3米多，面积不足20平方米，三面墙壁，一面开有两扇气窗；四壁顶端各装有一盏照明灯；地坪中间开有一个约1.8平方米的长方形孔，并安有两块活动地板；活动地板上方，在房顶上装着钢管固定吊架，这具吊架和活动地板都是当年的原物。绞刑执行时，令死囚犯站在活动地板上，脚上绑着沙包，头上蒙住黑布口袋，绳索套在死囚的脖子上，随着主持人一声令下，绞刑执行者推动手闸，活动地板便会"轰然"向两侧分开，死囚犯双脚腾空，被绳索悬空吊住，窒息而死。片刻后尸体通过二楼的方孔，直达底层收尸室。经我查证，该绞刑房首开"杀戒"于1936年8月31日上午，受绞刑者系一名印度籍杀人犯，最后一名是1947年2月1日的日本战犯。前后共有9人在此执行绞刑。上海解放后，在绞刑房原有活动地板上面又覆盖了一层地板，使其原物保存下来，房顶上钢管固定吊架也未拆除。多年来，这里曾经作过办公室、生产车间。我也曾在该屋内工作及开会。1992年经我提议，在监狱领导的支持下，由老同志徐伟忠带领犯人按原貌整修"绞刑房"。1998年12月上海监狱陈列馆开馆后，该"绞刑房"成为陈列馆参观的亮点。

（三）修复三脚凳。旧提篮桥管理人员等级森严，看守地位较低，进出三大门要搜身检查，防止给犯人夹带物品，监舍里没有凳子。抗战胜利后，看守的工作条件略作改善，添置了凳子。但是为防止看守偷懒，监狱别出心裁地设计了"三脚凳"——凳面狭小，长约40厘米、厚5厘米、宽10厘米、高约50厘米。凳子三只脚，呈三足鼎立之势，可以保持凳面基本平衡。但是这种凳子凳面狭小，木料单薄、制作粗糙，重心不稳，容易倾倒。人坐在凳子上，必须小心谨慎、姿势规矩，如果"坐相"不好，很容易摔倒在地。所以，又叫"稍息凳"。为了保存史料，根据老同志吴生甫画出的图样，我请监狱修建队重新制作了几只"三脚凳"，供参观者观看。

（四）筹建"提篮桥监狱史料陈列室"。该陈列室面积约80平方米，于1994年开放。收录了包括提篮桥监狱各类锁具、钥匙、囚服、三脚凳等别具铁窗特色的物品，以及300多幅有关照片。我还先后撰写新闻稿，刊发于《上海法制报》《当代司法》等报刊上。时任司法部部长肖扬，副部长张秀夫、王巨禄等曾莅临参观。后来该陈列室并入监狱陈列馆。

（五）开展口述历史工作。多年来，我先后对下列人员进行采访：一是曾囚禁于上海旧监狱的革命老同志，如第12届中纪委委员王乃一、全国政协第2—6届委员秦德君、无锡市政协副秘书长王兰亭、上海铜厂厂长杨光明等；二是在押上海旧监狱革命老同志的亲属子女，如中共中央书记处五大书记之一的任弼时爱人陈琮英、儿子任远远、儿媳娄惠平，国务院副总理张爱萍之女张小艾，最高人民检察院副检察长李士英之女李晓英，中共六大代表杜作潮之子杜胜华，上海市委党校党委书记、常务副校长陈一诚之妻尹蒙，作家阿英的儿子钱厚祥，中共福建省委书记许亚的儿媳皇甫夏云，等等；三是监狱地下党成员，如翟云龙、宋绍长、李龙庭、张仪明、李效义等；四是解放初期上海监狱的接管人员，如宁模、梁政魁、万善桐、蒋惠霖等；五是就义狱中革命烈士王孝和的妻子忻玉英、女儿王佩民；六是旧监狱的管理人员，如提篮桥助理典狱长王慕贤、二等刑务官李恬耕、总务科科长邓志君、作业科科长沈关荣、看守长柏其林、看守卢瑞峰、厉荣馥等，上海监狱第一分监首任分监长陈咏声，女看守欧远兰、徐雪春、李雪梅、袁赛英、蔡宛琼等；七是旧监狱典狱长的子女及亲属，如提篮桥典狱长江公亮的儿子江通、邢源堂的儿子邢宝珊，王慕曾的子女王世宏、王勉，沈关泉的堂弟沈关荣以及侄女沈桂英、沈佩芳，上海第二特区监狱典狱长孙雄的儿子沈孚九、儿媳于作明等。

二、挖掘关押审判执行日本战犯的史实

1992年，我在军事书店看到《上海军事编年》一书，内有日本战犯在提篮桥监狱被执行枪决的记载。出于工作的敏感，我追根寻源，向该书的编写单位上海警备区写信询问史料的来源。他们告之资料出自当年《申报》的报道。我即在上海图书馆《申报》的缩印本上找到有关内容。我以此为线索，系统地查阅了1946—1948年的《申报》，又查阅《大公报》《新闻报》《民国日报》《和平日报》《华美晚报》《中央日报》等。通过不懈努力，我先后查到10多名日本战犯在提篮桥刑场被执行枪决的报道，并查到1946年美军军事法庭在提篮桥监狱审判40多名日本战犯的重要史料。同时，我又去上海、南京档案馆查阅有关资料。

通过一系列的工作，终于让我理出头绪及具体情况：1945年12月起，日本战犯陆续通过飞机、火车、轮船、汽车等交通工具被押解提篮桥。1946年1月，盟军美军军事法庭借用提篮桥的"十字楼"设立军事法庭，法官、检察官、律师、翻译、记录员等均为美军军官。1946年1—9月，先后分10批对47名日本战犯进行审判，其中判处死刑10人（实际执行7人）。判处无期徒刑6人，判处5年以下有期徒刑7人，判处7—50年有期徒刑22人，判处无罪释放2人。我系统地查清47名日本战犯的名字、职务或军衔、罪行以及审判、执行结果，其中包括多名少将、中将，如日本驻台湾地区第10方面军参谋长谏山春树中将，第13军司令官泽田茂中将，华南派遣军第23军司令官、驻香港总督田中久一中将，华南派遣军第23军参谋长富田直亮少将等。1946年4月22日，侵华日军第34军参谋长镝木正隆少将、汉口宪兵队准尉藤井勉等5人，1947年2月1日沈阳战俘营

军医桑岛恕一大尉均在提篮桥被执行绞刑,日本驻香港总督田中久一中将于1947年3月27日在广州流花桥执行枪决。此外,还有侵华日军第十方面军司令官、台湾总督安藤利吉大将于1946年4月19日深夜在提篮桥服毒自杀,侵华日军第六方面司令冈部直三郎大将于1946年11月28日患脑溢血死在监狱,这两人分别为在抗战期间中国境内自杀死亡和因病死亡的日军最高将领。还有侵华日军第六师团师团长、南京大屠杀主犯谷寿夫中将也曾关押狱中2个月。抗战胜利后,国民政府分别在南京、上海、北平、沈阳、太原、汉口、徐州、广州、济南、台北10个城市设立审判日本战犯的军事法庭,这些法庭中最早于1946年5月开始审判日本战犯,而设于提篮桥内的美军军事法庭系1946年1月18日开始审判日本战犯。为此,我提出"提篮桥监狱是抗战胜利后中国境内最早审判日本战犯的场所"的论断。目前该观点已被主流媒体及学界认可。

此外,我还对设在上海江湾路1号4楼,1946年3月15日成立、1949年2月撤销的上海军事法庭所审判的180多名日本战犯的详细情况进行了收集整理,其中判处死刑13人、终身监禁21人、有期徒刑88人、无罪释放61人;同时,还挖掘到1947年8月12日至1948年9月9日,先后有黑泽次男、富田德、芝原平三郎、浅野隆俊、大场金次、伊达顺之助等14名日本战犯(其中妻苅悟、田岛信雄、小西新三郎为广州军事法庭审判,因法庭撤销押到上海)被中国军警枪决在提篮桥监狱刑场的重要史料。第二次世界大战后,从审判日本战犯的人数来说,东京法庭共审判了28人(后来2人病亡、1人精神失常,实际为25人),其中在巢鸭监狱执行绞刑7人、无期徒刑16人、有期徒刑2人。提篮桥监狱中有20名日本战犯被执行死刑,其中绞刑6人、枪决14人。当年对日本战犯执行绞刑的绞刑房(原物)及刑场遗址仍保留至今。而东京审判时,关押及执行绞刑的巢鸭监狱现已荡然无存。此外,我还挖掘了位于上海宝山区殷高路15号原上海劳教收容所的重要历史,该处在1946年6月是上海战犯拘留所,1947年7月升格为"国防部战犯监狱",典狱长为少将军衔,1949年2月撤销。在近3年期间,该处关押过大量的日本战犯,既有被上海军事法庭审判的,也有各地军事法庭审判后移送的日本战犯,累计人数超过提篮桥监狱。

2005年8月,我分别在上海市方志办、宝山区政协、上海市政协、上海市社会科学院和上海市社联联合召开的"上海市纪念抗日战争胜利60周年"的两次大会上作了"提篮桥监狱对日本战犯的关押、审判与执行"的专题发言。该发言稿与其他文稿结集,由上海人民出版社当年8月出版。抗战胜利70周年之际,《人民法院报》编印了一期特刊,其中用一个整版的版面刊发了我的3篇文章,并配发1篇对我的"专访记"。同时,我应邀为中共四大纪念馆作了抗战历史研究的口述历史,后收录于《来者勿忘》一书,由上海人民出版社出版。2014年8月我还受邀在上海东方广播电台与节目主持人辛丹合作,制作了一期以审判日本战犯为主要内容的广播节目,约 20 分钟,在早新闻时段播出。2017 年 8 月 12 日,上海抗战与世界反法西斯战争研究会成立,我有幸忝为首届理事,给自己提供了一个抗战研究的平台。2020 年 11 月,我受邀在上海交通大学东京审判研究中心的专题研讨会上作了《上海军事法庭审判日本战犯》的学术交流,该文后收入《上海所见的抗日战争》一书中,上海社会科学院出版社 2023 年出版。

承蒙复旦大学历史系原主任余子道教授通读过全部书稿、提出宝贵意见后我又作多次修改补充的专著《审判从这里开始——日本战犯在上海的审判》,2022 年 10 月由生活·读书·新知三联书店出版,全书 28.2 万字。国防大学政治学院教授、博导,上海市中共党史学会名誉会长,上海抗战与世界反法西斯战争研究会会长张云为该书作序。2023 年 1 月 3 日至 9 日,《作家文摘》微信公众号在 2022 年全国出版选摘过的几百本图书的基础上,经筛选后,对其中的 40 本图书进行网络投票,广大读者踊跃参与,访问量达 7.4 万多人次,最终评出 2022 年全国十大非虚构好书。2023 年 1 月 10 日评选结果在北京揭晓,我的《审判从这里开始,日本战犯在上海的审判》名列其中。

三、主持编纂《上海监狱志》和《上海监狱年鉴》

上海监狱系统的编史修志工作始于 1983 年。最初上海市劳改局设立"劳改史、劳教史办公室",1987 年起改称史志办公室,搜集资料,编写大事记、组织史及有关专题资料,编写《上海市劳改局组织史资料》(1949.5—1990.12)、《升腾的地火》等。从 1989 年开始《上海劳改劳教志》的编纂工作,志书上限 1840 年,下限 1980 年,组成第一届编委会,并聘用了部分退休的老同志。1994 年 8 月,我调任局史志办后,根据国家刑事处罚和行政处罚分开的原则,提出把原包括在《劳改志》中的"劳动教养"内容抽出,单独编纂《上海劳教志》,将《上海劳改志》更名为《上海监狱志》。把该志书的上限延伸到 1292 年上海建县开始,下限延长到 1995 年。重新编定《上海监狱志》(简称《监狱志》)的篇目,局史志办的 10 多位同志(主要是返聘的退休干部)作了分工,人员基本上分成旧监狱、新监狱、劳动教养三块。

1995 年 5 月,上海市劳改局更名为上海市监狱管理局,同时成立上海市劳教局。同年 10 月,成立《监狱志》第二届编委会,确定我为执行副主编。根据先内后外、先近后远、先易后难、先分后总、先急后缓的原则,我们先后查阅了中国第二历史档案馆、公安部档案馆、江苏省档案馆、上海市档案馆以及上海市公检法司系统的有关档案资料,查阅上海图书馆、南京图书馆、国家图书馆等图书资料，还通过登门访问、发信函调、实地考察、搜集实物等多种形式广泛搜集上海建县设市以来，租界、民国及解放后上海监狱方面的资料，并请有关部门翻译部分英文、法文版资料。其间，根据市方志办的布置，撰写《上海通志·公安司法》卷中监狱部分的内容。

从1997年起，在掌握材料的基础上，局史志办各位撰稿人写出单篇材料，经我修改审定后，以《上海监狱志征求意见稿》的形式，陆续上报下发，并在局域网上发布，共计编印120多辑，总字数达130多万字。从2001年开始，我作为《监狱志》的总纂，在已经成文《监狱志征求意见稿》的基础上，又吸收了《白茅岭农场志》《上海农场志》《青东农场志》《军天湖农场志》《提篮桥监狱志》中的有关内容及其他资料，遵循古今统合、横分门类、纵写史实的原则进行总纂。2002年5月形成了《上海监狱志》（1292—1995）评审稿，印成上下两册，总计110多万字，分送有关部门、有关人员审阅。

在广泛征集意见的基础上，2002年7月31日和8月24日，分别召开《监狱志》评审会和编委会，对《监狱志》进行评议审定，随后又对志稿进行补充修改。2002年12月底前形成了《监狱志》的修订稿。经部分编委会成员审阅后又作了一次修改，于2003年初送市方志办验收。根据验收中提出的意见，作出修改后，送交出版社审稿。根据出版社的意见，在范国忠、朱宪成等多位同志的努力下，又作第三次修改，最后定稿付印。凌德宇等人搜集及拍摄整理了大量照片，我们对《监狱志》的篇目（提纲），先后修订过10余次，记述范围作过三次变动，最后改定为上限始于唐朝天宝十年（751年）华亭建县，下限止于2000年。"大事记"写到2001年。

我们在编纂《监狱志》时，努力遵循客观、公正的原则。租界、民国时期的上海监狱，从本质上讲是反动统治阶级的专政工具，旧监狱狱政管理黑暗，管理人员营私舞弊，犯人生活待遇差，死亡率高，但是某些做法还有一定的借鉴作用，如：早在1909年5月，提篮桥开始对犯人实行记分考核、以分减刑，当年137名犯人据此办法获得减刑；1935年12月14日《申报》曾刊文向社会各界公开招聘提篮桥副典狱长；旧提篮桥监狱十分重视各类档案工作；等等。我们对1949年5月以后，上海监狱系统历年来犯人收押数、刑满释放、减刑、假释、监外执行、押犯构成和监狱管理人员的年龄、文化结构等都做了全面系统的记述，并编制多种表格，分门别类予以统计；同时，我们也不回避工作中的问题、教训，对狱中犯人又犯罪的情况也作了一定记述，并有案例简介。《监狱志》记述751—2001年的上海监狱大事记1 150余条，收录1875—2000年几十种报刊上公开报道上海监狱的各类新闻近300条。此外，《监狱志》还收录1906—2000年租界、民国、新中国不同历史时期，上海地区各类监狱（含罪犯习艺所、会审公廨押所等）的各种规章制度29种。根据生不立传的原则,全书收录已故监狱管理人员传略53人,其中解放前典狱长29人,分监长4人;解放后市公安局劳改处、劳改局领导12人,烈士1人,其他人员6人。收录1903年5月至1949年5月旧提篮桥监狱、上海第二特区监狱、漕河泾监狱、淞沪警备司令部军法处看守所(龙华监狱)被囚禁的部分志士仁人简介近300人,还收录抗战胜利后提篮桥关押过的部分汉奸犯简介近70人,提篮桥、江湾战犯监狱关押过的部分日本战犯简介近50人。

在《监狱志》的编纂过程中,自始至终得到市方志办和各同行、有关教授专家的帮助,近20位同志先后参与编写,这是一部集体完成的成果。在监狱局党委副书记、主编麦林华的领导下,我作为执行副主编、总纂做了一些工作。《监狱志》于2003年12月由上海社会科学院出版社出版,全书156万字,15章55节180目,984页,另有彩页照56页,16开本,印数2 000册。在2009年上海市第二届地方志评选中,获优秀成果三等奖和优秀组织奖。《监狱志》的不少资料还被《上海租界法制研究》《上海法制六十年图文录》等近20部专著所引用。此外,我还担任《提篮桥监狱志》(1901—2000)的副主编,并具体负责撰写该志书的上篇,即1901—1949年5月的全部文稿。我与其他同志一起,对全书审定修改,在提篮桥监狱始建100周年之时付印成书,全书74万字,16开本,914页。

当《监狱志》编纂工作完成后,2004年我拟定《上海监狱年鉴》的篇目结构和收录内容,在局领导和其他同志的支持下,开始了《上海监狱年鉴》的编纂和出版,是全国监狱系统第一本通过出版社出版的《监狱年鉴》。我在职期间,先后主持了五本《上海监狱年鉴》的编印出版,并任执行副主编及总纂。2019年10月我退休以后,《监狱年鉴》由局办公室档案科负责编撰,截至2023年底已经出版到第18本。《上海劳动教养志》(1957—2010)后由上海劳教局组织人员完成,于2012年10月付印成书,全书85万字,16开本842页,彩页照80页,精装上下两册,属内部交流。

四、参与上海监狱陈列馆筹建与管理扩充

1997年上海监狱局启动上海监狱陈列馆的筹建工作。我参与了筹建前期的部分工作,提出去厦门路监狱旧址寻找旧物,起草陈列馆的展览布局草案,并参与研究讨论及展品的征集等工作。后因编纂《上海监狱志》,我暂离该岗位。在周伟航、石定根、夏艺凯等近10位同志的努力下,上海监狱陈列馆于1999年12月29日《监狱法》颁布五周年的时候启用开放。该馆内容"立足上海,辐射全国",系全国省级监狱博物馆(陈列馆)中的第一家。

从2001年起,组织上让我负责上海监狱陈列馆的管理工作。随后,我在凌

德宇、卢福祥等同志的协助下,对陈列馆的中国古代、近代监狱史内容进行扩充。我们扩充了民国期间平津、湖广、川渝、苏浙、港澳等地旧监狱的历史照片,还邀请上海电影制片厂的美工在陈列馆内微缩了山西苏三监狱的一角,请石匠师傅复制了河南内乡监狱的匪类墩、水井,让提篮桥犯人复制了江西上饶集中营关押革命志士的木牢笼等实物,组织宝山监狱的犯人复制河南禹州夏台及开封八卦楼监狱的模型,等等。上海监狱陈列馆建成后,受到社会各界的关注。并收录于全国革命遗址普查成果丛书:《上海市重要革命遗址通览》。2014年9月1日,经中共中央、国务院批准,公布第一批80处国家级抗战纪念设施遗址名录,上海监狱陈列馆名录其中(上海共两处)。

五、执笔申报提篮桥监狱的多处"亮点"

在提篮桥监狱占地60.4亩的土地上,拥有五张区、市、国家级的历史文化名片,分别为王孝和烈士就义处、上海近代优秀历史建筑、上海抗日纪念地点、全国首批抗日遗址设施、全国重点文物保护单位,这为全国其他地方所罕见。多年来,我执笔起草了其中几个项目的申报工作。

(一)申报建立"王孝和烈士就义处"。王孝和是上海杨树浦发电厂的工人,祖籍浙江宁波,生于上海虹口,1941年加入中国共产党,1948年9月30日经特刑庭审理后,在提篮桥监狱刑场英勇就义。自小我曾通过电影、曲艺、图书、连环画等多种途径知道王孝和的生平。有一次我看到一本公开出版物上说王孝和被敌人枪决于上海江湾刑场,感到与史实不符。为了寻觅真相,我集中时间搜集王孝和的资料,断定提篮桥是王孝和的就义地。为此,提议在狱内辟建"王孝和烈士就义处"及塑像,起草有关公函并搜集、附上有关资料,经领导同意报送有关部门,后经监狱所在地的虹口区政府批准,1992年7月被列为上海市虹口区革命纪念地。在各方努力下,在当年王孝和就义的地方,建起王孝和的半身塑像、200平方米左右的花圃。1994年9月30日,虹口区人民政府、上海市电力工业局和提篮桥监狱三个单位联合在当年王孝和牺牲的地方,隆重举行"王孝和烈士就义处暨塑像揭幕仪式"。上海有关领导、各界人士及王孝和的亲属等150余人出席。10月2日《文汇报》及上海广播电台均刊发及播出了我写的新闻稿。1998年9月29日,监狱在原有"王孝和就义处"的基础上又扩大花圃面积,重塑雕像,辟建"孝和广场"。事后设在提篮桥的"王孝和就义地",均载入《上海文物志》《上海虹口区志》等书籍中。

(二)起草申报"上海抗日战争纪念地点"。鉴于抗战胜利后提篮桥监狱是中国境内第一个审判日本战犯的场所,关押过大批日本战犯,20名日本战犯在狱中执行死刑的重要史实。1995年7月,由我提议,经局领导同意,我整理并执笔起草了有关材料,报送上海市文物管理委员会;8月,经过上海市人民政府批准,提篮桥监狱日本战犯关押、审判、执行处列为"上海抗日战争纪念地点"(上海共8处)并立碑存史。上海电视台晚上新闻节目的黄金时段播放了5分钟左右的专题新闻;《解放日报》刊发我书写的有关消息。

(三)起草申报"提篮桥监狱为全国重点文物保护单位"。2007年在局领导的提议下,我搜集整理了提篮桥监狱的建筑、人文、历史等资料,几经修改,执笔起草提篮桥监狱为全国重点文物保护单位的申报资料。经初审后,在上海市文物管理委员会的指导下,执笔填报《第七批全国重点文物保护单位申报登记表》。该登记表项目很多,如名称、时代、类别、所有权、使用人、所在地、海拔高度、经纬度、保护级别、管理机构、简介、申报对象文物构成清单、自然与人文环境(包括气候、地貌、地质、水文、交通状况、环境变化、主要环境问题等)、文物本体状况(包括总体状况描述、详细状况描述)、历史沿革(描述文物保护单位的建制沿革、修建沿革、使用沿革等情况与重要历史人物、事件有关的文物等)、价值评估(历史、艺术、科学价值)、相关研究情况(学术、保护、管理方面)、调查考古保护展示工作、安全保卫情况,以及下一阶段保护管理使用计划。除了这一系列的文字资料外,还需要图纸册页。其中,图纸卷包括:总体图纸、考古图纸、建制图纸、历史资料性图纸和研究复原图纸等,并要求写明每张图纸的名称、每张图纸的测绘日期,其他需要说明的情况;照片册页,包括全景、群体和单位的外景、内景、重要部位照片、重要文物照片等。我在整理、填报有关资料期间,得到有关专家的指导及帮助,有的还从文物专业的角度为我们拍摄了诸多照片,有的还绘制了专业地图。在提篮桥监狱申报全国文保单位的期间,2008年10月18日,时任国家文物局局长单霁翔、上海博物馆馆长陈燮君等领导及专家前来考察,我参与了接待工作。后经国家文物局审核,国务院于2013年5月3日颁布,提篮桥监狱早期建筑为全国第七批重点文物保护单位,也是全国近700所隶属司法系统、使用监狱中的唯一一处全国重点文物保护单位。换句话说,提篮桥监狱并非是一座功能单一关押犯人的普通监狱,它是一座反映上海近现代发展史的城市地标性建筑,又是一个承载上海百年兴衰沧桑的文化符号。一座提篮桥,半部上海史。2024年6月底,具有120多年历史的提篮桥监狱已搬迁至青浦新址,原提篮桥监狱建筑物整体保留,将改造为博物馆、法治教育基地等。

六、参与监狱史学专委会的工作及《新中国监狱工作五十年》的编写

从2000年起,中国监狱学会监狱史学专业委员会(简称专委会)的依托单位

由中央司法警官学院调整为上海市监狱管理局。次年5月,专委会在上海召开换届会议,产生新一届专委会的组成人员,我被推举为秘书长,后来又连任几届,并承担部分工作直到退休以后的2016年6月底。专委会调整到上海后,在中国监狱工作协会的领导及上海市监狱管理局的支持下,我协助有关领导公开出版了《中外监狱史比较研究文集》(夏宗素、朱济民主编,法律出版社2001年版)。截至2016年底,我们先后在重庆、中央司法警官学院、辽宁旅顺、甘肃敦煌、山东台儿庄、上海、福建龙岩等地召开过多次理论研讨会,我主要负责组织及论文的评审工作,并主持编印了《新中国监狱工作若干问题研讨会论文集》《媒体与监狱工作研讨会优秀论文集》等。特别是结合监狱史学的特点,在全国监狱系统倡导开展口述历史的工作,邀请一批老同志以亲闻、亲历、亲见的历史当事人身份,通过口述、亲自动笔写作或组织人员采访等形式,回顾新中国监狱工作在各个历史阶段的一些具有典型意义的事件和人物。从2009年8月开始,我主持编印了《我所知道的新中国监狱工作》第1辑,后来又编印了第2、3、4辑,每本容量在34万至48万字,内容涉及接管旧监狱、监狱的创建发展、监狱搬迁布局调整、新中国监狱史研究、调犯、平暴抗灾、教育改造、狱政管理、监狱生产、监狱院校建设、典型案例等,抢救积累了许多新中国监狱史上不少资料,获得监狱干警及院校教师的欢迎。(2016年后,专委会的其他同志仍继续编印了第5—8辑,并从第6辑开始公开出版)。2007年11月,我们在"监狱旧址(遗址)和监狱文物研讨会"的基础上,通过评选、修改、约稿、扩展等途径,于2014年1月由上海书店出版社出版了《旧监狱寻踪》(朱济民主编)一书。该书资料丰富,具有一定的原创性、文献性。我作为该书的副主编,认真组稿、核稿,并为该书搜集提供了不少照片。此外,还为中国监狱工作协会监狱史学专委会编印了10多期《监狱史学研究》简报。

  从2000年起,我参与了中国监狱学会(后更名为中国监狱工作协会)组织的《中华人民共和国监狱史》(后更名为《新中国监狱工作五十年》)一书前期的收集资料及后期的审稿统稿工作。其间我借调至北京,在中国监狱学会40多天,与有关同志一起先后到公安部、司法部查阅搜集档案资料,采访监狱系统的老领导董云峰、李均仁、王喜文等同志,并整理完成访谈录。后来,我参与撰写了《新中国监狱工作五十年》中第八章"监狱工作日常秩序的维护"、第十七章中的"女犯的改造""外国籍犯的改造"。我参与了在北京、杭州、桂林、福州、上海等地对全书的统稿工作。我还参与了《新中国监狱工作五十年丛录》中"中华人民共和国监狱(劳改)工作大事记(1949.10—2006.12)"的编写整理工作,执笔收集整理了"全国部分监狱(劳改)史志一览表",还为中国监狱学会起草了多期《新中国监狱史》编写简报。

2005年，我受上海大学历史系副主任徐有威教授之托，为其领衔翻译的荷兰学者冯克所著《近代中国的犯罪、惩罚与监狱》一书的中文初译稿进行校对，并提出若干修改建议。该书由江苏人民出版社2008年出版，系一部综合研究中国近代监狱较有影响的专著。2009年10月我退休后，先后公开出版了5本专著：中国文史出版社的《提篮桥监狱》(23万字)，上海社会科学院出版社的《上海监狱的前世今生》(46.5万字)、《上海监狱的旧闻往事》(40.6万字)、《上海监狱的岁月印痕》(39.5万字)，生活·读书·新知三联书店的《审判从这里开始，日本战犯在上海的审判》(28.2万字)。此外，我主要从1986年起，结合监狱工作等，先后发表于上海及各地130余种报刊，累计各类文章几百篇，有的被报刊连载，有些曾获奖或收录于书籍。还去部分院校及专题培训班讲课。

七、做好监狱史志工作的几点体会

一、要有奉献精神。编史修志，这是历史赋予我们的一项承前启后、继往开来的事业，但又是一项不被人理解且不被看好的事情。该工作周期长、政策性强，往往短期内很难见效，是一项清苦、单调的工作，有时候会被处于边缘化的状态。编史修志工作需要有长期作战的思想，需要默默耕耘、不为名利、无私奉献的精神。

二、要有严谨作风。史志工作是一门科学，也是一项科研活动，一定要细致扎实，一丝不苟，不能有半点浮夸和马虎。整理、撰写的文字材料要有翔实的历史事实作基础，要用大量的数据来支撑。坚持客观公正，秉笔直书，切实做到对历史、对后人负责，经得起时间的检验。

三、要善于学习，重视资料积累。史志工作的基础在于资料，必须占有大量翔实的各类资料，立足整体、统合古今、严谨考证、精心筛选，努力反映事物、事业的起步、变化和发展。不说空话、套话、虚话。

四、要群策群力，借助各界力量。史志工作涵盖范围大、时间跨度长，如果离开各部门、各单位、各界人士的大力支持是无法完成的。在工作中除了依靠本系统的力量，还须借助社会各界人员，通过查阅档案、浏览书报、登门访问、发信函调、实地考察、探求实物等多种形式收集资料，答疑解惑，追根究底。从一定意义上讲，不少史志专题及成果不是用笔写出来、用键盘敲打出来的，而是用腿跑出来的、用"心"写出来的，是一个团队集体智慧的结晶。

图书在版编目(CIP)数据

上海监狱的时光踪迹 / 徐家俊著. -- 上海 : 上海社会科学院出版社, 2025. -- ISBN 978-7-5520-4696-0

Ⅰ. D927.510.672

中国国家版本馆 CIP 数据核字第 2025NM1336 号

上海监狱的时光踪迹

著　　者:	徐家俊
责任编辑:	董汉玲　周　河
封面设计:	徐　旻
技术编辑:	黄婧昉
出版发行:	上海社会科学院出版社
	上海顺昌路 622 号　邮编 200025
	电话总机 021 - 63315947　销售热线 021 - 53063735
	https://cbs.sass.org.cn　E-mail: sassp@sassp.cn
照　　排:	南京理工出版信息技术有限公司
印　　刷:	浙江天地海印刷有限公司
开　　本:	720 毫米×1000 毫米　1/16
印　　张:	22.5
字　　数:	422 千
版　　次:	2025 年 5 月第 1 版　2025 年 5 月第 1 次印刷

ISBN 978 - 7 - 5520 - 4696 - 0/D · 752　　　　　　定价:118.00 元

版权所有　翻印必究